대박 음식점
창업 노하우

박남권 nulime@nate.com

전업작가 겸 맛집 탐방가.
2000년부터 현재까지 지방 출장을 다니며 전국의 유명 맛집을 모두 섭렵하였다.
약초사진가 겸 채식연구자로서 최근에는 야생화를 요리화하는 작업을 연구 중이다.

정민철

맛집 탐방가.
인터넷 미디어 사업부 본부장을 역임하였다. 이 기간 동안 멀티미디어 사업 및 홍보팀을
이끌며 포털 사이트 20여 개를 기획 제작하였고 모바일 사업 기획 및 LG텔레콤에 런칭
한 바 있다. 또한 2003년에 음식점 프랜차이즈 서적을 집필하였다.

⊕ **초판 인쇄일** _ 2011년 5월 27일
⊕ **초판 발행일** _ 2011년 6월 3일
⊕ **지은이** _ 박남권, 정민철
⊕ **디자인 · 본문편집** _ 박혜경
⊕ **표지디자인** _ 안홍준
⊕ **교정 · 교열** _ 이희경, 송유선
⊕ **영업마케팅** _ 김남권, 황대일, 서지영
⊕ **발행인** _ 박정모
⊕ **등록번호** _ 제9-295호
⊕ **발행처** _ 도서출판 혜지원
⊕ **주소** _ (130-844) 서울시 동대문구 장안 1동 420-3호
⊕ **전화** _ 02)2212-1227, 2213-1227 / **팩스** _ 02)2247-1227
⊕ **홈페이지** _ www.hyejiwon.co.kr
⊕ **ISBN** _ 978-89-8379-683-7
⊕ **정가** _ 18,000원

대박 음식점 창업 노하우

박남권, 정민철 지음

혜지원

머리말

　음식 이야기는 남녀노소를 불구하고 언제나 좋은 화젯거리이다. 모든 탐욕 중에서 늙어 죽을 때까지 남는 것은 음식을 탐하는 식욕이라고 하니까 말이다. 각종 미디어에서는 맛집 정보가 홍수처럼 쏟아져 나오고, 인터넷 블로거들은 음식 이야기를 쏟아 낸다. 그리고 음식점은 포화상태에 이르고 있다.

　음식점이 포화상태라고 해서 모든 음식점이 망하거나 하는 일은 벌어지지 않는다. 결국 누군가는 승자다. 승자는 큰 돈을 벌고 패자는 폐점의 위기에 몰리는 것이 음식점 장사다.

　음식점은 창업 후 딱 15일 지나면 사업의 성공 여부가 결판이 난다. 맛있거나 특색이 있거나, 하다 못해 박리다매로 퍼주는 음식점이라면 성공의 길로 가게 될 것이고, 음식 맛이 형편없거나 입지 조건이 나쁘거나 유동 인구의 주머니 사정과 관계없는 음식을 파는 업소라면 폐점의 위기에 몰리게 된다. 그렇다. 음식점은 창업 후 단 15일이면 성공 여부가 결판 나는 분야이기 때문에 더욱 면밀한 준비 과정이 필요하다. 폐점 위기에 몰렸을 때, 인생 경험이 많고 자금이 많은 업주라면 능동적으로 대처할 수 있지만, 그렇지 못한 사람은 해결책을 찾기 위해 부단히 노력해야만 한다.

　음식점이란 돈을 벌기 위한 수단이고 생계를 유지하는 수단이다. 가족의 생계를 유지하는 수단이므로 그만큼 치밀한 창업준비가 필요함에도, 대부분의 퇴직자들은 통닭집을 열면 장사가 잘 될 것이라고 오판을 한다. 통닭집을 열기만 하면 역세권에서 보아 둔 바글바글한 호프집처럼 장사가 잘 될 것이라는 생각은 누구나 하는 생각이다.

음식점 창업을 준비하려면 계획을 구체화시키고 산술화시켜야 한다. 하다못해 하루에 300명의 손님을 받아야 직성이 풀리겠다며 오기를 부려야 한다. 하루에 300명의 손님을 받으려면 어디에 입점해야 하고 어떤 메뉴를 취급해야 할지를 고민하게 된다. 음식점이란 문 열면 장사가 되는 사업이 아니다. 때문에 처음부터 돈을 벌어야만 한다는 각오 하에 더 치밀한 입지 전략과 메뉴 선정, 서비스 전략, 자기희생을 각오하고 창업해야 한다.

필자는 음식 장사에 성공하고 싶은 예비 창업자들을 위해 이 책을 준비했다. 이 책은 직접 발품을 팔아 조사한 방대한 자료를 토대로 쓰여졌다. 또한 부동산 중개업자, 창업 컨설턴트, 음식 조리사, 주방 아줌마, 홀 어시스턴트, 아르바이트생의 업무 방식을 조목조목 따져 이 책에 담고자 노력하였다.

부디 음식점 창업을 준비하는 예비 창업자들에게 이 책이 많은 도움이 되길 기원드린다.

저자 박남권, 정민철

Contents

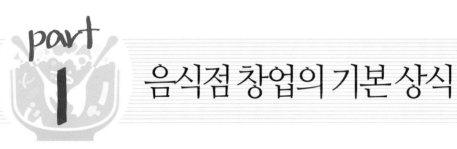
part 1 음식점 창업의 기본 상식

part 2 성공 창업을 위한 지식 쌓기

part 3

창업 도전 실무

part **4**

투자비와 종목별로
음식점 살펴보기

part 5

성공적으로 운영 중인 음식점 분석

향토 음식점과 기사 식당

part
1

음식점 창업의 기본상식

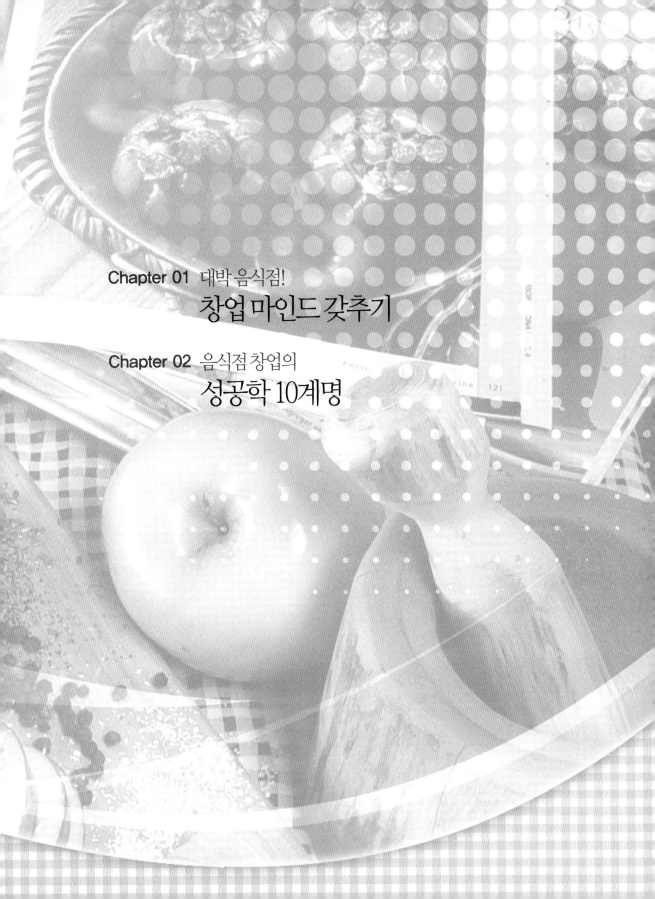

01

대박 음식점!
창업 마인드 갖추기

1 음식점은 비즈니스다

장사꾼 마인드로 무장하기

조선후기 대표적인 실학자인 연암 박지원은 당시 유명한 북학파로서 청나라의 발전된 문물을 받아들이자고 주장하였다. 그는 1780년(정조 4년) 친족형 박명원이 진하사 겸 사은사가 되어 청나라 사신으로 갈 때 동행을 한 적이 있다. 대표적인 실학자였으므로 중국의 문물을 세세히 견문하였고 여행 도중 중국의 점포들을 견문하며 청나라 장사꾼과도 담소 나누기를 주저하지 않았다.

당시만 해도 우리나라 양반들은 장사치를 하급 중의 하급으로 취급하였다. 하지만 박지원은 아랑곳하지 않고 언어도 통하지 않는 청나라 저잣거리 사람들과 어울렸고, 출장 중 밤이면 밤마다 숙박을 하게 되는 읍성의 장사치들과 술을 나누고 서예를 교류하였다.

당시 조선의 사신들은 주기적으로 청나라에 조공을 바치러 북경에 갔기 때문에 조선 사신 수백 명이 지나칠 무렵이면 청나라 명사들과 상인들이 눈도장을 찍기 위해 활짝 반기는 분위기였다. 자기들의 황제를 만나러 가는 사신들이었으므로 그들 역시 조선의 사신 행렬을 동경할 수밖에 없었고,

사신 행렬 중 높은 사람과 교류하는 것을 자랑으로 여겼다.

박지원이 국경도시 의주를 떠난 지 며칠째 되는 날이었다. 지금의 만주 심양 땅에 도착하기 전의 일이었을까? 그날 사신행렬이 투숙하였던 성에서 저녁이 되자 연암은 식사를 물리치고 술도 마실 겸 저잣거리로 구경을 나왔다. 우연히 마음에 들었던 점포에 들러 술을 마셨던 연암, 한 무리의 청나라 장사꾼들과 이야기를 하게 되고 그날 밤 청나라 장사꾼들이 마련한 술자리에 참석하게 된다. 이 청나라 장사꾼들은 대부분 주점, 전당포, 비단, 국수 장사를 하는 사람들이었다.

술이 몇 순배 돌고 고향을 물으니 이들 대부분이 옛 촉나라와 오나라에서 온 사람들이다. 심양의 위치는 만주였으므로 옛 촉나라와 오나라에서는 아주 먼 거리다. 말하자면 만주에서 가장 먼 지역 에서 온 장사치들이 이곳에 머물고 점포를 열었던 것이다. 연암이 물었다.

"어이하여 그대들은 그 먼 곳에서 이곳 만주까지 와서 장사를 하는 게요?"

장사란 어디서든 할 수 있는 법인데 고향 근처도 아닌, 만주까지 흘러와 장사를 하는 품들이 꽤나 불쌍했던 모양이다. 그러자 청나라 장사치들이 이렇게 대답한다.

"저희도 뭐 좋아서 머나먼 타향에서 장사를 하겠습니까? 고향에서는 그저 배운 것도 없고 인맥도 없으니 관헌에 진출할 수도 없을뿐더러, 농사 지을 땅도 없는 가난뱅이들이옵니다. 어쨌거나 목구 멍이 포도청이라 장사라도 해야 했는데, 배에 비단을 싣고 팔러 다닌 것이 어쩌다가 요동 땅에 상륙 하였고, 그러다가 이곳에 정착하게 된 것입죠."

연암이 또 물었다.
"연배를 보아하니 다들 처자식이 있을 법한데, 혹 가족들이 그립지는 않소이까?"

청나라 장사치들이 대답하였다.
"당연히 가족들이 많이 그립지요. 그런데 고향 땅이 너무 먼 곳이라 몇 년에 한 번 명절에 맞추어 가는데, 그것도 어렵지요. 기껏해야 인편으로 생활비를 보내곤 하다가, 큰 맘 먹고 만나러 가면 그 게 그리 좋을 수가 없지요. 하기야 몇 년 만에 보는 아내와 자식들, 노모이니 그 마음 어찌 그렇지 않겠소."

"어허, 말씀을 듣고 보니 참 애처롭소이다."

"그래도 우리는 이 생활이 그리 싫지는 않사옵니다. 고향에 있었으면 필시 굶어 죽었거나 남의 땅 농사나 지을 팔자인즉, 우리들이 이곳에서 생활비를 보내면 내 식솔들이 그걸로 생활을 유지하고 있으니, 이 직업마저 없었다면 내 식솔에게 어떻게 생활비를 보낼까요?"

이야기를 들어보니 그럴싸하다. 연암은 고개를 끄덕이고 술을 한 잔 들이켰다. 때는 1700년대였다. 중국의 상인들은 장사가 되는 곳이라면 천 리 길도 마다 않고 대륙 전체를 찾아다녔다. 그렇지 않으면 가족들의 생계를 책임질 수 없었기 때문이었다.

음식점도 마찬가지이다. 음식점을 창업하고자 하는 분들은, 현실에 안주하지 말고 장사꾼 마인드를 가지길 기원드린다. 여기서 장사꾼 마인드란 우리가 흔히 생각하는 '고객을 후리는 기술'이 아니다. 장사꾼 마인드란 가족을 지키기 위해 먼 타향도 마다하지 않고 찾아다니는 마음가짐이다. 내 가족이 이 기술이 없으면 먹고살 수 없다는 절박함이 있다면, 음식점을 창업할 때 더욱 용의주도하게 계획을 세울 수 있을 것이다.

맛을 통해 끊임없이 이윤 추구하기

　음식점 장사는 배고픈 사람에게 한 끼 식사를 무료로 제공하는 자선사업이 아니다. 남들보다 맛있는 요리를 만들어 그것을 팔고 판매량에 따라 이윤을 챙기는 비즈니스 행위이다. 음식점 장사는 돈을 벌거나 이윤을 추구하는 도구로 음식이 사용된다는 것이 다른 사업과 다를 뿐이다. 따라서 음식점 장사로 성공하려면 맛에 관한 한 인정사정없어야 한다. 소비자의 기호와 입맛에 맞추려고 스스로 부단히 노력해야 한다는 뜻이다.

　음식점 사장님들은 대부분 지금 당장 유지가 되고 있으면 그것으로 만족하는 경향이 있다. 하지만 당신이 만족하고 있을 때 그 옆에 다른 음식점이 들어올 수도 있고, 단골손님이 음식에서 머리카락이 나왔다고 발길을 돌릴 수도 있다. 당신은 오늘 판매량에 만족할 것이 아니라, 항상 머릿속에 매장을 더 키울 생각을 가지고 있어야 한다.

　생각해보라. 매장을 더 키우고 싶다면 무엇을 해야 할까? 더 많이 팔아야 하고, 더 많이 팔기 위해서는 더 많은 메뉴를 조합해야 하고, 더 많은 메뉴를 조합하면 더 좋은 맛이 탄생하고, 더 좋은 맛이 탄생하면 더 좋은 양질의 서비스를 공급해야 한다. 음식점을 창업할 생각이라면, 항상 더 많이 팔아야겠다고 연구를 해야 한다. 그것의 기준은 하루 매상 150만 원이다. 음식점의 규모와 관계없이 하루 매상 150만 원은 음식점의 실패와 성공을 가늠하는 잣대가 된다.

◀ 광주의 유명한 갈치요리 맛집. 목포산 먹갈치구이와 갈치찜이 올라오는데 이 집의 갈치찜은 고구마대가 들어있어 옛날식의 갈치맛으로 소문났다. 말하자면 이 집은 품질 좋은 먹갈치와 옛 맛을 팔아 이윤을 추구한다.

음식점도 머리로 하는 비즈니스

맛도 중요하지만 더 중요한 것은 업주의 두뇌라 할 정도로 음식점 사업은 체계화되기 시작했고 큰 돈을 벌 수 있는 도구가 되고 있다. 체인점 사업이 활성화되고 있고 반찬 산업이 발전하는 것을 보면 알 수 있다. 음식점 장사를 사업적인 면으로 확장시키고 있는 것이다.

음식점을 창업하려는 사람들은 요리에 취미가 있는 사람과 요리에 취미가 없는 사람으로 나눌 수가 있다. 오로지 요리를 만드는 일이 좋아서 음식점의 주인이 된 사람도 있지만 대부분은 당장 먹고 살기 위해 음식점 창업에 뛰어들게 된다. 이런 일들은 우리 주변을 보면 알 수 있다. 음식이라고는 전혀 하지 못할 것 같은 고교 동창생이 어느 날 보니 음식점 사장이 되어 나타난다.

"어, 네가 음식점의 사장이라고?"
"응. 나 음식점 하고 있어."

이 순간 여러분은 그 친구에게 월 순수익이 얼마냐고 묻지 않는 것이 좋다. 십중팔구 그의 월 순수익은 여러분의 두 배 이상은 될 터이니까 말이다. "사업을 크게 해보지?" 행여 이렇게라도 묻지 않는 것이 좋다. "내가 무슨 사업을 해? 그냥 먹고살면 되지." 이런 대답을 들을 확률이 높기 때문이다.

음식점이란 재료를 구입한 후 이 재료를 섞어 판매하는 업종이다. 이 정도는 누구나 할 수 있다. 그러므로 음식점 사업은 머리 회전이 중요하다. 머리 회전이 빠를수록 성공에 가까워지기 때문이다.

◀ 영월 장릉의 보리밥 맛집이다. 보리밥 안에 감자가 들어 있어 할머니표 보리밥 맛이 나는 것으로 유명하다.

게으름뱅이도 부지런해지는 창업

택시 운전사란 직업은 매우 고달픈 직업이다. 그러나 중소 기업을 운영하다 쫄딱 망해서 택시 운전을 하는 사람에게 물어보면 택시 운전사에게 한 가지 좋은 점이 있다고 한다. "어음이 아니더라고요. 현찰을 받으니 얼마나 기분이 좋던지……" 그래서 그 맛으로 택시 운전을 하면서 산다고 한다.

음식점도 마찬가지다. 광화문 지하도에서 소문이 난 왕거지라 할지라도 음식점에서 밥을 먹을 때는 돈을 내고 먹는다. 구걸은 그가 이익을 창출하는 수단이고 밥을 먹을 때 돈을 내는 행위는 그의 소비 지출 행동이다. 거지에게도 현찰을 받는 것이 음식점이란 뜻이다. 음식점은 그날 들어온 고객의 수에 따라 현찰이 차곡차곡 쌓인다. 이 현찰 앞에서 노력하지 않을 업주가 있을까?

L씨도 마찬가지였다. 음식점을 경영하기 시작한 후로 L씨는 어느 순간 자신의 성격이 바뀌고 있다는 것을 깨달았다. 평소 별로 부지런하지 않았던 L씨는 오전 11시에 식당 문을 열고, 점심 고객들이 올 때까지 편하게 쉬고 있는 줄 알았던 자기 자신이, 점심 시간에 들어올 고객의 수를 알게 모르게 계산하고 있음을 깨달은 것이다. 식당 문을 열면서 이미 그날의 하루 매상을 예측하고 있을 뿐 아니라 더 높은 매상을 올리기 위해 머릿속으로 고심하고 있었던 것이다.

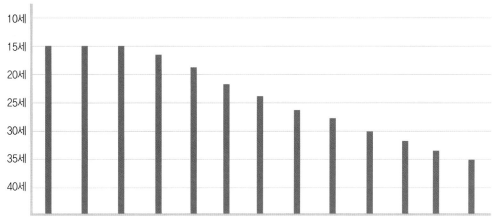

읽어보기 젊은 사람들은 싸고 푸짐한 음식, 그리고 눈으로 보기에 아름다운 음식을 좋아한다.

젊은 사람들은 싸고 푸짐한 음식을 좋아한다. 특히 여학생들 사이에서 선풍적인 인기를 얻고 있는 닭갈비는 떡볶이와 유사하지만 고기류라는 점에서 호응이 크다. 닭갈비는 가격도 여중생 몇 명이 돈을 합치면 먹을 수 있을 정도로 저렴하기 때문에 '닭갈비 먹기 모임'이 있을 정도이다. 저렴하면서도 눈으로 보기에도 푸짐한 음식, 그리고 먹을 때 기분을 낼 수 있는 음식들을 젊은 층들은 좋아한다. 예를 들면, 오리 요리를 닭갈비 방식으로 조리를 하면 더 맛이 있지만 가격이 비싸 젊은 층들은 먹지 못한다.

이와 달리 나이 30살이 넘으면 사람들은 점차 건강을 생각하기 때문에 같은 매운탕 요리라 할지라도 인삼이나 대추가 들어가 있는 건강식 보양 매운탕을 즐겨 먹게 된다.

나이별로 보는 음식 선호도

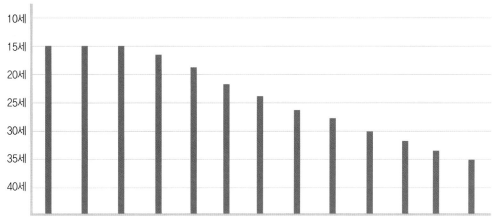

자료 분석에 참고한 상권 지역

서울 지역 : 잠실 신천 시장 먹자골목, 강남역 사거리, 명동, 회현동, 강남 신사동, 강남 압구정동, 명륜동 대학로, 영등포역 일대, 노원역 역세권, 수유역 역세권, 신림동 유흥가, 미아리 유흥가, 천호동 유흥가, 장안동 유흥가, 동대문 시장, 남대문 시장, 영동 시장, 건국대 앞, 화양리, 한양대 앞, 신촌 대학가, 종로 1가, 종로 2가, 종로 6가, 태릉 묵동, 청량리 일대

지방 지역 : 수원 인계동 일대, 인천 시청 로터리 유흥가, 인천 주안역, 구리시 번화가, 의정부 중앙통, 대전 중앙통, 대전 유성, 대전 천안 터미널 앞과 역전 앞, 보령시 시내, 충주 시내, 청주 시내, 춘천 명동, 전주 중앙동, 광주 금남로 일대, 부산 서면 로터리와 남포동 일대, 대구시 동성로 일대와 들안길

투자비 회수에 대한 구체적인 계획이 필요하다

투자비 회수, 1년 내로 계획하기

음식점을 창업할 때 가장 궁금해하는 것이, 투자비를 몇 년 안에 전부 회수해야 하느냐이다. 음식점의 경우 기본적으로 투자비를 1년 안에 모두 뽑아내는 전략이 필요하다. 음식점 사업은 다른 사업과 달리 1년 안에 투자비를 충분히 뽑을 수 있는 재미난 업종이다.

예를 들어 점포 임대료 포함 1억 원을 투자했다고 가정해보자. 이 경우 월 순이익이 800만 원 정도 나오면 1년 안에 투자비 1억 원을 뽑을 수 있다. 5,000원짜리 식사를 판매할 경우 하루에 200인분 판매에 성공하면 투자비 1억 원을 1년 안에 뽑는다. 물론 1억 투자해서 하루에 200인분 판매할 정도이면 장사를 잘하는 수준이라고 할 수 있다. 2억을 투자하고도, 또 4억을 투자하고도 하루에 200인분 팔기 벅찬 경우도 많기 때문이다.

음식점을 창업할 때는 기본적으로 1년 안에 투자비를 회수한다는 전략으로 창업을 준비해야 하며 이럴 경우 메뉴 구성이나 입점 위치 선정 등 창업 준비에 더욱 매진하게 될 것이다. 최근에는 경기가 많이 나빠졌기 때문에 2년 안에 투자비를 뽑아도 그럭저럭 잘했다는 말을 듣는데, 메뉴 선정이 좋거나 입지를 잘 선정했거나 음식 맛이 좋으면 1년 안에 충분히 투자비를 회수할 수 있다.

폐점에 대한 계획도 철저하게

인건비와 임대료의 비중이 높아지고 프랜차이즈 가맹점 수가 점점 늘어나면서 음식점의 평균 순이익률이 날로 곤두박질치고 있다. 10년 전만 해도 30%~35% 수준까지 볼 수 있었던 음식점의 순수익률이 최근엔 22%~35% 수준으로 떨어졌다.

대부분의 사업이 그렇듯 음식점 또한 오픈 후 15일~30일 안에 성공 여부가 결정난다. 물론 관광지나 지방 음식점의 경우에는 좀 더 추이를 지켜보겠지만 대도시의 음식점들은 개점 후 15일 이내에 성공 여부가 판단난다. 별다른 홍보를 하지 않았거나, 혹은 홍보전단지를 돌린 경우라도 15일 정도 관찰하면 한 달 순이익률이 얼마일지 바로 답이 나온다.

■ 하루 매상 40만 원 – 창업 실패한 업소

　한 달 총매출 : 40만 원×30일=1,200만 원

　재료비 (30%~35% 안팎) : 450만 원 안팎

　임대료 & 공과금 & 인건비 (35%~40% 안팎) : 500만 원 안팎

　순이익률 (22%~30%) : 250만 원~350만 원 (사장이 주방이나 매장 일을 하는 상태)

■ 하루 매상 60만 원 – 평균 성적을 거둔 업소

　한 달 총매출 : 60만 원×30일=1,800만 원

　재료비 (30%~35% 안팎) : 600만 원 안팎

　임대료 & 공과금 & 인건비 (35%~40% 안팎) : 700만 원 안팎

　순이익률 (23%~32%) : 400만 원 안팎 (사장이 주방이나 매장 일을 절반 정도 하는 상태)

■ 하루 매상 150만 원 – 대박 아닌 중박을 이룬 업소

　한 달 총매출 : 150만 원×30일=4,500만 원

　재료비 (30%~35% 안팎) : 1,600만 원 안팎

　임대료 & 공과금 & 인건비 (35%~40% 안팎) : 1,700만 원 안팎

　순이익률 (25%~33%) : 1,200만 원 안팎

하루 매상별 대처법

　흔히 음식점을 창업할 때 하루에 얼마를 팔아야 하느냐고 묻는다. 점포 임대료를 제외하고 5천만 원을 투자했을 경우, 순이익률을 22%~30%로 봤을 때 하루 매상 60만 원을 파는 것이 기준이다. 하루 매상 40만 원 이하이면 바로 업종 변경을 준비하는 것이 좋고, 60만 원 정도면 1~2년 예비 기간을 두고 사업을 관찰하되 업종 변경을 염두에 두고 능동적으로 사업해야 한다.

■ 하루 매상 30만 원~40만 원일 경우 – 폐업 갈림길의 음식점

　말 그대로 입에 풀칠하고 있는 상황에서 사업을 접지도 못하는 상황이다. 수입이 적기 때문에 사장이 직접 주방일을 한다. 인건비 지출을 줄여야 하므로 종업원은 1~2인만 고용할 수 있는 상태다. 종업원 1인 고용 시 매장을 전부 담당하지 못하므로 사장 부인이 주방일도 거들고 매장일도 거드는 상황이 된다. 이렇게 되면 부부가 골병드는 상태가 된다. 부인의 바가지 지수는 높아지고, 이혼 이야기도 간혹 나온다. 둘은 음식점 장사에 대해 체념하게 된다.

이런 점포는 십중팔구 1년 안에 문을 닫게 되거나, 코가 꿰인 상태로 어쩌지도 못하고 사업을 하는 상태가 지속된다. 하루 평균 매상 30만 원 이하이면 이건 동네에서 관심조차 받지 못하는 음식점이란 뜻이고, 맛없는 집이거나 망해가는 음식점이라는 뜻이다. 다시 말해 동네 손님은 없고, 아주 소수의 단골 손님과 우연히 걸려든 뜨내기 손님을 받는 업소이다.

5천만 원 이하 소자본 창업을 하면서 준비를 제대로 하지 않으면 이런 일이 쉽게 발생한다. 가장 큰 이유는 업종 선택이 잘못되어서이거나, 맛이 없어서이다. 이런 경우 1일 매상 폭의 변동이 매우 심한데 이것은 고객들에게 안 가도 되는 음식점으로 찍혔다는 뜻이다. 창업 15일이 지나도 하루 평균 매상이 30만 원 이하이면 바로 업종 변경을 해야 한다. 만일 밥집이었다면 술을 취급할 수 있는 업종으로 변경을 시도하면 매상을 더 올릴 수 있다.

◼ 하루 매상 60만 원일 경우 – 생활 유지형 음식점

하루 매상 60만 원이라면 월 수입이 400~500만 원 정도이므로 집에 생활비를 가져갈 수 있고 음식점 경영 목적으로 자동차를 자유롭게 운용할 수 있는 상태이다. 자동차는 더 싼 식재료를 사러 다니는 용도로 사용한다. 우리 주변에서 볼 수 있는 평범한 음식점들보다는 좋은 실적이므로 일단 '맛'은 어느 정도 인정받은 집이라고 할 수 있고, 단골 손님도 꽤 만들 수 있다.

일을 할 때 가끔 자기 일이 행복하다는 생각이 들기도 하고 불행하다는 생각이 들기도 한다. 부부는 일심동체로 사업을 키우기 위해 더 열심히 노력하는 상태가 된다. 건물 임대료에 따라 다르겠지만 종업원은 1~2명 정도 고용할 수 있고 부부 중 한 사람이 주방을 맡아 인건비 부담을 줄이고 있다.

그런데 이 경우가 가장 위험하다. 당장 먹고사는 방편이 마련되어 있으므로 가끔 행복지수가 올라가기는 하는데, 유명 맛집이 아닌 한 음식점의 매상은 세월이 흐를수록 떨어지기 마련이다. 예를 들어 옆집에 더 근사한 음식점이 들어오면 바로 타격이 온다는 뜻이다. 하지만 기존 단골이 있으므로 바로 매상이 떨어지지는 않고 2~5년 세월이 흘러가면서 아주 서서히 매상이 떨어진다. 어느 날은 매상이 90만 원인데 어느 날은 매상이 20만 원이 되기도 한다.

1일 매상 폭의 변동이 매우 심한 시기가 도래하면 사장은 위험 신호로 받아들여야 한다. 이때부터는 고객들의 입맛을 잡는 데 실패했기 때문에 서비스가 아무리 좋아도 고객은 찾아오지 않는다. 그래서 희망과 불안이 공존하는 상태가 되고 행복지수는 날로 떨어진다. 아무튼 그럭저럭 견디면서 5년 정도 시간이 흐르다 보면 하루 평균 매상이 30만 원대로 떨어진 것을 발견할 것이다. 결국 폐점의 순서를 따르게 된다. 매상이 조금씩 떨어지고 있을 무렵 매상을 올릴 방법을 강구해야 하는데, 음식 맛을 새로 개발하거나, 신 메뉴를 추가하는 방법, 더 좋은 재료를 사용하는 방법 등이 있다.

아무튼 하루 매상이 60만 원 이상이면 동네 상권에서는 비교적 장사를 좀 하는 집들이라고 볼 수 있다. 동네 상권의 10평 규모에서도 장사가 되면 이 정도 매상을 기본적으로 올릴 수 있다. 동네 상권에서 어느 정도 장사를 하는 음식점, 주점, 호프집, 고깃집들이 여기에 속한다. 중간 규모의 역세권에서 흔히 볼 수 있는 10평형 테이크아웃 커피숍 중에서 장사를 비교적 잘하는 점포들이 일매(일일 매출) 60만 원을 버는 점포들이다.

■ 하루 매상 100만 원일 경우 – 돈을 모을 수 있는 음식점

월 900만 원 안팎의 수익이 발생하므로 몸은 고생해도 행복지수는 날로 높아진다. 월 순이익 1천만 원 수준을 넘기면 이젠 자신의 음식점이 성공하였다고 자부하고, 자기는 가만 있는데도 돈이 굴러들어온다고 착각한다. 이 상태이면 주방장과 종업원을 여러 명 고용한 뒤 부부는 놀러 다닐 수도 있는 상태가 되지만 돈 버는 데 재미가 붙어 꼭 매장에 붙어 있으려고 한다. 이 경우 월수입을 전부 쓰지 말고 생활비를 제외한 나머지는 반드시 저축해야 한다. 저축한 금액은 몇 년 뒤 매장을 확장하거나 직영점을 내는 데 활용할 수 있다. 직영점 3개 정도 내면 더 바쁘게 살겠지만 최소한 돈 걱정은 안 하고 살 수 있을 것이다. 또한 천천히 프랜차이즈 사업을 시도할 수도 있다.

월수입 1천만 원을 넘기는 시점이 되면 자신이 모르는 사이에 맛이 괜찮은 집이라고 소문이 날 것이고 단골 손님이 다른 손님에게 추천하는 음식점이 된다. 객단가(일정한 기간의 매출액을 고객의 수로 나눈 값) 5천 원 기준 하루 200인분 정도를 판매하는 시점이다.

10평 규모의 국수집, 라면집도 유명 먹자골목 등에서 맛이 소문난 집이면 일매 100만 원을 찍는다. 동네 상권 중 유동 인구가 많은 곳에 위치한 유명 베이커리와 장사 잘되는 분식집이 일매 100만 원을 찍는다. 재래시장에서 볼 수 있는 시장 빵집 중 장사가 잘되는 빵집도 일매 100만 원을 찍는다. 유명 한식 프랜차이즈 중에서 장사가 좀 되는 음식점, 동네 상권에서 장사가 잘되는 주점, 치킨집, 고깃집, 횟집들이 일매 100만 원을 찍는다. 또 대형 감자탕집 중에 장사를 평균 정도 하는 점포와 비즈니스 밀집 지역의 테이크아웃 커피숍 중 장사가 잘되는 점포가 일매 100만 원을 찍는다.

▣ 하루 매상 150만 원일 경우 – 흔히 말하는 중박 음식점

하루 매상이 150만 원인 점포는 흔히 말하는 중박 이상의 성공한 음식점들이다.

유명 햄버거 프랜차이즈 중에서 입지 조건이 나쁜 지방에 있는 점포인 경우 일매 110만 원 정도를 찍는다. 대도시에서 지명도 낮은 지역에 있는 유명 햄버거 체인점들이 일매 130만 원~180만 원을 찍는다. 그리고 재래시장에서 볼 수 있는 시장 빵집 중 항상 손님이 바글바글대는 빵집이 일매 170만 원을 찍는다.

30평 규모의 유명 한식 프랜차이즈 중에서 장사가 잘되는 점포가 일매 150만 원 찍고, 장사가 잘되는 주점, 호프집, 고깃집, 일식집, 분식집이 일매 150만 원을 찍는다. 부촌에서 평균 정도 하는 고급 한정식집, B급 패밀리 레스토랑은 일매 150만 원~200만 원 찍는다. 유명 대학가에서 장사를 잘하는 스파게티 전문점은 일매 150만 원을 찍는다.

외곽 도로에서 국수집, 보리밥집, 돈가스 & 스파게티집, 조개구이집 같은 특정 아이템으로 히트 치면 일매 150만 원을 찍는다. 번화가에서 수제 어묵이나 수제 햄버거를 잘 만든다고 소문난 10평 점포들이 일매 100~120만 원을 찍을 수 있다.

여대 앞에서 20대 초반의 남자직원을 뽑은 뒤 철판볶음밥 쇼를 잘하면 일매 100~150만 원 찍는다. 공대 앞 호프집에서 싹싹하고 성격 좋은 여직원을 여러 명 고용하면 일매 100~150만 원 이상 찍는다. 또 역세권 호프집에서 싹싹하고 성격 좋은 여직원을 여러 명 고용하면 일매 150만 원 이상 찍는다.

▣ 하루 매상 200만 원 – 흔히 말하는 초대박 음식점

하루 매상 200만 원이면 객단가 5천 원 기준 1일 400인분을 판매하는 초대박 음식점이다. 월 1천 500만 원~2천만 원의 순수익이 발생한다. 물론 고기를 박리다매하는 주점이라면 이익률이 더 낮아질 것이다. 하루 200만 원 매출이 발생한다면 더할 나위 없이 좋은 시나리오이고 프랜차이즈 사업을 시도해도 성공할 확률이 있다. 또한 매출이 조금 떨어질 무렵이면 장사에 싫증날 수도 있는데 이때 권리금을 많이 받고 바로 팔아 버릴 수가 있다.

그런데 하루 매상 200만 원을 찍으려면 단골과 유동 인구가 중요하다.

A급 상권에 입점한 유명 패스트푸드점, 아이스크림 체인점이 일매 200만 원 이상 찍는다. A급 상권에서 장사가 잘되는 고깃집, 호프집, 횟집, 주점, 퓨전음식점, 유명 커피체인점, 일식집, 분

식집이 일매 200만 원 이상 찍는다. A급 상권에 있는 퓨전포차도 히트치면 일매 200만 원 이상 찍는다.

A급 비즈니스 타운에서 대기업 직원 대상으로 점심식사를 판매하는 백반집 중 장사 잘하는 집이 일매 200만 원을 찍는다. A급 역세권과 아파트단지가 중첩된 곳에 있는 보쌈집 중 장사 잘하는 곳이 일매 200만 원 이상 찍는다.

A급 역세권에 위치한 유명 베이커리 체인점 중에서 장사를 잘하는 베이커리가 일매 200만 원 이상 찍는다. 종합병원 안에서 독점 판매하는 죽 전문점이 일매 200만 원 이상 찍는다. 레스토랑, 파스타 레스토랑 등이 장사가 잘되면 일매 200만 원 찍는다.

자금이 없어 몸으로만 뛰는 경우도 있다. 일단 유동 인구가 바글바글한 빈 공터를 선점하고 퓨전포차를 오픈한다. 그런 뒤 맛과 저가격으로 들입다 밀면 일매 250만 원을 찍기도 한다.

▣ 하루 매상 300만 원 이상 – 맛집이거나, 유동 인구가 많거나, 매장 크기가 큰 음식점

유동 인구가 많은 오피스 밀집 지역은 20평 크기의 분식점도 장사를 잘하면 일매 300만 원 이상 찍는다. 또한 지방의 전통적인 맛집이거나, 점포 크기가 상대적으로 큰 경우이거나, 객단가가 높은 음식점이거나, 부촌에서 장사가 잘되는 음식점이 이에 속한다.

A급 상권이거나 강남 부촌 등에서 장사가 잘되는 고깃집, 호프집 등이 일매 300만 원 이상 찍고, A급 상권의 비즈니스 밀집 지역에서 장사가 잘되는 20평 크기의 분식점이 일매 300만 원 이상 찍는다. 대형 아파트단지에서 맛으로 유명한 개인 빵집이라면 일매 300만 원 이상 찍는다.
A급 상권에서 장사가 잘되는 유명 프랜차이즈 베이커리가 일매 300만 원 찍는다.
A급 상권에서 장사가 잘되는 유명 프랜차이즈 카페가 일매 300만 원 이상 찍는다.
A급 상권에서 장사가 잘되는 유명 프랜차이즈 커피숍이 일매 400만 원 이상 찍는다.
A급 번화가 혹은 유흥가에서 장사 잘되는 대형 횟집, 대형 고깃집이 일매 400만 원 찍는다.
A급 번화가 혹은 유흥가에서 장사 잘되는 이태리 레스토랑이 일매 400만 원 찍는다.

A급 상권의 대기업 옆에서 장사가 잘되는 80평급 한식집이라면 일매 400만 원 이상 찍는다.
A급 상권의 오피스 빌딩 밀집 지역에서 장사가 잘되는 200평급 음식점이 일매 700만 원 이상 찍는다. A급 상권이나 부촌에서 장사가 잘되는 고깃집이 일매 500만 원 이상 찍는다.
서울 강남, 서초, 송파에 있는 가든 중 장사를 잘하는 가든이 일매 700만 원 찍는다. 예를 들어 소갈비 숯불구이집이 부촌에서 초히트치면 일매 1,000만 원을 찍는다.

바닷가의 유명 횟집이라면 일매 400만 원 이상 찍는다. 더 유명하고 드라이브족이 많이 찾는 횟집이라면 일매 700만 원 찍는다. 도시 외곽에 새로 음식점을 세웠는데 맛집으로 유명세를 타면서 손님들이 꾸역꾸역 몰려온다면 일매 300만 원 이상 찍는다. 업종에 따라 일매 500만 원 찍는 집, 일매 700만 원을 찍는 집도 있다.

각 지방마다 전국적으로 유명한 맛집이 있고 이들 중에서 손님들이 하루종일 찾아오는 맛집들이 있다. 크기는 보통 30~40평 규모이고 가정집을 개조한 음식점인 경우가 많다. 오로지 맛으로 승부하는 이들 음식점 중 어느 집은 일매 400만 원을 찍고 어느 집은 일매 500만 원을 찍는데 보통 고깃집이거나 한정식집이다.

■ 하루 매상 1천만 원 – 기업형 음식점

유동 인구가 많은 곳에 위치한 유명 패밀리 레스토랑 가맹점들은 보통 일매 1천만 원 이상을 찍는다. 유명 프랜차이즈의 본점은 대부분 대형이다. 이들 중 장사를 잘하는 본점들이 보통 일매 400만 원, 500만 원을 찍고, 일매 1천만 원 이상 찍는 본점도 있다. 보통 고깃집, 쌈밥집, 보쌈집, 오리요릿집처럼 객단가가 높은 업체들의 본점이다. 토다이 프랜차이즈 직영점 중에서 고객이 바글바글 모이는 직영점이 있는데 이들 매장이 일매 5천만 원을 찍는다. 단일 음식점 중 전국 최고는 전라북도 맛집인 군산횟집인데 일매 1억 원을 찍는다. 건물(8층) 전체가 군산횟집이다.

개업 한 달 만에 실패를 확인했다면 업종 변경을

1층에 쌈밥집, 바비큐 닭고기집, 호프집, 재래식 횟집, 갈빗집, 제과점이 있는 아파트 근린 상가에 A씨가 새롭게 돈가스 전문점을 개업했다. 그런데 개업 후 문제가 발생했다. 초등학생들 사이에 맛없는 집이라고 소문이 나기 시작한 것이다.

A씨가 돈가스 집을 개업한 전략에는 일리가 있었다. 그곳은 서민형 아파트 지역이었다. 음식점의 우측 50m 지점에는 초등학교도 있었다. 서민형 아파트이므로 주민들의 대부분이 맞벌이를 하는 부부라고 예상했다. 그러므로 오후 시간이나 저녁 시간에는 자녀 한둘만 있을 가능성이 많아 보였다. 그래서 초등학생들을 위한 돈가스 배달 전문점을 오픈한 것인데 한 번 먹어본 초등학생들조차 두 번 다시는 먹지 않기 시작한 것이다. 요즘 초등학생들은 입맛이 까다롭다는 것을 A씨는 몰랐

던 것이다. 요즘 초등학생들은 300원짜리 떡볶이를 선택하든가 유명 패스트푸드의 햄버거나 피자를 선택한다. 어중간한 돈가스 브랜드는 쳐다보지도 않는 것이 요즘 초등학생들이다.

A씨는 개업한 지 15일만에 자신이 망해가고 있다는 사실을 깨달았다. 광고 전단지를 수없이 돌렸지만 효과는 없었다. 홀 손님은 아예 전혀 없었고 배달 주문은 하루 10건 내외로 줄어들었다. "하루 3만 원어치 팔아서 음식점을 유지하라고?" A씨가 생각하기에도 이건 폭탄에 맞은 상황과 똑 같았다.

결국 A씨는 체인점 가맹비와 설비 비용 등 모든 것을 포기하고 다른 업종으로 변경을 하기로 결정했다. 먼저 가지고 있는 돈이 없었으므로 친지들에게 간신히 돈을 융통했다. 그 돈으로 내부 인테리어 공사를 다시 시작했다.

먼저 전에는 없었던 온돌방을 만들었고 간판을 바꾸었다. 그 기간 동안 A씨의 부인은 안면이 있는 한식 음식점에서 조리법을 습득하였다. 일은 계획대로 착착 진행되어, 20일 후 A씨는 "닭볶음탕"과 "항아리 수제비", "닭 칼국수"를 판매하는 한식 전문점으로 다시 개업했다.

업종을 변경하자 처음 1개월 가량은 어느 정도 장사가 유지되는 것 같았다. 그러다 2~3개월간 매출이 떨어지는 듯하더니 다시 매출이 오르기 시작하여 1년이 지난 현재는 하루 40만 원 가량의 매출을 올리는 음식점이 되었다. 영업이 정상 궤도에 오른 것은 재오픈 후 6개월이 지나는 시점부터였다. 부인이 6개월 동안 닭볶음탕만 만들다 보니 점차 맛이 그윽해진 것이었다. 지금은 부부가 같이 일하면서 재료비와 각종 공과금을 제하고도 월 500만 원 가량의 순이익을 올리고 있다.

> 개업 후 한 달 동안의 매출이 예상 밖으로 형편없다면 업종 변경을 해야 한다. 너무 급하게 업종 변경을 하면 다시 실패할 확률이 있으므로 실패한 요인을 정확하게 분석한 후 같은 일이 반복되는 일은 막아야 한다. 이 상가에서 현재 매출 1위는 쌈밥집이고 2위는 바비큐 닭집이다. A씨가 운영하는 닭볶음탕 전문점도 점포의 규모에 비해 비교적 장사가 잘되는 편이다.

읽어보기 음식점 개업 후 이익을 낼 수 없을 때 체크 포인트

　다른 사업과 마찬가지로 음식점 사업도 이익을 내기 위한 수단이자 방법이다. 음식점 개업 후 적정 이윤을 내지 못한다면 인건비와 임대료, 생활비, 저축은 물론 새로운 메뉴를 개발하는 일조차 어렵게 된다. 보통 음식점 개업 후 2~3개월간의 상황을 보고 판단하지만 이익을 전혀 낼 수 없을 정도로 매출이 어려울 때는 1개월 내에 전업을 심사숙고해야 한다. 음식점 개업 후 수익이 발생하지 않는 이유는 다음과 같이 분석할 수 있다.

매상이 전혀 발생하지 않는다.

▶ 매상이 발생하지 않는다는 것은 유동 인구가 없거나 유동 인구를 제대로 흡수하지 않기 때문에 발생하는 일이다. 유동 인구는 있지만 유입이 되지 않고 있다면 음식점이 고객들에게 충분히 어필되지 않고 있는 상황이다. 전단지에 의한 홍보에 주력하여도 광고 효과가 미약하다면 매상이 발생하지 않는다. 신장개업을 한 음식점이 실패하는 경우는 이와 같이 유동 인구를 흡수하는 전략이 실패했기 때문이다.

매상은 예측대로 발생하고 있지만 이윤이 생기지 않는다.

▶ 매상은 적절하게 발생하고 있지만 이윤이 남지 않는다면 음식점 내부 관리에 문제가 있기 때문이다. 재료비, 인건비가 큰 비중을 차지한다.

　음식의 가격이 높거나 낮은 것이 아닌가? : 가격을 분석한 후 재조절한다.
　테이블 회전율을 분석 : 시간대별 매상 분석 작업으로 테이블 회전율이 높은 시간에 고단가 메뉴를 개발하여 선보인다.
　인건비 지출 : 보통 고임금 체계이거나 고비용의 아르바이트생을 고용할 때 발생한다.
　높은 원가 : 재료를 고비용으로 구입하거나 중복 구입할 때 발생한다. 비용을 절감하고 재료 손실을 막는다.

　매상이 적절히 발생하는데도 위와 같은 이유가 있다면 이윤이 발생하지 않는다. 전업보다는 각각의 상황을 분석한 후 적정 이윤이 발생하도록 조절하는 작업이 필요하다.

Chapter 02 :::: 음식점 창업의 성공학 10계명

---

1 친절한 서비스가 가장 기억에 남는다

말없이 행동으로 보여주는 친절한 음식점

식사를 하다 보면 말없이 반찬을 더 가져다주는 음식점들이 있다. 종업원이 다가와 빈 반찬 그릇을 보고는 "더 가져다 드릴까요?"라고 말한다면, 말 한마디에 불과하지만 식사 중인 고객은 저절로 기분이 좋아진다. 간혹 이처럼 친절한 식당을 만나 관찰을 하다 보면 대부분은 주인이 직접 반찬을 챙겨주고 있다. 종업원들은 반찬이 부족하건 말건 본체만체 지나가고 자기 일 하기 바쁘기 때문이다. 주인뿐만 아니라 종업원들의 몸에도 주인과 같은 친절함이 녹아있다면 얼마나 좋을까?

서울 서소문의 빌딩가 뒷골목에는 인근 회사원들을 대상으로 하는 음식점들이 즐비하게 영업 중이다. 이른바 가정식 백반집이다. 개중에 모 음식점의 주인은 단골을 챙기는 게 여간 정성이 아니다. 그러나 챙기는 건 단체 회사원들이고 싱글 고객은 전혀 챙기지 않는다. 싱글 손님이 들어오면 테이블 수가 부족한지 굳은 표정으로 냉랭하게 대한다.

그런 반면에 처음 온 손님이 설사 뜨내기 손님이라 할지라도 종업원들이 지극정성으로 챙겨주는 식당도 있다. 돈을 지불하고 음식점을 나서는데 종업원들의 목소리가 크게 들린다.

"맛있게 드셨어요? 그럼 즐거운 하루 되세요!"

친절한 업소라면 1명의 고객이라도 놓쳐서는 안 된다.

말로 표현하는 친절은 더 좋은 친절

앞에서의 경우처럼 말로 표현하는 친절이 가장 듣기에도 좋다.

"맛있게 드셨어요? 그럼 즐거운 하루 되세요!" 얼마나 듣기 좋은 인사인가?

더구나 여러 명의 종업원들이 이구동성으로 저런 식의 인사를 한다면 얼마나 듣기 좋겠는가?

J씨는 이제 막 사회경험을 시작한 사람으로 요즘 한창 이 직업 저 직업을 전전하는 젊은이다. 그런 그를 반기는 것은 그의 단골 서민형 음식점이다. 주방과 홀 종업원, 그리고 주인이 이처럼 크게 인사를 하고 있었다. J씨는 자기 돈 주고 밥을 먹었지만 이 음식점에서 밥을 먹고 나올 때면 가장 기분이 좋은 상태로 나온다. 하루 일을 다시 시작할 수 있을 정도로 용기와 자신감이 생긴다. 여러분들도 이런 음식점의 고객이라면 저절로 기분이 좋아질 것이다.

그 식당을 방문한 후, J씨처럼 필자도 크게 감동을 하고 말았다. 감동을 한 이유는 간단했다. 주방과 홀 종업원, 그리고 주인이 동시에 고객에게 큰 소리로 인사하는 음식점이란 좀처럼 만나기 힘든데, 그것은 그만큼 훈련이 되었다는 뜻이다.

친절도 계산된 영업 전략

음식점에서 좋은 서비스를 받으려면 규모가 크거나 비싼 음식점을 떠올리기 마련이다. '한정식집'이나 '고급 일식집' 또는 '고급 중화요리집'이나 '호텔 레스토랑'에 가면 멋진 서비스를 받을 것이라고 생각한다. 그런데 그런 곳에서 받는 서비스는 당연한 것이라고 할 수 있다. 비싼 음식점에서는 음식값에 직원들의 서비스료까지 포함되어 있기 때문이다.

이처럼 직원들의 친절한 서비스를 무기로 하는 고급 음식점들이 많다. 온돌방에 앉아 있으면 지배인이 와서 넙죽 절을 하는 음식점이 있는가 하면, 고객은 '상전'이고 음식점은 '하인' 역할을 수행하는 서비스의 진면목을 보여주는 음식점도 있다. 왜 이런 음식점들은 직원들의 친절함이 과도한 것일까? 그것은 그 집의 음식 가격을 보면 알 수 있다.

한 끼 10만 원짜리 음식을 파는 음식점이라면 직원들에게 그에 상응하는 서비스를 훈련시킨다. 그 서비스는 돈이 입금될 것임을 알고 있기 때문에 실행되는 비즈니스인 셈이다. 백반점이나 분식집이 친절하다면, 이것 또한 훈련의 결과이겠지만 업주나 직원들의 마음 씀씀이에 정겨움이 있다는 뜻이다.

그날 고객의 80%를 내 편으로

친절함의 최종 목적은 고객을 자기편으로 만들고자 하는 목적 때문이다. 자기편이란 곧 단골 고객이 되는 것을 의미한다. 음식점의 업주는 그날 들어오는 고객의 80%를 단골 고객으로 만들려는 적극성이 필요하다. 이 적극성은 겉으로 드러나지 않고 친절한 서비스와 챙겨주는 서비스로 접근되어야 한다. 그날 오는 고객의 80%가 단골 손님이 된다면 나중에 어떤 결과가 발생할까? 개업 후 6개월이 지나면 음식점이 비좁아 확장할 생각을 하게 될 것이다. 음식을 먹기 위해 고객들이 기다리는 상황까지 벌어질지도 모를 일이다.

단골이란 몇 년을 계속 오가다 20년이 지나서도 다시 찾아오는 사람들이다. 단골은 그 집의 음식이 먹고 싶을 경우 먼 곳을 마다하지 않고 달려오는 사람들이다. 이러한 경험은 여러분들도 익히 해봤던 경험들이다. 어떤 음식 냄새를 맡았을 때 만일 단골집이 있었다면 그 단골집으로 가야겠다고 생각했던 경험 말이다.

음식점 사업에서 성공하고 싶다면 매사에 적극성을 가져라. 고객의 직업, 나이, 가족 관계를 챙겨주고 고객의 자녀들에게는 사탕이나 음료수를 아낌없이 챙겨준다.
혹시 고객들이 귀찮아하지 않을까 고민이 된다? 놀이터에서 어린이에게 그런 호의를 베풀었다면 십중팔구 유괴범으로 의심받지만 음식점 안이다. 남에게 관심을 얻기란 쉽지 않기 때문에 여러분의 호의를 더 좋아할 것이다. 카페나 레스토랑이라면 단골 고객의 생일 정도는 챙겨줄 필요가 있겠다.

친절도 피나는 연습이 필요

어떤 업소의 남자주인은 이렇게 짜증을 낸다.

"겨우 5천 원짜리 음식을 파는데 선생 말처럼 친절해야 할 필요가 있나?"

싼 음식점이니까 친절 같은 것은 기대하지 말고 대충 먹고 가라는 뜻은 아닐 것이다. 사실 그렇게 대답하는 것이 아니라 대부분의 주인들은 이렇게 생각하고 있다.

"내가 하인인가? 창피하게스리⋯⋯"

"나는 친절 같은 거 몰라⋯⋯ 거 대충 넘어가지 뭐⋯⋯"

우리나라의 음식점들은 대부분 남자가 운영하고 있다. 우리나라 남자는 태생이 이상한지 애초부터 친절함이 몸에 잘 배어 있지 않은 동물들이다. 그래서 음식점이 서비스 업종임에도 불구하고 실제로는 몸으로 표현을 하지 못하고 있다. 5만 원어치 매상을 올려줘 봐라. 마음 속으로는 좋아하면서도 "저희 음식점을 이용해 주셔서 고맙습니다!"라고 말해야 한다는 것이 막상 표현하려면 안 되는 것이다. 더구나 우리나라 국민들은 남자나 여자나 큰 목소리로 인사를 하는 법을 배우지 않았다. 우리나라는 어떤 정서의 나라라고 배웠는가? 눈빛만 교환해도 잘 통한다는, 단일민족 정서의 국가다. 남녀가 연애를 하더라도 눈빛 교환만으로는 연애가 성립될 수 없다. 눈빛 교환 다음에 필요한 것이 대화의 기술이다.

친절함이 몸에 익숙지 않다면 아침마다 거울 앞에서 큰 목소리로 연습을 하는 과정이 필요하다. 메모지에 인사말을 적어 놓은 뒤 그것을 큰 목소리로 연습해보자. 패스트푸드점에 신규 아르바이트생이 들어오면 그 아르바이트생이 제일 먼저 배우는 것이 인사하는 법인 것처럼, 주방장과 홀 직원들에게도 주기적으로 매일 아침 연습을 시켜야 한다.

인사말 정도는 15일 정도 연습하면 큰 목소리로 하는 법을 터득하게 된다. 그리하여 나중에는 고객이 들어올 때마다 저절로 큰 목소리로 인사를 하게 될 것이다. 부끄러움을 많이 타는 직원이라면 허리 굽혀 인사하는 방법만이라도 가르쳐야 한다.

인사말의 종류

고객이 들어올 때 할 수 있는 인사말

"어서 오세요!"

"어서 오세요. xx 음식점입니다!"

"안녕하세요."

"안녕하세요. 반갑습니다!"

돈을 받을 때 업주가 손님에게 건넬 수 있는 말

"고맙습니다."

"고맙습니다. 행복하세요."

"감사합니다. 좋은 하루 되세요."

"맛있게 드셨어요?"

고객이 나갈 때 할 수 있는 인사말

"고맙습니다! 안녕히 가세요."

"고맙습니다! 좋은 하루 되세요."

"다음엔 더 잘 모시겠습니다."

"안녕히 가세요. 오늘 하루 좋은 하루 되세요!"

"안녕히 가세요. 행복하세요!"

"안녕히 가세요. 다음에 또 오세요!"

"다음에 또 오세요. 단골이니 잘해 드릴게요."

중국 장사꾼들은 인사를 잘한다. 손님이 음식점 앞에서 간판에 적힌 메뉴판을 읽고 있다가 출입문에 서 있는 음식점 업주와 눈이 마주친다. 한국인 업주들은 멀뚱멀뚱 쳐다보며 아무 말도 안 한다. 중국인 업주라면 고개 숙여 인사하며 큰 소리로 "어서오십시오"라고 외친다. 한국인 업주들이여. 밖에 서 있는 손님이 가게의 간판을 보고 있다면 뭔가 먹을 것이 있나 탐색하는 과정이다. 이때 반기는 시늉이라도 해야 손님이 들어올까 말까 한다. 푸드코트 매장에서 카운터에 앉아 있는 업주와 두 눈이 마주쳐 봐라. 당장이라도 뛰어나올 시늉으로 "여기 자리 많아요"라고 활짝 반긴다. 자, 이 인사법은 잘못된 인사법이다. "우리집 맛있어요"라고 인사하는 것이 먹힐 수 있는 인사법이다. 아무튼 업주가 꿔다놓은 보릿자루처럼 목석이거나, 밝은 표정이 아니라면 누가 그 식당을 이용하겠는가?

2 음식점에 있어 청결함은 기본이다

청결함을 유지하기 위해 노력하기

　음식점에 필요한 첫 번째 덕목은 아무래도 '청결함'이다. 그런데 청결함을 유지하는 행위만큼 사람들을 귀찮게 하는 일이 없다. 그러나 손에 익으면 어느새 익숙해지는 자기 자신을 발견할 것이다.

　매일 아침마다 자기 집 앞을 빗자루질하는 아저씨가 있다. 아마 처음에는 아무도 동네 청소를 안 하므로 화가 나서 빗자루질을 시작했을 것이다. 그러다 귀찮으면 빗자루질을 그만두다가도 쓰레기가 쌓이면 빗자루질을 다시 시작하였다. 그러던 어느 날, 빗자루질을 하다 말고 문득 어떤 생각이 떠오른다. '어? 이거 허리 운동과 상체 운동이 저절로 되는데?' 그런 생각이 든 이후 이 아저씨는 운동 겸 청소로 매일 아침마다 자기 집 앞 골목에서 열심히 빗자루질을 한다. 그 집 앞은 당연히 그 동네에서 가장 청결한 곳이다. 골병들 것 같은 빗자루질도 나중에는 아저씨의 체력을 보강하는 운동이 될 것이다.

　보통 육류를 취급하는 음식점을 운영하다 보면 10개 내외의 주방 칼을 사용하게 된다. L씨도 마찬가지였는데 그는 영업이 끝난 후에는 항상 칼을 깨끗이 씻었다. 또 주방에 설거지를 하다 만 식기류가 발견되면 설거지를 다 끝내놓고 퇴근해야만 직성이 풀렸다.

　음식점의 매장 관리도 마찬가지였다. 고기불판은 깨끗이 자기집 그릇처럼 씻고 테이블은 세세히 닦았다. 급하면 담배 꽁초도 손으로 주워가며 홀을 깨끗하게 정리하였다. 그가 이렇게 솔선수범하는 이유는 냄새 때문이다. 만약 여름철에 청소를 미루면 밤 사이에 고기 썩는 냄새가 홀 안에 진동하고 그 냄새가 계속 다음 날 점심까지 남아있으면 아무래도 영업에 지장이 된다. 음식점을 깨끗하게 관리하는 행위는 결국 영업실적을 높이려고 하는 주인의 노력인 셈이다.

청결한 음식점을 만드는 방법

집기류나 식자재, 그리고 직원들의 관리도 음식점의 청결함만큼 중요하다.

▣ 두루마리 화장지를 냅킨 용도로 고객에게 꺼내놓지 말라. 식탁 위에 두루마리 화장지가 놓여 있다면 고객들은 이 음식점이 청결하지 않다고 바로 의심을 품는다.

▣ 오후 3시에 홀 온돌방에서 종업원들이 화투를 치거나 누워서 잠자게 하지 말라. 부스스한 얼굴로 손님을 맞는 종업원의 모습만큼 고객의 기분을 상하게 하는 일도 없다. 룸과 룸 사이에 작은 방을 만들어 종업원들이 휴식을 취할 수 있도록 공간을 만들어 놓는 것이 좋다.

▣ 화장실 청소는 항상 깨끗이 한다. 소변기의 노란색 자국은 락스를 뿌려 문지르면 손쉽게 지울 수 있다. 업소의 주인이 솔선수범하는 정신을 보인다. 요즘은 주인이 솔선수범해도 종업원들이 따라오지 않지만, 주인이 지극정성 청소를 한다면 종업원들도 어느새 주인을 닮아갈 것이다.

3 특화된 요소가 필요하다

특화된 요소란?

규모가 큰 한정식 전문점은 종업원들의 유니폼을 한복으로 맞추었다. 지배인은 사또 복장을 한다. 음식점 중앙에는 가야금 산조를 뜯는 국악생까지 아르바이트로 동원한다. 여차하면 부채춤까지 벌어질 상황이다. 이처럼 이벤트가 있는 음식점은 젊은 층들이 좋아할 뿐 아니라 외국인들도 호기심을 가진다.

이와 달리 폐쇄적인 경영 방침으로 서민들을 울리는 음식점들도 있다. 정부 고관이나 기업체의 고위층만을 고객으로 받는 한정식 전문점이 서울 광화문 주위엔 많다. 한정식 1인분 가격은 몇만 원 수준이니 평범한 직장인들도 기분 내고 싶으면 사먹을 수 있는 수준이라 하겠다. 그런데 이 한정식집은 평범한 직장인들을 예약이 되지 않았다는 구실로 아예 받지 않는다. 음식점 안이 텅텅 비어 있고 종업원들이 놀고 있어도 고위층 아니면 손님으로 받지 않는 것이다.

푸드코트 스타일의 도입

구의동 테크노마트 빌딩의 푸드코트는 예전부터 유명했지만 이런 류의 푸드코트는 사실 용산 선인상가 꼭대기층에서부터 시작되었다. 용산 선인상가 꼭대기층에 올라가면 넓은 매장이 있다. 여기에 배달 밥집들이 모여있는데 인테리어만 하지 않았을 뿐 푸드코트와 똑같은 분위기이다.

일반 백화점의 1개층에 해당하는 넓은 매장에 배달밥집들이 식탁과 의자를 같이 사용하며 전자상가를 대상으로 배달밥집을 하는데, 전자상가 종업원이나 고객들이 즐겨 찾아온다고 한다. 사람들은 밥 먹을 때만큼은 넓은 장터 분위기를 좋아한다. 장터 분위기가 왜 좋을까? 궁금한 분이 있다면 한국민속촌 장터식당에 찾아가보라. 웅성웅성 대는 대화 속에 젓가락질 소음을 들으며 먹는 밥 맛은 말 그대로 꿀맛이다. 대부분의 푸드코트는 100평 규모에서 몇백 평 규모의 매장에서 시도하는데 50평 규모의 작은 매장도 푸드코트 스타일의 매장을 도입할 수 있을 것이다.

매운 음식을 대표 메뉴로

아주 지독하게 매운맛을 음식점의 특징으로 내세우는 음식점들이 국내에 우후죽순 생겼다. 한참 인기 있었던 매운맛 불닭 같은 메뉴가 그것이다. 매운맛의 진원지는 아마 전주, 군산, 익산에서 간혹 볼 수 있는 콩나물 해장국집일 것이다. 원래 전주는 콩나물 해장국이 유명하지만 그렇게 맵지 않았다. 이들 가운데 톡톡 튀는 아이디어를 가진 업주들이 콩나물 해장국의 반찬으로 빈 밥그릇에 계란프라이를 담아 내왔다. 필자는 맨 처음 이 음식점에서 밥을 먹을 때 '빈 공기밥 그릇에 담겨 있는 계란프라이에 그만 당황하고 말았다. 다행히 식사를 시작하기 전 음식점 업주가 친절하게 시식 방법을 알려 주었다.

"이 계란프라이는 식사 중에 드시지 마시고, 식사가 끝난 후에 김을 뿌려 드시기 바랍니다. 그럼 혀에서 느끼는 매운맛이 감쪽같이 사라집니다."

영문을 모르는 상태이므로 일단 주인이 시키는 대로 해보기로 했다. 우선 콩나물 해장국을 먹기 시작했는데 청양고추가 알싸하게 씹혀 국밥 맛이 점점 매워지기 시작했다. 급기야는 참을 수가 없어 식사 중에 냉수도 여러 번 마셨다. 그런데 매운맛은 가시지 않았고 오히려 눈물이 뚝뚝 떨어질 정도로 점점 매워지기 시작했다. 필자는 어쩔 수 없이 식사를 중단하고 계란프라이에 김가루를 뿌린 뒤 먹어 보았다. 그러자 귀신같이 혀에서 느꼈던 매운맛이 사라져 버렸다. 주인이 말하길 계란프라이는 혀에 남아 있는 매운맛을 정화시켜준다는 것이다. 호기심이 생긴 필자가 주인을 불러 물었다.

"어떻게 계란프라이가 매운맛을 가시게 한다는 것을 아셨습니까?"
주인이 빙긋이 웃으며 말했다.
"이 음식점에 대대로 내려오는 비법이지요."

입안에서 매운맛을 없애려면 계란프라이를 먹어라.

이 이야기는 필자가 10여 년 전에 겪었던 이야기이다. 그 음식점은 매운맛 하나 때문에 군산 지역에선 꽤 유명한 음식점이 되었고 지금은 분점을 포함해 2개 점이 군산 시내에서 영업 중일 뿐 아니라 수많은 유사 음식점들이 생겨났다.

이것은 이 음식점의 30년된 비법이랍니다.

4 고객을 끌어들이려면 미끼 메뉴를 개발하라

1천 원짜리 음식

미끼 메뉴로 고객을 공략하는 음식 중에 대표적인 음식이 한때 유행했던 1천 원 자장면이나 1천원 우동이다. 지금은 인건비 때문에 불가능한 단가의 메뉴이지만 아직도 서울 종로에는 2,000원 국밥집도 있다. 비빔밥은 3,500원이면 요즘 같은 고물가 시대에도 만들 수 있고 이문이 남을 수 있다. 이문 남으면 파는 게 장사다. 사실 3,500원짜리 비빔밥 10그릇을 파는 것보다는 1만 원짜리 비빔밥 한 그릇을 파는 게 영업면에서는 인건비 절감이 되어 더 좋을지 모른다. 그러나 박리다매 공략이 가능한 입지 조건이라면, 다른 음식점보다 싼 가격으로 음식을 공급해 고객을 끌어들이는 것이 최우선 전략이다.

서울 강남에는 이런 방식으로 미끼 메뉴로 고객을 단골로 만든 뒤 지금은 큰 성공을 하여 고급 중화요리집이 된 업소가 있다. 서울 강북 지역의 모 대학 앞에 있는 K 중국집은 1,000원짜리 자장면으로 고객을 유인해 한겨울에도 24시간 내내 손님이 찾아든다. 물론 지금은 인건비가 비싸기 때문에 가격을 더 올렸다. 또 한때는 추어탕이 저렴한 가격으로 등장하기도 하였다. 서울 상계동에서 2,500원밖에 안 하는 추어탕 전문점이 나타나 사람들의 주목을 받았던 것이다. 이 추어탕 전문점은 당시 추어탕(₩2,500)과 비빔밥(₩2,500) 단 두 가지 종목만 취급하여 택시기사들에게 인기가 많았다. 요즘 물가에 맞게 미끼 메뉴의 가격을 책정하면 약 3,500원 선이다. 3,500원대의 음식을 만들어 팔면 지금도 통할 것이다.

테이블 회전률이 가장 높은 음식점은 어떤 종목일까?

아무래도 고깃집이 테이블 회전률이 가장 높다고 할 수 있다. 고기는 먹으면 소진이 되기 때문에 고객은 그만 먹고 나가든가 아니면 계속 주문을 해야 하기 때문이다. 술을 함께 팔기 때문에 매출도 높게 발생한다. 이런 높은 장점에도 불구하고 고깃집의 창업과 관리는 결코 쉬운 편이 아니다. 최근 고깃집들은 점차 대형화되고 현대화되기 때문에 우선 창업 비용이 만만치 않다. 또한 고기가 질기거나 맛이 없으면 손님이 다시는 오지 않기 때문에 품질 좋은 육류 구입에 집중적인 관심이 필요하다.
전국적으로 평균적인 맛을 자랑하는 생고기 전문집의 경우, 육류를 좋은 것으로 선별하거나 맛이 뛰어나다면 전국에서 사람이 몰려올 정도로 장사가 잘 될 수 있다. 한국 대표 부촌이라고 할 수 있는 서울 강남에는 수많은 고깃집이 있는데 일단 좋은 한우를 사용하면 고단가임에도 불구하고 가족 외식자들이 바글바글 모인다.

5 위치 선정이 중요하다

신규 창업자에겐 먹자골목이 좋은 입지 조건

초보자들이 가장 무서워하는 것은 음식점이 많은 지역에 음식점을 개업하는 것이다. "이 많은 음식점 중에서 내가 개업하는 음식점이 과연 살아남을 수 있을까?" 초보자라면 충분히 생각할 수 있는 의문점이다.

음식점이 많이 몰려 있는 지역을 속칭 '먹자골목'이라고 부른다. 이런 지역에서 음식점을 개업했을 때는 돈을 많이 벌 수 있을지 없을지는 쉽게 장담할 수 없다. 그러나 기본 매출은 발생시킬 수 있다. 왜냐면 음식점이 많은 지역은 그만큼 유동 인구가 많은 지역이기 때문이다. 여기서 뜨내기 반, 단골 반으로 장사하다가 음식 맛이 소문나면 모두 단골로 만들 수 있고, 음식 맛이 나쁘면 뜨내기들도 찾지 않으니 망하게 된다. 결국 먹자골목에서의 창업 또한 맛으로 승부하는 것이라는 뜻이다.

먹자골목이라고 해서 모두 장사가 잘되는 것은 아니다. 쇠퇴하는 먹자골목이 있는 반면 이제 발전하고 있는 먹자골목이 있다. 예를 들어 기존 먹자골목 1km 옆에 별안간 2만 세대 아파트단지가 준공된다면 2만 세대 아파트단지 쪽에 먹자골목이 한두 개 더 생길 것이다. 따라서 먹자골목에 입점하고 싶다면 점점 발전하고 있는 먹자골목에 입점해야 하는데 이런 곳은 이미 선점당한 경우가 많다. 그럴 경우에는 새로 생긴 먹자골목의 진출입로를 분석하여 유동 인구가 많은 쪽을 2차 입점지로 정하고, 구 먹자골목과 저울질하는 작업이 필요하다.

발전하고 있는 단계의 먹자골목은 역세권에서 주로 볼 수 있다. 서울 노원역의 먹자골목은 역세권 중에서도 크게 발전한 먹자골목이다. 신림동 순대타운은 예전의 명성만큼은 아니지만 지금도 영업이 활발한 편이다. 주로 새로 생기는 역세권, 그리고 신규 오픈한 대형 쇼핑센터를 중심으로 먹자골목이 형성될 수 있으므로 이런 지역은 항상 관찰 대상으로 두는 것이 좋다.

히트 조짐이 있는 음식점

얼마 전까지 히트를 한 음식점으로 설렁탕 전문점과 참치회 전문점, 감자탕 전문점이 있고 최근에는 부천 지역에서 오리요리집이 빅 히트를 하고 있다. 패밀리 레스토랑으로는 꽃게나 바닷가재 같은 해산물 전문 음식점과 샐러드 전문 레스토랑들이 웰빙을 표방하며 큰 성공을 거두고 있다. 서울에서는 동태탕 전문점 등이 비즈니스, 상가 밀집지역에서 히트 조짐을 보이면서 20대 젊은이들까지 고객으로 끌어들이고 있다. 요즘 서울에서는 분식거리인 호두과자가 히트를 하고 있는데 초등학교나 유치원을 끼고 장사를 하면 초등학교나 유치원 등에서 납품이 들어오기도 한다.

일단 성공한 음식점은 먹자골목이 형성되면 자리를 잡아가지만 먹자골목이 없는 곳에 있는 대형 음식점들은 떠나간 유행과 함께 위기가 찾아온다. 오래 전에 히트를 했던 아귀찜 전문점은 부산이나 서울 한남동, 삼양동 등에 아직 살아있는데 이런 경우는 입지 조건 자체가 먹자골목이었거나 음식의 세력이 세서 먹자골목을 만든 경우이다. 물론 유명 맛집이라면 먹자골목에 있다가 다른 곳으로 이전해도 세력이 세다.

히트를 하고 있는 음식점을 운영해 영업에 성공하면 그 음식점은 그 지역의 명소가 된다. 설렁탕 집, 갈비집 등을 보면 알 수 있다. 히트를 한 음식점이 아예 독자적으로 상권을 형성하기도 하는데 서울 신림동의 순대 골목이나 오징어 볶음 전문점, 종로 청진동에 있는 낙지 골목이 그러한 예이고 춘천 닭갈비 골목은 춘천이 망해도 살아남을 만한 먹자골목이다.

현재 히트하고 있는 종목으로 창업하면 일단 돈을 벌 수 있지만 그렇다고 모두가 돈을 벌 수 있는 것은 아니다. 개중에는 돈을 긁어모으는 음식점도 있지만 평범한 음식점으로 전락하는 경우도 많고 전멸당하다시피 참패하는 경우도 있다.

이미 히트한 음식점을 개업할 때는 딱 한 가지 주의할 점이 있다. 맛이 기존 경쟁업소보다 더 뛰어나야 한다는 점이다. 이 한 가지 조건만 충족된다면 전국적으로 히트한 음식점은 어디에서든 입점이 가능한데, 그러나 지금 현재 포화 상태에 직면한 음식점이라면 가급적 피하는 것이 좋다. 그것보다는 히트 조짐이 있는 음식을 찾아 개업하는 것이 더욱 실리적이다.

7 그 무엇보다 '맛'이다!

음식 맛을 규격화하기

음식점을 경영할 때 가장 시급한 작업이 있다. 항상 맛있는 맛이 나오도록 규격화하는 작업이다. 특히 음식점을 처음 창업하는 초보자들은 항상 음식이 맛있도록 조리 과정을 규격화하는 작업이 절실하다.

"음식의 조리 과정을 과연 규격화할 수 있을까?" 여기서 규격화란 재료를 계량화하고 조리하는 순서를 서면으로 기록하는 작업을 말한다. 음식도 건물을 건축하는 것과 마찬가지로 규격화가 되면 항상 동일한 맛 또는 항상 맛있는 맛이 나온다.

생일상에 흔히 올라오는 미역국은 어떤 방식으로 조리를 할까?

쇠고기(양지머리 또는 국거리용) : 100g
마른 미역 : 50g
마늘 다진 것 : 1큰술
파 : 1줄기
간장 : 2큰술
후춧가루 : 약간
소금 : 1작은술
참기름 : 2큰술
물 : 8컵

이 재료는 미역국 4인분을 맛있게 끓일 수 있는 규격이다. 이 규격에 맞추어 조리하면 조미료를 넣지 않고도 맛있는 미역국을 만들 수가 있다.

재료와 조리 순서를 규격화시킨 점에는 서구에서 들어온 패스트푸드점들이 일조를 했다. 배스킨라빈스 체인점에는 여름철 대표 커피 음료로 "아이스라떼"라는 것이 있다. 아이스라떼는 테크노마트 매장이나 수유리 매장, 강남 매장 등 어느 매장에서건 하나같이 동일한 맛을 자랑하고 있다. 시간제 아르바이트생이 만든 아이스라떼가 왜 항상 똑같이 "맛있는" 맛을 보이는 것일까?

비결이란 간단하다. 시간제 아르바이트생들도 맛있게 만들 수 있도록 맛을 규격화시켰기 때문이다. 우유와 과일 원액, 커피 원액, 바닐라 아이스크림을 섞고 얼음을 가는 믹서의 동작까지 규격화되어 있다. 배스킨라빈스의 매장 중 아무 매장이나 방문해 보자. 카운터나 믹서기 근처를 살펴보면 직원용으로 비치된 아이스라떼 조리법을 발견할 수 있을 것이다.

조리법을 규격화하면 운영적인 면에서 다음과 같은 장점이 생긴다.

항상 동일한 "맛있는" 맛을 고객들에게 제공할 수 있다.
업주는 신참 직원이 들어와도 요리의 조리법을 용이하게 알려줄 수 있다.
맛이 항상 불변하므로 고객들에게 "맛이 변하지 않는 집"이라고 신뢰를 얻을 수가 있다.
현재의 맛이 규격화가 되어있으므로 새로운 맛의 개발이 용이하다.
체인점 사업을 전개할 때 음식의 조리법을 가맹점에게 용이하게 전수할 수 있다.

재료면에서도 규격화 작업은 다음과 같이 여러 가지 장점이 있다.

필요한 재료를 미리 알고 있으므로 불필요한 재료를 구입하지 않는다.
음식을 조리할 때 재료의 손실을 막을 수 있다.
남은 재료의 관리가 용이하다.
가스 연료비를 낭비하지 않는다.
손님의 수에 따라 정확하게 대응할 수 있다.

규격화하는 작업은 양식보다 한식이 어려운 것이 사실이다. 그러나 전주 비빔밥을 예로 들어보자. 유서 깊은 전주 비빔밥 전문점은 밥을 지을 때마다 반드시 사골 국물로 밥을 짓는다. 사골 국물이 아니면 밥이 제맛이 나지 않기 때문에 비용이 들더라도 사골 국물을 이용해 밥을 짓는다. 이미 전주 비빔밥은 "반드시 사골 국물로 밥을 짓는다."는 규격이 세워진 것이다.

책의 앞에서 설명했던 순두부 요리를 예로 들어보자. 다른 음식점들이 양파를 썰어 사용할 때 어떤 집은 양파를 갈아 사용하고 있다. 1인분의 순두부 찌개를 끓일 때 고추기름은 고춧가루와 콩기름을 몇 스푼씩 넣어야 할지 규격이 정해져 있다. 그렇지 않다면 항상 맛이 변했을 것이다. 맛이 변하지 않는 음식이라면 이미 규격이 정해졌다는 뜻이 된다. 요리란 민감하다. 물 한 컵을 실수로 더 넣으면 순두부의 맛이 달라진다.

업주의 노력에 달린 음식 맛

"노력하면 음식의 맛이 좋아질까?"

막상 이런 의문이 들어도 노력만큼 인생사의 진리가 없다는 것은 누구나 알고 있다. 단지 성격상 게으르거나 아직 철이 없다면 노력을 하지 않기 마련이다. 요리 역시 마찬가지이다. 요리란 반복해서 만들다 보면 점점 음식의 맛이 깊어지고 향기가 나기 마련이다.

매일 라면을 끓여 먹는 중학생이 있다. 어느 날 라면을 끓인 다음에 파를 송송 넣어보았는데 그 맛이 더욱 좋았다. 이 중학생은 그 후 라면을 끓일 때마다 항상 파를 넣곤 하였다. 왜냐하면 파를 썰어 넣으면 더 맛이 있었기 때문이다.

이처럼 항상 자신이 맛있게 조리했던 방식으로 음식을 만들어 먹기 마련이다. 음식점의 업주도 마찬가지이다. 어떤 음식을 1년 내내 조리해 먹었다면 나중엔 그 음식에 자신감이 붙는다. 운이 좋으면 점점 맛있게 조리하는 방법을 자연스럽게 터득할 수도 있다. 여기에 조금 더 노력을 한다면 앞서 나갈 수가 있다.

고객들은 냉정하고 변덕이 심하다. 고객들은 한 번 맛없다고 느낀 음식점은 다시 찾아가지 않는다. 같은 가격이면 맛없는 집보다는 더 맛있는 음식점을 찾아가는 것이 사람들의 심리이다. 만일 음식을 맛있게 만들 자신이 없다면 그것은 조리법을 연구하지 않았기 때문에 발생한 일이라 할 수 있다. 노력하지 않았기 때문에 음식의 맛이 예나 지금이나 똑같은 것이다.

그렇다면 음식을 맛있게 조리하는 방법은 어떤 방법이 있을까?

요리책을 참고로 음식을 그대로 만들어 보면 터득할 수 있다.

맛있다고 알려진 집을 방문해 직접 시식을 하고 그 음식의 재료를 연구한다.

원하는 맛이 나올 때까지 요리를 계속 만들어 본다.

음식점의 업주라면 새로운 맛을 개발하기 위해 이 정도의 노력은 계속해야 한다. 노력한 만큼 음식점의 매출이 높아지기 때문이다.

오래가는 음식점은 고소한 맛의 음식점

매운맛 음식점이 초대박을 내던 시절이 있었다. 그 유행도 끝나가는 분위기이지만 지금도 매운맛 음식점은 큰 인기를 얻고 있다. 그런데 우리 주변에는 초대박은 아니더라도 중박 정도하면서 오래 가는 음식점들이 있다. 이런 음식점들은 대부분 아무리 입지 조건이 나빠도 중박 정도를 한다. 중 박이란 점포의 크기가 작아도 월 1천만 원 이상의 순이익을 얻는 음식점을 말한다. 이런 음식점들 은 보통 '고소한 맛'이나 '감칠맛'이 무기이다. 매운맛은 초대박을 낸 뒤 유행과 함께 사라지지만 '고 소한 맛'과 '감칠맛'을 내는 음식점은 중박을 하며 오랫동안 유지된다.

지방의 어느 도시 아파트 단지에 '매운닭 수제비집'이 개업을 했다. 수제비에 고추장과 고춧가루 등을 넣어 매운맛을 내고 닭고기가 몇 토막 들어있는 음식이다. 맵다고 소문났으나 실상은 그리 맵 지 않으며 맛은 고소하다는 평가를 많이 받았다. 음식점이 생기자 작은 규모의 식당임에도 불구하 고 아파트에서 매일 저녁 외식을 하러 나온 사람들이 꾸준히 찾아왔다. 장사가 아주 잘되는 것은 아 니지만 하루 매상이 60만 원 안팎이었고 잘될 때는 70만 원이 넘기도 하였으며, 이 판매량은 매년 꾸준히 유지되어 부부 둘과 직원 한 명이 운영하는데 매달 600만 원 이상의 수익이 꾸준히 발생하 였다. 아주 맵지 않기 때문에 30대 부부들이 어린 자녀와 함께 먹을 수 있었고, 닭고기를 안주 삼아 소주를 마시기에도 안성맞춤이었다. 이 집은 바지락칼국수가 대유행할 때도 고객을 빼앗기지 않고 꾸준히 비슷한 매출을 올렸다.

지방의 유명 떡갈비집의 떡갈비 맛은 쇠고기 맛이 주종이지만 사실은 고소한 맛이 더 강하다. 육 류 특유의 잡냄새 없이 고소한 맛이 살아있으므로 그 식당은 오래 갔고 결국 몇십 년 전통의 유명 맛 집으로 전국에 알려졌다. 음식점으로 오래가고 싶다면 고소한 맛과 감칠맛을 살리는 것이 가장 중 요하다고 하겠다.

점심식사로 비빔밥이 보편화된 뒤 원가 때문에 쇠고기 고명이 빠지는 경우가 많다. 계란프라이는 단백질+지방 이므로 비빔밥의 풍미를 높여주지만 쇠고기 고명(단백질)이 들어가는 것이 더 맛이 좋아진다. 분식집들은 보통 쇠고기 고명 대신 참깨를 뿌려주는데 참깨는 지방 성분이 많으므로 고소한 맛을 증가시킨다. 만둣국에 참깨를 뿌리는 것도 같은 이치인 셈이다.

전통 음식 전문점 시대

산업이 날로 분업화가 되면서 요식업 사업도 차곡차곡 분업화가 진행되고 있다. 예를 들어 한약을 알약으로 먹기도 하는데 이런 '환약'은 한약방에서 만들지 않는다. 경동약령시 뒷골목에 가면 '환약' 만 만들어내는 제분업소들이 있다. 음식점도 과거와 달리 설렁탕, 추어탕, 감자탕, 영양탕 등 어느 한 종목만을 전문으로 취급하는 전문점들이 많이 늘었다. 이들의 특징은 대부분 조상 대대로 내려오는 우리나라의 전통 음식들이라는 점이다.

전통 음식은 단돈 몇천 원에 불과한 음식도 있지만 가꾸기에 따라 객단가가 몇만 원이 넘는 일품 요리들도 있다. 설렁탕이나 갈비탕이 6천 원 안팎의 객단가라면 추어탕은 음식의 맛에 따라 1인분에 1만 원까지 받을 수 있다. 두부요리는 테이블 객단가를 2만 원으로 예상할 수 있고 감자탕, 오리 요리는 3~4만 원의 테이블 단가를 기대할 수 있다. 특히 전통 음식은 맛있다고 소문이 나거나 몸에 좋다고 소문이 나면 장사가 그만큼 잘된다.

전라도 전주의 콩나물 해장국은 북어와 콩나물, 그리고 새우젓을 넣어 양념한다. 광주의 어느 콩나물 해장국집은 들깨가루를 듬뿍 넣는다. 이름은 같지만 맛이 서로 다르고 각 지방마다 선호하는 방식도 다르다.

전통 음식점의 가장 큰 장점은 한 번 히트를 하면 신속하게 체인점 사업을 할 수 있다는 점이다. 전문적으로 5개 내외의 요리를 취급하므로 기술전수 또한 용이하다. 태릉 갈비는 자체적인 체인망이 없지만 그 맛을 흉내내는 업체들이 전국적으로 생기고 있다. 암사동이나 미아리 대지극장 뒤에서나 볼 수 있었던 감자탕집이 대형아파트가 있는 곳이라면 어디서든 볼 수 있는 음식점이 되었다. 청주에는 충청도 지역을 대상으로만 영업하는 뼈다귀 해장국 전문점도 있다. 충청도에는 그 어느 지방보다 우렁 된장 쌈밥집이 많다.

전문 음식점

식자재 구입, 직원 고용 등의 문제로 인해 다양한 요리를 한꺼번에 취급할 자신이 없다면 전문 음식점에 도전하는 것도 생각해볼 만하다. 보리밥 전문점은 쌈밥, 순두부류와 메뉴를 구성하면 어떤 지역에서든 매출이 발생할 수 있다. 이 종목은 히트할 수 있는 종목이므로 한 번 히트하면 드라이브 족이 차를 몰고 찾아온다. 추어탕은 다른 재료 필요없이 미꾸라지만으로도 메뉴 개발이 가능한 종목이다. 업주는 미꾸라지 요리법에 목숨을 걸면 된다.

강이나 저수지를 끼고 있으면 메기 매운탕집이나 민물 새우탕집을 창업할 수 있다. 산을 끼고 있으면 산채정식, 나물정식, 산나물정식, 더덕구이 전문점을 창업할 수 있다. 20년 전만 해도 이들 음식을 먹으려면 강이나 산을 찾아 기차를 타고 가야 했다. 지금은 자동차의 유동량이 많은 대로 변이면 얼마든지 창업할 수 있을 뿐 아니라 아파트 단지가 넓게 포진되어 있는 지역에 창업해도 수요가 꾸준히 발생할 수 있다. 이젠 대도시에도 전통 한식을 취급하는 전문점들이 많이 생겨나고 있다.

도심지나 아파트 지역, 국도변에 전통 고유 음식점을 개업할 때는 한 가지 주의할 점이 있다. '할머니의 손맛'이라든가 '한방 보양식' 같은 고객들을 흡수할 수 있는 전략이 있어야 한다는 것이다.

특허 받은 음식

필자는 8년 전 어느 날 천안의 모 한식집에서 냉면을 먹은 적이 있었다. 고소한 맛을 지금도 잊을 수가 없어 여름철이면 한 달에 한두 번 천안에 방문할 일이 생길 때 반드시 그 음식점을 찾아가곤 한다. 필자는 육수의 맛을 알아내기 위해 여러 번을 찾아 갔지만 육수의 맛을 알아낼 수는 없었고 오히려 핀잔을 들었다. 그 육수의 제조법은 특허를 받았기 때문이란다.

경기도 포천에는 이동갈비촌이 모여 있다. 이곳의 갈비집은 관광버스까지 동원해 영업 중인데 이 중 가장 유명한 집은 갈비 공장을 세웠고 전국적으로 이동갈비를 유통하고 있다.

음식점도 R&D가 필요

R&D란 Research & Development를 뜻하는 단어로 번역하면 '연구 개발'이란 뜻이다. 이름난 대기업들은 생존 전략의 하나로 R&D에 매출액의 일정 부분을 항상 투자하고 있다. 그런데 R&D는 대기업만 하는 것이 아니다. 아무리 작은 음식점이라 해도 매출을 더욱 높이려면 요리를 연구하고 개발하는 자세가 필요하다.

인천 번화가에 있는 우동 전문점은 일반적인 우동으로는 장사가 안 된다는 것을 알고 있었다. 작은 규모의 점포에서 효과적인 매출을 올릴 수 있는 방법이 없을까 고민하던 이 업소의 사장은 마침내 우동 반죽에 색상을 넣는 것을 고안해 냈다. 갖은 야채를 이용해 생즙을 낸 뒤 이 즙을 반죽에 넣은 후 제면기로 면을 뽑았더니 군침이 돌 정도로 먹음직스러운 녹색의 면발이 나왔던 것이다. 이 업소의 사장은 다른 업소의 우동집이 한 그릇에 3,500원을 받을 당시 4,500원을 받기 시작했지만 점심시간에는 앉을 좌석이 없을 정도로 장사가 잘되기 시작했다. 이 우동 하나로 하루 평균 250~300 그릇을 판다면 하루 매상이 얼마인지 대충 나올 것이다.

여러분 또한 음식점을 창업했다면 두 가지 중에 하나를 선택해야만 한다.
성공하느냐 아니면 노느냐?

대부분의 음식점들은 개업 후 오전 11시 전과 오후 3~5시 사이 시간에 여유가 있다. 이 시간에는 할 일이 없으므로 업주들은 케이블 TV를 보거나 당구장에 갈 것이다. 이 시간에 새로운 메뉴를 개발하고 새로운 조리법을 연구하는 자세가 필요하다고 하겠다.

유명 프랜차이즈 업체 사장님의 창업기를 읽어보면 다들 눈물 없이는 볼 수 없는 인생역정이 참 많다. 여러분들도 젊었을 때 사서 한 고생이 나중에 두 배의 복이 될지 누가 알겠는가?

8 음식 장사는 마음 씀씀이에 달렸다

소박한 밥상, 비싼 밥상

음식점을 준비하는 사람들은 자연스레 많은 사업 구상을 하고 요리 구상을 하게 된다. "내가 만들 밥상은 어떤 생김새일까?" 머릿속은 온갖 상상으로 가득 찬다.

음식점에서 내오는 밥상들은 소박한 밥상이 있는 반면 격식이 있고 품위가 있는 밥상이 있다. 산해진미로 고객을 유혹하는 밥상도 있는 반면 여러 가지 이벤트에도 신경을 쓰는 음식점이 있다. 값비싼 외국산 재료를 수입해 음식을 조리해내는 음식점도 있다. 이웃 일본에서는 청정지역 남극에서 얼음을 공수해와 음료를 제공하는 음식점도 있다. 이 모든 것이 바로 업주의 경영 전략이자 이윤을 창출하기 위한 방법이라 할 수 있다.

다른 종목과 달리 음식점 사업은 소박한 밥상도 가능하고 격식 있는 밥상도 가능하다. 소박한 밥상은 가정에서 먹을 수 있는 맛을 주장하며 저렴한 가격을 선호하는 고객들을 흡수하고, 판에 박혀있을지언정 극진한 서비스와 과도한 격식을 가진 밥상은 돈 많은 고객들을 흡수하고 있다. 소박한 밥상과 격식 있는 밥상은 서로 다른 것 같지만 일견 일맥상통하는 점이 있다. 도구는 달라도 마음 씀씀이가 같다는 것이다. 그 마음 씀씀이가 음식의 맛을 포장해 준다. 음식점 사업은 그날 고기 한 근을 더 판다고 이득이 많아지는 것이 아니다. 고기를 정성껏 담아내는 마음 씀씀이가 필요하다. 이런 업체들이야말로 맛과 사업 두 가지에서 성공할 수가 있다.

음식점 장사는 명백하게 말해 현실이자 현찰 장사다. 그러나 마음 씀씀이만큼은 변하지 않는 좋은 음식점이 되고자 노력하는 것이 좋다. 웃는 낯에는 침을 뱉지 않는다. 좋은 업주가 더 성공할 수 있다.

◀ 부산 남포동의 유명 회국수집 상차림이다. 회국수, 매콤한 회고추장, 육수주전자 외 다른 반찬이 아예 없는 소탈한 밥상인데도 맛있다고 소문난 집이다.

종업원에 대한 배려, 고객에 대한 서비스

만일 음식점 사업을 시작하려면, 종업원과 고객에게 좋은 인상을 주는 멋진 음식점 사장님이 되자. 종업원 인건비를 떼어먹는 사장이 아닌, 시간당 500원이라도 더 책정하려고 노력하는 멋진 사장님이 되자. 고객에 대한 서비스는 음식점의 기본이므로 더 이상 말하지 않고 거두절미하겠다.

▣ 음식점 사업은 배째라 장사가 아니라 고객 앞에 미소를 보이는 장사다.

요즘 중국인들 장사를 보면 배째라는 식의 장사가 많다. 자신이 독점을 하고 있으면 배째라면서 가격도 마구 올리고, 독점이 아니면 고객 앞에서 슬슬 긴다. 음식점 장사는 독점이라는 것이 없다. 치킨 맛이 유명한 집도 배째라는 식으로 장사하면 고객은 그 옆집 치킨을 시켜먹거나 아예 족발을 시켜먹을 수도 있다. 필자 역시 기분 나쁘면 그 옆집 찾아가듯, 여러분들도 불친절한 음식점을 만나면 침 딱 뱉고 그 옆집 찾아간 경험 많을 것이다. 어쩌겠는가? 이게 사람 심리인 것을. 이러한 사람 심리를 간파하면 저절로 고객을 친절하게 응대하게 된다. 그물로 미꾸라지 잡을 때 10마리 중 1마리가 탈출하면 9마리 잡은 기쁨보다 1마리 놓친 불쾌함이 더 크다는 것을 알 것이다. 고객은 손으로 미꾸라지 잡는 것보다 어렵다. 일단 내 그물 안에 들어온 이상 친절하게 응대하고, 부득이한 경우 고객의 기분이 나쁘지 않도록 전후사정을 이해시켜야 한다.

▣ 보기에 좋은 떡이 맛도 좋다.

동네에 있는 삼류 식당이 이류 식당으로 올라가면 일단 그릇부터 교체한다. 보기에 좋은 떡이 맛도 좋다고 하므로 그릇부터 보기 좋은 것으로 교체하는 것이다. 일류 호텔 메뉴를 보면 양이 만족스럽지 않은 경우가 많다. 그래도 고객은 불만을 표시하지 않는다. 샐러드나 반찬을 담아내는 솜씨, 그릇의 질감, 홀 분위기 등이 고객을 압도하기 때문이다. 맛은 보통, 그러나 대접받은 듯한 인상을 던져준다. 사실 그 대접도 자기 돈 내고 받은 것이라는 것을 고객들은 모른다.

◀ 경기도 광릉 국립수목원 근처의 만두요리 전문점.
색색의 만두가 보기에도 이색적으로 보인다.

10 직접 요리를 익혀라

세상에서 가장 쉬운 일은 요리

막상 어떤 요리를 만들어 보라고 하면 당장 만들 수 없는 경우가 허다하다. 그러나 결국 만들어낼 수 있는 것이 또한 요리라는 종목이다. 예를 들어 신혼부부 남편이 아침에 출근할 때의 풍경이다.

"오늘 저녁엔 아귀찜이 먹고 싶어."

이 말만 남기고 출근해버린 남편. 요리가 익숙치 않은 초보 주부는 막막하기만 하다. '아귀찜이라니. 흥? 나보고 대체 어쩌라는 거야?' 불평을 하면서도 하루 종일 동분서주인 아내는 마침내 남편의 퇴근 시각에 맞추어 아귀찜을 대령한다.

"어? 농담이었는데 당신이 아귀찜도 만들 줄 알았어?"

남편이 먹어보니 음식점표 아귀찜은 아니더라도 그래도 아귀찜 맛이 난다. 아내는 그날 요리책을 보고 아귀찜을 만든 것이다.

◀ 전주의 유명 무밥집.
옛 무밥을 만드는 방법을 어디서 배웠을까? 가까운 친척이나 아버지 혹은 어머니가 아닐까?

당신이 만약 아귀찜 전문점을 준비하고 있다고 가정해 보자. 아귀찜을 해본 적은 없지만 당신은 아귀찜을 꽤 좋아하는 사람일 것이다. 일단 음식점을 창업할 때는 자기가 좋아하는 음식을 머릿속에 떠올리고 창업 준비를 하니까 말이다. 이때 친구에게 아귀찜 전문점을 차리겠다고 말하면 십중팔구 웃어넘길 것이다. 친구나 당신이나 아귀찜을 만들어 본 적이 없다는 사실을 너무 잘 알기 때문이다. 이전에는 요리를 해본 적도 없고 요리에 대한 취미도 없었던 사람들이 이런 식으로 음식점 창업 전선에 뛰어들고 있다.

그렇다면 그 많은 아귀찜 사장님들은 아귀찜 조리법을 어디서 배우는 것일까?

이 세상에서 가장 쉬운 것이 요리 기술을 습득하는 것이다. 요리는 재료만 있으면 주방에서 모든 것이 처리된다. 혼자서도 가능하고 40대 독신 남자도 가능하고 10대 딸아이도 가능하다. 10대 딸을 둔 분들은 아시겠지만 중학교 1학년 아이가 어느 날 밀가루를 사오더니 팬케이크인지 뭔지 하는 요리를 뚝딱 만들어낸다. 요리책을 보거나 블로그를 봤을 것이다. 당신 와이프가 아귀찜을 만들어 낸 것처럼 당신도 가능한 것이 요리이다. 요리책만 있으면 되니까 말이다.

요리에 자신 없는 분이라면 지금 당장 서점으로 달려가 보자. 수많은 요리책들이 예비 창업자들을 기다리고 있다. 요리에 자신이 없다면 지금 당장 단골 음식점으로 달려가 보자. 매달려 보기도 하고 정성을 보여라. 이것 아니면 먹고 살 방법이 없다며 징징 짜라. 감정에 호소하기 싫으면 돈을 주고 요리법을 습득하라. 돈 몇 백만 원이면 그 집 조리법을 모두 사올 수 있다.

요리를 배울 때 당신은 머릿속에 딱 한 가지 사실을 기억하는 것이 좋다.
"여러 가지 요리를 잘해도 좋지만, 단 한 가지 요리만 잘해도 성공할 수 있다."

◀ 통영의 유명 굴 요리 전문점.
굴밥, 굴전 등의 굴 요리만 다루는 소문난 맛집이다.

무료 견습생도 마다하지 말기

알다시피 호텔 레스토랑도 사업이 안 되면 문 닫고 한식집, 중식집, 양식집으로 변경되기도 한다. 시쳇말로 돈 10억 투자해 호텔 레스토랑 개업했다가 왕창 까먹고 나오는 것이다. 이런 분들은 말하자면 돈 자랑 하는 분들이다. 10억 투자할 생각이라면 20억짜리 계획부터 세우고 입점해야 했다.

동네 음식점 중에는 근근히 살아가는 집이 많다. 아마 대부분이 월 200만 원 정도 벌어들이는 음식점들일 것이다. 그런데 동네마다 꼭 한 군데 이상은 스타 음식점이 있다. 스타 음식점들은 최소한 월 1천만 원이나 월 2천만 원을 버는 음식점들이다.

인기 여성 그룹 소녀시대는 스타가 되기 위해 몇 년간 연습생 생활을 했다고 한다. 당신은 음식점을 창업하기 전 최소 15일 정도 무보수 견습생 생활을 했나 자문해 보길 바란다. 혹은 일식돈가스 조리법과 스파게티 조리법을 배우기 위해 평소 친분 있는 주방 아줌마에게 현금 100만 원 주고 배운 적이 있는가 자문해보자.

그런 일을 해본 적이 없다면 계획조차 세우지 않았다고 할 수 있다. 프랜차이즈로 창업하는 분들은 그 정도로 노력할 필요는 없겠지만, 개인 창업의 경우 무보수 견습생 생활을 하거나 1개월 정도 동종 업종에서 종업원으로 일해봐야 한다. 시간을 절감하고 싶다면 친인척 중 주방일 하는 분이나 동네 주방일 하는 분, 유명 음식점의 주방일 하는 분들에게 현금 주고라도 신속하게 조리법을 배워야 한다. 기왕 돈 주고 배우는 조리법인데 잘하는 주방장에게 배워야 한다.

금전적으로 여유가 없으면 무료 견습생으로 주방일을 15일 정도 배워봐야 한다. 예를 들어 황태국 전문점을 하고 싶다고 가정해보자. 황태국 전문점이라면 평소 단골로 다녔던 집이 있을 것이다. 단골집 주인에게 사정을 설명하면 15일 동안 무료로 일을 도와주면서 이것저것 일을 배워올 수도 있다.

종업원으로 일하며 노하우를 익힌 노처녀 사장

총 창업비 3천 500만 원 - 월 600만 원 이상의 순수익이 발생하는 일식 배달 전문점

서울/8평/일식 배달 전문점
총 창업비 3천 5백만 원/망한 점포에 입점
월 순수익 600만 원 안팎
주인 직접 주방일 (주방 경험 없음)

동네 상권에서 배달 음식을 장악한 서울 어느 노처녀의 이야기이다.

필자가 가끔 지나치면서 돈가스를 먹었던 집이 있었는데, 어느 날 그 돈가스 집이 사라지고 없었다. 건너편의 24시간 김밥집은 맛없기로 소문난 집이고 7,000원 고기뷔페가 망한 적도 있으며 '용우동' 프랜차이즈가 열자마자 문을 닫았을 정도로 서민 취향의 동네이다. 동네 중앙통이 이 정도니 동네 사람들은 대개 작은 시장통에 있는 식당들을 이용한다고 한다.

아무튼, 몇 번 가 본 적 있는 돈가스 집이 망한 것을 보고(사실 맛없는 집이었지만 이 동네에서 일을 보고 밥을 먹으려면 갈 곳이 그 집 밖에 없었다.) 진작에 망할 집이 망한 것이라고 보고 있었다. 그래도 어찌나 측은했는지 기웃거리다보니 50m 떨어진 곳에 생긴 중고 비디오&DVD 덤핑집이 보였다. 중고 DVD도 구경할 겸 들어간 김에 이렇게 물었다.

"돈가스집 망했네요? 이젠 이곳 상점 주인들은 어디서 밥 시켜드세요?"
"요즘은 여기서 시켜먹어요."
가게 주인이 식당 스티커를 하나 보여준다.
"맛있나요?"
"이 동네 통일한 식당이에요. 시간 있으시면 한번 가보세요."
이것저것 중고 DVD를 구경하다 보니 이런저런 이야기까지 나왔다.
"주인이 30살쯤 될까요? 노처녀인데 아가씨처럼 보여요. 남동생이 배달하고 아가씨가 음식하고 뭐 그런거죠."
흥미가 생긴 필자는 위치를 물어 옆 골목 안쪽에 있는 음식점을 직접 찾아갔다.

일식&분식집 간판을 달고 있는 8평 남짓한 점포였다. 말 그대로 자동차 한 대 정도가 통행할 수 있는 골목 상권에 있는 음식점이다. 2평 남짓한 홀에 분식점 테이블 2조가 놓여 있었고 나머지 6평 정도가 주방이었다. 분식점 테이블 옆에는 카운터를 겸한 테이블이 하나 더 놓여 있고 TV 놓을 공간이 없어 벽걸이형 LCD TV를 벽에 붙여놓았다. 필자는 홀 안에 들어서자마자 어디에 앉아야 할지 당황을 하였다. 테이블 위에 배달통이 놓여 있어 자리 잡기가 만만치 않았다. 말 그대로 배달을 전문으로 하는 음식점이었다.

눈치 빠른 아가씨가 주방에서 뛰어나오더니 배달통을 한 켠으로 치우고 필자를 맞이한다. 메뉴판을 받아 읽었다. 메뉴 구성이 호기심을 자극한다.

〈 메뉴 구성 〉
정식 세트 : 일식돈가스(두 쪽)+알밥(작은 뚝배기)+회초밥+우동(작은 것)+마끼 8,000원
돈가스 세트 : 일식돈가스(두 쪽)+회초밥&롤초밥(4개)+우동(작은 것) 6,000~7,000원
초밥 세트 : 회초밥(8개)+일식돈가스(한 쪽)+롤초밥 2개+우동(작은 것) 5,500~6,000원
알밥 세트 : 알밥(작은 뚝배기)+회초밥(8개)+우동(작은 것) 5,500~6,000원
우동 세트 : 우동(큰 것)+회초밥&롤초밥 4개+마끼 5,000원

서울 강북의 동네에서 음식을 배달하는 음식점치고는 가격이 무척 센 편이다. 아무튼 동네 맛집이라고 소문난 집이니까 여러 종류의 음식을 맛볼 겸 정식세트를 주문하였다. 음식이 나오자 음식 사진부터 찍었다. 사진을 찍고 있으니까 아가씨가 물어온다.
"인터넷에 올리시게요?"
"네. 맛있네요."
"전에도 어떤 분이 와서 인터넷에 올리겠다고 사진 찍으셨는데……"
이러다보니 대화가 통해 이것저것 대화를 나눌 수 있었는데 배달에서 돌아온 남동생까지 가세해 세 사람이 오순도순 이야기를 하는 상태가 되었다. 그 와중에도 주문 전화가 걸려오면 아가씨가 돈가스를 조리하느라 기름이 튀는 소리가 연신 들린다. 홀에서도 주방에서 하는 일이 모두 보였다.

음식 솜씨도 깔끔한 이 아가씨는 성격도 꽤 싹싹했다. 배달을 담당한 총각은 아가씨와 남매지간인데 누나 성격이 더 싹싹했다. 아가씨는 27살 때까지 세상물정 모르고 클럽 따위를 다니며 재미나게 놀며 살았단다. 어찌나 재미나게 놀았는지 미래에 대한 설계는 아예 생각도 하지 않았단다. 그러다 27살이 되자 문득 자신의 미래가 걱정되었다. 항상 부모님 품에서 살 수 있는 나이도 아니고 시집을 가든가 뭔가 일을 해야 하는 나이였다. 그 나이 되도록 실컷 놀았으니 직장 들어갈 확률은 아예 없었다. 그래서 이 궁리 저 궁리를 하는데 뾰족한 수가 없었다. 그래도 날라리로 놀아본 경험은 있어 서울의 맛집 등을 두루 섭렵한 결과, 배달 일식집을 차리면 그럭저럭 돈이 될 것 같았다.

부모님에게 음식점 차리겠다고 말한다고 한들 창업비를 보조받을 상황이 아니었다. 집이 부자였다면 왜 음식점 차릴 궁리를 할까? 아무튼 호구지책을 마련할 겸 보증금 1,000만 원에 월세 100만 원 수준의 점포를 열고 배달 음식점을 하면 어떨까 생각했다. 남동생과 의기투합해 보증금은 서로 각출하기로 하였다. 그런데 정작 중요한 것은 자신에겐 요리를 할 수 있는 능력이 없었다는 것이었다. 횟집을 열면 좋겠는데 회를 썰어본 경험도 없었다. 그래서 일단은 회요리 전문 레스토랑에 취직을 했다. 6개월 정도 일하면 조리기술을 습득할 수 있을 것 같았고, 아울러 창업 비용도 마련할 수 있을 것 같았다.

근무하면서 첫 두 달은 무와 양파를 자르는 도마질만 해야 했다. 회 좀 썰어봤으면 소원이 없겠는데 계속 야채 도마질만 시키더란다. 이를 악물고 계속 출근했다. 그러다 보니 차츰 인정을 받아 일손이 없을 땐 우동도 끓이고 돈가스도 만들고 회 써는 일까지 담당하게 되었다. 딱 6개월 정도 흐르니 기본적인 메뉴는 조리할 수 있는 상태가 되었다.

홀에 앉아있으면 주방 안이 보였는데 회는 미리 만들어 놓아 냉장고 등에서 꺼내 포장하는 눈치였다. 돈가스는 직접 튀기고, 동시에 우동을 끓여내고 있었다. 돈가스, 회, 우동을 혼자서 멀티로 하고 있었으니 아무래도 주방이 좁은 것보다는 넓은 게 좋아 보였다.

음식점을 창업한 지 이제 6개월 남짓하단다. 전단지를 인근 가내공업공장, 상가, 주택가에 뿌렸단다. 그 후 소문이 퍼져 공장과 상가주인은 물론 일반 가정에서도 주문이 많이 들어온단다. 덕분에 점심 배달 시간에는 정신없이 바쁘단다. 프랜차이즈 사업이 꿈인데 어쩌면 조만간 강남에 체인점 하나 낼 것 같다는 말도 덧붙인다.

노처녀 K씨의
일식 배달 전문점 창업 비용과 운영 실적

▣ **총 창업 비용 – 건물 임차 비용 포함 3천 500만 원**

점포 임대비 (8평) : 보증금 1천만 원, 월 100만 원 (망한 점포에 입점하면서 권리금 무)

인테리어 : 없음

간판 : 2백만 원 안팎

사인보드 : 유리창 외벽에 사인 보드 100만 원 안팎

주방 설비 : 1천 200만 원 안팎 (업소형 냉장고, 주방 집기류, 홀 집기류, 7구 가스 조리 시설, 돈가스 튀김
시설, 주방 개방형 카운터)

홀 설비 : 4인용 분식점용 테이블 3조, LCD TV, 정수기는 할부 금융으로 설치

기타 : 에어컨 구입, 이지체크기 월 이용료를 주고 설치

홍보 전단지, 홍보 스티커 제작 : 300만 원 안팎

오토바이 : 배달용 오토바이 1대, 배달통 여러 개

▣ **운영 실적 – 월 매출 1,500만 원 안팎 / 월 순수익 600만 원 안팎**

점포 임대비 (8평) : 개점(오전 10시 전후), 폐점(밤 10시 전후)

메뉴 구성 : 정식 세트 8,000원 / 일식돈가스 세트 6,000원 / 초밥 세트 5,500~6,000원
알밥 세트 5,500~6,000원 / 우동 세트 5,000원

객단가 : 공장 배달 주문의 경우 (평균 4인분/점심타임)
상점 배달 주문의 경우(1~2인분/점심타임)
가정집 배달 주문의 경우 (1~3인분/점심, 오후타임)
홀 손님(평균 2인분/오후타임, 퇴근길에 들른 손님)
포장 손님(평균 1~2인분/퇴근길에 들른 손님)

고용 인원 : 배달 1 (남동생, 12시간 근무)

주방 : 본인 직접 (12시간 근무)

인건비, 임대료, 공과금 : 월 400만 원 안팎 (인건비는 동생의 배달 인건비)

재료비 : 월 500~600만 원 안팎

월 순수익 : 500~600만 원 안팎

위 데이터는 2009년 창업 당시의 데이터이다. 서울이지만 동네 골목 상권이기 때문에 건물 보증금 및 임대료가 저렴한 편이다.

돈을 주고 감자탕 요리법을 배운 L씨 부부

총 창업비 5천만 원 - 월 500만 이상의 순수익이 발생하는 감자탕 전문점의 창업일지

충남/15평/감자탕 전문집
총 창업비 5천만 원/빈 상가건물에 입점
월 순수익/500만 원 내외
주인 직접 주방일 (주방 경험 없음)

이 이야기는 IMF 초기에 흔히 볼 수 있었던 일이다. 평생 직장 생활밖에 몰랐던 L씨는 어느 날 명퇴라는 청천병력 같은 일을 당한다. 조그만 규모의 중소기업에 다녔으니까 퇴직금도 없었고 위로금이라고 준 것이 3개월 치 임금이었다. 2년 전에 전셋집을 옮기느라 모아둔 돈도 다 쓴 후였다. 전 재산을 합쳐보니 전셋돈 4천만 원에 저축 300만 원, 위로금으로 받는 돈 700만 원까지 총 5천만 원이었고 이 중 현금은 1천만 원 안팎이었다.

IMF 때는 번듯해 보이는 회사까지 쫄딱 망하는 시절이었으므로 재취업될 가능성조차 없었다. 실제로 L씨는 재취업을 하기 위해 백방으로 노력을 하였지만 1년을 허송세월 해야만 했다. 그나마 그 1년을 무사히 넘길 수 있었던 것은 평소 젊어 보인다는 소리를 많이 들었던 L씨의 부인이 아르바이트로 골프장 캐디를 할 수 있었기 때문이었다. 급한 대로 호구는 해결되었지만 캐디는 가정 주부가 나이를 속이고 1년이고 2년이고 할 수 있는 일은 아니었다. 돈 많은 남자들의 유혹도 많았으므로 L씨는 부인의 캐디 일을 그만두게 하였다.

1년이 꼬박 흐르고 난 후 남아 있는 재산이라고는 전셋돈 4천만 원밖에 없었다. 골프장 캐디 일은 아무리 노력을 해도 월 150만 원 이상을 벌 수가 없었던 것이다.

L씨는 참다못해 창업을 하기로 결심하였다. 다행히 정확하게 금액을 말하지는 않았지만 본가에서 어느 정도의 자금을 빌려준다고 하였다. 출발은 좋았다. 본가에서 돈을 빌려준다고 했을 때 L씨는 내심 1억 정도의 돈을 융통할 수 있을 것이라고 판단하고 유명 프랜차이즈를 문의해 보았다.

1개월 가량을 유명 체인점에 문의하고 있을 때 L씨는 아차 하는 심정이 되었다. 본가에서 대 줄 수 있는 돈이 3천만 원 안팎이라는 것이었다. 자신이 너무 공돈을 바란 것이 아닐까 후회도 되었지만 차츰 현실에 눈을 뜨기 시작하였다. 3천만 원도 본가에서 빚을 내어 준비했다는 것을 알았던 것이다.

L씨는 전셋집을 빼기로 하였다. 전셋집을 빼니 현금 4천만 원이 만들어졌고 L씨의 가족은 그 돈을 가지고 본가로 들어가 생활을 시작했다. 마냥 본가에서 살 수는 없는 이치라 2천만 원 가량하는 17평 임대 아파트를 본가 근처에 얻어 놓으니 현금 2천만 원이 수중에 남았다. 본가에서 대주기로 한 돈은 3천만 원이므로 총 5천만 원의 현금이 만들어졌다.

그런데 음식점 개업은 둘째치고 요리는 어디서 배워야 할까?

막상 돈이 만들어졌지만 어떤 종목의 음식점을 어느 지역에서 개업해야 할지 L씨는 알 수가 없었다. L씨는 어디서부터 무엇부터 시작해야 할지 감도 잡을 수가 없었다. 더구나 이들 부부는 요리에 자신이 없었다. L씨에게 있는 경험이라고는 직장 생활밖에 없었고 부인도 기껏해야 시장에서 야채를 구입해 찬거리를 만드는 수준이었기 때문이었다.

생각다 못해 L씨는 부인에게 요리 학원을 다니게 하였지만 없는 요리 솜씨가 단번에 생기는 것은 아니었다. 요리 학원을 다니던 L씨의 부인은 고민 끝에 전문 음식점을 차리는 것이 어떠냐고 남편에게 제안했다. 어차피 초보자니까 한 가지 요리에 집중하는 것이 낫지 않겠냐는 것이 부인의 생각이었다. L씨의 부인이 염두에 둔 것은 감자탕집이었다. 처녀 때부터 감자탕을 유난히 좋아했던 L씨의 부인은 감자탕집이면 어느 정도 손님도 있을 것이라는 판단이 들었다. L씨는 부인의 생각에 동의했고 부인은 감자탕 조리 기법을 배우기로 결정하였다.

> 이 부부는 둘 다 요리 실력이 없는 사람들이다. 그런데 실제로 창업을 하다 보면 솜씨가 있고 없음은 나중 문제라는 것을 알 수 있다. 음식점이란 주방장을 고용하면 영업을 시작할 수가 있기 때문이다. 음식점을 창업할 때 가장 중요한 것은 요리 솜씨가 아니라 음식점을 운영할 용기가 있느냐의 여부이다.

마침 L씨 부부는 예전에 살던 서울 송파구에 단골 감자탕집이 있었다. 그 집의 감자탕 맛이 여간 맛있는 것이 아니었다. L씨의 부인은 감자탕집 주인을 만나 IMF 이후 남편이 명퇴를 당한 사실과 지금은 충청도에 있는 본가로 이사를 갔다는 자초지종을 설명하였다. 그리고 감자탕 조리 기법을 배우고 싶다고 말하였다. 그러나 음식의 조리 기법은 쉽게 알려주는 것이 아니다.

먹고 살아야 하는 절실한 문제였지만 감자탕 집주인은 일언지하에 거절을 하였다. L씨의 부인은 난감해 어쩔 줄을 몰랐다. 실로 절실하게 말하고 애원을 하였지만 주인은 고개를 절레 흔들고 오히려 놀라는 표정을 지었다. 하고 많은 식당 중에 하필 감자탕집을 할 필요가 있겠느냐는 것이다.

L씨의 부인은 3일 가량을 그 식당을 방문해 애원도 하고 눈물도 보여 보지만 식당 주인은 돌부처

처럼 요지부동이었다. "이런 식당은 당신처럼 젊은 아줌마가 하는 것이 아니여!" 따끔하게 충고까지 한다.

기술을 배우려거든 돈을 주라는 이야기가 있다. 며칠을 하소연하던 L씨의 부인은 남편과 상의를 하여 30만 원 가량의 돈을 준비했다. 돈을 줘서라도 그녀는 감자탕 조리법을 배우고 싶었다. 단골이었으니까 망정이지 생전 안면도 없는 집이었다면 그 정도 비용으로는 어림도 없는 일이었다.

30만 원에 불과한 돈이었지만 그것을 어느 정도의 성의 표시라고 생각한 감자탕집 주인은 마침내 L씨의 부인에게 몇 가지 조건을 말하고 감자탕 조리 기술을 가르쳐 주기로 했다.

"15일 동안 다른 종업원과 마찬가지로 이 집에서 종업원으로 일하실 수 있죠? 물론 무보수로 일하시는 겁니다. 젊은 새댁이 하도 딱해서 가르쳐 드리는 거예요."

성의 표시로 돈 30만 원을 지불한 뒤 L씨 부인은 15일 동안 무보수로 감자탕 집에서 일을 시작했다. 그 15일 동안 L씨의 부인은 궂은 일도 마다하지 않고 성실하게 일을 했다.

이 사례는 지금으로부터 8년 전의 이야기이다. 8년 전 겨울 이렇게 고민했던 L씨 부부가 지금은 반듯하게 감자탕집의 사장이 되어 월 500만 원 정도의 순수익을 올리고 있다. 투자비 단돈 5천만 원에 불과했던 감자탕집이 지금은 대전 신시가지에 체인점 2호를 낼 정도로 그 근방에서는 명물이 되었다.

감자탕은 주방에서의 조리법이 간단하지만 육수를 준비하는 과정이 매우 복잡하다. 낮 12시에 식당 문을 연다고 가정하면 아침 9시부터 그날 육수를 준비하거나 아니면 전날 새벽에 육수를 미리 만들어 놓아야 한다. 등뼈에 붙어 있는 기름기를 일일이 제거해야 하고 이것을 여러 번 폭 고아서 육수를 만들어야 한다.
이처럼 비교적 잔일이 많은 편이지만 감자탕 전문점은 30대 정도의 젊은 부부라면 적은 자본으로 창업할 수 있는 종목이고 입지 조건이 우수하면 실패할 확률이 거의 없다고 볼 수 있는 음식점이다. 일반 한식집처럼 많은 반찬과 메뉴를 준비할 필요가 없으므로 음식 손맛에 자신이 없어도 창업하는 데는 무난하다.
초보자가 신규 음식점을 창업할 때는 반찬 수가 많지 않은 음식점을 창업하는 것이 좋다. 전문 음식점처럼 한두 가지의 메뉴만 판매하는 음식점이 적당한데, 추천할 수 있는 음식점으로는 감자탕 전문점이나 민물 매운탕 전문점, 낙지 요리 전문점 등이 있다. 한편 전문 음식점을 창업할 때는 가급적 술을 함께 팔 수 있는 음식점을 창업해야 한다. 굳이 술을 함께 판매하는 이유는, 술장사를 병행하면 높은 매출이 발생하기 때문이다.

L씨 부부의
감자탕 전문점 창업 비용과 운영 실적

▣ **총 창업 비용 – 건물 임차비용 포함 5천만 원**

점포 임대비 (8평) : 보증금 2천 7백만 원, 월 70만 원 (권리금 무)

인테리어 : 1천만 원 안팎 (감자탕 전문점이지만 젊은 층이 선호할 수 있도록 깔끔한 분위기 연출)

간판 : 2백만 원 안팎

주방 설비 : 8백만 원 안팎

　　　　　　(업소형 냉장고, 주방 집기류, 홀 집기류, 7구 가스 조리 시설, 주방 개방형 카운터)

홀 설비 : 4인용 테이블 6조, 정수기는 할부 금융으로 설치

기타 : 에어컨은 개업 당시에는 1월이었으므로 그해 여름에 설치

　　　이지 체크기는 그해 가을 월 2만 원 이용료를 주고 설치

▣ **운영 실적 – 월 매출 1,200만 원 안팎/월 순수익 450~550만 원 안팎**

영업 시간 : 개점(오전 11시 전후), 폐점(새벽 1시 전후)

메뉴 구성 : 점심 시간 – 감자탕 백반 6,000원

　　　　　　저녁 시간 – 감자탕 소 13,000원 / 감자탕 중 17,000원 / 감자탕 대 22,000원 /

　　　　　　공기밥 1,000원 / 밥 볶을 때 1,500원

　　　　　　음료수 & 주류 – 소주 3,000원 / 맥주 3,000원 / 백세주 6,000원 / 매취순 9,000원 /

　　　　　　콜라 1,000원

테이블당 객단가 : 2만 2천 원 안팎(소도시라 객단가는 낮은 편)

테이블당 회전율 : 2.5회 안팎, 배달 5건 안팎

고용 인원 : 홀 아줌마 1 (급여 1백만 원, 10시간 근무)

주방 : 조리는 부인, 배달은 남편

인건비, 임대료, 공과금 : 월 300만 원 안팎

재료비 : 월 400만 원 안팎

월 순수익 : 450~550만 원 안팎

위 데이터는 2002년 창업 당시의 데이터이다. 먹자골목 옆에 위치한 상권이라 지방이고 몇 년 전 자료이지만 건물 임대료가 비싸다.

성공 창업을 위한
지식 쌓기

Chapter 01 성공하는 음식점의

입지 조건 분석하기

Chapter 02 성공하는 음식점의

상권 분석하기

Chapter 03 성공하는 음식점의

창업 종목과 창업 방법

Chapter 04 성공하는 음식점의

메뉴 분석하기

Chapter 01 성공하는 음식점의 입지 조건 분석하기

음식점을 창업하고자 할 때 취급할 메뉴의 선정만큼 중요한 것이 바로 입지 조건의 선정이다. 잘 되는 음식점들은 대부분 입지 조건과 메뉴가 서로 유기적인 연관이 있기 때문이다. 창업하기 전 입지 조건 조사를 선행하는 행위는 음식이 잘 팔리는 지역과 잘 팔리지 않을 지역을 솎아내는 것과 마찬가지이다.

입지 조건을 선정하는 방식은 두 가지가 있다. 메뉴를 선정한 후 그에 맞는 점포를 구하는 방식이 있겠고, 점포를 먼저 선정한 후 점포의 배후 조건에 맞게 메뉴를 선정하는 방식이 있다. 먼저, 취급할 메뉴를 먼저 선정한 후 점포를 구하고 있다고 가정해 보자. 그 음식이 먹히는 지역을 찾아내는 작업은 업주로서의 가장 중요한 능력이라 할 수 있다. 창업 후 장사가 잘될지 안될지는 여기서 결정이 난다. 예를 들어 낙지볶음 전문점이라면 유흥가나 업무타운이 좋은 입지 조건이 된다. 감자탕의 경우 서민 취향적인 지역이 좋은 입지 조건이 되었지만 초대형 프랜차이즈 업체가 유행하면서 지금은 그 어느 술안주보다 고가 음식이 되어 입지 조건 설정이 대형 아파트 단지 쪽으로 변경되었다. 이처럼 요식업은 가격과 종목에 따라 장사가 잘되는 지역과 장사가 안되는 지역이 있으므로 초기에 입지를 분석할 때 심혈을 기울여야 한다.

이와 달리 점포를 먼저 얻은 후 취급할 메뉴를 선정하는 경우도 있다. 예를 들어 입지 조건이 너무 좋기 때문에 눈 딱 감고 계약을 먼저 하는 경우가 있다. 또한 준비한 자금에 맞는 점포를 찾아다니다 점포 위치가 취급할 메뉴와는 영 안맞는 경우도 있을 것이다. 이와 같이 여러 가지 상황을 타개하려면 음식점 창업 시 반드시 입지 조건 조사를 선행해야 한다.

1 입지 조건은 데이터로 분석한다

입지 조건을 분석할 때 가장 정확한 것은 데이터로 분석하는 방법이다. 유동 인구, 교통량, 배후 주민들의 소득 수준을 데이터로 분석하면 어떤 음식점을 입점시켜야 할지 대강 윤곽이 잡힌다.

유동 인구 파악하기

유동 인구란 한 지역에 하루 동안 지나가는 사람들의 숫자를 말한다.

하나의 점포를 구할 때는 점포의 배후에 있는 인구 조사와 함께 점포 앞을 지나가는 유동 인구량을 조사하는 것이 좋다. 점포 앞을 지나가는 사람들은 점포 통행량이라 말한다. 배후 인구와 점포 통행량이 높으면 그 점포는 높은 임대료와 권리금을 가지게 되지만 유동 인구가 많으므로 향후 영업이 활발하게 전개될 조건이 있다.

그렇다면 유동 인구는 어떻게 계산해야 할까?

■ 통행량을 조사할 때는 시간당 통행량을 조사하는 방식이 사용된다. 예를 들어 저녁 7시~8시, 8시~9시, 9시~10시의 각 시간별로 몇 명의 사람이 통행하는지 나누어 조사하는 것이다.

■ 통행량을 조사할 때는 오고 가는 사람뿐 아니라 건너편 통행량도 조사하는 것이 기본 원칙이다.

■ 직접 찍어둔 점포 통행량의 조사 방법

직접 점포를 찍어두고 몰래 점포 통행량을 조사할 수도 있다. 점포 앞을 이동하는 인구량과 점포에 들어가는 입점자 수로 나누어서 조사한다. 당연히 입점자 수가 높은 점포가 장사가 잘되는 점포라 할 수 있다. 통행량은 물론 남녀 성비, 연령대도 추측해 조사한다. 점포 통행량은 요일이나 시간에 따라 달라지지만 이 자료를 수합하면 유동 인구의 성별과 연령도 분석할 수 있다.

점포 통행량은 다음과 같이 간단한 방법을 사용해 요일별로 반복 조사를 하는 것이 좋다.

손님이 가장 몰리는 시간의 통행량을 조사하는 것은 기본이다

통행량을 정확하게 조사하고 싶다고 해서 하루 12시간의 통행량을 조사할 필요는 없다. 술집을 창업할 생각이라면 손님들이 들어올 시간부터의 통행량을 조사하는 것이 더 효과적이다. 만일 호프집이라면 퇴근 시간 전후부터 심야 시간까지의 통행량을 조사하는 것이다. 대략 오후 6시와 7시 전후, 9시 전후, 11시 전후에 1시간 단위로 측정한다.

분식집이나 한식집처럼 식사 손님이 고객이라면 점심과 저녁, 그리고 밤 9시를 전후로 통행량을 조사한다. 제과점의 경우엔 주부들이 장바구니를 들고 나오는 시간인 5시 이후부터 7시까지의 통행량을 측정한다. 그런 뒤 퇴근 시간대인 저녁 7시 전후와 밤 9시 전후, 밤 11시 전후에는 버스 정류장을 기준으로 통행량을 조사한다. 이처럼 통행량을 조사할 때는 매출이 발생할 시간을 중점으로 해서 반복 조사를 해야 정확한 데이터가 나온다.

통행량은 평일과 주말을 나누어 조사를 해야 한다

통행량은 평일과 주말에 따라 달라진다. 특히 주택가의 경우엔 중, 고등학생 및 대학생과 같은 젊은 층의 통행량이 분석되지 않는 경우가 많기 때문에 주말 통행량을 별도로 조사를 해야 한다. 대개 주말에는 젊은 층의 움직임이 자연스럽게 감지되기 때문이다. 주말에는 오전 10시, 12시, 3시, 6시 전후로 통행량을 조사한다.

그 지역에서 가장 인기 있는 점포의 입점객 성비를 분석한다

동네 상권에서 통행량을 측정하다 보면 성비 비율이 제대로 분석되지 않는 경우가 발생한다. 남자와 여자 성비를 구분하며 통행량을 조사하는 것은 사실 초보자들이 하기엔 어려운 작업이다. 이런 경우에는 그 근처에서 가장 인기 있는 점포의 고객의 성비를 분석하는 것이 좋다.

예를 들어 대개 저녁 7시부터 밤 12시까지는 비디오 숍에 젊은 층의 유입이 많으므로 젊은 층의 나이와 성비를 손쉽게 분석해낼 수 있다.

동종 음식점의 입점객 비율을 분석한다

통행량의 조사가 끝났지만 입점객의 수치는 확신하지 못하는 경우가 있다. 만일 빈 점포를 대상으로 통행량을 분석했다면 당연히 입점객의 숫자를 알 수가 없다. 이런 경우에는 그 근처에 있는 점포에서 동종 점포에 입점하는 고객의 숫자를 분석하는 것이 좋다. 예상 고객을 미리 계산할 수가 있기 때문에 향후 매상까지 대강 짐작할 수 있게 된다.

원칙적으로 통행량 조사와 입점객 분석은 하루 24시간 전체 시간과 요일별로 조사를 해야 한다. 그러나 그러한 방법은 사람을 고용하지 않는 한 거의 불가능하므로 중요 시간대를 기준으로 분석한다.

소득 수준 파악하기

음식점을 창업할 때는 배후에 있는 주민들의 소득 수준과 소비 성향을 분석해야 한다. 주민들의 소득 수준에 맞지 않은 음식점을 개업하면 십중팔구 업종 변경을 해야 하기 때문이다.

▣ 고소득 밀집 지역

서울 강남, 분당, 일산, 과천 지역처럼 비교적 넓은 평수의 아파트가 있는 지역은 고소득층이 많은 지역으로 볼 수 있다. 소득 수준이 높기 때문에 소비 성향도 큰 편이다. 이런 고소득 지역에서 음식점을 개업할 때는 가격 경쟁력이 아닌 양질의 음식과 서비스가 높은 음식점을 개업하는 것이 좋다.

〈입점 가능한 업종〉
고급 일식집, 오리요리 전문점, 고급 한정식집, 한우요리 전문점, 고품질 생고기 전문점, 패밀리 레스토랑, 스파게티 전문점, 샤브샤브 전문점 등이 있고 대형 바닷가재 요리 전문점이나 스카이라운지 형태의 음식점도 입점을 생각할 수 있다.

▣ 중산층 밀집 지역

중산층 지역이란 아파트 평수가 30평 전후인 아파트 단지가 있는 지역을 말한다. 최근에는 20평 이하의 아파트일지라도 자기 집인 경우가 많고 대부분 자가용을 소유한 사람이므로 주민들의 성향이 점점 중산층화되는 경향이 있다. 평수에 관계없이 대규모 아파트 단지가 있다면 주민들의 소비 성향을 중산층으로 보는 것이 타당하다. 이런 아파트의 경우 대부분 은행융자를 낀 경우가 많을 터이지만 소비 성향은 중산층을 따르는 경향이 크다.

〈입점 가능한 업종〉
이런 지역에서는 전문 음식점을 창업하는 것이 좋다. 꽃게 요리 전문점, 감자탕 전문점, 활어횟집, 두부요리 전문점, 설렁탕 전문점, 일식집, 갈비집, 호프집, 카페 등이 창업 가능하고 패스트푸드점도 입점이 가능하다. 반대로 저렴한 가격을 무기로 한 저가 횟집, 퓨전포차 등도 창업할 수 있다.

▣ 서민 밀집 지역

크고 작은 단독 주택이나 빌라들이 밀집되어 있는 지역은 서민 거주 지역으로 볼 수 있다. 서민 거주 지역이란 일반적으로 부근에 대형 규모의 아파트 단지가 없고 재래시장 한두 개가 있는 지역을 말한다.

〈입점 가능한 업종〉

이런 지역에서는 돼지갈빗집, 서민형 고기뷔페 외 크고 작은 군소 음식점들이 많으므로 기존의 음식점보다 인테리어를 약간 좋게 하거나 주차장 시설을 갖추고 음식점의 규모도 키우면 동종 업체로부터 고객들을 뺏어올 수 있다. 또한 저렴한 가격의 즉석 김밥 전문점도 입점이 가능하고 은행이나 소규모 관공서를 끼고 우동집이나 바지락 칼국수, 민물 새우 전문점도 영업이 가능하다. 소형 규모의 생고기 전문점도 입점할 수 있고, 20평 이하 맥주집, 호프집 등이 창업한다. 또한 상가손님이나 가내공업 공장을 대상으로 한 배달음식점의 창업도 가능하다. 말 그대로 단독주택 밀집지역이라면 중, 고가 프랜차이즈가 통하지 않는데 중, 고가 프랜차이즈의 경우 일반 음식점보다 음식 가격이 비싸기 때문이다. 한식집을 창업하더라도 저렴한 가격이 무기이거나, 가격을 낮추기 싫다면 음식 재료의 질을 높여야 한다.

▣ 소득 수준을 타지 않는 업종

갈빗집과 같은 한식집, 활어회를 취급하는 횟집 등은 소득 수준을 별로 가리지 않고 어디에나 입점할 수 있다. 물론 그 지역의 소득 수준에 맞게 서비스와 인테리어의 수준을 조절하는 작업이 필요하지만 고급 아파트 단지에서는 싸게, 서민 밀집 지역에서는 고급 육질을 조금 비싸게 영업하는 역발상 전략도 한번 취해볼 만하다.

읽어보기 소득 수준과 관련 없는 음식들

▣ 유동 인구를 보고 입점하는 술안주 음식들

닭갈비나 아귀찜 같은 술안주는 소득 수준과 관련 없으므로 무조건 유동 인구를 보고 입점해야 한다. 예를 들어 닭갈비는 주민들의 소득 수준과 관계없이 먹고 싶을 때 먹는 음식이지만 일단 가격이 비교적 저렴하다는 장점이 있다. 따라서 유동 인구를 보고 입점하되 젊은 층 유동 인구가 많은 곳에 입점해야 한다.

아귀찜은 중산층이나 서민들이 먹고 싶을 때 찾아가서 먹는다. 또한 주당들의 눈에 띄어 먹고 싶으면 먹고, 다른 게 당기면 안 먹게 되는 음식이다. 아귀찜이 닭갈비와 다른 점은 가격이 비싸다는 점이다. 따라서 유흥가나 번화가, 업무밀집 지역 등 중, 장년층 유동 인구가 많은 지역이 아귀찜의 좋은 입지 조건이 된다. 치킨을 안주로 취급하는 호프집도 소득 수준, 유동 인구를 가리지 않는다. 어디서나 통하지만 가급적 유동 인구가 많은 곳에 입점하는 것이 유리하다.

▣ 끼니를 때우기 위해 먹는 음식들

끼니를 때우기 위해 먹는 음식이 한식이나 우동, 분식들이다. 이런 음식들은 소득 수준이 높은 지역에서는 음식의 품질과 서비스, 메뉴 아이템, 인테리어의 수준을 높이고 가격을 제대로 받아도 끼니를 때우기 위해 먹기는 먹어야 하므로 매출이 꾸준하게 유지된다.

서민 밀집 지역에서는 끼니를 때우기 위해 먹는 음식이 가격까지 비싸면 차라리 집에서 해먹게 되므로 가격을 낮추어야 한다. 만일 낮춘 가격 때문에 이익률이 낮아져 채산성 확보가 어렵다면, 애초에 한식집을 창업할 때 생선구이, 장어정식 등의 고급 메뉴를 추가해 서민지역 식당치고는 좋은 메뉴를 많이 취급하는 제대로 된 식당으로 창업을 해야 한다. 제대로 된 한식당이라면 가격을 낮추지 않고 받을 만큼 받으면서도 매출이 꾸준하게 발생한다.

◀ 여의도 상권은 대기업 업무타운과 주거타운, 역세권이 결합된 형태. LG 타운이 리모델링을 하고 본사를 2년간 서울역으로 이동시키면서 LG 직원을 대상으로 장사했던 이 지역 요식업소들이 된서리를 맞았다.

교통량 파악하기

처음부터 자금 마련 문제로 쩔쩔매는 경우가 있다. 돈이 없다면 좋은 조건의 점포를 구하는 것은 포기해야 한다. 이런 경우에는 소자본 창업이 가능한 대로변을 노리는 것이 좋다. 예를 들어 대도시와 위성 도시를 연결하는 경계선에 있는 관통 도로는 번화가에 비해 적은 자본으로도 음식점을 입점시킬 수 있는 좋은 조건이 된다. 교통량만 많다면 허름한 건물이나 건축물 없는 나대지라도 상관없다. 음식 맛이 좋다면 자가용족을 흡수할 수 있으므로 맛 개발과 메뉴 구성에 충실을 기하고 소자본으로 창업할 수 있다. 손맛이 좋다면 컨테이너 안에다 음식점을 차려도 먹고 사는 것이 먹는 장사이기 때문이다.

이런 대로변에서는 적은 비용으로도 입점이 가능한 반면 업종 선택에 신중을 기해야 한다. 배후 풍경에 맞는 음식점을 개업하는데 저수지 부근이라면 '민물 매운탕집', 위성도시가 가까운 곳에서 산자락을 끼고 있다면 '두부요리 전문점'이나 '쌈밥집', '보리밥집' 등을 생각해볼 만하다. 교통 유동량이 많은 대로변이라면 허름한 건물에서도 장사가 잘될 수 있는데 주차장이 반드시 구비되어야 한다.

대도시 외곽 도로변에서 창업할 경우 피해야 할 요소로는 외통수 도로와 구도로가 있다. 외통수 도로라면 근처 위성도시 사람들은 다 아는 곳이기 때문에 찾아오지 않을 것이고, 뜨내기 손님들은 지도상에 나와있지 않기 때문에 찾아오지 않는다. 유명 관광지와 연결된 구도로는 교통 유동량이 매우 많지만 위성도시와 유명 관광지를 직접 연결하는 '자동차 전용도로'가 생길 확률이 있다. 자동차 전용도로가 생기면 교통 유동량이 확 사라질 확률이 있으므로 '자동차 전용도로'가 있는 상태에서도 유동 차량이 많은 도로변에 음식점을 창업하는 것이 좋다.

관광지를 끼고 있을 경우 관광지의 진출입로 가운데 가장 큰 위성도시와 연결된 대로변 쪽에 창업하는 것이 좋다. 어차피 가장 큰 위성도시 쪽의 차량 이동량이 가장 많을 것이다. 또한 차량 내비게이션을 동작시켜도 가장 큰 위성도시를 기준으로 방향을 잡아줄 것이기 때문이다.

대로변에 음식점을 입점할 때는 교통 유동량의 파악이 가장 중요하다. 서울을 예로 들면 유입과 유출 교통량이 가장 높은 지역이 서울역 앞이다. 하루 평균 13만 대에서 14만 대의 차량이 서울역 앞에 유입되거나 유출된다.

▣ 도심 지역의 교통량

도심 지역의 교통량은 그다지 중요하지가 않다. 출퇴근 시 자동차들이 이용하는 도로에 불과하기 때문이기도 하지만 도심지는 이미 기존의 상권이 크게 형성된 지역이기 때문이다. 그러나 교통량은 곧 구매력이므로 교통량이 많다면 기존 상권과 나누어먹기를 할지라도 일단 재미를 볼 수 있는 입지 조건이다.

서울 도심지에서 교통량이 가장 많은 지역이 서울역 앞이라면 10만 대 규모의 유동량을 보이는 도심지는 서소문, 장충 체육관, 동대문, 퇴계로 지역 등이다. 대부분 업무타운이나 전문상가 지역 등을 끼고 있다. 직장인을 대상으로 하든 인근 상인들을 대상으로 하든 도심지 상권에는 음식점과 크고 작은 주점들이 번창하게 된다.

도심지 상권이 전반적으로 교통량이 많다면 번화가 상권은 오히려 교통량이 떨어진다. 번화가 상권에서 하루 5만 대 수준의 교통량이라면 매우 번창한 지역으로 볼 수 있다. 서울 대학로의 경우엔 계절에 따라 다르겠지만 하루 평균 2만 5천 대가 유입되고 3만 대 가량이 유출된다. 그러므로 대학로의 하루 총 교통량은 5만 5천 대 수준으로 볼 수 있다.

번화가의 교통량은 왜 도심지 교통량보다 적은 것일까? 대학로는 왕복 6차선 도로이지만 도심지 안에 있어 교통 정체 시간이 길다. 대중교통 이용자들이 상대적으로 많고 자동차들은 외곽으로 돌아가기 때문에 교통 유동량이 줄어드는 것이다.

◀ 서울 대학로의 오후. 거리에 앉아 있을 자리가 없을 정도로 젊은이들이 많이 붐빈다.

▣ 시 경계선에 있는 관통도로의 교통량이 하루 5만 대라면 음식 장사가 잘된다

관통도로란 시 경계선에서 시내와 시외를 연결하는 주요 도로를 말한다. 적은 자본으로 음식 장사로 한몫 잡고 싶다면 이들 관통도로의 교통량을 분석하는 것이 좋다. 국내에는 도시 크기가 매우 크고 근처에 거대 위성 도시를 끼고 있어도 관통도로에 하루 20만 대가 넘는 교통량을 보이는 지역이 없다. 그럼 관통도로의 교통량이 대강 어느 정도이면 음식점의 장사가 잘되는 것일까?

서울을 중심으로 본 관통도로의 1일 교통량은 다음을 참고하자.
교통량이 많이 발생하는 관통도로에는 도로를 따라 여러 개의 핵심 상권이 자생하고 있다. 음식점을 이 핵심 상권에 입점시키는 것도 좋은 방법이지만 건물 임대료가 비싸다. 이럴 경우에는 교통량을 믿고 대로변에 음식점을 입점시키는 것도 생각해볼 만하다.

> ### 서울의 관통 도로 교통량
>
> 양재대로 시계 : 하루 13만 대 수준
> 시흥대로 시계 : 하루 12만 대 수준
> 하일동 시계 : 하루 10만 대 수준
> 남태령 고개 : 하루 9만 대 수준
> 동일로 시계 : 하루 9만 대 수준
> 도봉로 시계 : 하루 7만 9천 대 수준
> 망우리 고개 : 하루 7만 7천 대 수준
> 복정 검문소 : 하루 6만 대 수준
> 서하남 시계 : 하루 6만 대 수준
> 서오릉 시계 : 하루 4만 대 수준

위 표에서 남태령 고개를 예로 들어보자. 남태령 고개는 경기도 과천과 서울 사당동을 연결하는 고개 이름이다. 이 고개를 따라 서울 방향으로 발전한 상권이 사당동 역세권이다. 그 밑으로는 방배동 상권이 있다. 예전에는 시계를 연결하는 단순한 도로에 불과했으나 서울 외곽에서 서울 시내로 출퇴근하는 사람들이 많아지면서 사당동은 대형 상권으로 발전하게 된다. 하루 교통량 9만 대가 되면 그중 사람들이 운집하는 지역이 크게 번성한다는 뜻이다. 사당역 등지에 직장이 있는 사람들, 사당역에 주거지가 있는 사람들, 사당역 등에서 지하철과 시외버스를 갈아타는 사람들이 모여 큰 상권을 만들어 낸다.

관통도로와 같은 대로변에 음식점을 입점시킬 때는 하루 평균 5만 대 정도의 교통량이 발생하는 도로도 생각해볼 만하다. 5만 대 수준이면 대강 맛이 있거나 분위기가 있는 요식업소라면 매출이 일정 이상으로 발생한다.

음식점의 규모는 클수록 유리하지만 초대형까지는 갈 필요가 없다. 업종은 서민형 음식점이건 고급 음식점이건 입점이 가능하다. 갈빗집, 설렁탕집, 샤브샤브 전문점, 일본식 돈가스 전문점, 고급 생고기집 등을 개업할 수 있지만, 술을 많이 파는 업종은 가급적 피하는 것이 좋다.

> 시골로 출장을 가다 보면 관광지도 없는데 논밭에서 야산을 한 바퀴 돌아 10~20km 안쪽에 음식점이나 카페를 창업하는 경우가 있다. 물론 메인 도로변에는 안내판이 세워져 있는데 맛집이 아닌 한 승산이 없다고 할 수 있다. 기름값과 찾아가는 시간이 아깝기 때문이다.

만일, 하루 평균 3만 대 수준의 교통량이 감지되는 대로변이라면 전문 음식점을 오픈하는 것이 좋다. 왕복 6차선 도로에서 하루 평균 3만 대 수준이라면 그리 번잡하지 않는 교통량이지만 출퇴근 시간에는 끝없이 정체되는 교통량이라 할 수 있다. 대로변에 민물 매운탕 전문점이나 쌈밥집의 창업이 가능하다.

만일, 1일 1만 대~2만 대 규모의 교통량이 발생하고 있는 지방도로라고 가정해 보자. 그런데 교통량은 별로 없지만 배후 20분 거리에 대규모 아파트 단지나 업무 타운이 인접해 있어, 출퇴근 시에는 자가용의 움직임이 많은 도로라고 생각해보자. 이런 지역에서는 '두부요리 전문점'이나 '쌈밥집' 같은 음식점이 창업 가능하다. 물론 음식 맛이 뛰어나야 한다는 것을 전제로 하고 말이다.

사실 음식 맛이 뛰어나다면 교통량 등 이 모든 데이터가 무슨 상관이 있겠는가?
창업 초기에는 최고의 음식 맛을 만들어낼 수 없으니 메뉴를 조합하고 유동 인구를 파악하는 준비를 하는 셈이다.

교통량 계산은 이렇게 한다

어떤 한 지점의 교통량은 일반적으로 출근이 시작되는 아침 7시를 전후로 해서 늘어나기 시작한 뒤 8시부터 9시 사이가 그날의 최고 피크 타임이 된다. 그런 뒤 교통량이 일정 수준으로 계속 유지되다가 오후 퇴근 시간이 되자 교통량이 다소 늘어났다가 새벽 1시면 현저하게 줄어든다는 공통점이 있다.

즉 아침 9시대에 피크를 이루고 점심을 전후로 약간씩 줄어들었다가 저녁 퇴근 시간대에 다시 피크를 이룬 뒤 새벽 1시까지 천천히 감소하다가 새벽 1시를 넘으면 현저하게 줄어든다. 이로 인해 아침 피크 시간대의 교통량과 교통량이 제일 적은 새벽 4시경의 교통량은 3배에서 5배 정도의 차이가 발생한다. 이 교통량을 조사할 때는 다음 방식으로 조사하는 것이 좋다.

■ 관통도로에서의 교통량은 오전(07~09시), 점심(11~14시), 퇴근 시간(17~19시) 사이에 측정한다. 새벽 1시부터 아침 7시까지의 교통량은 피크 타임의 3분의 1로 계산한 후 평균을 잡으면 하루 교통량의 윤곽이 대강 잡힌다.

■ 일반적으로 주거 지역에서는 21시~23시 사이에 교통량이 점차 줄어들지만, 심야 영업이 활발한 지역은 21시~23시경에 다소 교통량이 늘어나는 특징을 가지고 있다. 따라서 술집을 창업하려면 그 지역(먹자골목 등)의 밤 21시부터 23시까지의 교통량을 측정하는 것이 좋다. 만일 21시를 기준으로 시간당 교통량의 유입 유출 합계가 3천 대 이상이라면 그 지역은 심야 상권이 활발한 지역이라고 볼 수 있다. (밤 9시부터 10시까지 3천 대 이상의 유동량을 보이는 도로라면 그 도로는 교통 정체가 상당히 심한 도로라고 말할 수 있다.)

2 입지 조건에 따른 구체적인 전략을 세워야 한다

실제로 음식점을 입점시키고자 한다면 알아야 할 것과 피해야 할 것이 있다. 어떤 조건이 좋은 입지 조건이며 어떤 조건이 나쁜 입지 조건인지 알아보자.

음식점의 기본 입지 조건

지금부터 설명하는 내용은 음식점 입지에 가장 기본이 되는 조건들이다. 점포를 구할 때는 이 조건에 맞는 조건인지 파악하는 것이 좋다.

▣ 언덕 위보다는 언덕 아래쪽에 개업하는 것이 좋다

준비한 자금이 아무리 없어도 언덕 위에서 음식점을 개업하려는 생각은 피하는 것이 좋다. 언덕 위에 있는 점포는 일반적으로 임차비도 싸고 권리금도 없는데 그만큼 장사를 하기엔 곤란한 장소이기 때문이다. 오르막길 중간에 있는 점포에 개업하는 것도 피하는 것이 좋다. 점포의 이면 방향으로 내리막길이 형성되어 있다면 이 경우에도 입점을 피해야 한다. 밥을 먹기 위해 언덕을 올라오는 사람은 아무도 없기 때문이다. 음식점은 언덕 위보다는 아래쪽이 좋고 그보다는 평평한 지역이 더 좋다. 오르막길에서 할 수 있는 음식점은 기껏해야 기사 식당 정도인데, 기사 식당은 자동차로 올라오기 때문에 영업이 가능한 것이다.

> 서울의 남가좌동 거북이 고개나 돈암동 미아리 고개를 보면 언덕 위나 오르막길에는 음식점이 없다. 음식점은 대부분 언덕 아래쪽에 발달해 있다. 만일 피치 못하게 언덕 위에 음식점을 개업한 경우에는 기사식당이나 배달업에 치중할 수밖에 없다. 그렇다면 언덕 위나 오르막길에서는 어떤 업종의 창업이 가능할까? 꼭 필요한 사람이라면 어쩔 수 없이 방문하는 업종들이 입점하는데 예를 들면 웨딩샵 정도가 무난하다.

▣ 근처에 유사 업종이 많다면 매출은 나누어 먹기가 된다

아파트 단지의 근린 상가 1층을 관찰하면 비슷한 아이템, 비슷한 규모의 유사 음식점들이 하나의 근린 상가 안에 모여 있는 경우가 있다. 닭볶음탕 전문점, 감자탕 전문점, 불고기 쌈밥 전문점, 낙지 전문점 등이 하나의 근린상가에 모여 있는 것이다. 이들은 대부분 아파트 주민들이 고객이 되고, 다루는 종목이 다르므로 각각 기본적인 매출이 발생할 수 있는 상태이지만 어쨌거나 서로 나눠먹는 상황이 된다. 음식점을 창업하면서 매출을 나눠먹을 심상으로 창업하는 경우는 거의 없을 것이다. 이런 상황을 피하고 싶다면 되도록 유사하지 않은 종목으로 창업하는 것이 좋다. 예를 들어 육류 전문점이 많다면 밀가루 음식점이나 쌈밥 전문점을 창업하는 것이다.

> 만일 위와 같이 유사한 음식점들이 모여 있는 상가라면 어느 업소가 가장 매출이 높을까? 일반적으로 고깃집은 술을 함께 판매하기 때문에 매출이 높을 수밖에 없다. 또한 고기류는 먹으면 바로 소비되기 때문에 테이블 회전율도 높다.

▣ 대형 쇼핑센터 안에 입점하려면 막다른 통로를 피한다

쇼핑센터 안에서 음식점을 개업할 때는 매장 입구의 첫 번째나 두 번째가 좋다. 교차하는 지점의 모퉁이에 있는 매장에 입점하는 것도 좋은 방법이다. 또한 매장이 일자 형태로 줄지어 있다면 가운데 매장을 차지하는 것이 좋다. 매장 안에서 막다른 곳에 있는 매장에는 입점하지 않는 것이 좋다. 왜냐면 막다른 통로가 눈에 보이면 고객들이 도중에 발길을 돌려 다시 돌아나가기 때문이다.

> 막다른 매장에 입점한 경우에는 배달 음식점 등을 개업하는 것이 좋다.

▣ 대형 빌딩가는 하나의 빌딩만 보고 영업하지만, 소형 상가 밀집지역은 모두가 영업 대상이 된다

소형 사무실 건물이나 소형 상가들이 즐비하게 밀집된 지역이 있다. 여기서 소형 건물들이란 보통 2~5층 규모의 건물들을 말한다. 빈 점포가 보이지 않고 패스트푸드점, 보석상, 은행, 의상점, 화장품 코너 등 한 번에 쇼핑을 해결할 수 있는 곳이라면 이런 곳은 대형 비즈니스 빌딩이 밀집된 지역보다 더 우수한 상권이라 할 수 있다. 이들 지역에서는 배달 한식집이나 일식 돈가스 전문점, 가정식 백반집 등의 입점이 가능하다. 만일 서로 다른 이름을 가진 패스트푸드점이 인접해서 서너 개 이상 형성된 상권이라면 젊은 층의 유동 인구가 많은 A급 상권이 되므로 호프집이나 유흥 음식점의 창업이 가능하다.

읽어보기 투자금이 부족할 때의 음식점 창업 전략

자, 솔직히 말하자면 보통 사람들은 A급 상권이나 C급 상권의 A급 위치에 입점할 돈이 없다. 개중에 여윳돈 많은 창업자들이 A급 상권을 노린다. 일반적인 사람들은 B, C급 상권이나 동네 상권에서 그나마 좋은 위치를 찾아 창업할 것이다. 이도저도 아니면 포장마차로 창업하는 사람도 있을 것이고 노점상으로 창업하는 사람도 있을 것이다.

그런데 우리나라 사람들은 껍데기를 중요시한다. 동문의 눈, 친구의 눈, 친척 눈 때문에 뭔가 번듯해야 한다고 믿는다. 더 번듯한 음식점을 창업하고 싶어하고 더 큰 음식점을 창업하고 싶어하기에 무리해서 돈을 융통받고 집과 전세금을 저당잡힌다.

가지고 있는 돈이 없다면 "돈이 웬수지!"라고 속 편하게 생각하자. 자신의 예산 규모도 대단하지 않는데 어떻게 하겠는가? 그렇다고 너무 조급한 마음에 입지 조건은 생각하지 않고 자금 규모에 맞는 무조건 싼 점포를 구하게 되는데 그런 일도 하지 말자. 자금이 부족할수록 더 신중을 기하는 것이다.

▣ 자금이 없을 때는 가내공장이 발달한 지역을 물색해 한식 배달전문점을 창업한다

인근 가내 공장을 대상으로 된장찌개나 순두부찌개, 불고기 백반류를 배달하는 음식점은 음식의 맛만 좋다면 어디서든 성공할 수 있다. 실패해도 생계형 음식점으로 생존은 할 수 있다. 배달 음식점을 개업할 때는 상가 30%, 가내 공장 70% 비율을 두고 가내 공장이 많은 지역의 골목길 안에서 창업하는 것이 좋다. 골목길 안의 점포는 권리금이 없을 뿐 아니라 임대료도 저렴하기 때문에 하다 못해 2천만 원으로도 점포 임차하고 주방설비 마련하는 소자본 창업이 가능하다. 아무리 소자본이라고 해도 주눅들지 말고 냉철하게 판단해야 한다. 발품을 팔아 가내 공장이나 사무실이 밀집되어 있는 지역을 찾는다. 그런 지역에서 빈 점포를 얻어 창업한 후 배달업에 치중하면 소기의 매출을 올릴 수가 있을 뿐 아니라 음식 장사에서 자신감도 얻을 수가 있다.

> 서울 화곡동 일대를 보면 왕복 2차선 또는 왕복 4차선 도로를 끼고 상가와 가내공장들이 많다. 이런 지역에서는 음식 솜씨가 좋고 업주의 능력만 있다면 배달직원을 2~3명 고용할 정도로 한식 배달점이 정신없이 장사가 된다. 한적한 주택가나 변두리 지역에서의 백반집도 성공하려면 반드시 가내공장을 끼고 창업해야 한다.

▣ 창업비 5천만 원 이하이면 동네 상권의 A급 위치 외에는 모두 입점할 수 있다

점포 임차비를 포함해 총 창업비를 5천만 원 정도 예상한다면 음식점의 경우 생선구이 전문점 등을 창업하는 것이 좋다. 백반집, 중국집, 분식집은 웬만한 동네에는 이미 입점해있으므로 생선구이식당 겸 배달 전문점을 창업하는 것이다. 생선구이 식당은 보통 삼치구이, 굴비구이, 굴비찌개, 고등어구이, 고등어찌개, 동태찌개, 황태구이, 갈치구이, 갈치찌개, 오징어볶음(주꾸미볶음) 등을 취급하는 것이 일반적이다. 여기에 장어구이 정식을 추가할 수도 있다. 관리면에서는 좀 어렵지만 '우럭구이'나 '우럭탕수구이' 등을 취급하면 생선구이 전문점으로는 꽤 실력있는 음식점이 된다. 이 때 우럭구이는 1마리당 1만 원이나 1만 2천 원 받는데 식사가 아니라 술안주로 판매한다. 최근 수도권에서는 동태 음식 전문점이 뜨고 있는데 비즈니스 밀집지역과 상가밀집지역이 혼합된 준 번화가 지역이라면 동태 음식 전문점을 창업할 만하다.

5천만 원의 창업비로는 호프집 등을 창업할 수 있으나 점포 임차비로 다 소진할 확률이 높으므로 인테리어에 신경쓸 수 없고 그 까닭에 원하는 매출 목표를 달성할 수 없을 것이다. 반드시 술을 같이 판매하고 싶다면 빈대떡 전문점이나 개인 치킨집(두 마리 치킨집) 등을 하는 것이 좋다. 5천만 원 이하로 깨끗한 점포를 창업하고 싶다면 숍인숍으로 테이크아웃 커피숍 등을 창업할 수도 있는데 유동 인구가 많은 역세권이나 쇼핑몰 매장, 전문 상가밀집지역(옷상가 등)이 좋다.

▣ 창업비 5천만 원 이하이면 교통량 많은 대로변의 나대지를 빌려 전문음식점을 창업한다

5천만 원 가량의 자금이 있다면 도시 외곽에서 창업하는 것도 생각해볼 만하다. 대로변이나 간선도로변이 딱 좋다. 출퇴근 차량, 관광객 차량, 업무 차량이 빈번하게 발생하고 자동차의 정체가 많은 대로변이 요지가 될 수 있다. 차선의 너비에 관계없이 교통 유동량이 많은 지역이 최우선 관심 대상이 된다.

대로변이나 위성도시 외곽에서 창업할 때는 인테리어보다 음식의 맛에 승부를 걸어야 하는 전문음식점이 적당하다. '설렁탕 전문집'은 주방 설비비용도 많이 들고 대도시 안팎에서 흔히 보기 때문에 입점에 주의해야 한다. '해장국집'은 술 마시는 사람들이 먹는 음식이기 때문에 도심지와 떨어진 외곽에서 창업하지 않는 것이 좋다. 물론 양평해장국처럼 성공하는 경우도 있지만 대부분은 실패를 한다. 대로변에서는 주위의 경관에 맞는 '매운탕 전문점', '두부요리 전문점', '쌈밥 전문점', '보리밥 전문점' 등을 생각할 수 있고, 각 지방에서 인기 있는 토속 음식점 등이 있다.

한 가지 종류의 메뉴만 판매하는 음식점으로는 민물 매운탕집, 순두부집, 야채 쌈밥집, 화로구이 숯불고깃집 등이 있다. 도로의 배후 1~3km 반경에 저수지나 강이 있으면 '매운탕 집'에 대한 호응도가 높고 산이나 들판을 끼고 있으면 '두부요리 전문점'이나 '황토구이 오리요리 전문점'이 적당하다. 최근에는 자가용족이 늘어나면서 국도나 지방도로의 경우엔 초행길인 사람들이 많다. 따라서 음식점 주위에 강이 있는지 바다가 있는지 모르는 사람이 태반이기 때문에 적당히 점포 주위의 지형에 맞추어 메뉴를 정한 후 음식점을 창업해도 매출이 발생한다. 야채 쌈밥집을 창업할 때는 텃밭에서 직접 가꾼 야채라는 식으로 음식점 입구에 간판에 노출시키는 지혜가 필요하다.

지방 도시에서의 중, 대형 고급 음식점 창업 전략

지방 중소도시에서 중, 대형 고급 음식점의 개업을 준비할 때는 은근히 걱정되는 것이 당연할 것이다. "과연 이 지역에서 중, 대형 고급 음식점이 성공할까?" 의문을 갖기보다는 그 지역의 입지 조건을 정확하게 분석하는 것이 더 현실적인 대처이다.

▣ 지방 중소도시에서의 고급 음식점은 대형 할인마트의 정문 근처를 선점하는 것이 좋다

지방에서 중, 대형 고급 음식점을 개업하려면 대형 할인마트인 E 마트나 홈플러스 등의 초입이나 인접 지역을 선점하는 것이 좋다. 대형 할인마트가 들어서면 시내 핵심 상권에 못지 않은 유동 인구가 발생하고 그로 인해 할인마트를 중심으로 상권이 활성화되기 때문이다. 대형 할인마트 부근에 중, 대형 음식점을 개업할 때는 주차장 시설을 필수로 갖추어야 하고 음식점의 서비스 질도 높이는 것이 좋다.

▣ 유명 패스트푸드 체인점 옆을 선점하라

유명 패스트푸드 체인점이 입점한 지역은 일단 기본 상권이 형성 중인 지역이라고 봐도 무방하다. 왜냐면 본사에서 입점을 시킬 때 상권 조사에 정확성을 기한 후 입점시키기 때문이다. 이런 지역에서는 고급 횟집이나 고급 불고깃집의 개업이 권장할 만하고 해물탕이나 가재 요리 전문점도 입점이 가능하다. 이미 입점한 패스트푸드점으로 인해 지가가 상승할 확률이 있을 뿐 아니라 지역의 상권 수준도 높아질 확률이 있다.

▣ 지방에서 고급 음식점을 창업할 생각이라면 아파트를 배후에 끼고 창업해야 한다

지방 소도시라고 해도 아파트의 세대수가 1만 세대를 넘는다면 아파트 초입에 있는 근린 상가에서 전문 음식점이나 중, 고급 음식점을 개업할 조건이 된다. 만일 1천 세대 아파트가 새로 건설된다면 어떻게 해야 할까? 아주 작은 소도시에 중, 대형 평형의 1천 세대 아파트가 들어선다면 십중팔구 그 지역 약사, 의사, 공무원 등이 입주하므로 되도록 아파트로 유입되는 유동 차량이 많은 대로변을 선점하는 것이 좋다.

중대형 음식점은 종류가 많다. 설렁탕 전문점, 꽃게탕 & 해물탕 전문점, 가재요리 전문점은 대규모 아파트 단지를 배후로 끼고 있다면 영업이 가능하다. 같은 감자탕이라고 해도 뼈다귀 해장국 전문점은 앞에서 설명했듯 번화가나 유흥가가 최우선 입지 조건이 된다.

패스트푸드점과 제과점 입점 전략

패스트푸드점은 일정 규모의 상권이 형성된 번화가에서만 입점하지만 제과점은 버스 정류장만 있으면 입점이 가능하다. 서로 비슷하지만 전혀 다른 입지 조건을 가진 셈이다.

▣ 패스트푸드점의 최소 입지 조건

이미 번화가와 대학가, 역세권, 핵심 상권에는 패스트푸드점이 모두 입점한 상태이다.

그렇다면 패스트푸드점을 또 입점할 수 있는 최소 입지 조건은 무엇일까? 주택밀집 지역에 재래시장이 있다면 시장으로 가는 횡단보도를 관찰해 보라. 젊은 가정주부들이 제법 많이 보이는 지역이 있다면 이런 지역이 패스트푸드점의 최소 입지 조건이 된다. 이 패스트푸드점에 젊은 주부들과 그들의 아이들이 고객이 될 확률이 높기 때문이다.

> 젊은 주부들의 유동 인구가 좀 된다고 해서 그런 곳에 테이크아웃 커피점을 오픈하는 경우가 있다. 주부가 되면 아무리 젊은 여자라도 현실 감각을 가지게 된다. 그러므로 배를 채우는 햄버거는 먹을지언정 아무리 마셔도 배가 부르지 않는 비싼 커피는 마시지 않게 된다. 동네 상권에 테이크아웃 커피점을 입점하는 것은 금물이란 뜻이다.

▣ 제과점의 가장 좋은 입지 조건은 재래시장 입구와 출퇴근 시 접근이 용이한 지점이다

동네 상권에서 제과점을 창업하려면 첫 번째 입지 조건이 재래시장 입구다. 그리고 버스 정류장 등이 좋은 입지 조건이 된다. 제과점의 1인당 객단가는 평균 4천 원 정도에 불과하다. 빵을 사먹기 위해 100미터를 돌아가는 사람은 없으므로 일단 유동 인구가 많은 지역에 입점해야 한다. 대개 주부들의 동선 방향이나 출퇴근 시 접근이 용이한 곳을 1차 입지 조건으로 선정해야 한다.

재래시장 안이나 쇼핑상가의 매장은 제과점의 2차 입지 조건이 된다. 특히 재래시장 안에도 시장 빵집이 많이 있는데 일단 맛있으면 빵집이 여러 곳인 시장에서도 소기의 수입을 올릴 수 있다.

> 프랜차이즈 제과점을 창업하려면 무조건 젊은 여성의 유동 인구가 많은 곳에 입점해야 한다. 멋모르고 아파트에 입점하기도 하는데 3~50대의 중장년층에게 프랜차이즈 빵은 이제 안 통한다. 이미 10년 동안 프랜차이즈 빵을 먹었던 사람들이기 때문이다.

아파트 단지를 낀 음식점 창업 전략

새롭게 아파트 단지가 들어서면 단지 상가 분양에 대한 다양한 홍보물을 접하게 된다. 음식점을 개업할 생각이라면 이런 류의 광고지에 신경을 쓰지 않는 것이 좋다. 왜냐면 아파트 주민들만 상대해 음식점을 하면 업주도 먹고 사는 데에만 만족해야 하기 때문이다.

▣ 아파트에서의 음식 장사는 상가에 따라 달라진다

앞에서 아파트 단지에서 음식점을 개업하려면 단지 상가보다는 근린 상가가 좋다고 설명한 바 있다. 그렇다면 왜 아파트에서는 단지 상가보다 근린 상가가 음식점 장사에 유리한 것일까?

먼저 근린 상가는 단지 내 상가보다 폐쇄적이지 않기 때문에 주민들에게 자유로움과 여유를 주는 경우가 많다. 인도를 점거한 후 파라솔을 설치하는 것도 단지 상가보다는 근린 상가가 유리하다. 단지 상가는 아파트에 살고 있는 주민들이 주고객이지만 근린 상가는 아파트 주민뿐 아니라 출퇴근 차량들도 고객으로 흡수할 수 있다. 근린 상가에서의 음식점은 점포를 확대하는 면에서 좋을 뿐 아니라 간판의 노출면에서도 단지 내 상가보다 유리하다. 이런 여러 가지 이유 때문에 아파트를 끼고 음식점을 할 때는 근린 상가를 노리는 것이 좋다고 할 수 있다.

아파트의 근린 상가라고 해서 무조건 음식점의 입점이 유리한 것은 아니다. 최하 2천 세대 규모의 아파트 단지일 경우에만 전문 음식점의 영업이 어느 정도 가능하다. 만일 4천 세대 규모이면 전문 음식점 10여 개를 먹여 살릴 소비 성향을 아파트 주민들이 보여준다.

한편, 아파트의 근린 상가에 입점할 때는 활성화된 상가인지 죽어가는 상가인지 구분하는 것이 좋다. 근린 상가는 특성상 땅주인이 건물을 올리면 그것으로 상권이 이동되는 경향이 있으므로 기존의 상가는 죽어가는 상권이 될 수도 있다. 그러므로 근린 상가에 입점할 때는 죽어가는 상가가 아닌 활성화되고 있는 상가를 선택해야 한다. 이것은 유동 인구의 변화를 보고 판단할 수 있다. 그리고 아파트 단지의 근린 상가에서 입점할 때 피해야 할 입지 조건이 있다. 인근에 먹자골목이나 유흥가, 대형 쇼핑센터가 형성되어 있다면 근린 상가에서의 음식점 영업이 아무래도 지장을 받기 때문이다.

당장 눈앞에 큰 아파트가 있다고 해서 장사가 잘되는 것은 아니다. 눈앞에 아파트가 있다고 장사가 잘된다면 얼마나 좋을까? 하지만 세상만사는 술술 풀리지 않는다. 주민들이 자주 이용하는 입구가 어디인지 자동차의 통행량이 가장 많은 도로는 어디인지 이러한 조건들을 면밀히 따져보면 아파트를 배후에 두고 음식점을 입점시키는 것이 가능하다. 남들은 아파트 앞 상가를 얻기 위해 비싼 임대료를 주고 입점하지만 당신은 임대료를 절약하면서 더 큰 음식점을 개업시킬 수 있다.

주민들의 소비 성향은 아파트의 평수를 보고 판단할 수 있다. 20평 규모의 평수라면 근린 상가에서 외식을 해결할 수 있다. 자가용을 소유하고 있지만 기름 값을 절약하기 위해 근린 상가를 이용한다고 보는 것이 타당하다. 혹은 17평 규모의 임대 아파트 단지에서 음식점 장사를 하는 경우도 있다. 이런 지역에서는 서민 음식점이나 치킨집, 호프집이 영업에 유리하다. 배달 영업도 병행하는 것이 좋다. 이런 지역에서는 전문 음식점도 고급보다는 저렴한 가격을 무기로 내세우는 서민 음식점이 통한다. 물론 서민 음식점이라 해도 인테리어를 깔끔하게 마감한 음식점이 영업 측면에서 유리하다.

35평 규모의 아파트라면 주민들이 자가용을 이용해 외식을 나갈 확률이 높다. 소비 지출도 높고 음식 취향도 고급스러워지기 마련이다. 이런 경우에는 아파트에 근접하는 것보다는 유동 차량이 많은 길목을 노리고 점포를 입점하는 것이 좋다. 반경 2~3km 외곽에서도 교통량을 보고 입점을 시킬 수가 있다. 무조건 아파트를 앞에 두고 창업하기보다는 교통 유동량이 많은 대로변을 노려 창업하는 지혜가 필요하다.

근린 상가에 입점할 때는 인근에 아파트뿐만 아니라 5층 규모의 개인 빌딩들이 밀집되어 있는 지역을 노리는 것이 좋다. 아파트 주민들은 저녁에 매출을 올려주고 점심 손님은 인근 빌딩의 직장인들이 매출을 올려주기 때문이다. 이 정도의 조건이라면 가장 장사하기 좋은 조건이라 할 수 있다.

이처럼 아파트 주민들의 90%가 이용하는 도로가 있고 그곳이 교차로 부분이라면 이런 지역에 핵심 상권이 자연스럽게 형성된다. 새로 분양되는 아파트 상가가 있다면 이런 교차로 부분이 있는지 눈여겨 보는 것이 좋겠다.

번화가 또는 전문 상가 지역에서의 음식점 입점 전략

▣ 전문상가란?

전문상가란 상가의 배후 인구가 1만 명 이상인 상태에서 동시에 전철이나 버스, 자동차 등을 이용해 접근이 용이해야 하며, 전문적으로 특정 제품들을 취급하는 상가 지역을 말한다. 규모가 제법 있는 전문상가라면 경쟁력이 있는 상가이므로 전문상가가 이사를 가지 않는 한 계속 상권이 유지된다. 음식점은 주로 상가의 배후에 형성된 골목길 등에서 활성화되어 주로 점심식사 고객과 배달 고객에 의해 매출을 높일 수가 있다.

전문상가 지역에서는 식사시간에 밖으로 나와 식사를 하는 고객들도 많은 편이므로 부대찌개와 같은 전문 한식집을 개업할 때는 골목 입구나 노출도가 높은 도로를 끼고 오픈하는 것이 좋다. 만일 한식 배달집이라면 전문 상가의 뒷골목 주택가에 입점해도 소기의 매출을 올릴 수가 있다.

▣ 먹자골목에 음식점 입점하기

먹자골목에 음식점을 입점하는 것은 여러모로 유리하다. 일단 유동 인구가 기본적으로 있고 고정 & 단골고객이 어느 정도 형성된 상권이기 때문이다. 먹자골목에서의 입점은 경쟁 종목이 있는 음식점을 입점시키냐 경쟁 종목이 없는 음식점을 입점시키느냐 결정하는 과정이 중요하다.

춘천 명동의 닭갈비 골목처럼 동일 음식점이 폭넓게 분포된 먹자골목이라면 여러분도 닭갈비라는 종목으로 입점해야 한다. 왜냐면 대부분의 유동 인구가 닭갈비를 먹기 위해 그 골목으로 오기 때문이다. 특정 종목이 50% 이상 점거하지 않는 상권이라면 유동 인구의 나이, 소비 수준을 분석한 후 아직 입점되지 않은 종목을 노리는 것이 유리하다.

▣ 중심 상가에 음식점 입점하기

어느 지역에서건 중심 상가는 유동 인구가 꾸준히 유입되는 상권이다. 패스트푸드점부터 주류점까지 대부분 입점이 가능한 환경을 가진 것이 중심 상가의 특징이고 중, 고급 음식점과 호프집, 커피숍, 레스토랑, 횟집 등의 입점이 가능해 다양한 음식점을 만날 수 있다.

중심 상가는 유동 인구가 많고 아파트 상가나 근린 상가에 비해 생명력이 길다는 특징이 있다. 중심 상가는 대개 역세권을 끼고 있는 경우와 젊은 층이 유흥을 즐기기 위해 모이는 번화가 지역으로 나눌 수 있다.

부자 동네, 서민 동네에서의 전략

부자 동네에서 상권을 조사하면 즉석 김밥 전문집이 없다는 것을 알 수 있다. 즉석 김밥 전문점 대신 일식집 형태의 초밥집을 만날 수 있다. 이와 달리 서민 주택가에서 일식집 형태의 초밥집을 오픈하면 이것 또한 넌센스가 된다. 일단 소득 수준에 맞지 않은 음식점이므로 동네 사람들이 쳐다보지 않는다. 음식점을 개업할 때는 항상 배후 주민들의 소득 수준을 염두에 두고 그에 맞는 아이템으로 입점해야 한다는 뜻이다.

▣ 서민 동네에서는 박리다매 전략이 우선 성공한다

서민 주택가나 대학가에서 음식점을 개업할 때는 저렴한 가격으로 박리다매 전략을 펼치는 것이 가장 안정적인 영업 전략이다. 물론 음식 솜씨가 좋은 사람이라면 자존심 때문에 서민 동네에서 고가격 전략을 내세우는데 이것은 쓸데없는 짓이 될 수도 있다.

서민 동네에서는 즉석 김밥 전문점이나 분식집들이 일단 매출을 빨리 올릴 수 있는 종목이다. 개인이 오픈하는 것보다는 유명 체인점을 이용해 오픈하는 것이 좋다. 서민들도 결국은 네임밸류에 따라 움직이기 때문이다. 네임밸류 때문에 김밥 한 줄에 2천 원 하는 유명 우동집이 통한다는 것은 아니다. 유명 우동집을 오픈할 경우에는 식대를 근처에 있는 김밥 전문점처럼 낮추어야 한다는 뜻이다. 그러나 유명 우동집은 프랜차이즈 본사에서 식자재를 납품받기 때문에 사실상 식대를 낮추는 것이 불가능하므로 영업이 부진하면 바로 폐업을 하게 된다.

따라서 유명 우동집이 아닌 개인 우동집을 창업하되 퓨전 음식을 함께 취급하고 식대를 가급적 낮추는 전략이 좋다.

▣ 부자 동네의 돈은 눈 먼 돈이다

부자에게 돈을 꾸기란 하늘의 별따기보다 어렵다고 한다. 그러나 부자들의 소비 성향을 보면 가난한 사람들이 보기엔 놀랄 지경인데 놀랄 필요는 없다. 원래 생활 패턴이기 때문이다.

부자 동네에서 음식 솜씨가 좋다는 것은 큰 장점이 된다. 또 인테리어가 좋다는 것도 큰 장점이 되고, 고기 육질이 좋다는 것도 큰 장점이 된다. 또한 수준 높은 서비스 역시 큰 장점이 된다. 아무리 구두쇠라고 해도 부자들은 즉석 김밥집에서 밥을 먹지 않는다. 즉석 김밥집 앞에는 자동차를 주차할 공간이 없기 때문이다. 부자 동네에서는 수준 높은 서비스, 높은 품질의 음식을 무기로 하여 고가격 전략을 펴는 것이 오히려 매출에 도움이 된다.

▣ 인근에 대형 관공서나 대학교 단지를 끼고 장사할 때는 고급 음식점을 창업한다

변두리 지역이라 해도 초등학교부터 대학교까지 있는 대형 학원 단지가 있다. 또한 지방 법원 같은 대규모 관공서가 있는 지역이 있다. 이런 지역에는 천차만별의 음식점이 생겨나는데 대부분 점심 고객을 목적으로 하고 있다. 그런데 이처럼 대형 관공서나 학원이 밀집된 지역엔 교수나 교직원, 공무원, 관료들이 많다. 이런 입지 조건에서는 고급 음식점도 창업이 가능하다는 뜻이다. 특히 고급 공무원이나 교수가 많은 지역이라면 접대, 회식 자리를 소화할 수 있으며, 학원 단지에서도 눈높이가 높아진 대학생층이 주요한 고객이 될 수 있다.

> 대형 생고깃집, 샤브샤브집, 고급 일식집 등이 모두 통할 수 있는 입지 조건이다. 근처에 교통 유동량이 많으면 더 좋다.

인생이란 세상만사 뜻대로 되지 않는다. 그래서 빌 게이츠는 TV 드라마처럼 인생이 술술 풀리지 않는다고 젊은이들에게 충고한 바 있다. 그렇기에 노력형 인간인니 아침형 인간이니 노력을 강조하는 세상이 되었다. 막상 창업을 준비하려고 하니 자금이 턱없이 부족한 경우가 있다. 운이 좋아 권리금이 없는 점포에 입점했는데 그게 초등학교 앞에 있는 싸구려 점포인 경우도 있다. 회피해야 하는 지역에서 자금 사정상 어쩔 수 없이 입점했을 경우 성공 전략을 알아보자.

입지 조건이 나쁜 경우 대응 전략

지금부터 설명하는 내용은 음식점 입지에 가장 기본이 되는 조건들이다. 점포를 구할 때 이 조건에 맞는지 파악하는 것이 좋다.

▣ 초등학교 앞에 있는 점포

초등학교 앞 상권은 현재 거의 죽어가고 있다고 해도 무방하다. 초등학교 앞이니까 분식점이 괜찮겠다고 판단하고 오픈하는 경우가 많은데 이것은 말 그대로 어린 아이 호주머니 터는 시장에 불과하다. 초등학교 앞에서 음식점을 개업했을 때 해결책은 없을까? 초등학교 앞에서 식당업으로 성공하려면 배달업에 치중해야 한다. 한식집보다 중국집이 더 어울릴 것이다. 광고 전단지를 주기적으로 배포해야 하고 단골 확보를 위해 음식의 맛에도 노력을 해야 한다.

▣ 오르막길이나 내리막길 중간에 있는 점포

오르막길이나 내리막길의 중간에 있는 점포에서는 음식점의 개업을 가급적 피해야 한다. 식사 한 끼를 때우기 위해 오르막길을 올라오거나 내려오는 사람은 거의 드물기 때문이다. 음식업뿐만 아니라 여타 업종들도 오르막길의 언덕 위에는 입점하지 않는 것이 원칙이다. 만일 이런 곳에 음식점을 개업했다면 살아남기 위해 배달업에 치중해야 한다. 주차 시설이 구비되어 있다면 기사 식당으로 전업하는 것도 생각해 볼 만한 전략이다.

▣ 대로변이긴 한데 막다른 도로인 경우

도로가 끝나는 막다른 길에 상권이 형성되는 경우가 있다. 서울 4.19 탑 상권은 자동차에서 내려 북한산을 걸어 올라가는 구조이기 때문에 도로가 산자락에 막혀 있는 구조이다. 이처럼 도로가 막혀 있어 영업용 택시들이 자동차를 돌려 나가는 도로들이 있다.

이처럼 막혀 있는 차도이긴 하나 도로가 넓다면 기사 식당을 개업하는 것이 매출에 도움이 된다. 막다른 길이므로 교통량이 적을 뿐 아니라 그로 인해 차선 하나를 주차 공간으로 활용할 수가 있다. 특히 막다른 길에 도달한 택시 기사들이 차를 돌리다가 밥을 먹게 되는 경우가 많기 때문에 기사 식당 입점지로는 최적이라 할 수 있다. 또한 개천을 낀 교각 양쪽의 경우도 있다. 강을 낀 도로는 카페라도 창업하겠는데 도시 한가운데 있는 개천은 카페 창업하기에 영 안 좋은 자리다. 이런 곳이라면 주차 공간도 저절로 확보할 수 있으므로 기사 식당 창업이 최적이다.

▣ 유동 차량이 거의 없는 주택가 안쪽

동네 사람 외에는 유동 인구가 거의 없는 주택가 안쪽에 음식점을 개업하는 사람들이 있을까? 자금이 없어 이런 지역에도 창업하는 사람들이 늘어나고 있다. 배달을 전문으로 하는 중국집, 저가 피자집, 저가 치킨집이 창업 종목이 된다. 인지도가 없는 피자집을 오픈한 경우엔 박리다매 전략을 구사하는 것이 좋다. 예를 들어 1판 가격으로 2판을 주는 피자집이라면 소기의 매출을 발생시킬 수 있다.

▣ 지명도가 없는 야산이나 강, 들판 지역

도시 변두리의 이름 없는 야산이나 강, 들판 지역에서 음식점을 개업하는 경우가 있다. 그곳에 자기 땅이 있는 사람들이 흔히 음식점을 창업한다. 이런 지역에서 소기의 목적을 달성하려면 쌈밥집이나 전문음식점이 좋다. 최소한 왕복 2차선의 자동차 도로를 끼고 있다면 왕래하는 자동차의 수가 미미해도 전문 음식점이 어느 정도 가능하다. 단 도로의 끝이 막혀 있지 않고 가급적 반경 몇 10km 안에 시 단위의 도시가 존재하는 곳에 창업하는 것이 좋으며, 도로변에서 10~20km 들어간 야산 너머에 창업하는 것은 좋은 방법이 아니다.

체인점 가맹 시에는 신중하게

처음 음식점을 개업하다 보면 여러 가지 면에서 자신이 없어 체인점을 생각하는 경우가 있다. 지명도가 높은 체인점은 재료와 조리법은 물론 영업 노하우까지 본사에서 교육시키기 때문에 아무래도 초보자들에겐 안성맞춤이라 하겠다. 그러나 최근에는 무늬만 체인점인 업체들이 많이 난립해 있다. 체인점에 가입할 때 주의할 점이 무엇인지 알아보자.

▣ 계약금을 노린 사기를 조심하자

계약금을 받고 도망간다면 이것은 명백한 사기죄이다. 최근 체인점들이 난립하면서 능력도 없이 계약금을 챙기고 나몰라라 하는 업체들이 나타나고 있다. 사기성이 농후한지 면밀한 검토가 필요하다 하겠다. 본사를 직접 방문하고 실제 체인점의 사항을 면밀히 파악하고 직영점이나 체인점 업체도 방문 관찰하는 것이 좋다. 또한 식자재 공급방식, 자체 제조 공장이나 유통망이 있는지 파악해야 한다. 체인점 가맹은 계약금을 지불하면 일단 최소한 몇천만 원이 투자되는 상황이 된다. 계약 전 반드시 체인점의 사기성 유무, 체인점의 유통 능력 유무를 판별하는 작업이 필요하다.

▣ 본부가 도산하거나 부실한지 파악하자

막상 계약을 했는데 체인 본부가 도산하거나 유통망이 취약해 식자재 유통을 제때에 못하는 경우가 발생한다. 대부분 신생 체인점이거나 한탕 하려는 체인점 본부들이다. 계약하려는 업체가 이런 부류에 해당하는지 충분히 검토를 해야 한다. 이런 부분들은 가맹점 몇 군데를 돌아다니며 향후 사업성과 현재 이익률을 물어보면 대충 파악할 수 있다.

▣ 과다한 가맹비 또는 가맹비의 착복

이해하기 어려운 높은 수준의 가맹비를 요구하는 업체들이 있다. 5천만 원의 가맹비를 요구하지만 확실한 업체가 있는 반면 5백만 원의 가맹비를 요구하지만 불확실한 업체가 있다. 점포 자리도 봐두지 않았는데 가계약을 종용하면 조심하는 것이 좋다.

▣ 과다한 인테리어 비용과 하자 보수를 피하는 업체

건물을 임대한 후 평수를 확인하는 과정에서 인테리어 비용을 높게 산정하기 위해 시공 평수를 속이는 업체들이 있다. 비용은 높고 자재는 싸구려를 사용해 시공하는 업체들도 있다. 반드시 계약 직전에 인테리어 비용 등을 일일이 확인하고 넘어가야 한다. 그러면 인테리어 비용이 더 싸질 수도 있다. 어차피 체인점 본사는 가맹점 하나 더 소유하는 게 이득이므로 투자금이 조금 부족하다고 말하면 평당 인테리어 비용의 조율이 충분히 가능하다.

▣ 중고 설비를 넘기거나 설비에서 마진을 많이 먹는 업체

가맹점주가 비전문가라는 이유만으로 은근슬쩍 주방설비의 일부를 중고로 설치하거나 과다하게 설비비를 구하는 업체가 있다. 충분한 설명없이 필요 이상의 설비를 설치하는 경우도 있다. 비용 계산을 정확히 해서 어떤 설비가 들어오는 것인지 따져봐야 한다.

▣ 물품 선도금을 요구하며 안 팔리는 제품을 넘기는 업체

반품을 거부하거나 투덜거리며 늦장 처리하는 업체가 있다. 안 팔리는 제품을 강제적으로 선도금을 요구하며 넘기는 경우도 있다. 체인점에 따라 물품 선도금을 요구하는데 실제 영업에 필요한 제품인지 충분히 조사를 하자. 물품 선도금(식자재 등)이 많을 경우 일단 절반만 받고 시작하겠다고 협상도 해보자.

▣ 기일을 어겨 늦어지는 제품 공급

활어회의 경우엔 공급이 늦어지면 싱싱한 횟감의 확보에 실패를 하게 된다. 공급망이 확실한지 명확하게 파악해야 한다. 경우에 따라 공급이 늦어 가맹점이 영업 부진을 겪는 수도 발생하기 때문이다.

▣ 독점 영업권이 확실한지 조사하자

독점 영업권을 준다고 하면서도 바로 근처에 똑같은 체인점을 오픈시키는 업체가 있다. 아무리 장사가 잘되는 음식점이라 해도 이렇게 하면 독점 영업권을 훼손시키는 행위가 된다. 경쟁 업소가 많은 체인점의 경우 가맹을 일단 피하는 것이 좋다. 대형 감자탕집이 좋은 예이고 경쟁업소가 수없이 많으니 서로 다른 체인점이 인접해 개설되어 서로 죽어가는 경우도 있다.

▣ 상권 분석 실패

잠깐 문의를 했는데도 그 지역은 상권이 좋은 지역이라고 장난을 치는 업체가 있다. 아무리 생각해도 위험한 상권을 통계 자료도 없이 좋은 상권이라고 말하면 일단 의심하고 넘어가는 것이 좋다. 근거가 되는 자료를 요구하는 것도 좋다. 근거에 대해 명확한 확답이 없으면서도 감언이설로 유혹하는 업체가 있다면 가맹점 확장에만 노력하는 업체들이라 할 수 있다.

▣ 신메뉴 개발의 미비

높은 가맹비에도 불구하고 신메뉴를 능동적으로 개발하지 못하는 업체들이 있다. 로열티를 받는 업체들은 대부분 믿을 만하지만 알아서 하라는 식의 업체들도 있다. 매출 부진을 매장주에게 돌리는 업체는 조심해야 한다. 어차피 체인점이란 매출이 부진하면 본사와 가맹점이 둘 다 책임을 져야 하는 것이 합리적인데 대부분은 가맹점에 책임을 떠넘긴다.

기존 음식점의 하루 매상 파악하기

창업 준비를 하다 보면 아예 장사가 잘되는 기존 음식점을 인수하는 경우가 있다. 요즘은 포스로 매출이 계산되기 때문에 음식점 주인이 하루 매상을 거짓말하는 경우는 없다. 그러나 포스가 설치되지 않은 음식점의 경우 주인 말만 믿을 수밖에 없을 것이다. 그러다가 주인 말을 못 믿게 되면 나중에는 음식점 밖 골목서 육안으로 관찰하는 경우도 발생한다.

그런데 음식점의 하루 매상을 점포 밖에서 파악하는 것은 여간 어려운 것이 아니다. 특히 감자탕 전문점이나 아귀찜 전문점처럼 술을 함께 판매하는 음식점의 경우엔 매상 파악이 더더욱 어렵다. 이런 음식점들은 점심시간부터 아무리 관찰을 해도 손님이 들어가는 기미가 없기 때문이다.

물론 이처럼 술을 병행 판매하는 한식집은 점심에 손님이 있을 리 없다. 술 손님은 대부분 오후 퇴근 시간 이후에 나타나기 때문이다. 따라서 음식점의 매상을 외부에서 관찰할 때는 무턱대고 관찰하는 것이 아니라 장사가 잘되는 시간을 기준으로 관찰을 시작해야 한다.

테이블 6개가 있는 15평 규모의 음식점이 있다고 가정해 보자. 테이블당 객단가를 편의상 3만 5천 원으로 계산한다. 여섯 팀의 손님이 들어와 테이블 6개가 꽉 차면 21만 원의 매출이 발생한다. 저녁 시간에 6개의 테이블이 두 번 꽉 찬다고 가정하면 42만 원의 매출이 발생한다. 여기에 배달 주문 하루 평균 5곳을 계산하면 여기서도 10만 원 가량의 매상이 발생하고 점심 고객까지 합치면 대략 봐도 하루 60만 원의 매상이 발생하고 있음을 알 수 있다.

음식점은 이처럼 메뉴에 따라 장사가 되는 시간이 있다. 매상이 얼마인지 관찰하고 싶다면 장사가 잘되는 시간을 기준으로 며칠 동안 계속 관찰하는 것이 좋다. 요일별로 매상이 다르기 때문이다. 예를 들어 일주일 동안의 고객 유입량을 관찰한 뒤 평균을 내면 한 달 매출이 얼마인지 대강 어림잡을 수 있다.

Chapter

02 :: 성공하는 음식점의
상권 분석하기

---

1 음식점 상권 분석에 대해 이해한다

입지 조건은 어떤 지역의 유동 인구와 상권에 의해 결정이 된다. 만일 여러분들이 어떤 지역의 유동 인구와 상권을 분석하고자 한다면 먼저 무엇부터 확인해야 할까? 물론 전문가의 도움을 받으면 그만큼 정확하고 간결하게 상권을 파악할 수 있다. 그러나 전문가를 고용하려면 그에 해당하는 컨설팅 비용이 들어가므로 비용 절감 겸 스스로 입지 조건과 상권을 분석해보자.

비용이 들지 않는 상권 자문 받기

비용이 들지 않을 뿐 아니라 가장 빨리 상권에 대한 기본적인 정보를 얻으려면 누구에게 물어보는 것이 좋을까? 가장 빠르고 쉬운 방법이 있다. 바로 택시 운전기사에게 물어보는 것이다. 보통 택시 경력 10년 정도의 베테랑이라면 도시에서 어느 지역이 장사가 잘되는 지역인지 눈으로 알고 있을 것이다. 또한 불경기인지 호경기인지 그 변화를 가장 빨리 체감하는 사람들도 택시 운전기사들이다. 신규 점포를 구할 때는 이들 손을 빌리는 것도 좋은 방법이라 하겠다.

예를 들어 강남 압구정동에서 장사를 하고 싶다고 가정해 보자. 그 상권을 육안으로 확인하는 것도 중요하지만 택시를 탈 때마다 강남 압구정동에 대한 상권을 택시 기사에게 물어볼 필요성이 있다. 택시 기사들은 아쉽게도 정확하고 체계적인 답변을 하지는 못할 것이다. 하지만 다른 지역과 비교를 하여 현재의 그곳이 어떤 상태인지 그 정도의 대답은 들을 수가 있다.

"압구정요? 이젠 맛 갔어요." 라든가,

"거기요? 연예인이 노는 그들만의 지역이에요. 서민들이 장사할 수 있는 곳이 아니에요." 라든가,

"요즘은 거기가 아니라 강남역이 최고예요. 젊은이들이 새벽 2시까지 바글바글해요." 하는 대답을 들을 수 있다.

예를 들면 업종에 대한 자문을 구할 수도 있다.

"떡 체인점요? 요즘 번화가에 많이 생기던데요?"

"글쎄요? 대형 아파트단지라면 장사가 될라나? 서민 사는 동네에서 떡 체인점이 되겠어요?" 하는 대답을 들을 수 있다.

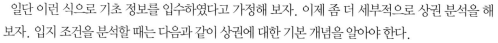

상권의 분류

일단 이런 식으로 기초 정보를 입수하였다고 가정해 보자. 이제 좀 더 세부적으로 상권 분석을 해 보자. 입지 조건을 분석할 때는 다음과 같이 상권에 대한 기본 개념을 알아야 한다.

상권은 거리에 따른 분류와 주거 형식에 따른 분류로 나눌 수 있다.

▣ 거리에 따른 상권 분류

1차 상권 : 점포 이용 고객의 60~70%가 살고 있는 지역을 말하며, 보통 점포에서 반경 500미터 안을 지칭한다.

2차 상권 : 점포 이용 고객의 15~25%가 살고 있는 지역을 말하며, 보통 점포에서 반경 1,000미터 이내가 2차 상권이 된다.

3차 상권 : 1, 2차 상권에 포함되지 않는 나머지 고객이 있는 지역들을 말한다.

▣ 주거 형태에 따른 상권 분류

도심지형 상권 : 도시의 핵심이 되는 상권을 말하며 유동 인구를 대상으로 매출이 발생한다.

거주 타운형 상권 : 지역 밀착 상권을 말하며 거주 인구를 대상으로 매출이 발생하는 상권이다.

복합형 상권 : 도심지형 상권과 거주 타운형 상권이 복합된 상권을 말하며 가장 권장할 만한 상권이다.

이외에도 군집 형태에 따라 분류를 할 수 있다. 전문 상가나 동종 업종이 몰려 있는 상권은 전문 군집 상권이라 말하는데 용산 전자랜드 등이나 각 도시별 먹자골목 등이 이에 속한다. 또 다양한 업종이 서로 보완하여 형성된 상권은 복합 군집형 상권이라 말한다. 복합 군집형 상권에는 백화점이나 쇼핑센터, 그리고 도심 번화가를 예로 들 수 있다.

일반적으로 장사가 잘되는 상권들

- 번화가, 유흥가, 역세권, 업무밀집 지역, 전문상가 밀집지역, 대형 아파트 단지 지역이 장사가 잘되는 지역이다.
- 서울이든 지방이든 가장 장사가 잘되는 지역은 대형 대학가나 종합대학가 앞이다. 규모가 작은 대학이라면 계절에 따라 매출 변화가 심하겠지만 대형 대학가 앞이라면 1년 내내 비슷한 매출이 발생된다고 봐도 무방하다.
- 지방 소도시에서는 군청 건물이 있는 버스터미널 지역, 역 앞이 불황을 타지 않고 장사가 잘되는 지역이다.

4대 대표 상권의 단점 미리 알고 시작하기

1. **역세권 상권 분류** : 전철 운행이 끝나는 시간 12시 이후에 유동 인구가 아예 없다.

2. **대학 상권** : 여름방학과 겨울방학 합 6개월을 쉬어야 한다.

3. **아파트 상권 또는 주택가 상권** : 세대수가 최소한 3천~4천 세대 이상이어야 하며, 이럴 경우 자생발전된 먹자골목도 어느 정도 자생력이 생긴다. 먹자골목 안에서 동종 음식점 2개가 나누어먹을 수 있는 판세는 나오지 않으며 동종 음식점 중 어느 한쪽이 승리하면 다른 한쪽은 폐점을 해야 할 수도 있다.

4. **오피스 밀집지역 & 상가지역** : 주 5일 근무로 인해 토, 일요일에는 고객이 없다.

5. **가장 좋은 상권** : 위 4가지 상권이 혼재된 상권이 가장 좋지만 임대료 및 권리금 부담이 크다. 2차적으로 노릴 수 있는 상권은 역세권 상권+다른 상권 하나가 혼재된 상권이 좋다.

아파트 상권에서의 창업 방법

아파트 상권에 음식점을 입점할 때 필요한 기본적인 입지 조건 조사는 다음과 같다.

▣ 단지 상가에 입점하는 것은 되도록 피하는 것이 좋다

아파트에 음식점을 창업할 때 하는 가장 큰 실수는 단지 상가에 입점하는 경우라 할 수 있다. 보통 단지 내 상가는 아파트와 가장 가깝기 때문에 장사가 잘될 것이라고 생각하지만 이것은 오산이다. 아파트 단지에는 음식점보다는 슈퍼마켓, 약국, 야채상점, 빵집, 수예점, 비디오숍 등이 입점하는 것이 좋으며 만일 단지 내 상가에서 음식점을 하고 싶다면 중국집, 분식집, 통닭집, 반찬집 정도인데 요즘 시류에는 반찬집 창업이 가장 좋다.

▣ 아파트에서의 음식점 영업은 근린 상가가 좋다

아파트 상권에서 음식점 개업에 가장 알맞은 상가는 근린 상가라고 할 수 있다. 하나의 아파트 단지가 형성이 되면 그 주위로 크고 작은 근린 상가가 형성된다. 음식점은 보통 단지 내 상가가 아닌 근린 상가에 입점해야 영업에 도움이 된다. 근린 상가 입점은 두 가지 장점이 있는데 일단 아파트 주거고객을 잡을 수 있을 뿐 아니라 유동차량 고객까지 잡을 수 있다.

▣ 1천 세대 아파트 지역은 음식점 창업을 피하는 것이 좋다

어느 날 여러분이 사는 동네에 아파트가 여러 동 들어섰다. 자금에 여유가 있다면 그곳에 음식점이나 해볼까 하는 생각을 할 것이다. 그럼 먼저 아파트의 총 세대수가 몇 세대인지 분석하는 것이 순서이다. 만일 1천 세대라면 중, 고급 음식점의 개업은 피하는 것이 좋다. 1천 세대 규모의 아파트 단지라면 아파트에 인접하지 말고 차라리 대로변으로 나오는 것이 좋다. 대로변이라면 유동차량도 고객으로 받을 수 있기 때문이다. 1천 세대에서 창업 가능한 요식업은 기껏해야 치킨집이나 호프집 정도인데 다들 이런 것을 노리기 때문에 나누어 먹기 시장이 되어 결국 폐점할 확률이 있다.

▣ 4천 세대 이상이라면 전문 음식점이 통한다

4천 세대 이상의 아파트 단지 지역이라면 전문 음식점이 입점해도 어느 정도 매출이 활발하게 발생할 수 있다. 갈빗집은 물론 생고기 전문점, 감자탕 전문점, 닭볶음탕 전문점, 쌈밥 전문점 등을 생각할 수도 있겠다. 또한 4천 세대 규모의 단지라면 배달을 전문으로 하는 숯불구이 통닭집이나 소형 호프집도 동시에 서너 집이 입점이 가능한 구조가 되고 이들 점포들에 따라 편차가 발생하겠지만 평균 이상 하는 집은 월 500만 원의 수익을 올릴 수 있고 그 지역에서 가장 장사를 잘하는 집은 월수입 1천만 원까지 노려볼 수 있다. 나머지 점포들은 아마 월 300만 원 이하의 순수익이 발생할 것이다. 이때 4천 세대의 단지라 해도 음식점이 많은 아파트 단지는 피하는 것이 좋다. 왜냐하면 음식점의 수가 많으면 시장을 서로 나누어 먹는 방식이 되어 망하는 집도 생겨나기 때문이다.

▣ 2만 세대 규모의 아파트 단지라면 중, 고급 전문음식점도 통한다

요즘은 웬만한 지방에서도 2만 세대 규모의 아파트 단지가 형성되고 있고 최근에는 신도시 개념을 적용하여 정부가 정책적으로 지방대도시 외곽에 아파트 단지를 개발하는 경우가 많다. 이런 지역에서는 중, 고급 음식점이 통할 뿐 아니라 유명 패스트푸드점의 입점도 가능하다. 보통 이 정도 규모의 대형 아파트 밀집 지역이라면 아파트 주민들의 출입이 빈번하게 발생하게 된다. 따라서 단지 입구나 대로변 또는 여러 개의 도로가 교차하는 지점에서 근린상가가 번성하는 구조가 되고 독자생존이 가능한 제법 큰 먹자골목이 만들어진다.

이런 지역에서 중, 고급 음식점을 입점할 때는 반드시 출퇴근 차량이 빈번하게 발생하는 대로변이나 먹자골목 핵심 위치에 입점하는 것이 좋다. 꽃게탕, 해물탕집, 일식집, 유명 패스트푸드점, 중대형 호프집의 입점이 가능하고 그 외의 중, 고급 음식점들도 영업이 활발하게 이루어질 수 있다.

◀ 1만 세대 아파트 단지에는 사진처럼 큰 상권이 형성된다.

▣ 3만 세대~5만 세대의 아파트 단지 규모라면 핵심 상권에서는 모든 것이 통한다

3만 세대 규모의 아파트라면 우리나라에서는 신도시라고 부를 수 있는 큰 규모이다. 서울에서는 이른바 장사가 잘되는 대형 역세권들이 3만 세대 규모의 아파트를 배후로 끼고 있는 경우가 많다. 3~5만 세대의 아파트단지는 최고의 상권이라 할 수 있으며 핵심 상권에 극장이 만들어지고 젊은이들 유동통로가 만들어진다. 이런 지역에서는 대형 호프집을 포함해 고급 음식점은 물론 외식업과 관련된 모든 종목의 창업이 가능하며 또한 영업도 활발하게 이루어진다.

대전의 노은 지구는 개발이 완료되면 3만 세대 규모가 된다. 서울 노원역 역세권은 3만 5천 세대로 볼 수 있고, 경기도 산본 신도시는 5만 세대의 규모를 가진 지역이다. 인근 군포시와 산본시의 총 세대수는 6만 세대이며 대략 27만 명의 인구가 거주하고 있다.

심야 영업이 활발한 지역은 낮에도 사람이 많은 좋은 상권 지역

번화가나 역세권 상권, 대학가 상권의 공통점은 심야 영업이 활발히 발생한다는 점에 있다. 이런 지역은 먹자골목이 독립 자생하고 음식점 장사에 최적이지만 임대료가 비싸다.

▣ 점포는 가급적 심야 영업 상권이 형성된 지역에서 구해라

낮에도 영업을 하고 밤에도 영업을 할 수 있다면 음식점 개업에서 이만큼 좋은 입지 조건은 없을 것이다. 밤에 자가용을 몰고 도시를 한 바퀴 돌아보라. 심야 영업이 활발한 지역이 눈에 보인다. 어떤 도시이건 심야 영업이 활발한 지역은 낮에도 사람이 많은 번화가 지역이라 할 수 있다. 서울에서는 대략 40개의 지역이 심야에도 영업이 활발하며 이중 20여 곳은 대형 번화가라고 부를 수 있는 지역이다. 자금에 여유가 있다면 먼저 심야 영업을 병행할 수 있는 지역을 1차 입지 조건으로 선정하는 것이 좋다.

▣ 심야 영업이 활발한 지역은 어디에 있을까?

심야 영업이 활발한 지역은 다음과 같이 여러 가지로 나눌 수 있다.

번화가 상권 : 전통적인 번화가 지역은 대부분 심야에도 영업이 활발하다. 지방에서는 역 앞에 형성된 경우가 많지만 최근에는 새로 개발되는 빌딩 밀집 지역을 기준으로 24시간 패스트푸드점과 편의점, 포장마차 등이 만들어지면서 작은 규모의 심야 상권이 형성되고 있다. 경기도 수원의 경우엔 인계동 상권이 심야 영업 상권인데 규모가 상당히 크다고 할 수 있다.

유명 대학가 상권 : 서울에서는 유명 대학가나 대학 밀집 지역이 심야 상권이다. 지방에서는 국립 대학 근처를 예로 들 수 있다. 이들 지역은 보통 새벽 3~4시까지 영업하는 경우가 많고 24시간 영업하는 업소들도 간간이 보인다.

유흥가 상권 : 이른바 나이트클럽이나 성인클럽 같은 업소가 즐비한 지역은 유흥가 상권에 해당하며 낮보다는 심야에 매출이 활발히 발생한다. 젊은 층 유동 인구가 많은 유흥가 상권에는 술집이나 24시간 분식점, 포차주점의 입점이 가능하고, 중년층 유동 인구가 많은 유흥가 상권에는 횟집이나 고깃집, 24시간 한식당, 포차주점의 입점이 가능한데 대부분 선점당한 상태일 것이다.

역세권 상권 : 서울의 신촌역이나 영등포역, 노원역, 압구정역, 신사역처럼 심야 상권이 독자발전한 지역이 많다.

재래시장 상권 : 대형 재래시장들은 대부분 심야 상권이 형성되어 있다. 서울 강북 지역의 경우에는 남대문 시장과 동대문 시장이 있고, 서울 강남 지역에는 영동 시장과 신천 시장의 심야 상권이 발전한 편이다.

▲ 동대문 시장 심야 피크타임 시간의 유동 인구

▲ 압구정동 새벽 3시경 모습
특정 지역 외에는 인파가 거의 없다.

대로변 상권

대로변도 상권으로 분류할 수 있을까? 자동차 도로는 명백한 의미에서는 상권으로 분류할 수 없다. 그러나 1가구 1자가용 시대가 열리면서 대로변에 입점한 음식점들도 장사를 잘하는 경우가 많다. 또한 토요일 휴무제가 실시되면서 대로변에 입점한 음식점들은 지금보다 더 인기를 높이고 있다.

교통체증이 심한 도시 내부와 달리 외곽도로나 지방에서는 대로변 창업이 오히려 더 이득이 될 수도 있다. 예를 들면 관광지와 인근도시를 연결하는 관통도로, 도시와 도시를 연결하는 관통도로, 도시와 공단을 연결하는 관통도로 등이 최우선 입지 조건이 된다.

대형공단이 들어서면 직원들을 위한 아파트 단지가 들어서는데 이들의 소비력을 노리고 음식점들이 창업될 수 있다. 예를 들어 충남 당진, 서산의 경우 현대제철 등의 크고 작은 공장들이 세워지면서 아파트가 속속 들어섰고 그로 인해 주요 도로를 따라 대형 음식점들이 많이 창업되고 있다.

이들 음식점들은 이 지역을 경유하는 관광객 차량은 물론 인근 아파트 주민, 공장 출퇴근 직원, 공장을 오고 가는 트럭 운전사들을 목표로 영업을 한다. 신생 공단일수록 앞으로도 입점할 수 있는 여유공간이 곳곳에 보이므로 배후 아파트의 경제력, 유동 차량의 대수를 파악하고, 해당 지역에 맞는 메뉴 아이템을 선정해 창업 계획을 짜보는 것도 생각해볼 만하다.

　이러한 곳에서의 창업을 준비할 때는 소자본 창업 방식을 권장하는데 일단 점포의 인테리어보다는 맛이나 메뉴 아이템으로 승부를 거는 것이 좋다. 대로변 창업의 가장 큰 장점은 인테리어에 과도한 투자를 할 필요성이 없다는 점에 있다. 예를 들어 보리밥집을 창업할 경우, 푸짐한 쌈과 구수한 멸치된장국으로 승부를 걸 수 있는데 이 경우 점포 인테리어는 아예 신경쓰지 않아도 승산 가능성이 충분히 있다.

　만일 투자금이 많다면 편의점+음식점 방식이나 주유소+카센터+편의점+음식점이 있는 고속도로 휴게소 방식으로 창업할 수도 있다.

2 　전국 지역별 A, B, C 상권들

　유동 인구과 소비 성향에 따라 음식점을 입점하고 음식 종목 선택 및 메뉴 구성은 오로지 업주 스스로가 판단해야 한다. 이번에는 전국 지역별로 기본적으로 장사가 잘되는 지역에 대해 정리해본다.

상권의 급수

- ▣ A급 상권 : 기본적으로 역세권을 낀 유동 인구가 많은 상권을 말한다. 서울의 경우 명동, 종로 2가, 강남역, 잠실 신천, 노원 역세권, 신촌, 대학로, 건대 역세권, 영등포 역세권, 수유역세권, 홍대역세권, 청량리역세권, 동대문상권, 성신여대역세권, 대학로 등이다.

- ▣ B급 상권 : 역세권 또는 대학가를 낀 상권이다. 노량진, 연신내, 사당역, 미아역, 왕십리, 목동역, 교문, 부천역, 성남시청 상권 등이다.

- ▣ C급 상권 : 골목을 낀 상권이다.

　A급 상권이라고 해서 모두 장사가 잘되는 것은 아니다. A급 상권에서도 A급, B급, C급 입지가 있고 C급 상권에서도 A급, B급, C급 입지가 있다.

서울 지역 상권

인구 1천 만이 넘는 서울 상권을 개별적으로 분류하는 작업은 사실 어려운 일이다. 그만큼 다양한 연령층과 다양한 직업을 가진 사람들이 모여 사는 곳이 서울이기 때문이다. 서울의 상권은 크게 번화가 상권, 부도심 상권, 역세권 상권, 대학가 상권, 재래시장 상권으로 나눌 수 있지만 전통적인 중심가 상권과 재래시장 등이 복합적으로 서로 상호 보완하며 상권을 형성하고 있다. 물론 상주 인구가 많기 때문에 모든 업종이 잘될 것이라고 생각하는 것은 분명 오산이다. 상권마다 독특한 특징과 유동 인구, 주거타운 성격이 강한 상권이 있으므로 상황에 맞게 여러 상권을 알아야 한다.

▣ 서울에서 장사가 잘되는 지역

서울에서 가장 유동 인구가 많은 지역은 강남역 일대라고 말할 수 있다. 강남역 일대는 초대형 업무타운과 초대형 아파트 단지, 그리고 역세권이라는 3박자가 절묘하게 합쳐진 상권이다. 일단 장사가 잘되는 상권 3개가 복합되어 있으므로 국내 최대 상권이 된 것이다. 따라서 강남역 주변의 점포들은 대부분 권리금만 몇 억을 호가하는 경우가 많다. 번화가, 유흥가, 젊은이들의 거리 등 모든 요소들이 혼합되어 있기 때문이다.

서울에서 강남역 다음으로 상권이 발달한 지역은 서울 명동과 종로 2가인데 예로부터 번화가였던 구 번화가 지역이 지금도 강세 지역이다. 최근에는 클럽 문화가 발달한 서울 홍대 대학가, 신촌 대학가, 잠실 신천시장 등이 크게 발전하고 있다. 역세권으로는 서울 영등포 역세권, 서울 청량리 역세권, 서울 수유리 역세권, 서울 노원역 역세권, 서울 사당동 역세권 등이 서울의 대표적인 상권이라 볼 수 있다.

서울의 초강세 상권 지역

강남역 사거리, 종로 2가, 명동, 홍대 상권이 초강세 지역이다. IMF 이전만 해도 압구정동 상권이 유명했지만 IMF 이후부터는 강남역 사거리와 잠실 신천 시장이 크게 부각되었다. 압구정동 상권은 현재 로데오 거리를 축으로 해서 명품 거리가 되었는데 그 결과 연예인들이 노는 상권으로 변질해 특정인들을 위한 상권이 되었다.

강남역 사거리는 기존의 역세권, 대형 아파트 상권, 대기업 업무타운이 유기적으로 연결되어 있는 유동 인구가 가장 복잡하게 혼재한 상권이다. IMF 이후 압구정동의 이른바 오렌지족에 의한 상권이 전멸하면서 대기업 비즈니스맨 등 실제 돈을 벌고 있는 사람들에 의해 소비가 유도되었고 그로 인해 강남역 사거리가 크게 발전할 수 있는 동기가 되었다. 현재는 유명 대기업들이 다른 곳으로 이전한다고는 하고 있으나 이미 복합 극장가 등이 형성되어 있음으로써 강남 젊은 층의 놀이장으로 꾸준히 환영받고 있고 이로 인해 서울 전역에서 젊은이들을 흡수하는 구조가 되었다. 강남역 사거리가 종로나 명동 상권보다 커진 이유는 아무래도 강남역 주변의 대형 아파트 단지의 영향이 크겠다 하겠다. 종로와 명동 지역은 비즈니스타운은 있으나 아파트 단지가 없다.

그 상징성이 매우 큰 서울 종로와 명동 상권은 강남역 상권에 밀려 한동안 강북 사람들의 최고 번화가로서만 만족해야 했다. 그러나 한류 붐으로 인한 일본인과 중국인 관광객들의 합세로, 종로 2가(인사동)와 명동 상권이 제2의 전성기를 맞이하면서 지금 현재 대한민국 최고 상권이라고 부를 만하다.

대학가 상권

서울 서대문구 신촌은 홍대, 이대, 연대, 서강대 등의 유명 대학이 밀집되어 있는 상권이다. 홍대 지역은 IMF 기간 중에 아르헨티나 탱고의 유행으로 라틴 댄스를 즐기는 무도장 형태를 가진 주점이 발달하였는데 최근에는 클럽 문화가 발전하면서 클럽 상권이 독자적으로 형성되어 있다. 클럽 문화 때문에 홍대 상권을 대한민국 4대 상권에 포함시키기도 하는데 아무래도 젊은 층 취향의 상권이라 할 수 있다.

대학로 상권은 성균관대 앞에 있는 상권으로 강북 젊은이들의 놀이장으로서 항상 바글바글한 인파가 모인다. 광진구는 건대, 화양리, 한양대를 기준으로 대학가 상권이 발달해 있고 신림동은 인근 서울대를 끼고 유흥업과 여관촌, 먹자골목이 발달해 있다. 대학가 상권은 대부분 심야 영업이 활발하다고 봐도 무방하다.

> 신림동 상권은 순대 타운과 숙박/유흥 타운 이렇게 2가지 지역으로 구분되어 있다. 예전보다는 상권이 많이 죽은 편이지만 지금도 새벽에 가면 불야성을 이루고 있다.

역세권 상권

영등포역, 노원역, 수유역, 청량리역, 창동역, 신사역 등을 역세권 상권이라 말할 수 있다. 이중 노원역 상권과 수유역 상권, 청량리역 상권, 영등포역 상권은 대규모의 복합 상권에 속한다. 노원역 상권은 주변 아파트 단지와 복합 발전하였고 수유역 상권은 관공서, 영등포역 상권은 시 경계와 연결된다는 관통도로 상권으로 발전하였다. 노원역 상권은 강남역 상권 못지 않은 큰 세력을 보이고 있지만 아무래도 강남역 상권보다는 세력이 많이 약하다. 그 이유는 노원역 상권에는 대형 업무 타운이 존재하지 않기 때문이라 하겠다.

청량리역 상권은 재래시장 상권과 청량리역 상권이 혼합된 상태이다. 인근 경동시장(채소 & 농산물 & 축산물 & 해산물 복합시장)으로 유입되는 수많은 인파들이 남대문시장 부럽지 않을 정도로 막강하지만 재래시장 특징인 중, 장년층의 유동 인구가 많은 상권이다.

재래시장 상권

동대문시장, 남대문시장, 경동시장, 영동시장, 잠실 신천시장 등은 재래시장 상권에서 발달한 대형 먹자골목이 호황 중인 지역이다. IMF 전만 해도 남대문시장 세력이 강했지만 IMF 이후부터 동대문시장의 상권이 재래시장 상권의 중심이 되었다. 그러나 남대문시장 또한 최근 한류붐에 의해 인기를 많이 회복한 상태이고 시내 중심가에 있다는 특징 때문에 심야에도 외국 관광객 손님들이 많이 발생하고 있다.

동대문시장의 먹자골목 상권은 크게 두 지역으로 나눌 수 있다. 두타 건물의 왼편에 있는 먹자골목 상권은 쇼핑하러 온 젊은이들이 즐겨찾는 먹자골목답게 분식점부터 카페까지 다양하게 발달해 있다. 이와 달리 기동대 방향 뒷쪽에는 시장상인을 대상으로 한 한식배달집 먹자골목 상권이 있는데 전국 각지에서 몰려온 상인들이 심야 식사시간에 즐겨 이용한다.

잠실 신천시장의 경우엔 500m에 달하는 도로 하나를 두고 먹자골목이 크게 발전해 있다. 전형적으로 청소년층과 젊은 층을 대상으로 한 이 먹자골목은 24시간 심야 영업이 활발한 편이다. 카페, 돈가스 전문점, 레스토랑, 떡볶이집, 김밥집 등 고급 음식점에서 저렴한 음식점까지 폭 넓게 포진되어 있다.

이와 달리 영동시장의 먹자골목은 주로 직장인들과 20~30대 젊은 층을 대상으로 하는 음주형 먹자골목이 발전해 있다. 영동시장에 있는 먹자골목은 강남역 상권과 연결되는 상권으로 인근 비즈니스맨과 심야 술손님의 1, 2차 음식점들이 넓게 포진되어 있다. 해물탕과 한식 고깃집이 발달한 지역이라 할 수 있다.

관광지 상권

능동 어린이대공원, 서울 북한산, 서울 도봉산 등 관광지에 먹자골목이 형성되어 있다.

◀ 도봉산의 평일 오후. 서울에서 가장 인기 있는 산답게 아예 요식업소만 있는 먹자골목이 단독으로 발전해 있다.

관통도로 상권

서울의 관통도로 상권은 서울의 외곽으로 나가는 도로에 발전한 상권들을 말한다. 북쪽으로는 의정부, 퇴계원 방면, 동쪽으로는 구리, 서쪽으로는 서오릉, 일산, 고양시 방면, 남쪽으로는 과천, 안양, 성남, 하남 방향으로 출퇴근하는 차량이 많은 지역에 드문드문 상권이 발전하고 있다. 수유역 상권, 연신내 상권, 천호동 상권, 영등포역 상권, 사당역 상권 등이 이들 관통도로에 발달한 대표 상권이라고 할 수 있다.

유흥가 상권

서울 미아 삼거리에 위치한 미아리 상권은 예전보다 세력이 많이 약화되었다. 그래도 감자탕이나 대폿집 하면 미아리를 떠올릴 정도로 많은 사람들이 아직도 기억하고 있는데 요즘은 백화점과 패스트푸드점이 너도나도 들어서면서 젊은이들이 점거를 했고 그로 인해 먹자골목도 젊은이들 취향으로 변모하고 있다. 서울 장한평 시장에서 경남호텔 방향의 대로변에 발전한 장안동 상권은 해물탕이 유명한 지역이다. 맛이 있고 없고를 떠나서 일단 유흥가가 생기면 먹자골목 상권이 자연적으로 생긴다.

전문 상가지역 상권

용산 전자랜드, 장한평 중고 자동차 상가, 구의역 테크노마트 등의 전문상가 지역에도 음식업이 크게 발전하고 있다. 서울 세운상가는 사라지고 없지만 인근 지역에 보석 판매업 및 조명 전기와 같은 가내 공장이 발전하여 배달 음식점이 골목마다 숨어 있다.

▣ 서울의 24시간 심야 영업 상권

아무래도 요식업으로 돈을 벌려면 24시간 영업이 가능한 지역에 입점하는 것이 유리할 것이다. 투자금에 여유가 된다면 24시간 유동 인구가 많은 지역도 함께 물색하는 것이 좋다. 그렇다면 24시간 심야 영업이 활발한 상권은 어디에 있는 것일까? 이른바 재래시장 상권이나 부도심, 역세권, 관통도로, 유흥가, 대학가 상권은 대부분 24시간 영업이 활발한 지역이 많다. 유동 인구가 많기 때문에 낮에는 물론 심야에도 영업을 하는 먹자골목이 생기는 것이다.

시 단위의 지방에도 24시간 식당들이 있는데 보통 나이트클럽이 있는 유흥가 지역과 역 앞, 버스터미널 앞, 여객부두 앞이 심야영업을 할 수 있는 지역이다. 읍 단위 지역은 24시간 사우나탕이 개장되면 사우나 건물 주변으로 편의점 등이 창업되고 그 옆으로 24시간 음식점이 한두 개씩 생겨난다.

▲ 서울 장안동 대로변의 밤 11시 모습　　　　▲ 수유리 강북구청 사거리 대로변의 새벽 4시 모습

　　서울은 거대 공룡 도시답게 각 지역마다 크고 작은 심야 음식점과 유흥가 상권이 넓게 포진되어 있다. 요즘은 웬만한 아파트 옆마다 독자적으로 영업하는 24시간 식당이나 기사식당이 많다. 예를 들어 중랑구에는 활발한 심야 상권이 없지만 서가장역 인근에 심야 영업을 하는 음식점들이 미약하게나마 발달해 있다.

인천, 부천 지역 상권

　　인천 & 부천 지역에서는 주로 저렴한 가격을 무기로 한 음식점들이 통하고 있다. 유명체인점을 분석하면 인천 & 부천 지역에서 태어난 체인점들은 대부분 서민 음식 체인점인데, 일단 인천이나 부천에서 인기를 얻은 음식점은 전국적으로 체인사업을 해도 크게 성공하는 업체가 된다. 그만큼 요식업 사업이 춘추전국시대 양상을 보이고 있는 지역이라는 뜻이고, 이 지역에서 깃발 꽂는 데 성공하면 전국을 장악할 수 있는 프랜차이즈 업체가 된다.

▣ 시청 간석동 상권 & 월미도 상권

　　인천은 시청과 간석 오거리 사이에 있는 간석 3동 유흥가 상권이 심야에도 불야성이다.

　　중구 월미도를 중심으로 한 동인천 상권은 여객 터미널 기능과 유원지 기능, 그리고 먹자골목 기능을 가진 상권으로 이중 월미도는 인천의 구 도심에 속하는 지역이다. 월미도는 수려한 자연 경관을 배경으로 저렴한 가격의 횟집이 성업 중이며 서구풍의 카페와 레스토랑도 많이 형성되어 있지만 기반이 미약하다. 대부분 저렴한 가격을 무기로 하고 있으므로 새로 오픈하는 음식점은 고급 취향 또는 특별한 요소를 강조하는 것이 좋다.

▣ 대학가 상권 (남구 인하대 지역)

남구 인하대 상권과 주안역 상권은 대학생과 직장인들을 위한 상권이라 볼 수 있는데 점차 상권이 커지고 있다. 기존의 호프집이나 한식집과 경쟁하려면 보다 세련된 요소를 강조해야 한다.

▣ 재래시장 상권(소래포구)

소래포구는 재래시장과 수산물 시장에서 직접 공수되는 푸짐한 해산물이 특징인 지역이다. 크고 작은 활어횟집이 성업 중인데 월미도의 횟집과 비교하면 가격이 비교적 고가에 속한다고 할 수 있다. 그러나 곁들이 음식이 푸짐하게 제공되고 맛이 있기 때문에 경쟁력이 있으며 이로 인해 인근 아파트 주민은 물론 인천과 서울에서도 관광객 차량이 끝없이 몰려오고 있다. 젊은이들에게 인기 있는 관광지인 소래습지공원 입구 쪽에 중, 대형 음식점들이 이제 막 나타나고 있다.

▣ 인천의 역세권 상권

인천의 역세권은 모두 수도권 전철과 연결되어 있어 수요층이 활발하다. 대부분의 역세권이 현대식 상권을 형성하고 있는 중이며 이중 부평역, 부천역, 송내역 등이 독자적으로 발전하고 있는 상태이다. 각 역세권마다 핵심 상권이 개별적으로 형성되는 중이므로 젊은 층의 유동 인구가 많고 그 때문에 호프집을 비롯한 음식점이 발달하고 있다. 역세권에서 음식점을 개업할 때는 주위에 아파트 단지가 있는지 재래주택이 있는지 분석한 후 그 성향에 맞추어 적절하게 오픈하는 것이 향후 영업에 유리하다.

수원 지역 상권

수원은 예로부터 갈비가 유명한 지역이다. 수원 상권의 특징은 구 도심지에 있는 재래시장과 현대식 건물을 무기로 하는 최신 쇼핑몰들이 복합적으로 발전하고 있는 것이다.

▣ 수원 최고 상권(팔달문 지역)

수원의 최고 상권은 팔달문 상권을 예로 들 수 있다. 팔달문은 예전부터 수원의 구 도심에 속한 지역이지만 현대식 상권으로 탈바꿈하고 있다. 일단 브랜드 의류를 취급하는 점포가 많은 지역은 그 지역의 중심가라고 할 수 있다. 패스트푸드점, 백화점, 극장가, 금융가가 형성되어 있고 이것이 재래시장과 혼합되어 있는 양상이다.

■ 24시간 심야 상권 (인계동 지역)

팔달문 상권의 중심에 있는 인계동 상권은 백화점, 학원가, 은행가를 끼고 있고 이로 인해 지방에서는 볼 수 없는 현대식 먹자골목이 발달해 있다. 수원의 먹자골목은 전국을 통틀어도 매우 큰 규모를 자랑하는데 카페, 레스토랑, 주점, 삼겹살집까지 구성이 다양하다. 심야 영업도 활발하고 고객은 청소년, 젊은 층, 비즈니스맨까지 다양하다.

■ 수원의 갈비촌

전국적으로 알려진 수원갈비는 수원의 원촌동과 노송 지역 등에 갈비촌을 형성하고 있다. 갈빗집을 개업할 생각이라면 수원 갈비촌의 맛을 분석하고 노하우를 익혀 가는 것도 좋을 것 같다.

춘천 지역 상권

춘천의 음식점 상권은 춘천 명동 상권과 춘천의 전통 음식점이 모여 있는 상권으로 나눌 수 있다. 춘천을 포함한 지방 상권의 특징은 역전, 터미널 앞 등의 상권이 독점하고 있는 형태이기 때문에 보증금 및 권리금이 비싸다는 점이다. 특히 읍 단위로 내려갈수록 독점력이 더욱 강해지고, 대도시 동네 상권 또한 그 동네의 중앙도로 쪽 점포들은 독점력 때문이 보증금 및 권리금이 비싸다는 특징이 있다.

■ 춘천 최대 상권(춘천 명동)

춘천의 중앙로터리에 형성된 춘천 명동은 춘천 최고의 상권이다. 이 명동 지역에는 재래시장인 춘천 중앙시장과 현대식 백화점, 브랜드 의류, 패스트푸드 체인점이 몰려 있다. 중앙통 골목길에 형성된 춘천 닭갈비 골목은 맛이 뛰어나 젊은 층, 관광객, 외박나온 군인들의 유동 인구로 바글바글하다.

■ 춘천 닭갈비타운 & 춘천 막국수타운

춘천의 음식점은 크게 닭갈비촌과 막국수촌으로 발달해 있는데 춘천 명동과 후평 아파트 쪽이 닭갈비촌이 발달한 지역이고 약사동 풍물시장과 샘골 등에 막국수촌이 형성되어 있다.

청주 지역 상권

충청북도 내륙에 위치한 청주는 참신한 도시 이미지와 달리 단란주점과 같은 유흥음식점들도 발전하고 있다. 성안길 상권은 청주 최대 번화가 지역이며 빌딩이나 관공서를 끼고 비즈니스 룸 같은 유흥음식점이 포화상태를 이루고 있다.

▣ 청주 최대 상권(성안길 지역)

청주시청과 청원군청을 끼고 충북도청 방향으로 형성되어 있는 성안길은 청주 최대 상권이다. 각종 소매업과 극장가, 백화점, 브랜드 의류점이 분포되어 있으므로 젊은 층 유동 인구가 많다.

천안 지역 상권

충청남도 천안은 수도권과 가깝다는 장점 때문에 크게 발전하는 지역이다. 또한 삼성 등의 대기업 투자로 수도권 버금가는 위성도시로 세력을 확장하고 있다. 아파트가 폭발적으로 늘어나며 땅을 가지고 있는 사람들이 졸부가 되었고, 대형 아파트 단지가 있는 곳이면 어김없이 중, 소형 먹자골목이 독자성장하고 있다. 따라서 음식 솜씨가 좋다면 전문점 등을 오픈해 한 번 도전해 볼 수 있는 도시 중의 하나이다. 비어 있는 택지들도 계속 개발되고 있으므로 도시의 규모가 점점 커질 것이다.

▣ 천안 최대 상권(신부동 지역)

천안은 서울에서 가까울 뿐 아니라 교통의 요지이다. 인구 50만의 중형 도시로 탈바꿈하는 중 천안의 최대 상권은 신부동 고속터미널 앞에 형성되어 있다. 신부동에는 고속버스 터미널과 시외버스 터미널, 그리고 대형백화점에 들어선 브랜드 의류, 스몰시티 극장과 같은 멀티플렉스 극장 타운도 입점해 있다. 인근에 여러 대학이 있어 버스를 타고 통학하는 젊은 층의 유동 인구가 많아 수제 햄버거 전문점이 빅히트를 하기도 하였다. 구 도심지 상권인 천안역 앞은 기세가 예전보다 못하지만 구 시가지 지역이 재개발된다면 향후 번성할 가능성이 있다.

▣ 그 외 천안 상권

천안은 삼성전자(샘트론) 등의 대형 공장이 들어서면서 대규모 아파트 단지가 조성되었고 그로 인해 대형 할인마트 등이 전부 입점하였다. 먹자골목은 대규모 아파트 단지마다 만들어지고 있는데 쌍용동 등이 대표적이다. 각 아파트 권역별로 먹자골목 상권이 나름대로 발전하고 있고 유흥가도 점차 권역을 넓히는 상황이다. (천안은 향후 인구 밀집도와 개발 가능성으로 볼 때 충청도에서 가장 발전 가능성이 높은 지역이다.)

대전 지역 상권

대전 지역의 상권은 크게 3개의 권역으로 나눌 수 있다. 중구의 대전역에서 시청 사이에 있는 은행동을 포함한 중앙통 상권이 대전의 전통적인 번화가 상권이다. 서구 둔산동에 위치한 종합청사는 청사 주변으로 꽉 들어찬 아파트 단지로 인해 현대식 먹자골목이 크게 번성하고 있다. 마지막으로 유성온천과 충남대 궁동 및 대덕 연구단지 일대의 유성온천(봉명동) 상권과 궁동 상권이 있다. 또한 대전 월드컵 운동장이 있는 노은 택지 개발 단지도 완공되어 자체적인 먹자골목이 형성되어 있다.

▣ 대전 구도심 상권(중앙통 일대)

대전 중앙통 상권은 과거부터 존재한 대전의 대표적인 상권으로 대전역 앞에 위치해 있다. 백화점, 브랜드 의류, 레스토랑, 음식점, 소매 상가를 기반으로 한 중앙통 상권은 젊은 직장인과 고등학생, 대학생이 주 유동 인구가 된다. 대전 구 번화가라 할 수 있는 대전시민회관 앞의 서대전사거리는 대단위 아파트 단지가 들어선 이후 현대적 먹자골목들이 자리를 잡고 있고, 아파트 주민들을 대상으로 한 단가 센 음식점들이 많다.

▣ 대전 신시가지 상권(둔산동 일대)

둔산동은 정부종합청사인 관공서 빌딩과 대규모 아파트 단지를 끼고 있다. 대전의 전형적인 중산층 아파트 단지 상권이라 할 수 있다. 중, 고급 음식점이 발전하고 있고 이로 인해 둔산동은 대전 지역에서 24시간 심야 영업이 가장 활발한 지역이라 할 수 있다. 둔산동 상권은 전형적인 계획 도시로서 넓은 도로와 대규모 아파트 단지를 끼고 있기 때문에 중고급 음식점의 영업이 활발하게 일어나고 있다.

▣ 유성온천 상권(궁동, 봉명동 지역)

충남대와 연구단지가 위치해 있는 궁동은 연구원들과 충남대 교수들이 살고 있는 고급 주택가와 충남대 학생들을 위한 저렴한 하숙집들이 혼재해 있다. 이와 달리 유성온천이 있는 봉명동 일대는 관광객을 위한 상권으로 요식업, 숙박업, 유흥업, 온천업이 발전한 지역이다. 유성온천을 지나 계룡산국립공원 가는 길은 드라이브족이 쉬었다 갈 수 있는 음식점들이 계속 생겨나고 있다.

▣ 아파트 상권(노은지구 일대)

대전 월드컵 경기장의 근처에 위치한 노은지구는 대규모 아파트 단지와 먹자골목이 형성되어 있지만 먹자골목의 세력이 대전 번화가에 비해 그리 크지는 않다.

전주 지역 상권

전라북도 전주의 상권은 기존의 구도심 상권, 역 앞 상권, 대학가 상권으로 나눌 수 있다.

▣ 전주 최대 상권(중앙동 지역)

전주의 최대 상권은 중앙동 일대를 말한다. 팔달로와 관통로가 있는 이 중앙동 상권은 하루 평균 2만 명 선의 유동 인구가 있고 대부분 10~30대가 주류이다. 브랜드 점포, 소매점, 음식점, 서점으로 구성되어 있고 현대식 백화점도 입점을 완료한 상태이다. 이 중앙동의 먹자골목 일대에는 전주 비빔밥 전문점이 활발하게 영업 중이고 중앙동과 인접해 있는 고사동 지역에서는 콩나물 국밥 전문점들을 쉽게 만날 수가 있다. 한편 중앙동 일대에는 전주시청, 전북도청, 완산구청이 있어 상가 지역과 관공서 지역이 혼재한 형태이다.

▣ 대학가 상권(덕진구 지역)

전북대 문화관 앞에 있는 대학로 먹자골목은 저렴한 가격의 음식점이 발달해 있고 고급 레스토랑, 커피숍, 호프집도 많이 형성되어 있다. 최근에는 유명 한식 체인점도 입점을 완료했다.

▣ 역전 상권

전주 톨게이트에서 직진하면 전주역으로 갈 수 있는데 우측 대형 아파트 단지를 끼고 현대식 상권들이 형성되어 있다.

광주 지역 상권

광주광역시는 기아자동차, 삼성전자 등이 이 지역의 경제 기반이라 할 수 있다. 전통적인 도시형 상권이지만 이미 20여 년 전부터 현대식 빌딩으로 탈바꿈을 하였고, 각 지역마다 대형 아파트 단지가 들어서면서 부도심이 만들어지고 있다.

▣ 광주 구 번화가 상권(충장로, 금남로 지역), 구시청 사거리 상권

광주의 번화가 상권은 전남도청 앞인 충장로와 금남로 지역이라고 할 수 있다. 충장로는 브랜드 의류 체인점 70여 개가 입점할 정도로 번화가이며, 동대문표 대형 브랜드 빌딩이 입점을 마감한 상태이다. 그랜드호텔의 뒤에 있는 구시청 사거리는 심야 영업이 활발한 먹자골목 상권이다. 칵테일 바 카페, 재즈바 등의 다양한 술집들도 형성 중이다.

▣ 신시가지 상권

광주의 신도시인 상무지구, 첨단지구, 하남지구 등에 상권이 크게 만들어지고 있다. 상무지구는 광주시청을 포함한 관공서, 비즈니스 빌딩이 모이면서 상권이 만들어졌고 첨단지구는 대형 아파트 단지로 인해 만들어졌다.

▣ 대학가 상권(용봉동 지역)

전남대학교 후문인 용봉동 일대는 대학가 뒷골목의 밤 문화를 만날 수 있는 상권이다. 주로 전남 대생과 20대 초반의 젊은이들이 머물다 가는 이 지역은 카페, 음식점, 레스토랑, 보세 옷집이 발달한 지역이다.

▣ 기타 광주의 먹거리촌 상권

광주의 지산동 일대는 보리밥 전문점이 발달해 있고, 매월동은 유황오리 전문점, 궁동은 쌈밥 & 전통차 전문점을 만날 수 있다. 황금동 일대는 갈빗집들이 성업 중이다.

대구 지역 상권

대구의 상권은 구도심인 동성로 상권이 가장 크다. 최근에는 크고 작은 대학들이 많아졌기 때문에 대구 시내의 대학을 중심으로 한 대학가 상권이 독자 발전하고 있는 양상이다.

▣ 대구 최대 상권(동성로 지역)

대구역 앞 동성로 지역이 이 지역에서 가장 상권이 번성한 지역이다. 동성로는 유명 패스트푸드 점, 음식점, 브랜드 의류로 구성되어 있어 젊은이들의 거리로 불린다. 저녁 시간에는 차를 주차할 수 있는 공간이 없어 발렛 파킹 등이 활발하다.

▣ 대구의 예비 상권

칠곡에서 대구로 들어오는 대도로의 요지에 있는 동아백화점 상권은 최근 젊은이들의 호응을 얻고 있는 지역이다. 동아백화점 인근 지역은 심야 영업을 하는 업소들이 점차 많아지는 추세이다. 동내구역을 중심으로 아파트를 끼고 큰 상권이 있다.

▣ 대구의 대학가 상권

대구에서는 계명대를 포함한 각 대학가에 발전한 상권들이 발전하고 있다. 북구 산격동의 경북대 상권은 대학가와 물류 단지 상권, 그리고 관공서 상권이 복합적으로 결합되어 있어 중, 고급 음식점은 물론 젊은 층 취향의 저렴한 음식점이 발전하고 있다.

▣ 대구의 음식점 상권

다른 지역과 마찬가지로 대구에서도 독특하게 발전하고 있는 먹자골목이 있는데 이중 가장 큰 먹자골목이 들안길 지역이다. 들안길의 먹자골목 상권은 예전에 비해 위세가 위축되고 있지만 여전히 대구 시민들에겐 맛있는 음식점이 모여있는 곳이라고 평판 받고 있다.

◀ 대구 들안길의 음식점 모습 (밤 10시)

서울의 유명 패밀리 레스토랑이 대구 체인점의 개점을 준비할 때 일단 들안길을 첫 번째 입점 지역으로 생각할 정도로 들안길은 음식업이 발전한 상권이다.

한편 대구에서는 동성로와 가까운 곳에 있는 동인동 갈비찜 골목도 먹자골목으로 유명한 지역이다. 동쪽으로는 서민 음식점을 만날 수 있는 비산동 먹자골목을 발견할 수 있다. 시청 등의 관공서 지역에는 가가호호 형성된 음식점들이 있는데 들안길보다 저렴하고 깔끔한 맛을 자랑하고 있어 공무원이나 직장인 고객들을 흡수하고 있다.

부산 지역 상권

부산은 국내 제2의 도시답게 도시미관이 화려하고 균형적으로 발전해 있다. 중구 남포동 일대의 남포동 상권이 구도심 상권의 대표라면 부산진구의 서면 로터리 상권은 신도시 상권을 대표한다. 부산은 특히 각각의 해수욕장마다 개별적으로 핵심 상권이 발전하고 있는데 해운대와 광안리가 그것이다. 해수욕장마다 상권이 발전하게 된 것은 주위에 많은 아파트 단지가 들어서고 있기 때문이다.

▣ 남포동 상권(남포동, 광복동, 중앙동 일대)

남포동 상권은 자갈치 시장과 국제 시장을 중심으로 한 부산의 구도심 상권이다. 광복동에는 의류 브랜드가 입점해 있고 중앙로 지하상가에는 젊은 층에 맞는 패션 잡화점이, 남포동에는 극장가와 식당가가 구성되어 있다. 거리 요소에 레스토랑이나 한식집, 일식집, 커피숍, 패스트푸드점과 단란주점의 유흥업소도 활발하다. 서울에 비해 일본식 주점도 많이 보이는 것이 부산의 특징이다. 극장가가 전반적으로 젊은 층을 흡수하고 있다면 재래시장과 유흥가는 중장년층을 흡수하고 있다. 특히 남포동 상권은 복합극장이 들어서면서 재도약을 하고 있는 상권이라 볼 수 있다.

▣ 서면 상권(부전동 서면 로터리 일대)

남포동 일대가 재래식 상권에서 현대식 상권으로 변화를 하고 있다면 서면 로터리 상권은 업무 타운과 아파트 단지를 중심으로 신 중심가 역할을 하는 상권이다. 서면은 교통이나 쇼핑을 한 번에 처리할 수 있을 뿐 아니라 업무타운 면에서도 부산의 중심적인 위치에 있다. 서면은 대형 백화점 체인점과 향토 백화점이 혼재한 상태에서 대형마트가 입점을 마감한 상태이다. 전문 상가, 브랜드 상가, 잡화 상가가 발달해있고 유명 패스트푸드점과 학원, 유흥가도 발전 중이다. 패션가와 잡화 상가, 위락 시설에는 젊은 층과 대학생의 유동 인구가 많고 업무타운 지역에는 직장인과 중장년층의 유동 인구가 많다.

▣ 해수욕장 상권(해운대, 광안리 등)

광안리 상권은 해수욕장에 인접해 있는 광안2동과 민락동 지역을 말한다. 활어횟집이 즐비하고 대형마트가 입점해 있다. 해변가에는 카페나 횟집, 일식 음식점과 숙박 시설 등이 형성되어 있다. 또한 해수욕장 진입로에는 보세 옷 전문점과 유명 패션 숍이 즐비하게 형성되어 있다. 해수욕장에 인접한 횟집들이 중장년층을 흡수한다면 보세 옷 전문점들은 젊은 층을 흡수하고 있다. 이와 달리 해운대 상권은 관광객을 대상으로 한 음식점과 숙박업, 유흥업이 발전해 있다. 오피스텔이나 호텔이 많이 입점해 있어 관광객뿐 아니라 젊은 층 유동 인구도 많다. 10대보다는 20대 이상의 유동 인구가 많은 지역이라 하겠다.

▣ 대학가 상권(부산대, 동아대)

부산 대학 상권은 부산대 정문에서 지하철까지의 도로변에 형성되어 있다. 인근 장전동 일대도 부산 대학 상권에 속한다. 항구 도시의 특징답게 대학가 상권에도 횟집이 많이 있고, 앞으로 발전 가능성이 높은 상권이라 할 수 있다. 유동 인구는 대부분 20대 초반이다. 동아대 상권은 하단 상권이라고도 말한다. 하단 지하철역에서 동아대까지 연결된 도로에 발전한 상권이다. 재래 시장인 하단 시장이 있고 동아대 부근에는 음식점이 발전해 있다.

성공하는 음식점의
창업 종목과 창업 방법

1 이런 종목이 유망하다

분식시장을 넘보는 편의점 도시락

몇 년 사이에 분식시장에 지각변동이 일어났다. 전국 편의점마다 편의점표 도시락이 매장에 진열된 것이다. 이 편의점 도시락 때문에 동네 분식점들이 적지 않게 영향을 받고 있다.

연일 출장 생활의 연속이다 보니 필자는 편의점 도시락을 이것저것 다 먹어보았다. 보통 지방에서는 점심 식사로 패스트푸드를 먹는데 알다시피 패스트푸드를 주문하면 5분 정도 기다려야 한다. 패스트푸드점 앞에 차 세우고 주문하고 5분 정도 기다리다 보면 필자도 모르게 등골이 오싹하다. 지방의 패스트푸드점은 모두 그 지역의 최 요충지에 입점하고 있다 보니 주차딱지 떼일까 봐 은근히 걱정되는 것이다. 그러나 편의점 도시락이 판매되면서 필자의 이런 걱정도 사라졌다. 그 무렵부터는 점심 식사를 급하게 때워야 할 경우 편의점에 들러 번개같이 도시락 1~2개를 구입하고는 바로 나온다. 이런 식으로 편의점마다 판매되는 도시락을 먹다 보니 2년 사이에 편의점표 도시락은 모두 맛볼 수 있었다. 4대 편의점 도시락을 종목별로 다 먹어보니 우리나라 분식시장에 큰 영향을 줄 것 같다는 판단이 들었다. A편의점 도시락은 손맛이 괜찮고, B편의점 도시락은 김치맛이 좋고, C편의점 도시락은 돈가스가 괜찮고 D편의점 도시락은 워낙 지저분하게 만들기 때문에 특징지을 게 없다. 이제 분식점을 창업하려면 편의점 도시락과 싸워야 하는데 승자는 과연 누가 될까?

◀ 편의점 도시락

　만일 분식점을 창업할 분이라면 일단 편의점 도시락을 분석하고 분식점 사업에 참여하는 것이 좋다. 아마도 분식점 메뉴를 구성할 때 많은 도움이 될 것이다. 지금부터 소자본 창업으로 할 수 있는 음식점을 알아보자.

20대 여성에게 인기가 있는 퓨전 음식점

　IMF 이후 장장 10년 이상을 분식업계에서 주름잡았던 24시간 김밥 체인점이 최근 불황에 휩싸이고 있다. 번화가에 있는 김밥 체인점은 아직도 장사가 잘되지만 동네 김밥 체인점은 불황을 체감하고 있다. 요리 잘하는 주방장을 고용한 24시간 김밥집들은 그래도 유지를 잘하고 있지만 주방장 실력이 형편없으면 오징어덮밥이나 비빔밥이 제대로 나오지 않아 결국 소비자들이 발길을 돌리는 양상이었는데 원가상승으로 1천 원짜리 김밥이 1,500원이 되면서 된서리를 맞더니, 죽 전문점에 한 대 펀치를 맞았고, 마침내 편의점 도시락에 된서리 당하는 분위기이다.

　24시간 김밥집을 대신해 젊은 여성들에게 어필하는 분식점이 있다. 일식돈가스, 일식우동, 스파게티, 볶음밥, 우동 따위를 함께 취급하는 퓨전 분식점이다. 이런 퓨전 분식점들은 기본적으로 치즈를 사용한다. 향후 몇 년 뒤면 시골 동네 분식점들도 치즈를 넣은 퓨전 분식이 나타날 것이다. 치즈를 볶음밥류에 사용하기 시작한 것은 채 10년이 되지 않았다. 10년 전 초등학생들은 치즈를 일상화했고, 10년 전 20대들이 치즈요리를 찾아먹었다. 그들이 20대, 30대가 되었고 지금은

40~50대들도 치즈맛을 알고 있다.

　서울 광화문의 모 푸드코트에 가면 우동 같은 분식류와 함께 '야채해물덮밥'을 판매한다. 점심을 좀 가볍게 먹겠다는 속셈으로 이 음식을 시켰는데 웬걸, 밥을 잘 볶아낸 뒤 그 위에 야채와 해물을 반숙으로 볶아내고 치즈와 날치알까지 올려놓더니 고추장소스로 가볍게 비주얼까지 잡아주신다.

◀ 서울 광화문 푸드코트의 야채해물덮밥

　점심을 가볍게 먹겠다는 속셈은 온데간데 없고 치즈와 해물, 야채를 잘 섞어 푸짐하게 입에 넣는다. 이건 치즈덮밥도 아니요 김치볶음밥도 아니요 알밥도 아니요 해물덮밥도 아니다. 점심 식사로는 좀 비싼 7,000원이었지만 한국식, 일본식, 서양식이 모두 섞여 있으니 전형적인 퓨전 음식이다. 이 정도 기름기이면 700~800칼로리 정도 나오겠지만 눈 앞에 음식이 놓이면 칼로리 생각은 안 하게 된다.

　20대 여성에게 밥을 팔려면 요즘은 치즈를 토핑한 퓨전 한식메뉴를 개발해야 한다. 물론 원가가 많이 상승하겠지만 가격 상승폭은 최대한 억제시킨다. 치즈 토핑은 모든 음식에 통한다. 이미 호프집이나 주점 안주에는 치즈를 토핑한 안주가 일상화되고 있다. 치즈를 토핑할 한식 메뉴를 개발할 때 주의할 점은 그만큼 샐러드 같은 야채 토핑도 늘어나야 한다는 것이다. 무작정 치즈만 토핑하면 칼로리 부담을 준다. 치즈를 토핑한 음식에는 반드시 야채나 해물 등을 토핑해야 한다. 음식 안에 고기가 숨어 있더라도, 표면에 샐러드나 야채가 보이는 음식은 칼로리 부담이 없는 건강식이라는 이미지를 주기 때문이다.

추억을 배달하는 생선가스 도시락 배달점

카메라 때문에 필자는 서울 동대문시장의 숭례문 수입상가를 자주 간다. 숭례문 수입상가에 가면 필자가 항상 점심 식사를 하기 위해 들르는 단골식당이 있다. 골목 안쪽에 자리잡은 생선가스집인 데 이 집은 독특하게도 홀 손님에게도 생선가스를 도시락에 담아내온다. 생선가스가 참 맛있기 때 문에 도시락마저 예쁘게 보이는 집이다. 생선가스에 사용하는 생선은 동태이다. 항상 점심시간 이 후에는 다음 날 판매할 생선가스용 동태살을 바르는데 홀이 좁아 아줌마 두 분이 동태살을 바르는 모습을 흔히 볼 수 있다.

"이거 동태인데도 참 맛있네요?"
"그렇죠? 동대문 상인들이 다 맛있대요. 알고 보면 동태도 생선가스가 잘 나오거든요."

보통 고급일식집 생선가스는 대구를 사용하고 시중에서 판매하는 냉동생선가스는 새꼬리민태라 는 남방대구를 사용한다. 여의치 않을 경우에는 흰살생선을 사용하기도 하며 이때 동태가 생선가 스의 주재료가 된다. 생선가스는 지방+단백질이 결합된 상태이기 때문에 고소한 동시에 담백하고, 소스는 마요네즈를 베이스로 하기 때문에 고소한 맛이다. 멸치볶음은 단백질 맛이다. 일단 단백질, 지방, 탄수화물(밥)을 골고루 섭취할 수 있으니 음식 맛은 저절로 상승한다. 더구나 이 맛있는 음식 을 도시락에 담아냈으니 먹는 기분 또한 삼삼하다. 가격은 5,500원.

만일, 이 생선가스에 계란프라이까지 올려 내면 맛이 더 좋지 않을까? 더욱 삼삼한 맛을 자랑할 것 같지만, 일단은 생선가스와 소스가 맛있으니 계란프라이는 필요없겠다 하겠다. 소자본 창업을 준비하는 분이라면, 생선가스를 잘 만들어 배달사업을 해보는 것도 좋은 생각이 된다.

◀ 서울 동대문시장 도시락 배달집의 상차림

식물과 커피를 파는 복합 매장

우후죽순 등장하는 프랜차이즈 커피전문점 때문에 국내의 커피시장은 말 그대로 포화상태이다. 이젠 커피숍 창업도 목숨 걸고 시작해야 하며 그렇지 않으면 승산이 없다. 개인 창업자가 프랜차이즈에 가맹하지 않고 소자본으로 커피숍을 차리려면 어떤 방법이 좋을까?

▣ 커피숍(카페)+미니 화원

커피숍 시장에서 별다른 인테리어 비용 없이 해볼 만한 작전이 있다. 1층에서 10~20평 규모의 커피숍을 차리고 싶은데 돈이 없다면, 아예 화원 하나 같이 만드는 셈 치고 화원과 커피숍을 결합시킨 복합 매장을 만드는 것이다. 이때 매장 벽은 기본적인 인테리어로 마감을 하고 요소요소에 판매용 식물을 진열한다. 카운터에는 3~7천 원 내외의 식물을 진열하여 판매하고 입구는 앙증맞은 커피숍으로 들어가는 기분이 들도록 초화류로 꾸미는데 이 초화류 또한 모두 판매하는 것들이다. 물론 초화류의 화분들은 대부분 이쁘장하고 귀여운 것들을 선택한다. 커피를 마신 뒤 귀엽고 저렴한 식물을 구입할 수 있도록 하는 것이다. 고가 식물들은 매장에서 인테리어 소품으로도 저절로 활용되므로 일석이조가 된다.

▣ 룸카페형 커피숍

서울 종로의 모 커피숍이 테이블마다 여성들의 기호에 맞는 2층 침대를 설치하여 커텐으로 휘장을 쳐 성공한 적이 있는데 요즘은 한층 업그레이드된 룸 방식의 커피숍이 만들어지고 있다. 각 테이블을 아예 룸으로 차단하고 여성들의 기호에 맞게 귀여운 소품으로 내부를 꾸민 커피숍이다. 대학가에 한두 개 나타나면서 은근슬쩍 히트를 쳤다. 룸 출입구는 목재로 설치하거나 커텐을 사용하는데 기호에 맞게 설치한다. 소품으로 보드게임 같은 연인들을 위한 게임도구를 준비해 손님이 원하면 무료로 빌려주기도 한다.

번화가에서 싸게 파는 퓨전 포차

각 도시마다 번화가, 유흥가가 있고 각 동네마다 먹자골목이 있다. 그런 곳마다 장기 임대하여 사용할 수 있는 주차장이나 빈 땅, 빈 점포가 있다. 돈 없는 창업자들이 흔히 하는 창업이 유동 인구가 많은 지역에서 빈 점포나 땅을 임대하여 오픈하는 포차주점이다. 일단 유동 인구가 많으면 저가에 팔아도 이문이 충분히 남으므로 순이익률을 20% 수준으로 잡고 안주 가격을 그에 맞추어 최대한 내린다. 그런 뒤 박리다매로 판매하는 전략이다. 판매할 수 있는 아이템은 여러 가지가 있다.

▣ 어패류 포차주점

조개구이나 굴 같은 어패류와 각종 해산물을 함께 취급한다. 주변 점포에 횟집이 없을 경우 선택 가능한 아이템인데 조리 방법은 퓨전 방식이다. 제부도나 오이도 같은 곳에 가면 퓨전방식의 조리 법으로 어패류를 많이 판매하므로 참고할 만하다. 이 사업 한 번 뜨면 솔솔하게 수입이 들어온다.

▣ 소고기 & 돼지갈비 포차주점

소고기 & 돼지갈비 포차주점은 포장마차에서는 불가능한 아이템이므로 빈 점포를 임대해야 한다. 박리다매의 포차주점이므로 인테리어는 그리 신경 쓸 필요 없다. 굽는 방법은 연탄화덕과 화로 숯불 둘 중 하나를 선택하는데 대포집 분위기에 화로숯불고기라면 더 이색적일 것이다. 이때 화로를 가급적 큰 것으로 선택하면 손님들은 화로 크기에 놀라게 된다.

▣ 곱창 전문 포차주점

곱창과 육류, 해물류를 취급하되 곱창 위주로 영업한다. 곱창요리는 어느 음식보다 냄새가 좋기 때문에 충분히 통할 수 있는 아이템이다. 여러 가지 소스나 과일즙으로 곱창을 숙성시킨 뒤 숙성된 곱창으로 요리해 내놓는다.

빵집

서울 모 재래시장에서 시장표 빵을 판매하는 어느 시장 빵집 이야기다. 이 시장은 400m 길이의 골목에 형성되어 있다. 이웃 동네에 골목시장이 있지만 이 시장이 제일 크다. 시장 주변에 주택가가 빼곡히 들어서 있어 크게 보면 반경 1km 안쪽에 있는 가정 주부들이 애용하는 시장이다. 매주 주말이면 장을 보러 나온 주부들과 산책 나온 부부들, 가족들로 인산인해를 이룬다.

시장골목 양쪽으로 옷가게, 채소가게, 생선가게, 쌀가게, 방앗간, 두붓집, 닭집이 빼곡히 있고 골목 북쪽에는 개인이 운영하는 대형마트 2개가 있다. 이곳 골목시장에는 빵집이 세곳 있다. 입지 면에서는 시장골목 북쪽에 있는 빵집이 번화가이기 때문에 가장 인기 있을 것 같지만 그곳을 빠져 나오면 바로 정면에 프랜차이즈 빵집이 있어 고객이 양쪽으로 갈라지는 상태이다. 시장 남쪽 골목 에도 빵집이 있는데 일단 이 집 빵이 가장 인기 있단다. 그리고 시장골목 중간에도 빵집이 있는데 양쪽 골목 끝에 빵집에게 고객을 빼앗기는 상태로 가장 장사가 안되는 폐점 직전의 빵집이었다.

그러던 어느 날 마침내 시장 중간에 있는 빵집이 폐점을 하였다. 시장 사람들 사이에 혀를 끌끌 차는 소리가 들렸다. 어떤 가게가 들어올까 시장 사람들은 주목했다. 그런데 웬걸? 한 3일 뒤 새 간판이 달렸는데 바로 빵집 간판이었다.

다른 시장 빵집과 마찬가지로 점포 크기는 10평 남짓한 규모. 주인이 바뀌고 신장개업한 날 아침, 새벽부터 빵을 만들기 시작하더니 매대에 빵을 수북히 쌓아놓고 장사를 시작하였다. 지나가는 사람들에게 일일이 시제품을 칼로 잘라서 맛을 보여 주었다. 10평 남짓한 매장 안에는 빵 공장이 있어 매우 비좁았고 빵 공장 안에는 빵을 굽는 선수들이 5명이나 있다. 첫날은 일단 가정주부들의 호응이 좋았다고 한다. 시장 빵집이 아니라 프랜차이즈 빵집에서도 볼 수 없었던 빵을 만들어내 저렴한 가격에 판매를 했다. 시제품을 맛보던 사람들이 입맛을 당기는 빵이 있으면 그 빵을 구입해가기 시작하였다.

우연히 아는 사람을 통해 이 시장빵집이 참 맛있다는 소식을 듣고 필자도 그 빵 맛을 보기 위해 주말에 찾아가 보았다. 아마 빵집이 개업한 일주일 뒤쯤이었을 것이다. 시장골목 중간을 향해 걸어올라가는데 별안간 사람들이 웅성웅성 모여 있는 모습이 보인다. 시장 중간에서 가정주부 대여섯 명이 줄을 서서 빵을 구입하는 것이었다.

주부들 사이에 끼어 매장 안을 살펴보았다. 빵 공장은 계속 빵을 만들어내느라 정신없는 풍경이었다. 매대를 보았다. 빵이 수북히 쌓여있는데 3분의 1이 동네 빵집에서는 볼 수 없는 빵들이었다. 빵이 몇 품종이나 있나 개수를 재빨리 세어 보았다. 120종이 넘는다. 그러니까 동네 빵집에서는 볼 수 없는 빵이 3분의 1을 차지하는 것이다.

우리 주변에서 흔히 보는 동네 빵집들은 보통 60종 내외의 빵을 판매한다. 좀 능력있는 빵집이라면 100종 내외의 빵을 판매한다. 케이크류나 샌드위치는 각각 한 종류로 치고 계산한 것이다. 유명 프랜차이즈 베이커리도 100종류 이상의 빵은 판매를 안 한다. 일반적으로 잘 팔리는 빵과 종류가 세분화된 샌드위치류, 패스트리만 취급하기 때문이다.

며칠 뒤, 다시 이 집 동태를 파악하기 위해 찾아갔는데 역시 가정주부들 대여섯 명이 매대 앞에 무리지어 서 있다. 이 집은 패스트리가 1종밖에 없다. 샌드위치는 2종류에 불과하다. 물론 단팥빵, 크림빵, 크로켓, 도넛, 꽈배기는 시장표 빵집의 기본 상품이므로 매대 한쪽에 진열하고 팔고 있는데 그 외 빵들이 기존 동네 빵집과 구색이 아예 달랐다. 그렇다고 고급 빵집에서 볼 수 있는 디저트용 케이크도 아니다. 말하자면 동네표 빵의 컨셉을 약간 바꾸어 치즈나 야채를 적절히 섞어 새로운 빵을 만들어내고 있는 것이다. 매장에 있는 젊은 친구와 이야기를 해보니 첫날부터 꾸준히 히트인 빵이 1천 500원 짜리의 커피맛 빵이라고 한다. 3일에 한 번 다른 신제품 빵을 만들어낸단다.

빵 공장 안에서는 여전히 5명의 사내가 열심히 빵을 만들어내고 있었다. 50대의 남자는 사장으로 보였고 필자와 대화를 나눈 친구와 나머지 3명은 이제 막 제과 관련 학원을 졸업한 젊은이들로 보였다. 판매원에게 나이 50대의 남자를 가리키며 저 분이 사장님이냐고 묻자 머뭇거리더니 별 말을 하지 않는다. 개업한 지 얼마되지 않아 판매원도 사장님을 잘 모르나 싶어 그냥 넘어갔다. 훗날 알아보니 당시 하루 매출은 170만 원 내외. 시장표 빵집이 한 달 5,000만 원의 매출을 올리고 있었다.

한 달 뒤였을까? 다시 이 빵집을 찾아갔는데 빵집 주인으로 보이던 50대 남자가 보이지 않는다. 그리고 4명의 젊은이 중 한 사람이 사장 행세를 하고 있었다. 다시 한 달 뒤 찾아갔더니 줄을 서서 빵을 사던 가정주부들의 모습이 사라져 있었다. 3일 간격으로 나온다는 신상품 빵은 없고 한 달이나 두 달 전 봤던 빵들이 매대에 진열되어 있다. 그날 밤 우연히 이 시장을 들러서 그 빵집을 찾았더니 재고가 좀 쌓여 있었다. 몇 달 전 봤던 50대 남자는 빵집 사장이 아니라 이 빵집이 개업했을 때 초빙된 말하자면 선수였던 셈이다. 이 선수가 머리를 써서 온갖 맛있는 빵을 만들어 내놓았고, 선수가 계약을 끝내고 돌아간 뒤에는 그 한 달 동안 잘 팔렸던 빵 위주로 매일 빵을 찍어 팔았던 것이다.

6개월 뒤. 매출이 어느 정도 떨어졌을까 궁금해서 다시 빵집을 찾았다. 줄 서는 모습은 사라지고 없지만 지나가는 사람들이 간혹 빵을 사가는 모습이 보인다. 매장 사장으로 보이는 젊은이와 이야기를 해보니 초창기 때 맛있는 빵집으로 소문나 하루 매상이 지금도 100만 원을 넘는다고 한다. 아무튼 시장 내에서 맛있는 빵집으로 소문나 남쪽 빵집은 매출에 큰 영향을 받았고 북쪽 빵집은 아예 문을 닫았다.

이 집 최고 히트작은 커피빵이지만 감자바게트도 있다. 이 집 감자바게트는 유명체인점과 달리 바게트를 양쪽으로 펼친 뒤 그 위에 감자샐러드(감자 으깬 것)를 바게트 두께만큼 두툼하게 바른 뒤 그 위에 야채와 치즈를 올려내온다. 한참 히트치며 잘 팔리던 이 기막힌 감자바게트는 개당 5천 원이었는데 50대 남자가 그만둔 이후로 수지타산이 안 맞는지 만들어내지를 않고 있단다. 그럼에도 불구하고 이 집은 대부분의 빵에 야채, 견과류, 치즈를 잘 활용하는 까닭에 현재도 꾸준히 판매량 1위를 한단다.

개업 6개월 뒤 쯤에는 처음으로 '햄버거' 빵을 만들어 팔았단다. 개당 2,000원이고 2개를 구입하면 3,500원이다. 하루에 그 한 종목만으로도 8만 원의 매상이 발생한단다. 한 10일 팔다가 인기가 떨어지면 다른 품종의 빵을 개발해 판매할 생각이란다.

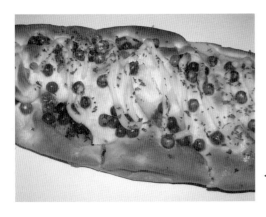

◀ 빵 안에 크림이 들어 있고 그 위에 완두콩과 파슬리가루
를 뿌린 빵

요리 아이템

예를 들어 일반적인 옥수수빵은 맛이 퍽퍽하다. 옥수수빵을 만들 때 옥수수알갱이, 당근채, 호박채를 섞어 만
들면 식감이 훨씬 부드러워진다. 빵집 입장에서는 신제품을 추가할 수 있었던 셈이다.

망하는 빵집, 흥하는 빵집

1. 빵집 망하는 지름길 – 설탕 사용량 늘리기

나이 40~50살이 되면 국내에 있는 모든 종류의 음식을 먹어본 나이가 된다. 하물며 빵은 어떨까? 아마 보통 사람이라면 35세쯤에 국내의 모든 빵들을 먹어본 나이가 되지 않을까? 빵을 좋아하는 35세의 사람이라면, 아마도 지금 먹고 있는 빵이 1년 전 혹은 6개월 전 혹은 이틀 전 먹어본 그 빵이라는 사실을 발견하게 될 것이다. 자꾸 같은 빵을 먹고 있다는 것을 알게 되면 그 뒤로는 빵을 먹지 않게 된다.

베이커리 체인점들이 크게 확장하고 있을 때 동네 모 빵집 주인이 필자가 글을 쓴다는 것을 알고는 자신의 고충을 이야기하였다. 요즘 장사가 안 되고 있는데 해결책이 없냐는 것이다. 번듯한 빵집이었으니까 필자는 놀라 반문하였다. 물론 그 가게의 빵들이 점점 맛이 떨어지기에 필자 또한 발길을 점점 줄이고 있는 시점이었다.

이 집의 빵에 설탕 사용량이 많아진 것은 약 6개월 전부터였다. 6개월 전 어느 날 별안간 이 집 빵이 매우 달다는 것을 알았다. 며칠 뒤 다시 이 집 빵을 먹었는데 몹시 달았다. 그래서 속으로 장사가 안되나 보다 생각하였다. 매출이 점점 떨어지고 있으니 당도를 높여 판매량을 높이려는 속셈 같았다. 아무튼 일주일에 두 번 정도 찾았던 이 집을 나중에는 한 달에 두 번 정도 찾아가는 상황이 되었다.

그리고는 발길을 뚝 끊었고 두 달 만에 찾아갔더니 마침내 자신의 고충을 이야기하는 것이다. 그래서 필자는 '설탕을 줄이고 다품종 소량생산 체제로 바꾸세요' 라고 말을 하고 싶었지만 꾹 참았다. 수년째 단골이었지만 이 집의 빵은 그 종류가 한정되어 매번 같은 종류의 빵을 만들어파는 집이었다. 주인 스스로 여러 가지 빵을 만들 능력이 되지 않은 것 같았으므로 다품종으로 생산해보시라는 말이 어쩌면 가슴에 상처를 줄 것 같았기 때문이다.

빵은 설탕 덩어리가 아니다. 유명 제과업체의 과자도 설탕이 많으면 인기를 잃어버린다. 빵집 주인이 빵에 설탕을 더 넣어볼까 생각한다면 이미 그 집은 망하고 있는 집이라고 할 수 있다.

2. 빵을 300~500가지 만들 실력이라면 빵집으로 성공할 수 있다

　빵집 경영의 가장 중요한 덕목은 종수이다. 그만큼 빵은 자주 물린다는 뜻이다. 아무리 맛있는 빵이라도 10번 정도 먹으면(10일 정도 먹으면) 결국 물리게 되어 고객들이 안 찾게 된다. 피자는 기껏해야 20종 안쪽에서 승부를 걸어야 하는데 그것도 토핑을 달리해 하는 사업이다. 따라서 인지도가 없는 소규모 피자집들은 프라이드 치킨, 스파게티 메뉴 등을 피자 메뉴에 추가하고 있다.

　기존의 옛날 빵집들은 보통 60종류를 판매하고 이것으로 평생 먹고 살려고 하였다. 사장님 마인드야 더 많은 종류를 만들고 싶었지만 제조할 매뉴얼이 없었다. 결국 프랜차이즈 빵집이 등장하자 인정사정 볼 것 없이 옛날 빵집들이 도산하기 시작하였다.

　빵집 경영에서 성공하려면 최소 300종 이상의 빵을 만들 수 있어야 한다. 그중 상품 가치가 있는 빵을 선택해 100종 안팎으로 매장에 진열하면 어느 정도 수가 생긴다. 물론 다른 빵집들도 이러한 방식으로 영업할 것이기 때문에 점차 종수를 늘리거나 이색 빵을 만들어 파는 전략이 필요하다. 예를 들면 유기농 빵이 그것이다.

　안 팔리는 품종은 1만 원어치나 2만 원어치만 만들면 된다. 유통 및 완매 기간을 2일로 잡고 구색 맞추기용으로 만드는 것이다. 이와 달리 잘 팔리는 품종의 빵은 하루에 10만 원 안팎을 만들어 판매한다. 10일 뒤 잘 팔리는 빵의 생명력이 끝났다 싶으면 다른 빵을 만들어 판매한다. 그러다 아이디어가 막히면 다시 몇 달 전 잘 팔렸던 빵을 만들어 판매하면서 계속 신메뉴를 추가해야 하는데, 빵 500종을 만들 능력이 된다면 시쳇말로 치즈, 야채, 견과류 등 모든 재료를 혼합해 빵을 만들 수준이 되므로, 우리나라 어느 동네이건 빵집을 오픈한 뒤 잘 먹고 잘 살 수 있다. 빵 300~500가지를 제조할 능력을 언제 만드느냐고 걱정할 필요는 없다. 하다 보면 저절로 습득이 되고 단련이 된다.

신제품 빵 아이디어 구하기

먹는 장사에서도 비슷한 종목의 창업자들이 많아지면서 날로 경쟁이 치열해지고 있다. 모든 업종이 그렇겠지만 빵집 또한 동종업체의 동향을 잘 살펴야 한다. 최소한 반경 500m 안쪽의 동종 빵집의 동향을 살피며 그곳이 어떤 신제품을 만들어내는지 파악해야 하고 그들보다 더 많은 신제품을 쏟아내야 한다. 마냥 신제품을 뽑아내려니 어려울 수도 있겠는데 의외로 인터넷 블로그에서 신제품 정보를 많이 찾을 수 있다. 요즘은 이런저런 이색빵을 만들어 먹는 젊은 여성들이 많은데 일단 이런 여성들은 자기가 만든 빵을 자랑하기 위해 블로그에 올린다. 블로그만 잘 관찰해도 독특한 아이템을 많이 얻을 수 있다.

도시 외곽의 일품요리집

완도 출장에서 돌아오던 중 강진읍에서 하룻밤을 보낸 적이 있다. 강진읍은 군청 소재지라고 해도 보통 저녁 7시만 되어도 밥 먹기가 여간 어려운 것이 아니다. 경기가 여간 나쁘지 않기 때문에 대부분의 백반집이 공무원들의 퇴근시간에 맞추어 문을 일찍 닫는 것이다. 인터넷 되는 모텔을 찾기 위해 강진 이 골목 저 골목을 차를 몰고 돌아다니는데 깨소금 같은 고소한 향이 골목 안쪽에서 물씬 풍겨온다. 지금도 영업하는 음식점이 있네? 생각하면서 골목 안쪽으로 들어가보니 백반집 3~4곳이 몰려있고 모두 왁자지껄 야단스럽다. 오늘이 무슨 날인가? 그렇게 생각하고는 밥을 먹기 위해 무궁화 표시가 있는 모범음식점 위치를 알아두고 모텔방을 구했다.

"아줌마. 방금 저쪽 골목길을 지나쳐왔는데 오늘 무슨 날인가요? 아직도 음식점들이 영업 중인데요?" 라고 물었다.
"아, 예. 오늘은 주말이잖아요. 그리고 저 골목에 있는 음식점들은 혼자 못 가실 거예요."
"무슨 뜻이에요?"
"한상에 5만 원~10만 원하는 한정식집들이에요. 주말이라 부모님 모시고 가족들이 외식하러 많이 가는 곳이거든요."
"아 그렇군요…"
어쩐지 아까 봐둔 음식점 간판의 메뉴가 머릿속에 떠올랐다. 1인분 1만 9천 원이라는 메뉴판을 힐끔 보며 지나쳐왔는데 모텔 아줌마 말에 의하면 단체손님 위주라고 한다. 혼자 가서 1인분으로 한상 가득 받아 먹으려 하니 계면쩍기도 하여 가지 않기로 하였다.

지방의 음식점 중에서 전국적으로 유명한 일품 음식점이 있다면 청주 법주사 앞의 '경희식당'과 해남읍의 '천일식당', 안동의 '헛제사밥'과 '안동 고등어집', 경주의 '쌈밥집', 통영의 '굴요리 전문점' 등이 있다. 경희식당은 한정식, 천일식당은 떡갈비 요리로 유명하다. 이처럼 각 지방마다 강세를 보이는 음식점들이 있는데 이런 음식점들을 모방하며 대도시 외곽에 음식점들이 세워지고 있다. 말그대로 한 종목만 잘 만들어 판매하는 것인데 일단 음식을 잘 만들면 자동차 유동량이 많은 교외 도로변에 음식점을 창업해도 충분히 통할 수 있다.

추천하는 음식점은 육류로는 화로숯불고기집, 오리고기 전문점, 떡갈비 한정식집 등이 있고 한정식집으로는 약선음식 전문점, 산채음식 전문점 등이 있다. 중저가 음식점으로는 보리밥집, 쌈밥집, 두부요리집 등이 있다. 면 종류로는 콩칼국수집, 국수집, 칼국수집 등이 있고 해물로는 메기탕집, 민물보리새우탕집 등이 있다. 이런 음식점들을 창업할 때는 일단 유동 차량이 많은 도로변인지 확인해야 한다는 것이다.

또한 유동하는 차량이 젊은이들인지 아니면 중장년층인지 확인할 필요가 있다. 예를 들어 유명 사찰 가는 길이라면 아무래도 중장년 차량이 많을 것이고 바닷가나 테마공원 가는 길이라면 젊은이들의 유동 차량이 많을 것이다. 가급적 인구가 몇십만 정도 되는 도시를 인근에 끼고 창업하는 것이 좋은데 이렇게 하면 주말여행객도 함께 잡을 수 있다. 강원도에 가면 산악을 낀 외진 장소에도 민박집 & MT 레크리에이션을 겸한 음식점이나 카페가 있는데 월등한 비주얼의 계곡이나 산악풍경이 없는 한 바로 실패하고 만다. 일단 산악지형 등에서 음식점을 창업할 경우엔 무조건 계곡을 끼는 것이 좋다.

이색 한정식 전문점

서울 북악스카이웨이의 삼청각 한식당에 가면 계절 메뉴로 '둥굴레 잎'을 이용한 요리가 있다. 가격은 코스 요리가 3만 5천 원~4만 5천 원 선. 봄에 먹을 수 있는 둥굴레 어린잎은 한식 재료의 최고급으로 치는데, 필자가 먹어본 야생화 잎 중에서도 가장 맛있는 잎 중 하나이다. 오죽하면 초원에서 뛰어노는 동물들도 둥굴레 잎에는 정신을 못차린다고 한다. 둥굴레 잎은 생으로도 먹을 수 있지만 삼청각 한식당 식으로 한정식 재료로 사용해도 손색없는데 밀쌈처럼 다른 재료를 싸서 먹는다. 생 둥굴레 잎을 채취해서 참기름에 볶아 먹어도 참 맛있다.

혹시 마당이 있는 한정식점을 개업할 생각이 있는 분이라면 초원에서 재료를 구해 조리에 사용할 것을 권장해본다. 양평 용문사 같은 관광단지에는 진입로에 이미 이러한 음식점이 몇 개 있는데 대도시에는 '나물요리 전문점'은 있어도 야생화 잎을 채소로 사용하는 음식점은 없다. 곤달비, 일당귀, 쫑취나물, 고려엉겅퀴는 제철이 되면 시장에서 판매하므로 대량 구입할 수 있다. 물론 몇몇 야생화들은 보통 깊은 산에서 자생하므로 도매시장에서 구입하거나 키워서 먹어야 한다. 깊은 산에서 쉽게 볼 수 있는 곤달비, 단풍취, 둥굴레는 비슷한 모양의 독초가 있으므로 전문가가 아니면 식별하는 것이 사실 어렵다. 단풍취와 둥굴레는 대도시 시장에서 판매하는 것을 아직 보지 못했지만 이두 식품은 마당 있는 한정식집에서 키울 수 있다. 둥굴레는 생명력이 왕성하므로 어떤 토양에서도 잘 자랄 것이다.

이런 나물들을 취급할 능력이 된다면 '산나물요리 전문점'이 아니라 '야생화를 요리하는 음식점'으로 사랑을 받을 수 있을 것이다.

곤달비 잎 : 봄에 시장에서 구입할 수 있다. 쌈으로 먹으며 그 향이 최고이다.

왜당귀 잎 : 키워먹는 당귀 잎이다. 슈퍼 쌈매장에 가면 당귀라고 불리는 잎이 있는데 대부분 왜당귀 잎이다. 보통 쌈으로 먹는데 향이 당귀보다 더 기막히다.

섬쑥부쟁이(쫑취나물) 어린잎 : 참기름에 달달 볶으면 취나물 못지 않은 고소한 맛을 자랑한다.

단풍취(장이나물) 어린잎 : 어린잎만 먹을 수 있는데 부드럽고 맛있다. 다른 독초와 혼동될 수도 있다.

고려엉겅퀴(곤드레나물) 어린잎 : 묵나물로 먹는데 흔히 곤드레나물이라고 한다. 강원도 정선의 곤드레나물밥이 유명하다.

둥굴레 어린잎 : 호텔 식당 등에서 최고급 한정식에 사용하는 잎이다. 호텔 식당 등으로 바로 직송되기 때문에 역시 시중에서 구입하기 힘들다.

얼레지 잎 묵나물 : 얼레지 잎을 묵나물로 먹는다. 야들야들한 맛이 일품이며 역시 호텔 식당 등에서 최고급 산나물로 치며 납품받기 때문에 도매시장에서 구하기 힘들다. 생잎을 많이 먹으면 설사를 한다.

▲ 둥굴레 잎

▲ 단풍취 잎

정통 외국식당 및 수제 햄버거

국내에 들어온 외국인 근로자들이 직접 요식업에 끼어 들어 자국 음식을 만들어 팔기 시작하였다. 처음에는 자국 사람들이 많은 안산 등지에서 시작했지만 점점 대도시에까지 확대되어 서울 등숭동과 이태원 등지에는 전문 레스토랑이 부럽지 않은 외관의 외국 음식점들이 생겨났다. 요즘은 이태리 음식, 프랑스 음식, 터키 음식 등을 좋아하는 한국인이 직접 음식점을 창업하고 있다. 젊은 여성 직장인과 여대생에게 인기가 많은 베트남 쌀국수집도 국내인이 창업하는 실정이다.

이런 외국 음식점은 패밀리 레스토랑 풍으로 창업하는데 번화가에서 장사가 잘되는 집은 일 매출 400만 원 이상 올리는 업소도 생겼다. 이태리 음식 전문점은 피자를, 프랑스 음식 전문점은 와인을 곁들여 판매하기 때문에 30~40평 규모의 매장에서도 장사를 보통 수준으로 하면 일 매출 100만 원 이상이 가능하다.

젊은 창업자들이 소자본으로 창업하는 업종 중에는 수제 햄버거 & 수제 핫도그 집이 있다. 수제 함박스테이크나 수제 소시지를 맛깔스럽게 만들어 듬뿍 토핑한 뒤 판매하는데 육질이 좋거나 크기가 크거나 매운맛으로 주목을 끌다가 요즘은 고칼로리 폭탄 햄버거집까지 등장하고 있다.

◀ 미국식 핫도그류

아예 햄버거나 핫도그를 미국식으로 만들어도 번화가에서는 승산이 있다. 수제 햄버거 & 핫도그는 작은 매장에서도 창업이 가능하기 때문에 젊은 사람들이 번화가의 귀퉁이 매장을 임대해 창업할 수도 있다.

틈새시장을 노리는 이색 식당

이색 식당이란 우리나라에서 좀처럼 만나기 어려운 이색적인 식자재를 사용해 음식을 만드는 식당을 말한다. 예를 들면 양고기 음식점이나 말고기 음식점이 여기에 속한다. 말고기는 몽고 식당에서 접할 수 있는 음식이고 양고기는 중국, 몽고, 러시아 식당 등에서 접할 수 있는 음식이다. 이 가운데 양꼬치 요리는 향신료를 사용해 양꼬치를 굽는데 한국인들도 즐길 수 있는 이색적인 맛이 특징이다. 일단 맛을 보면 주당들의 머릿속을 떠나지 않을 정도로 맛이 근사하다. 번화가 등에서 꼬치요리로 판매하면 젊은이들과 주당들의 호기심을 불러올 수 있다.

▣ 양고기의 특징

양고기는 칼로리가 돼지고기나 소고기에 비해 현저하게 낮다. 또한 정력을 증강시키는 효과가 있고 당뇨, 체내독소, 살균, 이뇨, 피부미용, 골다공증 등에 효능이 있다고 한다.

▣ 메뉴 구성 예제

양꼬치구이, 양갈비, 양바비큐, 수육(양), 양주물럭, 전골(양), 양갈비찜, 양튀김, 볶음밥류, 주류 및 음료수

양고기 전문점의 경우 레스토랑 형태로 창업하지만 퓨전포차처럼 길거리 창업으로도 가능하다. 길거리 창업을 준비하다 보면 먼저 입점한 상인들과 업종이 겹치는 경우가 많은데 이런 경우 한 번쯤 심사숙고할 만하다.

일단 통하는 값이 싼 음식점

어느 여름에 K씨는 자신이 사는 주거지역 중앙통에 음식점을 차리기로 계획했다. 주거지역이지만 왕복 2차선 도로에 노선 버스 3대가 지나가는 중앙통이 있었으므로 출퇴근 시간에는 유동 인구가 반짝이는 그런 동네였다.

K씨는 우동 전문점을 창업할까 김밥 전문점을 창업할까 많은 고민을 하였다. 일주일 가량을 고민한 끝에 K씨는 이 지역이 서민 지역이므로 즉석 김밥집이 적당하다는 것을 깨달았다. K씨는 5천만 원을 투자해 17평 규모의 체인점 형태의 즉석 김밥 전문점을 오픈했다.

2천만 원은 건물 보증금이었고 나머지 3천만 원은 체인점 가맹비를 포함한 인테리어 비용이었다.

마침 그 기간에 버스정류장을 사이에 두고 50m 우측에 "00우동"이라는 체인점도 동일한 규모로 개업을 준비하였다. 이 사실을 알고 K씨는 잔뜩 긴장했다. 김밥 전문점이나 우동 전문점이나 사실은 똑같은 메뉴를 취급하고 있기 때문이다.

그런데 웬걸? 점포를 오픈하고 나서 결과를 지켜보니 상황은 이러했다. 20대 초반의 젊은이들이나 대학생들이 주요 고객이 된 것은 처음부터 예상한 일이었다. 그런데 퇴근하고 돌아오는 독신자들이 저녁 시간의 단골 고객이 된 것이다. 또한 밥하기가 귀찮아서 적당히 저렴한 음식으로 한 끼를 때우려는 20대 후반에서 30대 초반의 젊은 부부들도 주요 고객이 되었다. 돈을 아끼는 데 열심이었던 서민 고객들이 실제 고객으로 변했던 것이다.

K씨의 김밥 전문점과 마찬가지로 50m 옆에 있는 우동 전문점도 처음에는 장사가 잘되고 있었다. 그런데 고객의 성향은 약간 다른 것 같았다. 우동집의 음식값은 K씨의 즉석 김밥집보다 1천 원 정도 비싸서 그런지 몰라도 40대층이 주요 고객이었다. 또한 우동을 선호하는 여고생들이나 여성 직장인들도 제법 있었다. 가만히 보니까 즉석 김밥집의 고객들은 말 그대로 서민들이었고 우동집의 고객들은 그 지역에서는 제법 여유가 있는 중산층 생활자 같았다.

이유야 어쨌든 영업 초기에는 K씨의 즉석 김밥 전문점과 50m 옆에 있는 우동 전문점이 서로 선의의 경쟁을 하는 관계가 되었다. 그런데 영업 개시 2개월째가 되는 시점부터 매출이 점차 한쪽으로 기울기 시작했다. K씨의 즉석 김밥집은 고객이 점점 많아지고 배달 주문도 많아졌다. 반면 우동 전문점의 고객은 점차 줄어들던 것이다. 그로부터 3개월 뒤쯤 우동 전문점은 폐업을 하고 말았다.

우동 전문점이나 즉석 김밥집이나 대충 한 끼를 때우는 음식점에 불과하다. 맛은 우동 전문점이 더 좋을지 몰라도 김밥, 라면, 우동, 비빔밥류는 맛 구별이 안 된다. 서로 비슷한 맛이므로 서민 지역의 주민들은 좀 더 저렴한 집을 이용할 수밖에 없다. 가내공장에서 배달시키는 손님들도 4인분 시키면 2,000원을 절약할 수 있으니 일단 싼 집에서 시키는 것이다.

싼 가격의 음식점을 운영할 때 주의할 점이 있다.

L씨는 서민 밀집지역 상권을 분석하더니 고깃집이 재래시장 외에는 없다는 것을 알았다. 버스정류장을 기준으로 400m 사이에는 김밥집 2개, 돈가스집 1개, 테이크아웃 통닭집 1개, 호프집 4개, 중국집 1개, 한식집 2개가 있었다.

L씨는 고깃집을 창업하기 전 아래 버스정류장쪽 고깃집 고객과 호프집 고객을 끌어들일 심산으로

7,000원 뷔페형 고깃집을 창업하기로 결정하였다. 일단 동네에 뷔페식 고기집이 없으므로 독점할 수 있을 것 같았다. 매장 면적은 약 80평. 오픈을 하자 동네에 뷔페형 고깃집이 생겼다며 가족외식자들이 바글바글 몰려들기 시작했다. 영업 시작한 뒤 1년이 지나자 전체적인 매출은 조금 줄었어도 여전히 주말마다 외식 나온 동네 사람들로 매장 안이 항상 붐볐다. 그런데 영업 2년째가 되자 이제 주말마다 오던 사람들이 점점 발길을 끊더니 매출이 뚝 떨어졌다.

L씨는 떨어진 매출을 다시 올릴 방법을 생각하다가 '7,000원 고기뷔페'를 '5,500원 고기뷔페'로 변경하였다. 그러자 다시 동네 사람들이 찾아들었다. 그러나 그것은 한 달 뿐이었다. 매출이 곤두박질친 상태에서 1년 정도 더 고전을 하던 L씨는 결국 매장을 폐점할 수밖에 없었다.

거의 독점에 성공할 뻔한 상황이었다. 매출이 떨어지고 있을 무렵 고기 육질을 높이거나 그 방법이 불가능했으면 해물뷔페 등 메뉴를 더 많이 보강해야 했다. 그런데 가격을 떨어뜨리는 가장 쉬운 전략을 선택했다. 가격을 떨어뜨린다는 것은 더 싼 육류와 더 싼 식자재를 사용하겠다는 자신만의 계산을 가지고 있기 때문에 가능한 것이다. 동네 사람들은 5,500원으로 가격이 떨어진 것을 보고 기분 좋게 다시 찾아왔을 것이다. 그런데 동네 사람들이 1년 전 7,000원이었을 때의 고기 육질을 기억하고 있다. 아, 가격을 낮춘 만큼 육질도 더 안 좋아졌구나, 라고 동네사람들은 금방 눈치를 챈다. 육질이 안 좋으니 가격을 내려도 오지 않는 것이다.

일단 개업 초기에는 장사를 잘하기 위해 좋은 육류를 사용했을 것이다. 수익이 고정적으로 발생하면 이익률을 높이기 위해 고기 육질로 장난치거나 비용 절감 목적으로 식자재를 싼 것으로 대체하고 메뉴를 일부 누락시켰을 것이다. 이 때문에 2년째부터 손님들이 줄어들기 시작한 것이다. 2년 동안 다닌 단골식당의 맛이 점점 나쁜 방향으로 가고 있다면 누가 계속 단골을 하겠는가? 오히려 고기 육질과 메뉴를 보강하고 가격을 8,000원으로 올린 뒤, 매장에 '고기 육질이 더 좋아졌습니다' 라고 홍보를 했다면 몇 년 더 영업할 수 있었을 것이다. 어차피 독점 상태였으니까 이익률이 떨어지면 까놓고 가격을 올린 뒤, 육질을 보강하든가 해산물뷔페 같은 신메뉴를 추가하는 차원이 더 정답이다.

동종 업종끼리 붙었으면 유명 우동 프랜차이즈라고 해도 일단 가격을 낮춘 미끼 메뉴가 많아야 하고 그것을 무기로 김밥집과 경쟁을 걸어야 한다. 우동이나 김밥 맛이 더 좋다고 해도 어차피 동종 업종끼리 붙어 있으면 더 싼 집을 찾는다. 만일 동네에 김밥집이 없고 우동집이 독점하는 상태였다면 원래 가격으로 영업해도 폐업하는 지경까지는 이르지 않았을 것이다.

읽어보기 음식점 개업에 대한 Q&A

초보자가 음식점을 신규 창업할 경우에는 준비할 내용들이 많다. 음식점을 개업하려면 어떤 것들이 필요한지 Q&A로 정리해 보자.

직장 생활 7년째인데 이대로는 비전이 없어 음식점을 개업하려고 준비하고 있어요. 개업의 초기 단계에서 창업자들이 생각해야 할 내용은 무엇이 있을까요?

▶ 요식업 창업을 하려면 점포의 소유 유무에 따라 상권 및 입지 조사가 선행되어야 합니다. 이미 점포를 소유한 상태이면 그 점포에서 창업하는 경우가 많으므로 유동 인구, 성별, 평균 나이, 주 유동 시간, 배후 조건 등을 분석해 그에 맞게 음식점을 창업해야 합니다. 자기 건물이니까 그냥 대놓고 자기가 하고 싶은 것을 하는 경우도 있는데 일반 모든 입지 조건을 분석하는 것이 선행과제입니다. 점포를 얻어야 할 경우엔 선택의 폭이 넓어집니다. 먼저 자기가 하고 싶은 종목이 있으면 그 종목에 맞는 입지 조건을 가진 점포를 물색하는 것입니다. 커피숍을 하고 싶다면 젊은 여성이 많은 번화가에 있는 점포를 염두에 두는 것입니다. 그런 뒤 점포 임차비용을 포함한 총 투자비, 종업원 구인 문제, 재료 조달 방법, 메뉴 구성, 마진율 등을 미리 산출하고 향후 매출까지 머릿속에 시뮬레이션한 뒤 창업하면 더 좋습니다.

창업 비용은 어떻게 계산해야 하나요?

▶ 창업비는 임대할 점포의 크기에 따라 달라집니다. 보통 총 창업 비용에서 임대료는 40~50%, 인테리어 및 주방 설비비용은 50~60%를 차지하도록 구성합니다. 예를 들어 30평 규모의 점포를 임대할 경우 임차비용과 시설비 및 물품비가 이것입니다. 체인점의 경우 가맹비 등이 별도 소요됩니다. 점포가 없는 경우 점포 임대비를 합산하면 30평 기준으로 8천만 원에서 2억 원 정도의 비용이 필요합니다. C급 상권의 경우엔 보증금과 권리금이 적게 들지만 A급 상권이라면 그만큼 창업 비용이 높아집니다.

개업할 때 요리사 자격증이 필요한가요?

▶ 몇 년 전만 해도 전용 면적 31평 이상의 음식점 창업의 경우 요리사 자격증이 필요했지만 현재는 폐지되었습니다. 지금은 요리사 자격증 없이 창업할 수 있습니다.

음식점의 마진율을 계산하는 방법을 알고 싶어요.

▶ 음식점의 마진율은 테이블 회전율, 판매되는 메뉴, 점포의 크기, 상권의 형태에 따라 달라집니다. 개인이 오픈한 독립점 형태의 음식점은 재료비를 뺀 평균 마진율을 60%로 봅니다. 여기서 인건비와 임대료, 관리비, 공과비, 세금을 제외하면 순이익을 25~35% 수준으로 보고 있습니다. 체인점 형태의 음식점은 재료비, 인건비, 임차비, 공과비, 세금 등을 제외하면 22~30% 수준입니다. 즉 재료비는 35~40% 안팎이고 인건비, 임대비 및 세금은 30~35% 안팎, 나머지 25~30%를 순이익으로 계산할 수 있습니다. 패스트푸드점의 경우엔 순이익률이 다소 낮아지지만 테이블 회전율이 높기 때문에 월 순이익은 비교적 높은 편입니다. 박리다매 고깃집 같은 경우 순이익률이 20%일 수도 있고, 호프집의 경우 순이익률이 35% 이상일 수도 있으며, 커피 전문점의 경우 매상이 높으면 순이익률이 40% 이상일 수도 있습니다. 어떤 경우라도 최소한 순이익률을 20% 이상으로 잡고 메뉴를 구성해야 합니다.

음식의 재료와 물품은 업주가 조달해야 하나요?

▶ 개인 점포의 경우엔 업주가 직접 조달합니다. 가까운 시장이나 도매 시장에서 업주가 구입 조달할 수도 있고 야채 배달차를 통해 조달할 수도 있습니다. 체인점의 경우엔 재료를 포함해 음식점의 소비재 대부분을 체인점 본사에서 공급하는 경우가 많습니다. 물론 체인점의 경우에도 업주가 조달하는 방식과 본사가 공급하는 방식, 그리고 이 두 가지를 혼합하여 운영하는 업체들이 있는데 유명 체인점의 경우 본사에서 공급하는 방식을 선호합니다. 또한 일반적으로 본사가 중요한 재료만 공급하고 야채와 같이 쉽게 구할 수 있는 것은 점주가 조달하는 방식을 많이 사용합니다. 본사가 공급하는 재료들은 보통 반가공 상태인 경우가 많으므로 체인점들은 개인 음식점에 비해 조리법이 간단한 경우가 많습니다.

고용해야 할 직원의 숫자는 어떻게 계산하나요?

▶ 음식점은 점포의 크기와 테이블 회전율에 따라 고용해야 할 직원의 숫자가 정해집니다. 장사가 잘되는 점포라면 그만큼 많은 직원들이 필요합니다. 보통 12평 크기의 음식점은 주방과 홀을 포함해 3명 정도가 적당합니다. 이 경우 주방 1명, 홀 1명이고 양쪽 다 일손이 부족한 상태이므로 나머지 한 사람이 주방과 홀을 번갈아가며 도와주게 됩니다. 물론 12평 규모라 해도 잔일이 많고 장사가 잘되는 업소라면 최고 7명까지 직원을 고용해야 합니다. 쉽게 계산하면, 10평당 2명으로 계산하고 매출량에 따라 직원을 더 고용하거나 줄이는데 점포 크기가 대형화될수록 주방 인원보다 홀 인원이 더 많아집니다.

직원 급여는 어떤 방식으로 산출하나요?

▶ 업주가 음식을 조리하지 못하는 경우 주방장을 고용하게 됩니다. 양식, 중식 주방장의 경우 초봉 200만 원 안팎입니다. 보통 월 200만 원부터 능력에 따라 차등되는데 능력있는 양식 주방장은 월 300만 원 선에서 협상을 시작합니다. 김밥집에서 볼 수 있는 아줌마 주방장은 보통 170만 원부터 시작합니다. 주방 보조원은 130만 원 안팎으로 고용하거나 파트타임 아르바이트의 경우 시간당 4천 원으로 고용합니다. 점포 규모나 도시, 지방에 따라 급여 수준이 다를 수 있습니다.

점포를 임대했습니다. 기존의 시설을 철거하고 인테리어와 물품을 새로 조달하는 데 어느 정도의 시간이 걸릴까요?

▶ 철거 기간을 포함해 새 인테리어를 구축하고 오픈할 때까지 대략 20~25일의 기간이 필요합니다.

점포 면적과 음식점의 테이블 개수는 어떻게 계산하나요?

▶ 한식집의 경우, 10~12평 규모의 온돌방의 경우엔 4인용 테이블이 평균 6개 정도 들어갑니다. 즉 10평 규모의 온돌방은 평균 24석이 들어가는 것인데 약간 비좁을 수 있습니다. 호프집의 경우엔 한식집보다 더 많은 면적이 필요하지만 업주의 재량권에 달렸습니다.

2 결심은 빨리 하고 준비는 구체적으로 하라

결심은 빠르게, 계획은 철저하게

음식점 창업도 명백한 기업 창업이다. 창업 비용의 일부를 은행에서 빌리려면 소자본 창업이나 기업 대출을 이용해야 하기 때문이다. 누구나 직장 생활에 빠듯하게 쫓기다 보면 이것저것 다 집어던지고 장사를 하고 싶다는 생각이 들 때가 있다. 혹은 장사가 잘되는 음식점 앞을 지나가다 보면 자신도 모르게 음식점을 하고 싶다는 생각이 든다. "내가 과연 음식 장사를 할 수 있을까?" 그런 의문이 드는 순간이 바로 시작할 수 있는 기회가 된다.

창업할 수 있는 외식업 종목들

한정식 전문점/산채요리 전문점/나물요리 전문점/약선요리 전문점/궁중요리 전문점/사찰음식 전문점

한식당/한식배달 전문점/생선구이백반 전문점/연탄구이백반 전문점/우렁된장 전문점/대통밥 전문점

중화요리 전문점/중화요리 뷔페/테이크아웃 중화요리 전문점/중화요리 패밀리 레스토랑

기사식당/3,500원 기사식당/돼지김치찌개 전문 기사식당/해물탕 전문 기사식당/연탄구이 기사식당

일식집/활어횟집/장어 전문점/초밥 전문점/퓨전초밥 전문점/회전초밥 레스토랑/일본음식 전문점

보쌈 전문점/부대찌개 전문점/수제 부대찌개 전문점/빈대떡 전문점/족발 전문점

닭갈비 전문점/찜닭 전문점/바비큐 치킨 전문점/통닭 전문점/닭볶음탕 전문점/삼계탕 전문점

죽 전문점/덮밥 전문점/비빔밥 전문점/돌솥밥 전문점/가마솥밥 전문점/철판볶음밥 전문점

참치회 전문점/꽃게탕 전문점/해물탕 전문점/민물새우 전문점/낙지요리 전문점/랍스타 전문점

조개구이 전문점/꼬치구이 전문점/뱀댕이요리 전문점/올갱이국 전문점

돼지갈비 전문점/삼겹살 전문점/생고기 전문점/연탄불고기 전문점/화로숯불고기 전문점/한우 전문점

떡볶이 전문점/분식 전문점/만두 전문점/즉석김밥 전문점/카레요리 전문점

수제어묵 전문점/수제햄버거 전문점/수제핫도그 전문점/호두과자 전문점/왕만두 전문점

멸치국수 전문점/잔치국수 전문점/회국수 전문점/막국수 전문점/우동 전문점/라면 전문점

칼국수 전문점/손칼국수 전문점/콩칼국수 전문점/바지락 칼국수 전문점/수제비 전문점/닭수제비 전문점

퓨전음식 전문점/일식돈가스 전문점/바비큐 전문점/샤브샤브 전문점

버섯요리 전문점/두부요리 전문점/두루치기 전문점/보리밥 전문점/쌈밥 전문점/떡갈비 한정식 전문점

추어탕 전문점/매운탕 전문점/동태탕 전문점/감자탕 전문점/영양탕 전문점/오리요리 전문점

설렁탕 전문점/해장국 전문점/뼈다귀 해장국 전문점/콩나물 해장국 전문점/소해장국 전문점

카페/락카페/북카페/룸카페/커피숍/룸커피숍/테이크아웃 커피 전문점/보드게임 카페/클럽

막걸리 전문점/연탄불 생선구이 주점/일본식 주점/퓨전 주점/연탄불 안주 주점/철판요리 주점/포차 주점

맥주 전문점/세계맥주 전문점/호프 전문점/소주방/단란주점/룸살롱/노래방

비즈니스 바/웨스턴 바/칵테일 바/마술쇼 바/모던 바/섹시 바

제과점/떡 전문점/피자 전문점/파스타 전문점/스파게티 전문점

이태리요리 전문점/프랑스요리 전문점/터키요리 전문점/베트남 쌀국수 전문점

양꼬치 전문점/말요리 전문점/북한음식 전문점/그 외 외국음식 전문점

패스트푸드/패밀리 레스토랑/샐러드 레스토랑/해물 뷔페/고기 뷔페/가든형 음식점/반찬집

1만 원 고기안주 주점/1만 원 해산물안주 주점/무한리필 안주 주점/무한리필 음식 전문점/무한 토핑 주점

요리에 자신이 없으면 배워서 자기 것으로

음식 장사, 옷 장사, 가전제품 장사 등 장사에도 여러 가지가 있다. 이 때문에 음식 장사를 하려고 해도 막상 결정적인 순간에 마음을 접는 경우도 있다. 음식을 만들어본 경험이 없기 때문에 다른 장사로 마음을 돌리는 것이다. 그런 생각을 가지는 것은 어쩌면 당연한 일인지도 모른다. 하지만 단순히 그런 생각 때문에 목적이 시시각각 바뀌는 일은 없어야 한다. 요리에 자신이 없다면 일단 요리 학원에라도 다녀야 하지 않을까?

가죽 모피 사업을 하고 있는 여성 J씨의 사례이다. J씨는 처녀 시절부터 가죽이나 모피에 대해 관심이 많았다. 특히 고급 제품을 개발해 백화점 같은 멋진 장소에서 팔 수 있으니 사장님 소리를 듣기에도 좋은 직종 같았다. 그런데 막상 가죽 모피 사업을 시작하니 여러 가지 잡일이 많았다. 원단 공급처를 물색하는 작업이야 둘째치고 하청 공장을 섭외하고 단추 공장까지 찾으러 다니다보니 자기 생활이 없었던 것이다.

판매 역시 쉽게 생각할 문제가 아닌 것 같았다. 신생 회사였으므로 지명도가 있을 리 없었다. 백화점에 입점하는 것도 거의 불가능해 보였다. 발로 뛰어 백화점에서 한 자리를 얻어내면 그것은 임대 자리밖에 없었고 판매 사원까지 스스로 충원해야 했다.

디자인에도 많은 정성이 필요했다. 처음에는 디자인비가 아까워 외국 브랜드를 흉내내기 급급했다. 큰 맘 먹고 디자인을 해도 판매가 부진하니 창고에 날로 재고품이 쌓였다. "대체 왜 이리 힘들지?" J씨는 짜증이 났지만 이젠 자신이 그 사업에서 벗어날 수 없다는 것을 알았다. 거래처가 생겼고 외상 매출이 발생했고 지불하지 못한 대금들이 쌓여갔다. 나중에는 그만두면 부도를 내야 하는 상황이 되었다. J씨는 고생을 하며 사업을 지속했지만 결국 20억짜리 부도를 내고 도망치고 말았다.

그런데 음식 장사는 그렇지가 않다. 거래처 관리라고 해봤자 채소 가게와 고깃집 정도가 전부다. 새로운 음식을 개발하기 위해 연구소를 세울 필요도 없고 디자이너를 고용해 요리를 장식할 필요도 없다. 운송용 자동차도 필요하지 않다. 중고 자가용 한 대면 재료를 운반할 수 있을 뿐 아니라 휴일에는 가족과 함께 외출할 수도 있다. 더구나 외상 미수금이 발생하지 않는 현금 장사다. 음식 사업에서 필요한 것은 오로지 자신의 노력밖에 없다는 뜻이다.

음식 솜씨에 자신이 없다면 지금 당장 요리책을 서너 권 구입해 공부하는 자세가 필요하다. 주방에 도마를 놓고 요리책이 설명하는 대로 재료를 섞어 조리하면 십중팔구 먹을 만한 음식이 나온다. 여기서 조금 더 연구를 하면 음식 맛이 날로 좋아질 수 있다. 더구나 음식 장사는 하나의 음식만 맛있게 만들면 나중에 소문이 나기 마련이다. 이것저것 수십 가지의 요리를 소화하는 것은 10년 경력의 주방장도 할 수 없는 일이다. 물론 머리가 좋은 주방장이라면 소금 하나로도 맛깔스러운 음식을 만들어내니 이런 노하우를 알게 되면 수백 가지 음식도 만들어낼 수 있다. 그러나 처음에는 단 한 가지 요리라도 잘해내야 한다. 하다못해 동태탕만 잘해도 돈 번다고 하지 않는가?

만일 요리책으로 배우는 것이 미심쩍다면 요리학원이나 음식점에서 배울 수도 있다. 정 안되면 아귀찜 잘하는 형님에게 배울 수도 있고 일식돈가스에 관심 많은 여동생에게 배울 수도 있다.

배우는 음식이 서너 가지에 불과하다면 보통 15일 정도의 기간이면 다 배우고 나올 수가 있다. 이런 식으로 음식 조리법을 배운 뒤 음식점을 차리는 사람들이 주위에 수없이 많다. 그들 모두 돈을 아끼기 위해 맥주 사주고 한우 한 근 사들고 가서 음식 만드는 법을 배워온다. 이런 사람들이 오히려 10년 경력의 음식점 업주보다 더 장사에 신경을 쓴다. 조리법을 뚝딱 배웠다고 느끼기 때문에 음식점을 경영할 때는 음식 외의 다른 요소들, 이를테면 서비스나 반찬 구성에 더 신경을 쓰기 때문이다.

자금이 부족하면 은행에 문의하기

"창업할 돈이 부족한데 어떡하나?" 시작도 하기 전에 돈 문제로 고민하는 것이 사업이다. 모든 문제가 돈 문제와 꼬이는 것이 사업이다. 그런데 인생은 그 자체가 돈 문제와 직결되어 있다. "내 신용도로 돈을 대출받을 수 있을까?" 카드 대출 밀린 것 없이 꼬박꼬박 갚고 있다면 일단 돈 빌리는 데는 지장이 없다. 아파트라도 한 채 가지고 있으면 일단 몇천만 원 빌리는 것은 아무것도 아니다.

외식 체인점에 문의를 하는 방법도 있다. 요즘은 체인점 본사에서 가맹점이 될 업주들을 위해 창업 자금을 은행에서 빌릴 수 있도록 알선하고 있다. 체인점으로 창업하기 싫다면 은행에 직접 문의를 할 수도 있다. 소상공인 창업 대출 같은 상품을 이용할 수가 있다.

필자는 집의 일부를 저당 잡힌 뒤 당구장을 열어 실패하는 케이스를 많이 보아왔다. 퇴직 후 남자들이 생각하는 사업이라는 것이 대부분 당구장 같은 업종이다. 직장인들은 회사 주변에서 당구장을 많이 접했으니까 당구장 사업이 쉬워 보였는지도 모른다. 그런데 쉬워 보이는 사업일수록 망하기 딱 좋은 사업이라는 것을 사람들은 모르고 있다. 흔히 하는 말이 있지 않은가? "땅을 파 보아라. 거기서 돈이 나오겠는가?" 사업이란 노력한 만큼 정당하게 버는 것임을 명심해야 한다.

요즘의 은행들은 임대 보증금을 담보로 잡고 대출금을 빌려주는 경우도 있다. 정 자금이 부족하면 임대 보증금을 담보로 잡고 대출받는 것도 심사숙고해볼 만하다. 그 정도의 대출금은 2년 안에 갚을 수 있는 것이 바로 음식점 사업이기 때문이다. 사람들은 복권을 사지 않으면 그나마 1등에 맞을 확률조차 없기 때문에 복권을 산다고들 흔히 말한다. 사업자금이 부족하다면 지금 당장 은행과 상담을 해라. 그런 시도도 안 하면 평생 창업하지 말고 회사에 다녀라.

경험 없는 초보자일수록 입지 조사는 치밀하게

속칭 장사가 잘되는 지역이 있다. 번화가와 유흥가, 대학가, 역세권, 업무타운, 전문상가, 쇼핑몰, 대형역사, 대형버스터미널 등은 이른바 장사가 잘되는 지역이라고 알려져 있다. 음식점들은 이처럼 장사가 잘되는 지역에 입점할 때도 기본적으로 입지 조사를 한 후 입점하고 있다. 언제부턴가 도로변이나 국도변 같이 장사가 되지 않을 것 같은 지역에서도 음식점들이 창업하기 시작했다. 대부분은 배후 인구량과 교통 유동량을 나름대로 조사하고 입점하고 있다고 보는 것이 타당하다. 그런데도 실패하는 경우가 있으니 입지 조사만큼은 충실을 기해야 한다.

호프집 장사는 번화가나 역세권이 좋다는 것은 초보자들도 경험을 통해 알고 있다. 초보자들은 자신의 경험도 참고하고 입지 조사의 자료도 참고하는 것이 좋다. 곁에서 지켜보고 느낀 것과 자료에서 얻은 지식이 합쳐진다면 더 좋은 입지 조사가 가능하기 때문이다. 아무리 초보자라 할지라도 음식점을 창업하려면 기본적인 입지 조건 조사를 선행해야 한다. 성공하고 싶다면 모든 가설을 세우고 철저한 계획하에 창업 준비를 해야 하는 것이다.

외국에 한국 음식 보급하기

  한국을 선진국으로 생각하는 외국인들이 많아지고 있다. 자료에 의하면 외국인 중 67%가 한국을 선진국으로 생각하고 있다고 한다. 물론 우리보다 선진국에 속하는 나라의 국민들은 한국이란 나라가 어디에 있는지도 모르는 사람들이 많다. 그러나 호주나 뉴질랜드, 이태리, 프랑스의 국민 중에는 한국을 선진국으로 생각하는 사람들의 숫자가 점점 높아지고 있다. 러시아나 베트남, 인도네시아, 사우디아라비아 같은 나라는 말할 나위 없이 한국을 선진국이라고 생각하고 있다. 요즘은 일본조차 한국을 선진국이라고 생각하고 있다.

  한국을 선진국이라고 생각하는 나라가 많을수록 한국인들은 유리한 점이 많아진다. 한국인이 만든 제품이나 한류문화를 자유롭게 수출할 수 있는 환경이 조성되기 때문이다. 세계인이 반기고 있는데 한국 음식점이라고 수출하지 못할까?

▲ 벨기에의 Antwerpen에 있는   ▲ 한국 음식점 아리랑의 내부 모습
　한국 음식점 아리랑의 모습

Korean Restaurant Arirang Statiestraat 8 2018 Antwerpen 전화 : 32-(0)3-232-2594

  이웃 일본에서는 비빔밥이 히트친 이후 춘천닭갈비와 감자탕이 실험적으로 한국식당을 통해 판매되기 시작했다. 당시 반응은 제법 좋은 편이었다고 한다. 미국에서도 점차 한국 음식들이 지명도를 높여가고 있다. 한국식 장어요리에 두부 몇 조각을 올려놓고 그것을 건강식이라며 고가에 판매하는 한국 레스토랑이 LA에서 인기를 얻고 있다고 한다. 요즘 할리우드 영화를 보면 한국 음식이 많이 등장하는 것을 발견할 수 있다. 브루스 윌리스도 영화 속의 한 장면이긴 하지만 한국 음식을 먹고 있었다.

  뉴욕에는 순두부 요리를 판매하는 한인 업소가 많이 탄생하고 있다. 일본인들은 한국치킨을 보며 종류가 너무 많다며 놀라고 있다. 서양인들은 한국치킨의 양념맛이 너무 다양하다고 놀란다. 한국식 치킨이 승산이 있다고 생각한 치킨업체들은 이 기회를 놓칠세라 전 세계에 가맹점을 만들기 시작하였다. 두부가 건강식으로 알려지면서 미국에는 두부 애호가들이 생기고 있다. 흑인들이 순두부찌개를 찾기 시작하였다. 중국 두부는 딱딱하고 일본 두부는 너무 부드러운데 한국 두부는 그중 제일

낫다고 말하는 외국인들도 발견할 수 있다.

◀ 하와이의 Royal Hawaiian Shopping Center에 있는
신라 레스토랑의 내부 모습

　중국 상해에 가면 한국식 된장찌개가 우리나라 돈으로 1만 원 이상의 높은 가격에 팔리고 있다.
빈자리가 없을 정도로 인기가 있다고 한다. 고객의 60%는 현지 주재 한국인이지만 40%는 중국인
이다. 한국 음식은 일단 기름기가 없고 채소류를 많이 사용하는 특징이 있다. 현지인, 특히 서양인
의 눈에는 아무래도 건강식에 가깝다. 한국식 해물탕은 해물요리가 전문인 유럽의 해물요리보다 더
푸짐하다. 물론 서양인들에게 어필하려면 홍콩식의 데커레이션이 필요할 것이다. 한국 음식은 처
음부터 해외에서도 경쟁력을 가질 수 있는 구조를 가지고 있다. 단지 요리를 담아냈을 때의 비주얼
이 아직은 부족하다. 그 맛없는 일본 음식이 데커레이션으로 세계를 잡았다. 한국 음식에 데커레이
션이 추가된다면 일본 음식은 충분히 제칠 수 있다. 다양한 색감의 떡과 전통죽을 디저트로 내어 시
각을 만족시키고, 각종 양념을 한 다양한 요리들로 미각을 만족시킬 수 있을 것이다.

　만일, 해외에 이민을 갈 예정이라면 '한국 음식점'을 가지고 가는 것이 어떨까?
　호주나 캐나다로 이민을 가려면 몇억 원이라는 현금을 투자해야 한다. 그런데 정작 이민을 가면
좋은 대접을 받지 못하고 있다. 의사 자격증이 있어도 다시 시험을 봐야 하기 때문에 포기를 하는
경우가 많다. 투자 이민을 떠났던 사람들이 대부분 언어 문제로 현지인들과의 교제에 실패를 하여
사업이 망하는 경우가 비일비재하다. 결국 야채를 팔거나 슈퍼마켓, 세탁소를 경영하고 있다. 애초
부터 그런 고생을 하고 싶어서 이민을 간 것은 아닐 것이다.

　선진국뿐 아니라 베트남같이 한류 붐이 크게 일어난 국가로 한국 음식점을 가지고 가는 것도 생각
해볼 만하다. 음식을 외국인의 입맛에 맞추어 조리하든, 한국식 조리법을 고수하든, 그것은 당신이
선택할 문제이다. 미국 중부내륙지방에도 한국식 백반집을 열어 나름대로 선전하는 이민 2세가 있
으니까 한국식 조리법도 통한다는 뜻이다. 언어소통이 안 된다고 걱정할 필요가 없다. 외국인과 교
제하려고 머리 쓸 필요도 없다. 당신은 그저 묵묵히 요리를 잘 만들면 된다.

외국으로 가지고 갈 수 있는 한식 종목은 무궁무진하다. 그 흔한 불고기집에서부터 두부요리 전문점, 삼계탕, 비빔밥, 삼겹살, 회초밥, 냉면, 해물요리 전문점까지도 가능하다. 대부분 기름을 사용하지 않고 조리한 음식들이기 때문에 중국 음식이나 서양 음식과 다른 특색있는 음식이 될 것이고 삼겹살이나 갈비찜, 갈비구이는 독특하게 먹기 때문에 사람들의 주목을 받을 것이다. 그러나 비주얼을 보강할 필요가 있다. 좀 더 데커레이션을 할 필요가 있다.

업주는 사서 고생, 배우자는 같이 고생

시간의 여유를 얻고 싶어서 장사를 할 생각이라면 애초부터 하지 않는 것이 좋다. 음식점은 직장 생활보다 두 배 고생할 각오로 임해야 하고 직장 생활보다 두세 배로 돈을 더 벌 생각을 가져야 한다. 음식점을 창업하는 순간부터 말하자면 당신은 오너가 된다. 오너는 매출이 모두 자기 것이 되기 때문에 아무리 고생해도 불평하지 않는다. 그리고 오너는 사업에 실패했을 경우 책임질 각오도 해야 한다.

음식점 사업은 재미있게도 창업 그 순간부터 부인도 사업 전선에 같이 뛰어들게 된다. 사업 초기에는 둘 다 앞으로 어떻게 상황이 돌변할지 모를 것이다. 그러므로 부부가 공동으로 사업을 전개하는 것이 가장 좋다. 그러다가 기반이 안정적으로 닦이면 남편이나 부인 중 한 명은 자기 일을 가지는 것이 좋다. 나중에 종업원을 고용해 운영할 자생력이 생기기 때문이다.

음식점 장사만큼 부부의 협동심이 중요한 직종도 없다. 대부분의 사람들이 그렇듯 처음에는 인건비를 줄이기 위해 부부가 함께 장사를 시작하는 경우가 많다. 그러다 사업이 안정 궤도에 오르면 종업원을 고용하여 운영하는 것이 음식점 장사의 특징이다.

Chapter 04 :: 성공하는 음식점의 메뉴 분석하기

음식점 사업의 성공 여부는 메뉴 선정에 달려 있다. 메뉴 선정을 잘하면 음식의 맛이 약간 떨어지더라도 절반은 먹고 들어가기 때문이다. 메뉴 선정이 입지 조건과 맞지 않으면 아무리 훌륭한 인테리어의 음식점이라 해도 실패할 확률이 있다.

음식점에서 메뉴 구성은 그 음식점의 얼굴이자 고객을 흡수하는 도구이다. 또한 음식점의 메뉴 구성은 나쁜 입지 조건을 좋은 조건으로 만들어주는 경우도 있다. 그러나 그 메뉴가 반드시 성공을 보장하지는 않는다. 요즘은 단 한 가지 음식만 잘 만들어도 돈을 버는 사회이기 때문이다.

1 단 하나의 메뉴로도 성공할 수 있다

음식 하나를 잘 만들면 평생을 먹고 살 수 있는 것이 바로 음식점 사업이다. 매운탕 전문점이나 바지락 칼국수 전문점, 감자탕 전문점이 좋은 예가 될 수 있다. 사람들은 이처럼 한 가지 음식만 파는 업소를 전문 음식점이라고 부른다.

전문 음식점이란?

전문 음식점이란 말 그대로 특정 음식 하나를 전문적으로 조리해서 판매하는 업소를 말한다. 국가별로 구분하면 프랑스 요리 전문점이나 이태리 요리 전문점이 있겠다. 음식별로 구분하면 위에서 설명한 매운탕 전문점, 바지락 칼국수 전문점이 좋은 예가 된다.

전문 음식점은 하나의 재료로도 여러 가지 음식점을 만들어 낼 수 있다. 두부 재료만 사용해도 업주의 능력에 따라 다양한 음식점이 만들어진다. 만일 순두부 요리에 자신이 있다면 "순두부 요리 전문점"이란 음식점을 개업할 수 있다. 두부 두루치기 요리를 만드는 데 자신이 있으면 "두루치기 전문점"을 창업할 수 있다. 두부 전골의 국물 맛을 남들보다 시원하게 낼 수 있다면 액면 그대로 "두부 요리 전문점"을 창업할 수 있다. 만일 업주가 강릉에서 두부 조리법을 배워왔다면 "강릉 초당 두부 전문점"을 개업할 수 있다.

이처럼 전문 음식점들은 한 가지 요리만 잘하면 되기 때문에 초보자들이 신규 창업을 할 때 가장 많이 선호하는 것이 전문 음식점이다. IMF가 발생했을 때 많은 실업자들이 외식업계에 뛰어들었고 이들 중 태반이 전문 음식점을 창업하였다.

음식점에서 새로운 메뉴란 이런 것

그런데 전문 음식점이라고 해서 모두가 장사가 잘되는 것이 아니다. 입지 조건이 나쁘거나 경쟁이 심하거나 고객들의 성향이 바뀌면 매출은 점점 떨어지게 된다. 매출이 떨어지면 새로운 메뉴를 개발하거나 다른 메뉴를 추가해 고객을 흡수해야 한다. 이 새로운 메뉴는 무엇이고, 어떤 시점에서 추가해야 할까?

인구 50만 규모의 도시인 C 도시에서 2년 전 "부대찌개 전문점"이 문을 열었다. 한동안은 장사가 되는가 했더니 매출이 점차 줄어들기 시작했다. 업주는 새로운 메뉴의 개발을 고민했지만 좋은 아이디어가 떠오르지 않았다. 업주는 계속 고심을 하였다.
"부대찌개처럼 조리도 간편하지만 전혀 색다른 음식은 무엇일까?"

부대찌개 요리로는 나올 만한 종목이 다 나와 있는 상태였다. 부대찌개, 부대전골, 소시지철판볶음, 소시지모듬볶음, 소시지&햄철판볶음 등 업주가 생각해봐도 더 이상은 개발할 수 있는 음식이 없을 것만 같았다. 그러던 어느 날 업주는 자동차로 20분 거리에 있는 두부 요리 전문점으로 시식을 하러 갔다. 두부 전골과 순두부를 먹다가 업주는 무릎을 탁 쳤다. 멋진 아이디어가 떠올랐던 것이다. 업주는 한 달 뒤 음식점의 간판을 바꿔 달았다.

"부대찌개 & 순두부찌개 전문점"
이랬더니 장사가 잘되었다는 이야기가 실제로 C 도시에 있다.

음식점에서 신규 메뉴의 개발은 이처럼 없는 메뉴를 개발하는 것이 아니다. 다른 음식점에서 인기 있는 메뉴를 자신의 메뉴로 추가할 수 있는 것이 음식점이다. 어떤 음식점은 보쌈 메뉴만 팔다가 빈대떡 메뉴를 추가하였고, 다시 두부 요리를 추가해 매출을 높이는 경우도 있다.

하지만 장안동에 있는 B 한식 전문점의 경우처럼 "한방 인삼 소스의 쇠고기 쌈밥"을 업주가 독자적으로 창조해서 신규 메뉴로 추가할 수 있다. 신규 메뉴를 추가할 때는 항상 음식점의 성격에 맞는 메뉴를 추가하는 것이 좋다. 감자탕집이 장사가 안된다고 "생고기"를 신규 메뉴로 추가할 수는 없다. "생고기"는 불판과 숯불 시설이 있어야 하기 때문이다.

P씨가 서울 대학로에서 경험한 일이다. P씨는 어느 날 조카 2명을 데리고 서울 명륜동 대학로에 놀러갔다. 한참을 돌아다니다 보니 배가 고파 P씨는 조카들과 함께 먹을 만한 음식점을 찾아보았다. 조카들이 둘 다 여자인지라 고기류를 싫어했고 우동류를 선호하는 분위기였다. P씨는 우동류를 싫어해 들어가기 싫었지만 조카들과 함께인지라 어쩔 수 없이 우동 전문점으로 들어갔다. 물론 그 근처에서 제일 깨끗하고 현대적으로 보이는 일본식 우동 전문점이 있길래 그곳으로 들어갔다.

P씨는 조카들이 원하는 우동을 사주면서 자신은 회초밥을 먹었다. 그렇게 밥을 먹고 있는 순간이었다. 꽤 인기가 있는 음식점이라 그런지 홀에는 대학생들로 보이는 손님들이 끊임없이 들어오고 있었는데 어떤 고객이 "스파게티"를 주문하는 게 들렸다.

'스파게티도 판매하나?' 그런 생각이 들어 P씨는 초밥을 먹다 말고 메뉴판을 꼼꼼히 읽어보았다. 혹시나 했는데 스파게티가 있었다.

P씨는 조카들과 식사를 끝내고 돈을 지불하기 위해 좌석에서 일어섰다. 그때 언뜻 P씨의 눈이 주방에 꽂혔다. 주방 아줌마가 모 식품회사에서 나온 냉동 스파게티를 전자레인지에 데우더니 그것을 접시에 담는 것이 아닌가? 그런 뒤 콘을 수북하게 담고 야채 샐러드로 예쁘게 장식을 하고 있었다. P씨는 순간 못 볼 것을 봤다는 생각이 들었다.

"아무리 그래도 그렇지 냉동 스파게티를 녹여서 고객에게 준단 말인가?"

주방에서 나온 스파게티는 예정대로 그 음식을 주문한 고객의 테이블에 놓여졌다. 업주나 주방장이나 그것이 냉동 식품인지 아닌지에는 관심이 없었다. 왜냐하면 고객은 그것을 맛있게 먹고 있었으니까 말이다.

최근의 냉동 식품들은 사실 음식점에서 직접 조리한 것인지 냉동 식품을 전자레인지로 데운 것인지 구분이 되지 않는다. 편의점에서 판매하는 한식 도시락 세트를 봐도 평범한 한식집에서 먹는 음식보다 맛이 있는 경우가 있기 때문이다. 모 식품 회사에서 나온 추어탕은 전문적인 추어탕 집에서 추어탕을 먹는 기분을 들게 한다. 업주가 냉동 식품을 사용하건 실제로 조리를 하건 그것은 업주의 재량이 아닐까? 다양한 메뉴로 영업을 하다 보니 주방장이 처리 못하는 음식이 발생할 수도 있는 것이다. 그러나 냉동 식품을 사용하는 행위를 반복하는 것은 가급적 자제해야 할 것 같다. 업소의 신뢰도에 손상이 발생하기 때문이다.

2 음식점 메뉴는 이렇게 구성한다

신규 음식점에서 메뉴를 구성하려면 서로 유사하거나 연관성있는 것끼리 묶어야 한다. 예를 들어 한식 고깃집은 주로 육류를 이용해 메뉴를 구성해야 한다. 돼지갈비나 소갈비, 생고기가 기본 메뉴에 들어갈 수 있겠고 냉면류를 후식 메뉴에 추가할 수 있겠다.

그런데 한식집들이 가장 많이 범하는 실수가 있다. 혼자 먹는 손님들을 위한 1인용 음식이 없는 집들이다. 1인 세대주나 싱글로 사는 독신 남녀가 점점 많아지고 있는 것이 최근 추세이다. 1인 손님을 위해 1인용 메뉴를 개발하는 마음 씀씀이가 필요하며 매상을 올리는 데 도움이 안된다며 바쁜 시간대에는 1인 손님을 쫓아내는 일은 하지 않는 것이 좋겠다.

1인용 음식으로는 "불고기 쌈밥"이나 "뚝배기 불고기" 요리가 있겠다. 또한 갈비탕과 같이 탕류가 메뉴로 추가되면 좋다. 이런 메뉴들은 한식 고깃집의 위치가 업무 타운이나 상가 지역일 경우, 점심 시간대에 직장인들을 고객으로 잡을 수 있는 아이템이 될 수 있다.

버섯 불고기 전문점의 메뉴 구성

버섯 불고기 전문점은 버섯류와 육류를 이용한 메뉴가 기본적으로 제공되어야 한다. 뿐만 아니라 차돌박이와 같이 쇠고기의 고급 부위를 별도로 판매하는 메뉴가 제공되어야 한다. 또한 최근 유행처럼 한방 재료를 이용한 육류 메뉴의 개발도 중요하다. 인삼, 대추 등의 한방 재료를 적절하게 사용하면 고단가의 메뉴를 개발할 수가 있다. 버섯 불고기 전문점은 보통 다음과 같은 메뉴로 영업을 한다.

〈 메뉴 구성 〉

버섯 불고기 정식 : 7,000원대
버섯 모듬 전골 : 16,000원~20,000원대 (2인분 기준)
돌솥 비빔밥 : 5,000원~6,000원대
한방 갈비탕 : 5,000원~7,000원대
쇠고기 갈비 : 15,000원대~30,000원대 (200g 기준)
차돌박이 : 12,000원~25,000원대 (200g 기준)
돼지 갈비 : 6,000원~8,000원대 (200g 기준)

삼겹살 : 6,000원~7,000원대 (200g 기준)

불고기 쌈밥 : 5,000원~7,000원대

된장찌개 : 5,000원대

냉면류 : 4,000~6,000원대

이외에도 독특한 소스를 개발하여 대략 20가지 내외의 메뉴를 제공하는 것이 좋다. 수입육을 사용하는 중급 고깃집이면 주로 한방 관련 소스가 적당하다. 부추 삼겹살, 와인 삼겹살, 카레 삼겹살 등의 메뉴는 오히려 음식점의 분위기를 깰 수도 있다. 고급 고깃집이라면 소스의 개발도 중요하지만 한우를 사용하는 고급육 전략을 구사하는 것이 좋다. 한우를 사용하면 고단가를 받을 수 있지만 음식점의 배후에 소비 성향이 높은 고급 아파트나 고급 주택가를 끼고 있어야 한다. 버섯 불고깃집의 밑반찬 가짓수는 각종 샐러드를 포함해 12~20가지 내외가 적당하다.

배달 음식 전문점의 메뉴 구성

 배달 음식 전문점은 가내공장이나 상가 지역을 끼고 배달을 많이 하는 음식점들이다. 고객층이 다양하고 연령도 다양하기 때문에 비교적 많은 메뉴가 필요하다. 다음 메뉴는 서울 용산 전자랜드에서 흔히 볼 수 있는 배달 음식 전문점들의 일반적인 메뉴 구성이다.

〈 메뉴 구성 〉

순두부찌개 백반 : 5,000원 / 된장찌개 백반 : 5,000원 / 김치찌개 백반 : 5,000원 / 찌개 백반 : 5,500원

참치찌개 백반 : 5,000원 / 부대찌개 백반 : 5,000원 / 비빔밥 : 4,500원 / 돌솥 비빔밥 : 5,000원

김치 볶음밥 : 4,500원 / 제육 덮밥 : 5,000원 / 오징어 덮밥 : 5,000원 / 장어요리 정식 : 8,000원

물냉면 : 4,500원 / 비빔냉면 : 4,500원 / 불고기 쌈밥 정식 : 6,000원

메뉴를 확인하면 알 수 있듯 장어 덮밥이란 메뉴가 있다. 용산 전자랜드는 컴퓨터를 조립 판매하는 업체들이 몰려 있는 전문 상가지역이다. 이 지역은 상가의 특성상 여자 직원보다는 남자 직원들이 더 많은 지역이라 할 수 있다. 그러므로 한식 배달 전문점에서 정력보강 음식이라고 알려진 장어 덮밥을 점심 메뉴로 판매하고 있는 것이다.

즉석 김밥 전문점의 메뉴 구성

다음은 외식업 체인점 중에서 최근 폭발적으로 인기를 끌고 있는 즉석 김밥 전문점들의 일반적인 메뉴 구성이다. 대충 봐도 음식의 가격이 상당하게 저렴하게 잡혀있다는 것을 알 수 있다. 이 가격이 전국적으로 유지되는 것은 아니다. 대학가나 번화가 지역처럼 업종 경쟁이 심한 지역에서는 백반류나 돈가스의 가격을 이 가격에서 500원 정도 더 다운시켜서 판매하고 있다.

〈 메뉴 구성 〉

즉석 김밥 : 1,500원 (한줄 기준)	야채 김밥 : 1,800원	김치 김밥 : 1,800원
쇠고기 김밥 : 2,000원	참치 김밥 : 2,000원	치즈 김밥 : 2,000원
모듬 김밥 : 2,000원	꼬마 김밥 : 2,000원	돈가스 정식 : 4,000원
우동 : 3,500원	라면 : 2,500원	떡라면 : 3,500원
만두라면 : 3,500원	떡국 : 4,500원	야채 비빔밥 : 4,000원
돌솥 비빔밥 : 4,500원	된장찌개 : 4,000원	순두부찌개 : 4,000원
김치찌개 : 4,000원	제육덮밥 : 5,000원	오징어 덮밥 : 4,000원
김치 덮밥 : 4,000원	참치 덮밥 : 4,000원	물냉면 : 4,000원
비빔냉면 : 4,000원	콩국수 : 4,000원	

쫄면 세트메뉴 : 4,900원 (쫄면 1, 즉석 김밥 1)

돈가스 정식 세트메뉴 : 5,000원 (돈가스 1, 즉석 김밥 1, 쫄면)

돼지 갈빗집의 메뉴 구성

서민을 위한 갈빗집은 일단 돼지고기와 같이 가격이 싼 육류를 사용하지만 갈비 맛이 쇠고기갈비처럼 맛있다는 홍보 전략을 구사해야 한다. 비용이 더 지출되더라도 후식인 식혜나 수정과는 반드시 준비하는 것이 영업에 도움이 된다.

〈 메뉴 구성 〉

돼지 갈비 : 6,000원~9,000원 (200g 기준)

쇠고기 갈비 : 12,000원대~20,000원대 (200g 기준, 호주산)

돌솥 비빔밥 : 5,000원대

갈비탕 : 5,000원대

삼겹살 : 7,000원대 (200g 기준, 국산)

불고기 쌈밥 : 6,000원대

냉면류 : 4,000원대

기타 수육류 : 13,000원대부터

반찬을 담는 것도 정성이 필요하다

다음은 서로 다른 갈빗집에서 만난 감자 샐러드 반찬의 모습이다. 왼쪽의 샐러드와 달리 오른쪽의 샐러드는 으깬 감자를 사각형 형태로 만든 뒤 표면에 달걀 노른자를 곱게 뿌렸다. 오른쪽이 맛도 있을 뿐 아니라 먹기 아까울 정도로 모양도 예쁘다.

▲ 흔히 보는 감자 샐러드

▲ 감자 샐러드 밑에 상추까지 깔았다.

part
3

창업 도전 실무

01

음식점의 핵심 과제
반찬 구성과 맛의 개발

1 성공 창업을 위한 맛을 개발하자

어머니의 손맛을 찾는 사람들

가정식 백반집에서 밑반찬으로 흔히 볼 수 있는 콩나물 무침을 예로 들어보자. 콩나물을 무치는 방법은 규정할 수 없을 정도로 여러 가지가 있다. 어느 집은 콩나물 무침에 다진 마늘과 파를 넣고 소금과 참기름, 통깨로 맛을 내고 간을 맞춘다. 척 보면 알 수 있듯 고춧가루 양념이 들어가 있지 않다. 바로 이웃집은 고춧가루를 듬뿍 뿌려서 콩나물 무침을 만드는데 말이다.

S라는 남자가 있다. S는 어느 날 자신의 납품 업체인 인천 동일 레나운에 골프 모자를 납품하기 위해 들렀다. 마침 아침 식사를 하지 않아 배가 고팠던 S는 담당 과장에게 물어 간편하게 끼니를 때울 수 있는 음식점이 어디에 있냐고 물었다. 싸고 맛있는 집이면 좋겠다고 말하자 담당 과장은 동일 레나운 직원들이 자주 배달을 시켜먹는 음식점을 소개해 주었다. 동일 레나운 건너편에 있는 작은 규모의 백반집이다.

직원들은 그 백반집의 음식이 이상하게 집에서 먹는 맛하고 똑같다고 하였다. S는 집에서 먹는 음식 맛이 어떤 맛일까 궁금해서 그 백반집을 찾아갔다. 마침 점심 시간이 막 시작될 무렵이라 백반집 주방은 배달 준비로 몹시 바쁜 풍경이었다. S가 백반을 주문하자 저렴한 백반집에서 흔히 보듯 여러 반찬 중에 콩나물 반찬이 함께 나왔다. 그 백반집의 콩나물 반찬은 '프라이팬에 식용유를 두르고 콩나물을 넣은 후 고춧가루와 갖은 양념을 뿌려 아귀찜 콩나물과 비슷하게 만든 반찬'이었다. 이게 바로 앞에서 설명한 지방 맛이 있는 콩나물 볶음 반찬이다.

콩나물 반찬을 먹은 S는 순간 머리 속에 어떤 추억이 떠올랐다. 어렸을 때 집에서 어머님이 해준 바로 그 맛을 느꼈던 것이다. 만들어 놓은 반찬이 없어 식은 밥에 대충 남아있는 나물들을 섞어 기름으로 볶아주었던 기름 냄새가 폴폴 나는 고추장볶음밥. S는 바로 그 맛을 느꼈던 것이다. S는 밥을 맛있게 먹더니 한 공기를 더 시켜 먹었다.

◀ 순천의 유명 백반집.
굴비, 꼬막, 전, 잡채, 콩나물 볶음 반찬까지 다 있다.

조미료에 길들여진 사람들

조미료는 원래 국물의 맛을 높이기 위해 사용하는 맛내기 재료이다. 그런데 화학적인 요소가 있다고 해서 사람들은 조미료 넣는 것을 꺼리는 경향이 있다. 그렇다면 실제로도 사람들은 조미료가 들어간 음식을 싫어할까? 따지고 보면 그렇지가 않다. 그래서 시중에 영업 중인 음식점의 90%는 조미료를 사용해 음식을 만든다고 생각하는 것이 과장은 아니다. 음식의 맛을 높이기 위해 사용하는 경우도 있지만, 대부분은 고객들이 그 맛을 원하기 때문에 사용한다고 하는 것이 더 옳을 것이다.

서울 마포 부근에 허름한 백반 음식점이 있다. 이른바 할머니의 손길이 느껴지는 시원한 김치찌개 맛이 일품인 집이다. 이 집은 된장찌개와 김치찌개, 그리고 설렁탕이 유명한데 유독 김치찌개 백반이 잘 팔리고 있다. 돼지고기를 듬성듬성 썰어서 만든 김치찌개의 국물이 여름철에 훌훌 마실 정도로 시원했기 때문이다.

그렇다면 그 김치찌개의 맛의 비결은 과연 무엇이기에 무더운 한여름에도 훌훌 마실 정도로 시원하고 맛있는 것일까? 이유는 간단했다. 김치찌개를 끓일 때 미O이라고 불리는 아미노산계 MSG 조미료를 넣었기 때문이다. MSG 조미료들은 보통 다시마 맛을 가지고 있다. 그래서 요리에 구수한 맛(감칠맛)을 주고 짠맛을 부드럽게 한다. 또한 풍미를 강화시키고 신맛은 완만하게, 쓴맛은 감소시키는 기능을 한다. 원래 감칠맛은 돼지고기 육즙 자체에 들어있는 맛이다. 토종 돼지고기 찌개를 잘 끓여도 이와 같은 맛이 나오는데 여기에 조미료를 조금 더 추가하면 국물이 더 시원해진다는 것을 중장년층이라면 경험으로 알고 있을 것이다.

그럼 왜 화학조미료를 넣은 음식에서 할머니의 손맛이 느껴지는 것일까? 왜냐하면 우리네 할머니와 어머니들이 화학조미료를 많이 사용했기 때문이다. 중장년층들은 화학조미료의 맛에 길들어 있기 때문에 조미료를 넣은 음식에서 할머니의 맛을 느끼는 것이다. 그래서 고객들은 조미료가 들어간 맛을 찾고 있고 업주는 음식의 맛을 높이기 위해 조미료를 넣고 있다고 볼 수 있다.

그렇다면 조미료란 무엇일까? 최근에 출시되는 쇠고기 맛의 조미료를 예로 들어보자. 쇠고기 맛 조미료는 핵산계 조미료라고 부른다. 애초부터 한식요리는 대부분 풍미를 높이기 위해 쇠고기의 양지머리나 조개류로 육수를 내어 그 국물을 양념무칠 때 사용해야 한다. 그런데 이 작업은 솔직히 번거롭기 짝이 없다. 가정주부들도 마찬가지이듯 음식점 또한 육수를 만들 시간이 없다. 이 육수 대용으로 나온 것이 바로 핵산계 조미료이다. 핵산계 조미료는 MSG의 한계를 극복하고 육류나 생선 또는 버섯류에서 나는 고유의 감칠맛을 가지고 있다. 이 핵산계 조미료들이 보여주는 맛이 바로 단백질의 맛이다.

음식점에서 실험을 하였다. 조미료를 넣은 음식은 A 테이블에 팔았고 조미료를 넣지 않은 음식은 B 테이블에 팔았다. B 테이블에 앉아 있는 고객들이 음식 맛이 달라졌다며 고개를 갸우뚱거렸다고 한다.

자, 이제 채소 반찬과 핵산계 조미료에 대한 이야기를 해보자.

시금치, 콩나물 반찬을 무칠 때 가정주부들은 흔히 다시X 또는 맛X라고 불리는 핵산계 조미료를 사용한다. 핵산계 조미료를 듬뿍 사용하는 이유는 그날 차릴 상에 육류가 없기 때문이다. 육류 없이 채소 반찬만 올리려니 맛은 없고, 그렇기 때문에 육류의 감칠맛이 있는 핵산계 조미료로 채소반찬이나 나물반찬을 버무리는 것이다. 시금치를 그냥 무치는 것과 핵산계 조미료를 뿌려 무치는 것은 맛이 확연히 달라지는 것을 아실 것이다.

요리를 하는 사람들의 입장에서 조미료는 요리를 한층 용이하게 한다. 찌개를 끓일 때 육수를 사용하지 않고 맹물을 사용해 끓인 뒤 핵산계 조미료를 첨가하면 찌개에서 쇠고기 맛이나 버섯 맛이 나오니 이보다 쉬운 일이 없는 것이다. 마치 제대로 된 육수로 만든 국물 맛을 보이는 것이다.

이번에는 H씨가 경험했던 사례를 이야기해 보자. 서울 동대문에 있는 평화시장을 가면 1층에 서너 개의 음식점이 입점해 있는 의류상가가 있다. 이 서너 개의 음식점 중 한 곳에서 H씨가 된장찌개를 먹은 적이 있었다. 상가 안을 구경 다니다가 된장 냄새가 예사롭지 않아 무턱대고 들어간 어느 작은 음식점이었다. 어디선가 맡아본 냄새인데 일반적으로 느꼈던 그런 된장 향이 아니었으니 H씨의 궁금증은 더해갔다. H씨는 된장찌개를 시킨 후 다시 냄새를 자세히 맡아보았다. 조미료의 냄새가 분명했는데 흔히 접했던 그런 조미료 냄새는 아니었다. H씨는 조심스럽게 된장찌개의 맛을 보았다. 한참 뒤 조미료의 정체를 안 H씨는 주방 안을 힐끔 훔쳐보았다. 주방 안에는 가다랑어 국물 맛의 일본산 조미료 봉지가 놓여 있었다. 흔히 말하는 '혼다시' 조미료이다.

한국 음식인 된장찌개에 혼다시 조미료를 넣으면 어떤 맛이 나올까? 혼다시는 IMP(5'-이노신산나트륨)에 속하는 핵산계 조미료이다. 특히 가다랑어 맛이 첨가되니 풍미가 색다를 뿐 아니라 맛도 제법 있다. 배달 음식 전문점에서 이 정도의 된장찌개를 끓여낸다면 고객들로부터 큰 호평을 받을 수 있다. 그 음식점이 장사가 잘되는 이유는 그 점 때문이기도 하다.

가정에서 시금치, 콩나물 반찬을 무칠 때 부인이 조미료를 사용하고 있다면 타박하지 마라. 가정경제에 부담주지 않고 고기맛을 내겠다는데 어찌하겠는가?

이처럼, 시중의 음식점들은 거의 90%가 요리에 조미료를 넣는다고 보는 것이 타당하다. 만일 원가가 상승할 것을 각오하고 쇠고기 육수로 음식을 조리한다고 가정해 보자. 우선 쇠고기 육수를 맛있게 만드는 법을 전수받거나 익혀야 한다. 양지머리를 양파와 끓이는 것이 좋은지 다시마와 끓이는 것이 좋은지 연구해야 한다. 아, 이 정도가 되면 솔직히 음식점 사장 노릇하기 지긋지긋해질 것이다.

물론 육류 전문점이거나 해산물 전문점이라면 조미료를 사용하지 않을 것이다. 육류나 해산물은 재료 자체에 조미료 성분이 있기 때문이다. 그런데 이것도 부족해서 요즘의 조개집들은 조개구이에 치즈 등으로 토핑한다. 여기에 강렬한 맛을 주기 위해 청양고추를 솔솔 뿌리고, 고소한 맛을 추가하기 위해 버터를 사용하기도 한다. 우리나라 사람들의 입맛이 변한 것은 피자 등의 서양음식 때문일지도 모른다. 치즈 맛 몰랐던 사람이 치즈를 자주 접하다 보면 그 맛을 알 듯, 피스타치오 아이스 크림을 먹는 아들녀석이 처음에는 이상했는데 나중에 먹어보니 맛있더라 하는 아빠들처럼, 맛은 점점 오묘해지고 더 강한 맛이 인기를 얻고 있다.

웰빙이 생활화되고 까다로운 고객들이 많아지면서 이제는 조미료 넣은 음식을 싫어하는 사람들도 많아졌다. 조미료 사용이 싫다면 어쩔 수 없이 생재료로 맛을 내야 한다. 고소한 맛으로 승부를 걸면 오래갈 수 있다.

신메뉴는 주기적으로 개발

서울 장안동에 있는 B 한식 전문점은 6개월마다 쇼윈도와 출입구 유리창에 새로 개발한 신규 메뉴로 도배를 한다. 예를 들면 이런 식이다.

"여직원들을 위한 한방 인삼소스의 쇠고기 쌈밥 – 단돈 7천 원"
"주인이 특별히 개발한 OOO 소스의 버섯 쇠고기 불고기 – 1인분 8천 원"

M씨는 이 음식점의 단골 손님이었다가 한동안 가지 않았는데 "한방 인삼소스 쇠고기 쌈밥"에 호기심이 생겨 손님을 접대하는 겸 시식을 하러 갔다. 언뜻 듣기로 맛있다는 소문이 있었는데 실제로 음식점 안에 들어가니 고객들로 바글바글했다.

M씨가 맛을 보니 한방 인삼소스의 쇠고기 쌈밥은 그윽하고 깊은 맛이 아니기 때문에 자신의 기호에는 맞지 않는 것 같았다. 그러나 자극적이고 새콤달콤한 인삼 냄새가 곁들어지자 첫입맛이 매우 땡겼다. M씨는 이 정도의 맛이라면 자극적이고 퓨전적인 요소를 좋아하는 20~30대 직장인에게 크게 어필할 것 같다는 생각이 들었다. 이유야 어쨌든 M씨도 처음 한 입을 베어먹을 때 맛있다고 저절로 감탄사가 나왔다.

한편 M씨는 한방 소스 쇠고기 쌈밥을 먹으면서 소스를 슬쩍 쳐다 보았다.
"과연 진짜 한방 인삼 소스일까?" M씨의 속마음과는 달리 다른 고객들은 한방 인삼 소스에 한방 원료를 넣었건 인삼차 가루를 넣었건 상관하지 않는 것 같았다. 지금 당장은 입맛이 당기고 있으니까 먹기에 바쁜 것 같았다. 그때 문득 M씨의 귓가에 이런 대화가 들려왔다.

여자 직원 : 어머, 점심으로 저거 사준다구요? 7천 원이나 하는데…
　　　　　　 오늘 너무 무리하시는 것 아니에요?
남자 직원 : 그 정도야 뭐.(남자는 행복하다는 표정을 짓는다.)

점심 1인분의 가격이 7천 원이면 20대 남자 직장인에게는 비싼 음식이라 할 수 있다. 그러나 20대의 남자는 그 음식으로 동료 여성에게 점수를 따고 있었다. 음식점의 주인은 7천 원짜리 음식을 기분 좋게 팔 수 있었고, 신메뉴로 발걸음을 돌리던 단골들을 다시 잡을 수 있었다.

M씨는 어느날 필자를 그 음식점으로 초대하면서 껄껄 웃었다.
"이 음식점의 주인 말입니다. 단골들이 점차 떨어진다 싶으면 곧바로 새 메뉴를 개발하여 단골들을 다시 잡는 것입니다. 보통 6개월마다 새 메뉴를 개발하는 거죠. 지금 이 시간에 먹으려면 좀 기다려야 할 겁니다."

2 성공적인 반찬 구성을 위한 전략을 짜자

채소 반찬 줄이기

남편이 저녁 상차림을 보면서 하는 말, "오늘도 채소밭이네" 이때 아내는 의례 이렇게 반격한다. "돈이나 잘 벌어와 봐! 너 같으면 우리 살림에 고기 올리겠니?"
이상은 오늘도 본전을 못 뽑은 우리들 남편의 일상생활이다.

이 남편이 만약 직장 생활을 한다면 저런 말은 아예 꺼내지 않을 것이다. 예를 들어 백반집 반찬이 채소밭일 때 샐러리맨들은 음식점 사장을 면박하지 않는다. 아내야 음식이 입맛에 안 맞으면 서로 이런저런 요구를 하겠지만 음식점의 음식이 입맛에 안 맞으면 요구를 하지 않는다. 그냥 다음날부터 그 집을 안 가면 그만이기 때문이다.

장사가 안되는 음식점들은 손님의 발길이 하나둘씩 끊어져도 그 원인을 모른다. 매일 오던 단골이 별안간 발길을 돌린다. 밥을 굶고 다니나? 라고 생각할 수도 있겠지만 그건 오산이다. 뭔가 불만이 있기 때문에 매일 오던 단골의 발길이 갑자기 끊어진 것이다. 만일 백반집을 하고 있다면 여러분이 항상 올리는 반찬에서 채소반찬을 점차 줄여가야 한다. 채소는 몸에 좋아서 먹는 것이지 맛있어서 먹는 것이 아니다. 반찬은 채소맛도 필요하지만 고기맛이 나는 지방질과 단백질 성분이 가장 필요하다. 백반집 중 장사가 잘되는 집들의 반찬을 살피면 – 저절로 습득한 노하우이겠지만 – 항상 단백질과 지방 성분의 반찬들이 채소반찬과 골고루 잘 섞여 있다.

지방 맛이란 기름기에서 맛볼 수 있는 맛을 말하며 음식에서는 고소한 맛을 주관한다. 비빔밥에 참깨를 듬뿍 뿌리면 고소해지는데 참깨에 지방 성분이 많기 때문이다. 육류나 콩, 생선, 멸치 등에서 느끼는 미세한 감칠맛이 있는데 이게 바로 단백질 맛이다. 꽃등심의 육즙에서 나오는 미세하고 매력적인 맛도 단백질 맛이다. 백반집을 하면서 육류나 생선, 참깨를 매일 듬뿍 사용하는 것은 원가 상승의 원인이 될 것이다. 원가 상승을 방지하며 지방 맛과 단백질 맛을 만드는 방법은 여러 가지가 있는데 계란 입힌 소시지 반찬을 예로 들 수 있다.

콩나물 무침은 지방 맛이 없지만, 기름에 볶은 콩나물 무침은 기름이라는 지방 맛이 추가되어 있다. 때문에 잘하는 백반집과 기사식당들은 꼭 소시지 반찬이나 콩나물 볶음 같은 반찬이 나오는 경우가 많다. 이분들이 지방 맛이라고 느껴서 그 반찬을 올린 게 아니라, 그렇게 만들면 맛있다고들 하기에 그런 반찬들이 단골로 올라오는 것이다.

맛 꾸미기의 3대 비밀 – 지방, 단백질, 소금

한국인에겐 제6의 맛이 있다. 바로 삼삼한 맛이다. 삼삼한 맛의 주재료는 아쉽게도 고혈압의 주범인 소금이다. 한 번은 모 출판사 편집장하고 식사를 하다가 한식의 맛은 소금, 마늘, 참기름에 의해 결정난다고 말했다가 군소리를 들은 적이 있다. 명색이 전국 맛집 다 가본 사람의 입에서 나올 소리는 아니라는 것이다. 그러나 어쩌겠는가. 필자가 느낀 한식 맛의 3대 요소는 소금, 마늘, 참기름인데… 그러던 어느 날 미국의 유명 아티스트가 미국요리의 맛은 소금이 결정한다고 말하는 것이 뉴스에 나왔다. 옳다구나 싶어서 편집장에게 그 이야기를 전했더니 여전히 소금은 인정 못 하겠단다.

소금, 마늘, 참기름은 한식에서 삼삼한 맛을 복돋아 주는 역할을 하기 때문에 논외로 하고, 식재료마다 있는 고유의 맛에 대해 이야기해보자. 식재료마다 있는 고유의 맛을 파악하면 맛있는 식단꾸미기가 가능해진다.

▣ 탄수화물

우리가 흔히 먹는 쌀밥의 주성분인 탄수화물은 주로 단맛을 낸다. 쌀에는 약간의 단백질이 함유되어 있는데 현미일 때 많이 붙어 있고 백미는 쌀알을 더 깎아냈기 때문에 단백질 함량이 적다. 탄수화물(단맛)은 몸속의 주 에너지원이 되는데 아이들이 운동 직후 밥을 많이 먹거나 농부들이 공기밥을 산처럼 쌓아놓고 먹는 것도 에너지원을 보충하기 위해서이다.

▣ 지방

지방은 주로 고소한 맛을 낸다. 삼겹살의 비계나 튀김요리에 사용되는 식용유가 지방이다. 지방은 에너지가 고농축된 상태이기 때문에 많이 섭취하면 살이 찐다는 단점이 있지만 고소한 맛의 주성분이기 때문에 모든 음식에서 맛을 낼 때 필요하다. 아이들이 치킨을 좋아하는 이유는 고소한 맛때문이며 치킨, 피자, 자장면, 치즈 등이 바로 지방이 많은 고소한 맛의 결정체이다.

▣ 단백질

육류에서 단백질은 주로 지방과 붙어있는데 지방 부분을 제거한 단백질은 담백한 맛이나 감칠맛을 주관한다. 쇠고기나 삼겹살을 구울 때 기름 덩어리(지방)가 다 떨어지면 순수 육질 부분만 남는데 이 육질을 오랫동안 씹으면 담백하고 감칠맛을 느낄 수 있다. 이 맛은 채소류에서도 느낄 수 있지만 동물성 단백질에는 근육을 사용하는 동물들에게만 있는 '이노신산'이 글루탐산 성분과 결합해 감칠맛이 더욱 강하게 느껴진다. 단백질은 소량의 단맛 성분도 가지고 있다.

가정주부가 생활비를 절약하기 위해 채소 위주로 반찬을 차렸다고 가정해 보자. 고소한 맛의 지방성분과 육류에서 볼 수 있는 감칠맛이 없으므로 음식 맛이 아무래도 떨어지게 된다. 그래서 남편이 풀밖에 없다고 반찬투정을 하는데 이 반찬투정을 많이 할수록, 아내들은 고기 반찬을 올리는 것이 아니라, 조미료를 더 많이 사용하게 된다. 그러므로 남편분들은 반찬이 맛없어도 건강식 내지는 신선식이라 생각하고 밥을 먹는게 몸에도 이로울 것이다.

항상 단골로 가는 백반집이 있다고 가정해보자. 항상 맛있게 먹었던 이 집이 어느 날은 유독 맛없게 느껴지는 날이 있다. 그런 경우 음식점을 나오며 음식 맛이 변했나 갸우뚱하기 마련이다. 그런데 다음 날 다시 가면 또 맛깔스럽게 식사를 하게 된다. 그 이유는 딱 한 가지이다. 유독 맛없었던 날 반찬들을 살펴보면 단백질 덩어리나 지방 덩어리가 그날 반찬에서 빠져 있었던 것이다.

결국 우리가 먹는 음식이란 모든 맛이 결합되어 상승 효과를 낸다고 봐야 한다. 어느 하나가 부족하면 맛없다고 느끼게 마련인데 그 가운데 고소한 맛이나 감칠맛은 음식의 맛을 좌지우지한다고 해도 과언이 아니다.

아이들은 워낙 원초적이기 때문에 지방과 단백질 덩어리인 햄버거나 프라이드 치킨을 매우 좋아한다. 나이를 먹으면 지방 덩어리가 몸에 나쁘다는 것을 알고 스스로 통제하지만 음식집 점주는 통제하지 않는다. 최근 유행하는 호프집의 안주가 치즈+버터+소시지 등의 궁합을 가지고 있는 이유는 일단 지방+단백질 덩어리로 메뉴를 꾸미면 음식 맛이 아무래도 떨어지지 않기 때문이다. 사실 치즈+버터+소시지 조합은 대단한 고칼로리 조합이다. 그러나 술집에서 먹는 안주를 고칼로리라고 투정하는 사람은 아무도 없다. 당장 맛있으면 장땡이니까 손님들은 고칼로리 음식도 거절하지 않게 된다.

맛있는 백반집 반찬 꾸미기

재료의 맛을 알았으니 이제 그 재료에 양념을 한다. 삼삼한 맛을 내기 위해 소금을 사용하고 우리 음식에 빠질 수 없는 다진 마늘이 들어간다. 한식의 나물 반찬에는 의당 참기름이 들어가는데 그 이유는 지방 맛인 고소한 맛을 내기 위해서이다. 이렇게 밑반찬을 만들고, 밑반찬들을 조합해 백반집 반찬 구색을 갖추어보자.

▣ 일반 백반집 반찬 6~8가지 예제

김치, 시금치, 샐러드, 멸치볶음, 콩장조림, 고등어찜 한 토막(또는 갈치구이 한 토막), 소시지 달걀부침, 된장국

5천 원짜리 동태찌개 백반집의 반찬 구성이다. 반찬이 7가지에 불과하지만 충분히 식사를 맛있게 할 수 있는 반찬 구성이다. 각각의 반찬마다 숨어있는 맛이 어떤 맛인지 심사숙고해보자.

김치 : 매운맛

시금치 : 섬유질+마늘, 소금, 참기름, 양념맛

샐러드 : 아삭한 맛 + 마요네즈 소스가 뿌려져 있으므로 / 고소한 맛

멸치볶음 : 단백질 / 담백한 맛, 감칠맛

콩장조림 : 단백질 / 담백한 맛, 감칠맛

고등어찜 한 토막 : 단백질+지방 / 감칠맛+고소한 맛

소시지 달걀부침 : 추억의 맛

된장국 : 콩단백질, 고소한 맛

여기서 소시지 달걀부침의 맛을 분석해보자. 일단 '추억의 맛'이라고 명명하였지만 여기에는 맛의 비밀이 숨어 있다. 소시지 달걀부침은 소시지+달걀+식용유로 만든다. 다시 말해, 소시지 달걀부침에 숨어있는 맛을 하나씩 분리하면

달걀(단백질 / 지방) = 담백한 맛+감칠맛 / 고소한 맛

식용유(지방) = 고소한 맛

이렇게 여러 가지 맛이 복합되어 있다. 원래부터 이처럼 복잡한 맛을 가지고 있었으므로 유년시절 어머니가 해준 소시지 달걀부침이 나이 든 후에도 아주 맛있는 것이다.

구내식당의 경우, 앞의 반찬 구성에서 음식재료 값의 상승 주범인 소시지 달걀부침, 멸치볶음, 샐

러드가 빠지고 보통 김치, 시금치, 콩장조림, 된장국 등의 3~4가지 반찬에 그날 메뉴의 핵심인 생선조림이나 제육반찬이 올라오기 마련이다. 또 대중식당이나 김밥집에서 순두부찌개를 시켰다고 가정하면 역시 밑반찬은 김치, 시금치, 콩장조림 정도만 나올 것이다.

앞의 반찬을 더 맛있게 꾸미기 위해 고등어찜 한 토막을 생선가스 한 토막으로 교체해 보았다.

고등어찜 한 토막(단백질/지방=감칠맛+고소한맛/고소한맛)
➔ 생선가스 한 토막으로 변경해보자. 음식 맛이 훨씬 좋아진다.

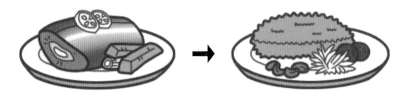

알다시피 생선가스는 식용유(지방=고소한 맛)로 튀겨낸 뒤 계란 노른자(지방=고소한 맛)가 주성분인 마요네즈를 섞은 소스로 맛을 낸다. 그러므로 고소한 맛이 2번 추가되어 있는 상태이다. 생선가스의 재료를 동태라고 가정하면 동태는 단백질(감칠맛)+지방(고소한 맛)이므로 이 재료에 식용유(지방 맛)+소스(지방 맛)가 추가되어 음식 맛이 더욱 업그레이드되는 것이다. 아울러 고등어찜에 비해 비주얼도 상승되므로 손님들의 기분을 업시킨다. 만일 원가가 부담된다면 생선가스를 한 토막이 아닌 반 토막을 제공해도 상관없다. 어차피 손님의 입맛은 기름기와 마요네즈 소스에 의해 고소한 맛이 두 배로 상승된 상태이기 때문에 이런 여러 가지 맛이 복합되며 〈맛있는 백반집〉으로 인정받는 것이다.

앞에서 보았듯 한식집 반찬이라면 기본적으로 단백질+지방 성분이 있어야 하고 섬유질 반찬만 있다면 인기가 떨어질 것이다. 섬유질 반찬으로 구성하면 절대 인기 있는 백반집이 될 수 없다.

이번 예제는 청계천 8가에 홈플러스가 입점하기 전 필자의 경험이다. 청계천 고가도로가 있던 당시 그곳 삼일상가를 철거할 무렵, 철거장면을 디지털 사진으로 기록할 목적으로 청계천에 들렀다가 철거된 건물 속에서 마지막까지 남아 있던 허름한 백반집에서 밥을 먹은 적이 있었다.

당시 그 집의 백반가격은 단돈 3천 원. 3천 원짜리 백반에 뭐 있겠냐 싶어 기다리는데 큰 쟁반에 밥을 한 상 차려 내온다. 반찬은 대여섯 가지였는데 아뿔싸 모두 채소반찬이다. 그것으로만 밥을 먹으려니 영 목구멍을 넘어가지 않았다. 낑낑대며 수저에 밥을 담아 입에 무는데 웬걸? 할머니가 뜨끈하게 데운 고등어찌개를 가져오는 게 아닌가? 이게 웬 호화반찬이냐 싶어 넙죽 받아 먹는데 참으로 맛있다.

아무튼 맛있게 한 끼 해결하고 주인 할머님에게 "3천 원짜리 백반에 고등어찌개까지 내오시면 이문이 남으시겠어요?" 하고 물으니 할머니가 계면쩍게 웃는다. 물론 이문은 충분히 남는 것 같았다.

그 할머니의 백반집을 나와 길을 걷는데 불현듯 방금 먹은 고등어찌개가 마트에서 판매 중인 고등어 통조림이라는 사실이 필자의 뇌리를 스친 것이다. 고등어 통조림의 내용물 절반을 양은냄비에 담고 고춧가루와 파를 솔솔 뿌려 보글보글 끓여왔기 때문에 먹는 순간만큼은 생고등어찌개로 착각했던 것이다. 그럼 왜 할머니는 싸구려 통조림일망정 고등어 반찬을 준비했을까? 고등어가 없었으면 백반 맛이 훨씬 떨어진다는 것을 알고 있기 때문일 것이다.

■ 장사 잘하는 서민형 백반집 반찬 12가지~15가지 예제

서울에 있는 직장인 대상의 백반 전문점 반찬을 약간 보강해 구성해 보았다. 모두 12~15가지 반찬이다. 이 정도로 꾸미면 아주 맛있게 점심을 먹을 수 있을 것이다.

김치, 들기름 볶음김치, 시금치, 샐러드, 멸치볶음, 두부조림(또는 콩장조림),
생선가스 한 토막, 계란프라이(또는 계란맛살전), 청양고추, 김, 돼지불백, 파래무침(또는 도토리묵),
어묵무침(계절에 따라 두릅 등), 스파게티, 된장국(그날 준비한 음식재료에 따라 동태국이나 순두부찌개가 나올 수도 있음)

척 봐도 맛있게 먹을 수 있는 반찬 구성이다. 위 반찬에는 다음과 같은 맛의 비밀이 숨어 있다.

김치 : 매운맛

들기름 볶음김치 : 추억의 맛

시금치 : 마늘 양념맛

샐러드 : 마요네즈의 지방 성분/고소한 맛

멸치볶음 : 단백질/담백한 맛, 감칠맛

두부조림 : 콩단백질+탄수화물/담백한 맛, 감칠맛, 단맛

생선가스 한 토막 : 담백질+지방/감칠맛+담백한 맛+고소한 맛, 식용유의 고소한 맛+소스의 고소한 맛

계란프라이 : 단백질+지방/감칠맛+담백한 맛+고소한 맛

청양고추 : 매운맛

김 : 감칠맛

돼지불백 : 단백질+지방/감칠맛+담백한 맛+고소한 맛

파래무침 : 감칠맛

어묵무침 : 추억의 맛

스파게티 : 고소한 맛이자 백반집에서는 볼 수 없는 색다른 맛

된장국 : 콩단백질/고소한 맛

위의 맛 성분을 살펴보면 결국 고소한 맛이 음식 전체의 맛을 좌우하게 된다. 매운맛이 인기 있는 세상이 되었지만 실제로 사람들의 입맛을 잡아당기는 가장 밑바탕이 되는 맛은 매운맛이 아니라 고소한 맛이라는 뜻이다. 예를 들어 아무리 매운맛을 좋아해도 청양고추를 맨입으로 먹는 사람은 없다. 매운맛은 맛이 아니라 통증이기 때문이다. 청양고추를 좋아해도 무언가 찍어먹을 수 있는 장이 필요하고 무언가 밑바탕이 되는 맛이 필요한 이유는 이 통증을 완화시키는 장치가 필요하기 때문이다.

▣ 한정식집의 반찬 구성

이제 고급 한정식집의 반찬 구성을 살펴보자. 서울 역삼동이나 테헤란로 등 아파트 밀집지역과 비즈니스 단지가 중첩된 곳에도 한정식집이 많지만, 유명 한정식집은 역시 지방에 가야 많이 만날 수 있다.

한정식집은 보통 반찬 수가 많은 집과 일품요리가 많은 집이 있는데 지방 읍 단위나 관광지에 있는 유명 한정식집은 보통 반찬 수가 많고, 대도시의 한정식집은 반찬 수보다는 일품요리 수가 많다. 일품요리 개수가 많은 한정식은 높은 객단가를 보이지만 단가가 비싼 만큼 고객이 한정되어 비즈니스 모임, 가족 모임, 약혼식 같은 혼례 만남 자리로 이용된다. 반찬 수가 많은 한정식집은 일반 고객은 물론 직장인, 가족, 드라이브족, 관광객, 젊은이들을 고객으로 흡수할 수 있다.

순창의 한정식집은 속칭 백반집 스타일인데 연탄을 사용해 조리를 한다. 예를 들어 한정식상에 꼭 돼지불고기와 생선구이가 올라오는데 이런 구이요리를 연탄화덕에서 구워오는 것이다. 이런 것을 응용한 것들이 대도시의 연탄불고기 & 연탄백반집 등이다. 대도시에서 소자본 창업을 준비하는 분이라면 연탄화덕 백반집을 창업해 기사식당으로 운영해도 먹고 사는 데 지장 없을 것이다.

일품요리가 많은 한정식집은 주방장의 솜씨가 있어야 하지만, 반찬 수가 많은 한정식집은 아줌마 주방장으로도 충분히 영업할 수 있다. 물론 아줌마 주방장을 고용한 만큼 이색적이고 특색 있는 반찬이 없는 경우가 많다. 아줌마 주방장을 고용했을 경우 사장이 반찬 구성 작업을 컨트롤하는 것이 좋다.

한정식집에서 꼭 나와야 할 반찬은 다음과 같다.

김치류 : 들기름 볶음김치, 물김치
반찬류 : 나물반찬류, 볶음반찬류, 조림반찬류, 버섯반찬류, 채반찬류(오징어채, 쥐포채 등),
         데친반찬류(두릅 등)
육류 : 돼지불고기와 소고기불고기 둘 다 꼭 나와야 한다.
구이류 : 생선구이인데 조기구이나 고등어구이를 준비한다.
해초류 : 파래무침이나 물미역반찬류가 나와야 한다.
해산물 : 조개무침류 등의 반찬이 나와야 한다.
전 : 부침개전과 표고전이 꼭 나와야 한다.
젓갈 : 젓갈류 반찬이 한 가지는 나와야 한다.
죽 : 웰빙죽이나 전통죽이 꼭 나와야 한다.
샐러드 : 샐러드가 나와야 한다.

보통 한정식 반찬은 위와 같은 구성인데 이런 식으로 반찬을 구성하면 명함조차 못 내밀게 될 것이다. 왜냐하면 다른 한정식집과 차별화가 되지 않았기 때문이다. 이 집도 저 집도 비슷한 반찬을 구성한다면 어떻게 단골손님을 만들 수 있겠는가? 그러므로 정통 한정식집이 되려면 앞의 반찬에서 몇 가지를 빼고 아래와 같이 이색 반찬을 추가해야 한다.

이색 나물 반찬
백반집과 차별화시키려면 백반집에서 볼 수 없는 이색반찬이 2~3가지 나와야 한다. 예를 들어 백반집이나 가정에서 자주 먹는 시금치 반찬이나 콩나물 반찬은 과감히 포기해야 한다.

알곡류(밤, 호두) 반찬
예를 들면 밤졸임이나 호두 반찬, 들깨 정과 반찬 등이 나와야 한다.

새송이 버터구이 반찬
한식반찬을 깔끔하게 퓨전화시킨 이런 류의 반찬이 꼭 나와야 한다.

약선요리 반찬, 약초요리 반찬, 궁중요리 반찬
약선요리 반찬이나 약초요리 반찬, 궁중요리 반찬이 각각 한 가지씩 더 나오면 좋다. 한정식의 격을 높일 수 있고 이런 반찬들은 다들 처음보기 때문에 먹는 사람들이 호기심을 가지게 된다. 은행알 반찬 등이 여기에 속한다.

토속 반찬
멸치볶음 대신 메뚜기볶음 같은 추억을 상기시키는 반찬을 내오는 것도 좋은 생각이 된다.

위 다섯 가지 항목은 일반 한정식집에서 접할 수 없는 이색 반찬들이다. 다른 한정식집에서 볼 수 없는 반찬이 얼마나 더 나오냐에 따라 성공 여부가 결판난다. 지방에서 이 정도 반찬 구성으로 한정식집을 오픈한 뒤 손맛까지 좋다면 바로 군 추천 음식점 내지는 도 추천 향토음식점이 될 수도 있다.

음식 재료별 맛 분석

식용유, 참기름, 마요네즈(지방) : 고소한 맛

육류(단백질/지방) : 감칠맛+담백한 맛+단맛/고소한 맛

콩반찬류(콩단백질/탄수화물) : 감칠맛+담백한 맛/단맛

커피, 코코아, 티(알카로이드) : 소량 섭취 원칙/쓴맛+상쾌한 맛

맥주(휴물론) : 쓴맛

간장, 된장, 김치, 젓갈(나트륨) : 짠맛, 삼삼한 맛, 칼칼한 맛

육수, 버섯, 해조류, 간장, 된장(아미노산, 글루탐산) : 감칠맛(구수한 맛), 삼삼한 맛

어류 : 감칠맛

고추(캡사이신) : 매운맛

양파, 마늘, 파, 부추, 순무, 겨자(황화합물) : 매운맛

생강(진저론) : 매운맛

율금, 카레(커큐민) : 매운맛

계피(시나믹 알데하이드) : 매운맛

산초(산슐) : 매운맛

티, 감, 커피, 도토리(지방산, 알데히드, 탄닌) : 떫은 맛

쌀(탄수화물) : 단맛

참깨(지방) : 고소한 맛

설탕, 과당, 포도당, 꿀 : 단맛

구연산 : 신맛

맛집의 맛 배합 키포인트

1. 감칠맛+감칠맛은 감칠맛을 상승시킨다. (오래가는 음식점의 중요한 비법이다.)
2. 감칠맛+적량의 소금은 감칠맛을 상승시킨다. (오래가는 음식점의 중요한 비법이다.)
3. 고소한 맛+고소한 맛은 고소한 맛을 상승시킨다. (오래가는 음식점의 중요한 비법이다.)
4. 매운맛은 맛이 아니라 통각이다. 매운맛은 계속 먹으면 점점 약해진다.
5. 단맛에 설탕을 넣으면 단맛이 더 상승한다.
6. 짠맛은 신맛으로 억제할 수 있다.
7. 신맛은 설탕으로 억제할 수 있다.
8. 쓴맛은 설탕으로 억제할 수 있다.

Chapter

02

실전으로 정복하는
우수 점포 선정

앞에서 기본적인 상권에서 점포를 입지할 수 있는 분석법에 대해 알아보았다. 지금부터는 점포를 직접 대면했을 때 우수 점포인지 아닌지 선정하는 방법을 알아보자.

1 좋은 점포를 선정하는 관측법이 있다

목표 고객 정확하게 선정하기

목표 고객이란 자신이 판매하는 메뉴를 구매하는 고객층을 말한다. 점포를 선정하기 전에 먼저 구매층을 분류하는 작업부터 시작해야 한다. 같은 요식업이라 해도 20대, 30대, 40대 층을 흡수할 수 있는 업종이 서로 천차만별이고, 입지 지역도 역세권, 번화가 등으로 분류할 수 있기 때문이다.

제과점을 창업할 예정이라면 직장인이나 학생이 주 고객층이라고 생각하겠지만 실상은 가정주부들이 가장 중요한 고객이다. 주부들이 주 고객층이므로 은행 옆이나 시장 입구가 제과점의 기본 입지 조건이 되고, 직장인이나 학생들이 타깃이라면 역세권이 가장 주요 입지 조건이 되고, 동네라면 버스 정류장이 주요 입지 조건이 된다.

고객들의 동선 방향 파악하기

주 구매층의 남녀성별, 나이대에 대한 분석이 끝났다고 가정해보자. 만일 주부들이 주요 고객층이라 가정하면 이때부터는 주부들의 동선 방향을 연구해 보자. 일반적인 주부들의 하루 일과를 머릿속에 생각해 보자. 집에서 나온 뒤 시장이나 은행으로 볼일을 보러 갈 것이다. 관공서도 있겠지만 대부분의 주부들은 시장과 은행을 많이 찾으므로 이 방향이 주부들의 동선 방향이 된다.

이번에는 젊은 층과 대학생을 주요 고객이라고 가정해 보자. 이들은 거주지에서 은행 출입을 빈번하게 하는 사람들이다. 은행, 시장이 동선 방향이 될 수도 있지만 주부들보다는 미약하다. 만일, 주택가 지역이라면 그 지역에서 제일 단골이 많은 비디오 숍이나 쇼핑상가 지역이 젊은 층들의 주요한 동선 방향이 된다. 젊은 층과 학생들을 대상으로 우동 전문점을 창업할 생각이라면 기본 동선 방향은 은행, 시장이 되지만 중요한 동선 방향은 그 지역에서 제일 번화가인 대형 쇼핑상가 옆이 된다. 그러므로 우동 전문점은 그 지역에서 젊은 층이 많이 몰리는 대형 쇼핑상가를 끼고 입점하는 것이 좋다는 뜻이다.

유동 인구 중 젊은 여성이 많다면 우동집, 퓨전음식 전문점, 일식돈가스 전문점, 스파게티 전문점이 창업 대상이 되고, 젊은 남성들이 많다면 저가의 김밥집이나 치킨집 등이 창업 대상이 된다. 학생들이 많다면 패스트푸드점, 피자집 등이 창업 대상이 될 수 있다.

이번에는 규모가 큰 번화가에서 젊은 층들을 대상으로 장사를 한다고 가정해 보자. 번화가 지역에서 살펴보면 극장 주변이나 전문 패션상가 주변에 음식점이 입점하고 있음을 알 수 있다. 특히 테이크아웃 커피숍 같은 체인점은 극장 입구처럼 젊은 층들이 많이 몰리는 곳에 입점해야 한다.

이처럼 고객이 될 사람들의 동선을 파악하고 그 동선에 맞게 점포를 입점하는 것이 음식점을 성공시킬 수 있는 가장 중요한 전략이라 하겠다.

코너가 가장 좋은 위치

고객층과 동선 방향이 파악되었으면 지금부터는 육안으로 확인하며 점포 사냥에 들어간다. 점포는 일단 코너 매장이 가장 좋다. 코너 매장이 좋은 이유는 노출이 잘되기 때문이라 하겠다. 또한 점포의 크기가 실 평수보다 커 보이기 때문에 노출 효과가 높고 이로 인해 고급 인테리어를 하면 금방 눈에 띄는 것이 코너 점포의 장점이다.

물론 코너 점포는 간판 등의 추가 비용이 많이 소모되고 점포 임대비용도 다소 비싸다. 그러나 바로 옆에 있는 점포보다 외관상 더 커 보인다면 그보다 좋은 장점이 있을까? 그러나 모든 음식점이 코너 매장에 입점할 필요는 없다. 서민형 음식점인 즉석 김밥 전문점은 코너 점포를 구입하지 않아도 된다. 왜냐하면 음식 자체가 저렴하기 때문에 코너 점포 옆의 골목길 안쪽에 창업해도 어느 정도 기본 매출이 발생할 것이다. 하지만 고급스러움을 강조하는 음식점이라면 코너 점포를 물색하는 것이 같은 비용에 높은 매출을 획득할 수 있는 지름길이라 하겠다.

◀ 코너에 입점한 던킨 도넛 체인점의 모습

점포의 전면 길이는 최소 4m 이상이 좋다

어떤 음식점이건 입구가 비좁고 복도식이라면 밀폐형으로 보여 고객에게 호감을 얻을 수가 없다. 밀폐형 점포는 청결해야 할 음식점을 어둡고 비관적으로 보이게 만든다. 물론 유흥업종이라면 오히려 밀폐형이 고객들에게 점수를 많이 딸 것이다.

최근의 음식점 흐름을 보면 밀폐형보다 개방형이 더 인기가 있다. 오죽하면 주방마저 개방하는 경향이 있지 않는가? 개방형 점포는 음식점의 내부를 깔끔하게 관리하는 것이 어려운 게 사실이지만 그만큼 음식점의 분위기를 산뜻하고 신선하게 보이게 한다.

이런 면에서 음식점이 될 점포는 길이보다는 너비가 넓은 점포가 유리하다. 전면 길이는 최소 4m 이상이 되어야 하고, 동일 평형이라면 깊숙하게 들어간 점포보다는 너비가 넓은 점포가 적절하다. 왜냐하면 전면부의 너비가 넓으면 그만큼 외관이 커 보인다는 장점이 있기 때문이다.

> 전면부의 너비는 너무 넓고 세로 길이는 너무 좁은 직사각형 점포가 있다고 가정해 보자. 사실 너무 기형적이지 않을까? 이런 생각이 드는 것은 어쩌면 당연할 것이다. 이런 경우에는 점포의 안쪽 벽에 큰 거울을 바둑판처럼 설치해 보자. 점포가 두 배로 커 보이는 동시에 기형적인 점포를 상쇄시키는 효과가 있다.

브랜드 점포가 많은 지역에서는 브랜드 음식점을 입점

아무리 변두리 동네라 할지라도 그 지역의 핵심 상권이 있기 마련이다. 그 핵심 상권을 가보면 브랜드 의류 매장이 몰려 있다. 중저가 의류 브랜드와 신발 브랜드 등이 그것이다. 브랜드 점포가 많은 지역은 자연스럽게 그 지역의 청소년들과 젊은 층들의 시선이 집중된다.

이처럼 브랜드 점포가 모여 있는 상권에서는 음식점도 유명 체인점으로 오픈하는 것이 좋다. 대학가나 번화가에서 볼 수 있는 우동 전문점 등이 그것이다. 브랜드 점포가 모여 있는 장소에서 백반집을 오픈하면 남들은 총 들고 싸우는데 자기는 칼 들고 싸우는 꼴이 된다.

한편, 브랜드 점포가 많은 지역에서는 청소년층과 젊은 층뿐 아니라 가정주부와 직장인들의 유동인구도 발생하기 마련이다. 젊은 층에게는 패스트푸드점이 통하듯, 주부나 직장인들에게 통하는 중고가 음식점이나 호프집의 창업도 생각해볼 만하다.

60평 한식집을 운영했던 K씨 −서울 등촌동

서울 등촌동 부근/100평/한식
총 창업비 1억 8천만 원
월 순수익/적자 상태
주인은 음식점 경험 있음

K씨는 이번 음식점 사업에 실패하기 전 대기업 빌딩 옆에서 음식 장사를 하여 제법 돈을 많이 만진 사람이었다. IMF 이전인 5년 전에 H 그룹 빌딩 옆에서 한식집을 운영했는데 여기서 K씨는 빌딩을 끼고 있으면 돈이 된다는 것을 깨달았다. 그런데 한참 장사가 잘되는 시점에서 문제가 발생했다. 빌딩에 입주했던 모 그룹이 서울 등촌동 부근에 20층 빌딩을 구입한 뒤 그곳으로 모두 이주를 한다는 것이었다. K씨는 눈앞이 캄캄했다. 가장 큰 고정 고객이었던 H 그룹의 직장인들이 통째로 이동을 하면 자신의 음식점도 이동을 해야 했기 때문이었다. K씨는 며칠 동안 가족들과 상의한 끝에 자신의 음식점도 이동을 하기로 결정했다. 그동안 저축한 돈도 있으니까 이번에도 의당 음식 장사가 잘 될 것이라고 믿었고 또 이번을 계기로 더 크게 사업을 하고 싶었다.

K씨는 예전의 음식점보다 규모가 3배인 100평 규모의 점포를 구했는데 자금이 맞지 않아 지하를 선택하였다. 그리고는 H 그룹의 이사 날짜에 맞추어서 음식점을 오픈했다. 그리고 예전보다 장사가 3배는 잘될 것이라고 생각했는데 그건 오판이었다. 빌딩에 H 기업이 입주를 하자 근처에 돈가스 전문점이니 바지락 칼국수 전문점이니 소형 평수를 가진 음식점들이 많이 생겨난 것이다. 새로 오픈한 K씨의 음식점은 처음부터 매출이 형편없더니 결국 보증금을 까먹기 시작했다.

100평 규모의 한식집이라면 멋진 규모라 할 수 있다. 그러나 지층에 음식점이 입점한 것이 K씨의 가장 큰 실수였다. 한식집은 지층에 입점하면 웬만해선 소기의 매출을 달성할 수가 없기 때문이다. 일반적으로 지층은 호프집이나 카페, 레스토랑이 적절하다.
또 하나 잘못한 판단이 있다. 고객 대부분이 H 그룹 직원들이라고 하더라도, 직장인들은 한 음식점에서 매일 음식을 먹지 않는다는 것을 알고 있어야 했다. 물론 기존 단골 손님이 있었지만 그 지역에는 나름대로 토착 음식점들이 있었다. 그들도 경쟁대상이 될 것이라는 점을 염두에 두어야 했던 것이다. 오히려 새로 오픈했을 때 한식집이 아닌 '한정식 전문점' 등의 고급스럽고 차별화된 간판을 사용하면 어땠을까? K씨는 그 후 음식점을 친척에게 싼값에 넘겼는데 친척은 호프집을 창업하기 위해 매장 설계를 바꾸었다.

2 실패한 음식점을 인수하여 성공시킬 수 있다

기존에 영업 중이던 음식점이나 호프집 또는 바를 인수하여 음식점을 개업하는 경우가 있다. 장사가 잘되는 음식점을 높은 권리금을 주고 인수하는 경우도 있지만 자금이 없어 실패한 음식점을 인수해 입점하는 경우도 있다. 빈 점포에 입점하는 것과 실패한 음식점을 인수해 입주하는 것은 어떤 면이 다를까? 주방 설비는 기존의 것을 사용할 수 있으므로 비용면에서 창업비를 줄일 수도 있다. 실패한 음식점이나 실패한 제과점을 인수했을 때 성공할 수 있는 전략을 알아보자.

실패한 제과점 인수 전략 예제

서울 J동은 전형적인 서민형 주택가 지역이다. 이 지역에 유명 제과점의 분점이 있는데 주인 P씨의 무능력으로 이 제과점은 유명 제과점인데도 불구하고 매출이 날로 추락하고 있었다. 반경 300m 안에 4개의 제과점이 영업 중이었는데 모두 출혈 경쟁하고 있는 상태였다. 새 주인 K씨는 그중에서 입지 조건이 가장 좋았던 P씨의 제과점을 6천만 원에 인수하였다. 12평 규모의 이 제과점은 건물 보증금 3천만 원에 월세 170만 원이었고 나머지 3천만 원은 권리금과 시설비였다.

새 주인 K씨는 인수 작업이 끝나자 본사와의 제과점 가맹점 계약을 해지하였다. 어차피 유명 브랜드라 해도 실패했다는 인식이 동네 사람들에게 찍혀 있기 때문이었다. K씨는 간판과 내부 시설의 리모델링 작업에 모두 2천만 원을 투자했다. 공사 기간은 10일이었고 새로 탄생한 제과점은 이름을 들어보지 못한 개인 제과점이었다. 그런데 내부 인테리어는 기존의 프랜차이즈 제과점보다 훨씬 고급화가 되어 한눈에 봐도 고급 제과점이라는 인식을 주고 있었다.

어라? 이 동네는 다 서민형 빵집만 있네?
여기다 고급 빵집 내면 장사 잘 되겠는걸?

반경 300m 안에 있는 제과점들이 모두 서민형 제과점이라는 것을 간파한 K씨는 차별화를 위해 고급 제과점 전략을 취한 것이었다. 영업 결과는 만족할 만할 정도로 성공적이었다. 새벽 6시에 어김없이 제과점의 문을 열었고 밤 1시가 되어서야 그날의 영업을 마무리했다.

외관은 고급 제과점이었지만 부지런하다는 인상을 동네 사람들에게 주기 시작하였다. 또한 고급 제과점이라는 인식을 주고 있었지만 실제 빵 값은 경쟁 제과점에 비해 100~200원 정도 비쌀 뿐 아주 비싸지도 않았다. 또한 싫증나지 않도록 100종이 넘는 다양한 빵을 만들어 단골 고객의 수를 일정하게 계속 유지하였다.

K씨의 이런 전략이 성공해 다른 제과점의 고객들이 이 제과점을 찾아오기 시작했고 차츰 고정 고객이 늘어갔다. 1년 6개월 후, K씨는 제과점을 1억 2천만 원에 매도하였다. K씨는 6천만 원에 인수한 제과점을 1년 6개월만에 1억 2천만 원에 팔았던 것이다.

K씨가 제과점을 인수한 후 리모델링 비용으로 사용한 돈은 2천만 원이었다. 그러므로 K씨의 제과점 인수금은 총 8천만 원이라 할 수 있다. 매도할 때 1억 2천만 원을 받았으므로 K씨는 추가된 2천만 원까지 시설비에 포함시켜 받아냈고 새롭게 5천만 원이라는 권리금을 챙긴 것이다. K씨는 지금 새로운 제과점을 오픈하기 위해 다른 지역에서 점포를 물색하고 있다.

제과점은 실패한 곳에 입점하면 다시 실패한다는 소문이 있다. 하지만 K씨는 실패한 제과점에 입점한 후 제과점을 서민형에서 고급형으로 리모델링하였고 빵 종류를 100종류 이상으로 다양화하였는데 이 시도는 성공하였다. 제과점이 성공할 수 있었던 이유는 K씨가 남다르게 맛있는 빵을 제조할 수 있는 능력 때문이기도 하였지만 그의 근면성과 고객을 생각하는 친절한 서비스도 큰 몫을 차지했다. 실제로 K씨는 이웃 점포와의 관계가 원만했을 뿐 아니라 단골 고객들의 직업이나 가족을 챙기는 데 주저하지 않았다.
우리나라의 점포는 특성상 점포 주인들이 남자인 경우가 많다. 남자들은 무뚝뚝한 경향이 있기 때문에 친절함에 익숙하지 못한 경우가 많다. 외식업체의 사장이 된 이상 무뚝뚝한 성격은 버려야 한다. 고객을 마음 속으로 생각하는 친절함이 있다면 영업에 큰 도움이 될 것이다.

실패한 비즈니스 바 인수 전략 예제

40평 규모를 가진 바를 인수한 J씨는 금년 29살의 전직 모델 출신의 여성이다. J씨는 나이가 들자 그동안 모아둔 자금을 가지고 보증금 5천만 원에 월세 400만 원인 비즈니스 바를 인수했다. 권리금이 없었던 이유는 이 바가 강남역 사거리에서 핵심 상권과는 거리가 떨어져 있었고 높은 수준의 월세를 보면 알 수 있듯 그동안 매출 부진에 의해 보증금을 계속 까먹는 상태였기 때문이었다.

우리나라의 비즈니스 바는 대개가 인테리어를 검정색 톤으로 사용하는 경우가 많다. J씨는 인근의 배후 조건을 면밀히 분석한 결과를 가지고 리모델링을 하기로 결정했다. 다행히 바의 위치가 건물의 2층에 자리를 잡고 있어서 리모델링 작업도 지층보다는 쉬울 것 같았다. J씨는 바를 비즈니스 스타일에서 웨스턴 스타일로 리모델링하였고 바에서 취급하는 메뉴를 고급 비즈니스 취향에서 젊은 층 취향의 저렴한 메뉴로 교체했다. 기존에 10만 원 하는 과일 안주 메뉴를 3~4만 원의 중저가 안주로 교체 작업을 하는 동시에 바의 분위기를 웨스턴 취향으로, 그리고 음향 시설이나 AV 시설도 새롭게 보강을 한 것이다. 그 결과 40만 원에 불과했던 하루 매출을 150만 원 이상으로 높일 수가 있었다.

강남역 사거리의 핵심 상권은 15평 규모의 점포라 할지라도 권리금이 2억 원이 넘는 경우가 많다. 권리금이 비싼 점포는 그만큼 장사가 잘되는 점포라 할 수 있다. 어느 지역을 가나 핵심 상권은 항상 비싼 권리금이 붙어 있다. 핵심 상권에 위치했으면서도 영업 매출이 나빠 권리금을 포기하고 폐업하는 점포들이 있다. 이런 점포들을 대상으로 입지 조건과 실패 요인을 면밀히 분석한 후 가능성이 있으면 인수하는 것도 좋은 전략이다. 물론 리모델링 작업은 입지 조건에 맞게 정확해야 하며, 그 결과가 좋다면 투자한 돈에 비해 큰 이익을 남길 수가 있다.

Chapter 03 :: 꼼꼼하게 점검해야 할
준비 서류와 자금 마련 전략

음식점을 개업할 때 필요한 서류나 자격 조건에는 어떤 것이 있을까? 음식점 개업에 필요한 서류의 준비 과정을 알아본 뒤, 사업 자금이 부족한 경우 은행을 통해 마련할 수 있는 자금은 어떤 것이 있는지 알아보자.

1 음식점의 종류와 구비 서류들

음식점을 새로 개업하려면 한 가지 중요한 요소를 결정해야 한다. 바로 술의 판매 여부이다. 그런데 똑같은 규모의 점포에서 순이익률과 매출이 높은 쪽은 아무래도 술을 취급하는 업소이다. 그러므로 술 판매를 함께 하는 '일반 음식점' 이상을 권장한다.

음식점의 종류

음식점을 개업하려면 위생 교육을 필하고 해당 관공서에서 허가증을 받거나 신고 처리를 해야 한다. 음식점의 종류는 술의 판매 여부에 의해 결정되며 음식점의 종류에 따라 준비 절차도 약간 달라진다.

▣ 휴게 음식점

음식류를 조리 판매하는 영업장이지만 음주 행위가 허용되지 않는 영업장이다. 주로 커피류, 제과류, 떡류, 과자류, 아이스크림류를 제조 판매하면서 술은 판매하지 않는 업소들이 휴게 음식점에 속한다.

예) 커피숍, 제과점, 아이스크림 전문점, 피자 전문점, 분식집, 우동 전문점, 만두 전문점, 김밥 전문점, 라면 전문점, 떡볶이 전문점, 패스트푸드점 外

▣ 일반 음식점

흔히 볼 수 있는 한식집이나 레스토랑은 대부분 일반 음식점에 속하는 영업장이다. 음식을 조리 판매할 수 있고 부수적으로 술의 판매가 허용된다.

예) 한식집, 양식집, 중식집, 일식집, 실내 포장마차, 치킨 전문점, 활어횟집, 생맥주 전문점, 주점, 낙지 전문점, 두부요리 전문점, 곱창 전문점, 순대 전문점, 감자탕 전문점, 스파게티 전문점(포도주 판매), 보쌈 전문점, 족발 전문점 外

휴게 음식점과 일반 음식점의 차이는 술의 판매 여부에 달려 있다. 술을 판매하기 싫으면 휴게 음식점으로 허가를 내지만 술을 판매하려면 일반 음식점으로 허가를 내야 한다. 예를 들면 바지락 칼국수만 판매한다면 휴게 음식점이지만 소주와 맥주도 부수적으로 판매하는 바지락 칼국수 전문점이라면 처음부터 일반 음식점으로 허가를 받아야 한다.

▣ 단란주점

술 판매를 주로 하는 영업장으로 고객이 노래를 부르는 행위가 포함된 업소이다. 단, 영업장 안에 밴드 시설을 포함시킬 수는 없다.

예) 가라오케, 단란주점 外

▣ 유흥주점

술 판매를 주로 하는 영업장으로 유흥 종사자를 두는 것이 가능하고 노래, 춤 등의 음주가무가 모두 허용되는 영업장이다. 밴드 시설을 설치할 수 있다는 것이 단란주점과 다르다. 유흥주점의 경우 해당 지역이 유흥주점 허가가 나오는 장소일 경우에만 취득할 수 있다. 관할 위생과에 지번으로 문의하면 확인 가능하다.

예) 나이트클럽, 카바레, 룸살롱 外

음식점 개업 허가에 필요한 서류

음식점의 창업 및 개업 시 필요한 서류는 외식업 사업 허가서와 사업자 등록증 등이 있다. 보통 점포 계약을 한 후 인테리어가 시작되기 전 미리 확인한 후 영업 개시 전에 허가내면 된다. 기존의 음식점을 인수한 경우에는 기존의 서류를 명의 변경해 사용할 수 있다.

▣ 영업 허가증(구청 위생과) 작성하기

영업 허가증은 관할 구청 위생과에 접수하며, 1~2일 안으로 위생과에서 확인 실사가 나온다. 보통 접수일로부터 3일 이내에 허가가 나온다고 보면 타당하다. 주의할 점은 변칙적으로 확장 작업을 하면 안 된다는 것이다. 실사가 나오기 전에 무허가 요소나 건물 하자 요소가 있으면 반드시 이런 요소들을 정리한 후 영업 허가증을 신청하는 것이 좋다.

허가 신청서 : 아래 서류를 첨부한 후 작성한다. (가스시설 사용허가 및 과세완납 도장 날인)

시설 배치도 : 매장 내부 현황을 홀/주방 형태로 구분하여 그린다.

보건증(건강진단서) : 구청 보건소에서 발급하며 사진 2매, 주민등록증을 지참한다.

증명사진 : 2매

도장 : 건물주 도장 및 점포주 도장 (필요한 경우)

지역 개발 공채 : 시, 군마다 별도 사항으로 약간의 채권을 매입해준다. 10만 원 이내이다.

위생 교육필증 : 음식업 협동조합 중앙회 혹은 구청 위탁업소에서 교육받는다.

소방 시설 확인 : 업소에 따라 필요한 경우 관할 소방서의 소방 시설 확인 날인이 필요하다.

문의처 : 업소가 있는 관할 구청 민원실 위생과

조리사 자격증 : 필요 없음. 몇 년 전만 해도 요식업을 창업할 경우 조리사 자격증이 있는 조리사를 의무고용하거나, 조리사를 고용하지 않을 경우 업주나 부인이 자격증을 따야 했지만 노동시장의 유연성을 위해 폐지되었다. 이 문제로 현재 많이 시끄럽다. 가급적 자격증을 취득하는 것도 좋은데 비교적 쉬운 편이다.

기존 음식점에 입주한 경우에는 영업 허가증(기존 사업장), 인감 증명서(명의변경용, 기존사업주), 기존 시설물(전화, 전기)에 대한 명의 변경을 하면 된다. 별도로 새 주인은 위생 교육을 받아야 하는데 관할구청 위생과에 문의하면 된다.

▣ 사업자 등록증 신청서 작성하기

허가증 취득 시에는 사업자 등록을 해야 한다. 사업자 등록을 하면 신용카드 등으로 매출을 올릴 수가 있다. 점포가 있는 관할 세무서에서 사업자 등록을 취득한다. 최근 새로 바뀐 임대차 보호법에 의해 점포를 개설하는 업주는 반드시 사업자 등록 신청서를 작성해야만 임대차 보호법에도 보호를 받을 수가 있다.

허가 신청서 : 영업 허가증 사본과 임대차 계약서 사본 각 1통씩, 신분증, 도장 등으로 신청서 작성
교부 기간 : 접수 후 약 10일 이내
신고 기간 : 영업 개시일로부터 20일 이내
등록 구분 : 과세특례, 간이과세, 일반과세 등이 있다. 10평 미만은 과세특례를 유도하는 것이 좋고 불가
 능하면 간이과세로 등록하는 것이 추후 세금을 절감할 수 있는 방법이다.
문의처 : 업소가 있는 관할 세무서

> 임대인의 주민등록번호 및 인적 사항, 임대 평수, 임대 계약 약정에 관한 사항도 기록해야 하므로 미리 알고 가는 것이 좋다.

▣ 음식업 중앙회 회원 등록

음식업 중앙회 회원으로 등록하는 것은 강제 사항은 아니다. 그러나 10평 기준으로 가입비 10만 원, 월 회비 1만 원 등을 납부하면 음식업 중앙회 회원으로서의 각종 관련 정보 취득 및 권리를 누릴 수 있다.

▣ 음식업 중앙회 교육 필증 부여받기

교육 필증은 허가를 내려는 음식점 주인이 직접 교육을 받아야 한다. 필요한 준비물은 교육비로 2만 원 안팎이 필요하다. 보통 오전 9시부터 오후 5시까지 교육을 받은 뒤 수료증을 수령하면 된다. 각 지방마다 지방 교육원이 있으므로 본인과 가까운 지점에서 교육을 받는 것이 좋다.

문의처 : 한국 음식업중앙회 중앙교육원 TEL : (02) 3672-3231 (서울지방)

2 부족한 자금을 마련하는 전략

아무래도 창업을 준비하다 보면 생각지 못하게 자금이 소요되는 경우가 많다. 1, 2천만 원 정도의 자금은 간편하게 융자받을 수 있지만 5천만 원 정도의 돈은 빌리는 것이 생각보다 어렵다. 그러나 창업 자금 대출을 잘 살펴보면 의외로 자금을 융통하는 방법이 다양하다는 것을 알 수 있다.

예를 들어 5천만 원 규모일 경우 근로복지공단의 방식을 사용하면 근로복지공단이 점포에 대한 전세권을 설정하는 방식으로 점포를 구할 수 있는 자금을 융자해주기 때문이다. 또한 여성이거나 장애인인 경우에는 창업자금을 융자받을 때 포인트가 주어지므로 일반인과 달리 유리한 입장에서 자금을 융자받을 수가 있다. 은행에 따라 서비스업종이나 외식업종에 대한 대출도 있으므로 문의해 보자.

공단/기관을 이용한 창업 대출

▣ 소상공인 창업 대출

〈 지원 대상 〉

소상공업을 창업하고자 하는 사람, 상시 근로자 5인 이하 음식점 적용 가능
금융 기관의 신용 불량 거래자는 대출 불가

〈 지원 조건 〉

지원 한도 : 5천만 원 이내, 평균 3천만 원 규모 / 1년 거치, 5년 이내
대출 금리 : 연 5~7%
상환 방법 : 1년 거치 후, 4년간 대출 금액의 70%를 3개월마다 균등 분할 상환. 나머지 30%는 상환 만료
　　　　　 시 일시 상환
대출 취급 은행 : 국민, 기업, 우리, 씨티, 농협, 하나, 외환, 신한 및 지방 은행 등

〈 문의처 : 소상공인진흥원 〉

홈페이지 : http://www.seda.or.kr
연락처 : 대전광역시 서구 둔산동 1032번지 동서빌딩 7층 소상공인진흥원
TEL : (042) 363-7700

서울, 부산, 대전, 광주, 대구, 전주 등 각 지역마다 소상공인지원 센터가 운영 중이므로 가까운 센터와 상담한다.

■ 장기실업자 자영업 창업 점포지원사업

근로복지공단이 시행하는 창업지원 사업으로 점포 임대 자금의 일부를 융자하는 방식으로 창업자금을 지원하고 있다. 점포 임차보증금 가운데 최대 7,000만 원까지 대출이 가능하다.

〈 지원 대상 〉

구직 등록 후 6개월 이상 경과한 장기 실업자에 해당하면서 가족을 부양해야 하는 세대주

전직 실업자로서 실업 기간 중에 이수한 창업 관련 직종을 창업하고자 하는 사람

전문 직종으로 창업하고자 하는 신규 실업자 (세대주 요건 불필요)

자활 대상자로 국민 기초 생활법상의 창업 대상자로 선정된 사람 (노동부 고용안정센터에서 지정)

정부 산하 기간의 생업 자금이나 영업 자금, 자영업 점포 지원 자금은 받은 사람이나 유흥 주점,

단란 주점 창업자는 지원 불가

〈 지원 조건 〉

전세 점포 : 전세권 설정이 가능한 7천만 원 이내의 점포

월세 점포 : 전세권 설정이 가능한 7천만 원 이내의 점포

상환 방법 : 1년, 최장 6년 연장 가능, 연리 3% 분할 균등 납부

〈 문의처 : 근로복지공단 〉

홈페이지 : http://www.welco.kr

'장애인고용촉진공단'은 '장애인 창업자금'을 5000만 원까지 연 3% 이율로 빌려준다. 기타 '농협중앙회' 등이 '저소득 미등록 사업자 지원' 사업으로 9, 10급 저신용자에게 500만 원까지 연 7.3% 이율로 빌려준다.

프랜차이즈 업체를 통한 창업 대출

유명 프랜차이즈 업체의 경우 자체적으로 은행과 제휴하여 창업자금 대출을 주선하고 있다. (주)놀부 프랜차이즈는 ㈜놀부 관련 신규/기존 가맹경영주에게 최대 1억 원(심사 후 결정) 한도 내에서 창업비를 빌려주도록 주선하는데 신한은행, 하나은행, 국민은행 등이 참여하고 있다. 은행에 따라 사업자등록증 사본, 가맹계약서, 부가세 과세증명원, 납세완납증명원, 임대차 계약서, 인테리어 계약서, 주민등록등본, 타행 금융거래확인서 등이 필요하다. 만기일시상환(1, 3, 5년) 혹은 원리금균등상환(5년) 등의 방법으로 상환할 수 있다.

금융 기관을 이용한 자금 조달 계획

　창업을 하다 보면 100% 자기 돈으로 하는 경우는 거의 없다. 은행이나 친인척, 친구들의 돈을 빌리기도 한다. 그러나 아무리 창업 자금이 부족하더라도 50% 이상은 자기 자금으로 충당하는 것이 창업의 원칙이다. 외부 조달 자금이 과다할 경우 창업 초기부터 금융비용이 커지기 때문에 고생은 고생대로 하고 돈은 돈대로 벌지 못하기 때문이다. 따라서 금융 기관 등의 외부에서 창업 자금을 조달할 경우에는 50% 이하에서 조달하는 것이 사업 실패 시 향후 대응에 도움을 준다.

　금융기간 대출 가운데 가장 쉽게 받을 수 있는 것이 부동산담보/주택담보 대출이다. 자신의 부동산/주택을 담보 삼아 대출받으므로 조금 위험하지만 급히 돈을 만들 수 있다는 장점이 있고 연 대출 이율이 다른 상품에 비해 훨씬 싸다.

　그 외 신용대출이 있는데 자신의 신용이 높을 경우 받을 수 있을뿐더러 연 이자율이 담보대출에 비해 2배 정도 높으므로 가급적 이용하지 않는 것이 좋다. 대부분의 시중 은행이 이러한 대출을 유도하므로 각 은행별 대출 이율을 비교한 뒤 이율이 싼 은행과 상담하는 것이 좋다.

　은행 담보대출을 받을 경우 아무리 높게 잡아도 총 창업비의 50% 이내로 대출받는 것이 좋다. 다각적인 입지 분석과 업주의 성실한 노력, 그리고 업주의 영업 전략이 성공한다면 금융기관 대출금 정도는 1~2년 안에 갚을 수 있을 정도로 큰 성공을 할 수 있는 것이 음식업의 특징이기도 하기 때문이다. 일단 사업에 성공하면 대출금을 무난히 갚을 것이다.

　만일 총 창업비의 50~100%를 대출받은 뒤 사업에 실패하게 되면 담보 대출로 인해 주택이나 부동산이 날아갈 수도 있음을 유념하자. 금융 기관을 이용해 대출할 때는 가능하면 카드사보다는 은행권을 이용해 대출받는 것이 금융비용 면에서 유리하다.

은행권을 이용한 창업 자금의 대출은 외식업의 경우 다소 한정되어 있는 것이 사실이다. 벤처기업이나 굴뚝 산업을 창업한다면 대출 상품이 많고 다양하지만 말이다. 그러나 유사한 대출 상품을 발견했다면 일단 문의를 하여 대출 가능성을 타진하는 것이 좋겠다. 사업성이 있으면 대출이 가능한데 대출 상품이라는 것이 귀에 걸면 귀걸이, 코에 걸면 코걸이이기 때문이다.

04

음식점의 얼굴
인테리어 공사 전략

매장 인테리어 공사 기간은 며칠 정도로 예상해야 할까? 또한 음식점을 개업하는 데 필요한 집기와 집기 구입 요령은 어떤 것들이 있을까? 미리 알고 있으면 인테리어 공사가 쉽게 다가온다.

1 음식점의 인테리어 공사와 필요한 주방 설비들

통상 점포를 계약한 뒤 음식점 공사를 시작하면 대략 20~25일 정도의 공사 기간이 필요하다. 이 공사 기간은 체인점도 마찬가지이다. 만일 인테리어 시공 전 매장 철거 공사를 진행하게 된다면 2~5일 정도의 공사 기간이 더 필요하지만 보통은 25일 안쪽에서 인테리어 공사와 주방 설비의 설치가 마무리된다.

인테리어 기초 공사

점포를 음식점 용도로 개조할 때는 일단 옥외 상하수도 공사와 가스 시설 공사, 그리고 전기 증설 공사가 필요하다. 이 공사는 인테리어 공사에 속하지 않는 별도 작업이므로 인테리어 비용과 별도로 책정해야 한다. 보통 인테리어 업체에 하청을 주어 함께 공사하기도 한다. 체인점 개설 단가표에는 일반적으로 옥외 공사 부분이 빠져 있으므로 옥외 공사 시 추가되는 별도 금액이 얼마인지 산정할 필요가 있다.

만일, 겨울철에 인테리어 공사가 진행 중이라면 에어컨 등은 여름 시기에 맞추어 들여오는 전략을 세워 자금을 절감하는 전략이 필요하다. 하지만 대형 음식점을 개업하거나 밀폐된 지하실 등에서 공사 중이라면 미리 에어컨 공사를 인테리어 공사에 맞추어 진행하는 것이 좋다. 왜냐면 여름철에 에어컨 공사를 하다 보면 내장 인테리어를 뜯어내는 경우도 발생하기 때문이다. 하지만 소규모 음식점의 경우엔 그럴 필요없이 설치가 가능하므로 에어컨 등의 구입을 여름 성수기로 미룰 수가 있겠다. 음식점은 본격적으로 인테리어 공사를 시작하기 전 다음과 같이 기본 공사를 진행한다.

▣ 기본 공사

철거 공사 (매장 내 기존 설비 철거 작업) / 옥외 상하수도 공사 / 전기 증설 공사 / 가스 연결 공사
냉온풍기 시설 공사 / 필요한 경우 온돌방 공사 (요즘은 전기온돌판넬 또는 전기필름으로 시공)

인테리어 공사의 진행 순서

점포에 대한 기본 공사가 끝나면 인테리어 기초 공사를 하게 된다. 여기서 말하는 기초 공사란 주방과 홀, 매장 내부에 대한 공사를 말한다.

▣ 인테리어 기초 공사

주방 벽 타일 공사 / 주방 바닥 방수 공사 / 주방 환풍기 공사 / 주방 상하수도 공사 / 홀 조명 공사
홀 바닥 공사 / 홀 환풍기 공사 / 홀 인테리어 공사 / 유리창 및 썬팅 공사, 사인 공사 / 강화 도어 공사
전면 간판 제작 / 돌출 간판 제작 / 메뉴판 제작 / 필요한 경우 닥트공사(고깃집일 경우)

주방 설비 설치 공사

인테리어 공사가 마무리되는 시점에서 주방 설비의 설치 공사가 진행된다. 예를 들어 15평 규모의 우동 전문점이라면 다음과 같이 주방 설비를 설치하게 된다.

▣ 주방 설비 설치 공사

대형 업소형 냉장고 : 1대 안팎

화구 5구 렌지 : 2대, 또는 10구 렌지 1대, 또는 7구 렌지 1대

환풍기 닥트 : 1EA 안팎

개수대 2구 : 1대 안팎

조리대 : 3EA 안팎

선반 : 2EA 안팎

마늘 믹서기 : 1대 (필요한 경우)

육수 냉장고 : 1대 이상 (필요한 경우)

반죽기 : 1대 (필요한 경우)

제면기 : 1대 (필요한 경우)

주방 설비 공사가 마무리되면 요리를 서빙할 그릇이나 반찬 접시, 뚝배기 그릇, 수저 등을 들여온다. 이와 함께 홀 물품을 들여와야 한다. 정수기, 테이블, 테이블용 렌지, 카운터, 에어컨 등도 설치한다.

음식점 개점 행사의 준비물

공사가 마무리되면 개점일에 맞추어 1회성 비품류를 준비한다. 음식점의 개업 비품으로 준비할 내용은 다음과 같다.

▣ 개점 전 준비할 비품류

광고 전단지 제작 / 광고 스티커 제작 / 명함 제작 / 위생저 / 냅킨 / 주문서

포스(필요할 경우 Pos 시스템을 구입하거나 임대하는데, 금전등록기+카드결제 기능이 있다.)

음식점 개점일에 필요한 물품

음식점의 개점일에 맞추어 하루나 이틀 정도 다양한 이벤트를 진행하는 것이 좋다. 행사 도우미를 이용한 개점 이벤트에는 대략 100~200만 원 안팎의 비용이 소요되며 이 정도의 비용이면 비교적 규모가 크고 요란하게 개점 행사를 할 수가 있다.

▣ 개점 이벤트 물품

개점 사은품(떡, 홍보용 성냥, 홍보용 라이터 外) / 홍보 이벤트(각설이타령 外)

행사 도우미(전단지 나누어주는 도우미) / 풍선 / 개점 축하 화분 外

2 음식점의 인테리어 전략

인테리어도 아이디어 싸움이다

레스토랑 운영 경험자인 Y씨는 지방에 살고 있는 조카가 레스토랑을 창업한다고 하기에 몇 가지의 조언을 해 주었다. 그중 강조한 것이 레스토랑의 내부 인테리어였다. 서로 바쁜 나머지 Y씨는 그 이후 조카의 소식을 잊고 있었다. 그러던 두 달 뒤, 조카에게서 연락이 왔다. 레스토랑을 개업했다는 것이다. 아무리 바빠도 개업한 레스토랑에 한 번 찾아가는게 예의일 것 같아서 Y씨는 조카의 레스토랑이 있는 D시에 내려갔다. 그런데 이게 뭔가? 인테리어에 신경을 쓰라고 했더니 중후하고 고급스러운 통나무로 레스토랑 내부를 꾸며놓은 것이 아닌가? 들어간 비용이야 둘째치고 그게 웬 돈 낭비인가. Y씨는 화도 났지만 답답한 마음이 끝이 없었다. 인테리어에 신경을 쓰라는 Y씨의 말은 사실 비싼 자재를 쓰라는 말이 아니었기 때문이다. Y씨의 속마음은 아이디어를 짜내라는 뜻이었다. 아무리 비싼 자재를 써도 인테리어는 빛이 나지 않는다. 인테리어도 아이디어 싸움이기 때문이다.

예를 들어, 과거에 서울 종로 1가에는 20대 초반의 여성들로 북적이는 커피숍이 있었다. 손님이 너무 많아 커피숍 안에 대기석까지 있었다. 이 커피숍이 인기를 얻은 이유는 인테리어 때문이었다. 의자, 테이블, 내부 인테리어는 일반 커피숍에서 흔히 볼 수 있는 그런 종류였다. 그런데 다른 점이 하나 있었다. 각 테이블에 캐노피를 단 클래식하고 엘레강스한 디자인의 2층 침대를 설치한 것이다. 언뜻 보면 프랑스의 왕비들이 사용하는 침대들 같았다. 이곳의 단골 여성들은 이 커피숍을 "침대 커피숍"이라고 부른다.

음식점의 외관은 튀는 게 좋다?

최근 음식점의 외관 디자인에 차별화를 추구하는 전략이 유행하고 있다. 한식 전문점의 외관이 언뜻 보면 양식 레스토랑과 비슷하고, 양식집은 오히려 기왓장을 올려 한식집을 닮는 경향도 있다. 어느 것이 옳고 그른 것이 없이 최종 목적은 바로 인접해 있는 다른 업소와 차별화되겠다는 전략이다. 이러한 차별화 전략은 특히 부유층 밀집 지대에서는 심하게 발생한다. 물론 서울 광화문에 가면 3만 원대의 한정식을 파는 음식점들이 아직도 허름한 한옥집 형태의 고수하고 있다. 이런 음식점들은 특이한 케이스로 대부분 인맥을 통해 장사를 하기 때문에 외관이 중요하지 않다.

한옥도 현대화된 건축이 필요하다고 하겠다. 고급 거주지에서는 이러한 차별화 전략과 현대화 전략이 필요하지만 서민층 밀집 지대에서는 현대화된 디자인이 오히려 튀어 영업에 방해가 될 수도 있다. 그러므로 입지한 지역의 소득 수준이 얼마냐에 따라서 음식점의 외관도 결정된다고 할 수 있겠다.

▣ 한식 전문점의 건물 디자인

한식 고기 전문점 예제
서울 신사동에 있는 삼원 가든은 전통 한옥 양식을 채용했지만 현대화와 대형화를 추구하고 있다.

◀ 삼원가든

한식 전문점 예제
압구정동 부근에 있는 이 한식집은 전통 한식 전문점이다. 타일로 된 건물 앞부분을 현대적 조형미를 가진 외관으로 바꾸었다.

◀ 현대풍 한식 전문점

◉ 패밀리 레스토랑과 패스트푸드점은 통일된 외관을 가지고 있다

패밀리 레스토랑 예제

TGI 강남점의 모습이다. 전국에 있는 TGI는 모두 이러한 디자인을 가지고 있다. 패밀리 레스토랑은 지점에 관계없이 통일된 외관을 추구하는 것이 특징이다.

◀ TGI 강남점

패스트푸드점 예제

피자헛은 큰 입간판이 특징이다. 천안 지역에서도 최근 들어 피자헛의 독특한 입간판을 많이 볼 수 있다.

◀ 피자헛

아이스크림 & 커피 전문점 예제

종로 2가에 있는 뉴질랜드 생아이스크림 & 커피 전문점의 모습이다. 차별화 전략을 위해 2층 전면을 통간판으로 처리했다. 너무 눈에 띄는 경향이 있지만 왠지 모르게 이 집만큼은 주변과 달리 싱그러워 보인다.

음식점의 내부 인테리어

  음식점의 내부 인테리어는 취급하는 메뉴 종목에 따라 적절하게 분위기를 맞추어 나가야 한다. 예를 들어 젊은 층이 주고객이라면 인테리어를 화려하게 하거나 원색을 사용하고, 품질도 높여야 한다. 최근 20대 중반의 직장인이나 대학생에게는 웨스턴 스타일이 통하고 있다. 동일 규모의 한식집도 인테리어가 좋은 집이 더 인기가 있기 때문에 한식 전문점도 인테리어에 많은 신경을 써야 한다.

  인테리어의 비용은 평당 50만 원에서 250만 원까지 다양하다. 평당 250만 원 수준이면 꽤 고급스러운 인테리어가 가능하다. 한식집의 경우엔 평당 100만 원~120만 원이면 깨끗하고 단아한 분위기를 연출할 수 있다. 그러나 한식집의 인테리어 비용도 일반적으로 150만 원을 적정선으로 보고 있다.

▣ 한식 전문점의 내부 인테리어

순두부 전문점의 인테리어 예제

  서울에 있는 이 순두부 전문점의 인테리어는 벽지 마감재로 한지를 사용했다. 남대문 시장의 문구류 도매상을 가면 한지 스타일의 포장지가 많은데 이 포장지를 벽지로 사용해도 이런 효과가 나온다. 순두부 전문점의 인테리어는 보통 고비용보다는 깔끔하고 단아한 분위기를 연출하는 것이 좋으며, 일반 가정집을 개조해 순두부 전문점을 운영할 경우엔 인테리어를 할 필요없이 있는 그대로 영업해도 무방하다.

생고기 전문점 예제

  언뜻 보면 다소 현대식 같지만 온돌방을 깔아 한식집이라는 것을 알 수 있다. 생고기 전문점인 이 집은 비교적 저렴한 비용으로 효율적인 인테리어를 구축했다고 할 수 있다.

◉ 커피숍, 바, 레스토랑의 내부 인테리어

커피숍 인테리어 예제

대전 중앙통에 있는 2층 커피숍의 내부를 도로에서 올려다본 모습이다. 서구적인 인테리어를 사용한 동시에 채광창에 커다란 등을 달아서 유동 인구의 시선을 끌고 있다.

웨스턴 바 내부 인테리어 예제

천안 터미널 앞에 위치한 웨스턴 바의 내부 인테리어 예제이다. 할로겐 등을 사용해 바텐석을 부각시킨 구조로 저녁시간부터 새벽까지 고객들로 바글바글하다. 음악도 대단히 시끄러워 기억에 남는데 요소요소에 생화와 화분을 놓아 바의 입구 쪽은 밀림 같은 분위기를 연출하고 있다.

비즈니스 바 예제

서울 압구정동에 있는 비즈니스 바의 인테리어는 검정색 톤이다. 사물의 식별이 거의 불가능하지만 최근의 비즈니스 바는 전반적으로 어두운 조명에 검정색 톤을 사용하는 것이 유행이라 하겠다. 나름대로 무난한 인테리어이며 이런 분위기는 유흥업 종사자가 있는 유흥업소가 아니라 전문 직종의 직업인을 대상으로 하는 건전한 업소라 하겠다. 만일 유흥업 종사자를 끼고 영업하는 유흥업소라면 이런 인테리어는 십중팔구 실패한다.

음식점의 조명 전략

음식점에서 조명은 음식의 색상을 직접적으로 비춰주는 역할을 하게 된다. 조명은 음식을 맛깔스럽게 하거나 음식점의 내부 분위기에 큰 영향을 준다.

조명에는 켈빈 온도가 있는데 이 켈빈도(색온도)를 이해하면 누구나 손쉽게 조명을 선택할 수 있다. 예를 들어 형광등은 일반적으로 5000K의 색온도를 가지고 있다고 한다. 5000K의 캘빈도는 정오 12시경의 태양 빛과 닮은 색상인데, 이로 인해 형광등 조명은 푸른색을 띠고 사물을 차가워 보이게 하는 경향이 있다. 이와 달리 백열등은 3000K의 색온도를 가지고 있어 황혼 무렵의 태양 빛이라 할 수 있다. 이로 인해 백열등은 음식의 색상을 따뜻하게 보이게 하는 특징이 있다.

■ 형광등을 이용한 조명 전략

형광등은 전기료가 적고 비용대 효율이 높기 때문에 가정용으로 널리 사용되는 조명이다. 그러나 형광등은 음식점용으로는 적절하지 않다. 형광등은 전반적으로 음식을 차갑게 보이게 하는 경향이 있기 때문이다. 만일 음식점에서 형광등을 사용할 경우엔 자연색 구현이 용이한 삼파장 기능이 있는 제품을 사용하는 것이 좋다. 삼파장 형광등은 켈빈도 5000K 제품뿐만 아니라 2900K 제품도 출시되고 있으므로 백열 전구와 비슷한 분위기를 연출할 수가 있다. 형광등이라고 해서 무작정 음식점에 나쁜 것은 아니다. 서민 취향의 음식점이라면 가정용 형광등을 사용해 고객들의 부담감을 덜어주는 전략도 좋은 방법이기 때문이다.

회 요리 전문점의 조명 예제

서울 월계동에 있는 회 요리 전문점은 내부에 삼파장 형광등 조명을 사용했다. 형광등 계열이지만 백열등 급의 켈빈도를 가진 조명을 사용하고 있어 음식의 색상이 비교적 따뜻하게 보인다.

기사 식당의 형광등 조명 예제

　서울 쌍문동의 기사 식당 형광등 조명 예제이다. 말 그대로 서민 취향의 음식점이다. 그러나 형광등의 배열 방법을 조절하였고 삼파장 형광등을 동시에 사용하고 있어 현대적인 분위기를 연출하고 있다.

▣ 백열 전구를 이용한 조명 전략

　백열 전구는 황혼색이므로 음식의 색상에 주황색을 추가하여 음식을 따뜻하고 맛있게 보이게 하는 경향이 있다. 그런데 백열등을 사용한 음식점은 왠지 모르게 초라해 보이는 경우가 많다. 백열등을 조명으로 사용할 경우에는 전구를 씌우는 갓의 디자인에 신경을 쓰는 것이 좋겠다. 형광등보다 자연색의 구현에 유리하므로 여러모로 효율적이지만 전기료가 많이 든다는 단점이 있다.

◀ 형광등 조명은 파란색이 돌기 때문에 음식의 색상이 차갑게 보인다.

◀ 백열 전구는 주황색이 돌기 때문에 음식의 색상이 따뜻하고 먹음직스럽다.

흔히 사용되는 조명과 켈빈도의 상관 관계

켈빈도에 의한 조명의 선택

켈빈도 5000K는 대낮의 태양광과 유사한 색온도를 가지고 있다. 형광등 제품이 켈빈도 5000K에 속하며 사물의 색상을 차갑게 만드는 경우가 많다. 켈빈도 3000K는 황혼의 태양광과 유사한 색온도를 말한다. 백열등과 할로겐등이 켈빈도 3000K에 속하는 제품이며 사물의 색상을 따뜻하게 만드는 특징이 있다. 단점은 열 발생량이 높고 전기료가 많이 소비된다는 점이다.

전력 소모량에 의한 전구의 선택

백열 전구와 할로겐등이 색온도 면에서나 색상 표현력에 있어 음식점의 실내등에 적당하지만 열 발생량이 많고 전력 소모량도 형광등에 비해 상대적으로 높다. 특히 할로겐등은 색 표현력이 매우 뛰어나지만 전력 소모량이 백열등과 비교해도 매우 높은 편이다. 물론 할로겐등을 아무리 많이 사용해도 에어컨 2대를 쓰는 것보다는 전력 소비가 작은 편이지만 말이다. 아무튼, 할로겐 조명은 그 자체가 매우 아름답기 때문에 서민형 음식점에서도 형광등과 할로겐등을 적절히 혼합 사용하여 인테리어를 고급화시키는 것이 최근 추세이다.

▣ 할로겐등을 이용한 조명 전략

할로겐등은 백열전구와 마찬가지로 3000K 안팎의 켈빈도를 가지고 있다. 또한 현재까지 등장한 조명기구 중에서 가장 자연색을 잘 구현하는 조명이라 하겠다. 그러나 전기 효율이 낮고 열 발생량이 많기 때문에 음식을 가까이 두면 음식이 쉽게 시드는 경향도 있다.

이러한 단점에도 불구하고 할로겐등은 색상을 자연스럽게 구현한다는 장점으로 인해 방송국이나 CF 촬영, 영화 촬영에서 많이 사용되고 있다. 할로겐등은 보통 고급스러운 분위기를 연출할 때 유용하다. 예를 들어 음식점이나 레스토랑의 입구 복도에 할로겐등을 사용하면 음식점이 한층 고급스럽게 보이는 경향이 있다.

할로겐등은 카운터나 바, 복도, 간판에 적절하며 락카페와 같이 춤을 출 수 있는 공간이 있는 경우엔 중앙 홀에 신세대적인 분위기를 연출할 때 사용한다. 서민형 음식점에서도 형광등을 메인 조명으로 사용하고 할로겐등은 보조로 사용해 운치 있는 분위기를 연출하는 것이 좋다.

 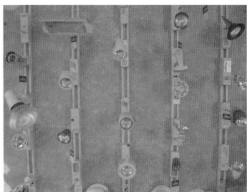

▲ 할로겐등과 형광등 조명을 적절하게 배치한 모습　　▲ 다양한 디자인을 가진 할로겐등의 모습

조명은 조도, 휘도, 반사율, 설치 개수, 설치 위치에 따라 조명량이 결정된다. 이 점에 대해서는 음식점의 업주가 세세하게 신경 쓸 필요는 없다. 조명의 반사율이나 설치 개수는 기능공들이 최적의 상태가 되도록 작업을 하기 때문이다. 음식점의 업주는 어떤 조명, 어떤 분위기를 연출할 것인지 결정하면 된다.

◙ 자연광과 인공 조명의 조화

　카페, 레스토랑의 경우엔 자연광과 인공 조명의 조화에 신경을 많이 써야 한다. 대부분의 사람들이 심리적으로는 자연광을 선호하기 때문이다. 조명을 설치할 때 자연광을 효과적으로 흡수하면 레스토랑 내부에서도 야외에 놀러온 분위기를 연출할 수 있을 것이다. 보통 채광창을 크게 만들어 자연광의 흡수 상태를 높이는 것이 가장 좋은 방법이라 하겠다.

▲ 인공광과 자연광을 적절하게 배합한 레스토랑 예제　　▲ 생고기 전문점의 채광 전략 모습

업주가 직접 구입해서 설치하는 조명 및 네온사인

전국적으로 유명한 조명 상가로 청계천 4가의 조명 상가와 용산 전자랜드의 조명 상가가 있다. 라이브 시설이 있는 락카페나 레스토랑에서는 하이빔이나 기타 독특한 효과의 조명이 필요하기 마련이다. 여러 대의 조명을 설치할 경우엔 구입처의 직원에게 설치 작업을 지시해야 한다. 그러나 소량의 조명은 업주가 직접 구입하여 설치를 할 수가 있다.

업주가 직접 구입하면 저렴한 가격에 다양하고 독특한 조명을 구입할 수 있을 뿐 아니라 카페 유리창에 붙어 있는 각종 네온사인 장식품도 업주의 취향에 맞게 납품을 받을 수가 있다. 예를 들어 2층이나 3층에 있는 커피숍이나 레스토랑을 보면 전면부 유리창에 요란한 모양을 한 네온사인 장식품을 볼 수가 있다. 야자수 모양의 네온사인이 그것인데 이처럼 다양한 모양의 네온사인은 청계천 4가의 조명 상가에 가면 손쉽게 구입할 수가 있고 납품이므로 업주도 직접 설치가 가능하다.

3 주방 설비, 냉장 기기, 식당 설비, 의탁자, 연탄화덕, 포장마차

인테리어는 관련 업체에 공사를 맡긴다고 해도 식기류나 냉장고, 의탁자만큼은 업주가 직접 구입하고 싶은 경우가 있다. 이처럼 식당 설비 관련 제품을 업주가 직접 구입하려면 서울 황학동에 있는 식당 상가를 이용해야 한다. 각 도시에도 주방설비용품 판매처가 있으므로 가까운 곳에 문의해 본다.

모든 식당 설비를 저렴하게 구입할 수 있는 곳 – 서울 황학동 식당 상가 골목

황학동 식당 상가 골목은 서울 중앙시장 뒤편의 황학동에 있다. 이곳은 식당설비, 주방설비, 업소용 냉동 냉장고, 쇼케이스, 의탁자, 포장마차, 스낵카, 연탄화덕, 붕어빵틀, 떡볶이팬 등 먹는 장사에 필요한 모든 제품들을 판매하는 업소가 즐비하게 모여 있다. 또한 뒷골목에는 중고 TV, 중고 업소용 에어콘, 중고 업소용 냉장고, 중고 주방용품만 전문적으로 판매하는 업소들도 모여 있다.

전국의 레스토랑이나 호텔 설비는 물론 한식, 일식, 중식, 양식 등의 모든 주방 설비가 이곳에서 제작, 납품된다고 해도 과언이 아니다. 또한 냉동 냉장고와 의탁자 및 음식점의 인테리어를 업주가 원하는대로 설계하고 제작, 납품이 가능하며 유명 브랜드 제품과 자체 브랜드 제품도 판매한다. 음식점을 개업하기 전 이곳에서 발품을 팔면 훨씬 저렴하게 식당 설비를 납품받을 수가 있겠다.

◀ 서울 중앙시장의 이면 도로에 있는 황학동 식당 상가 골목.
전국의 식당 설비는 대부분 이곳에서 제작 납품된다.

식당 그릇의 경우는 동일한 모양을 가진 주문형 식기류부터 저가형 3천 원까지 판매되고 있는데 식기류에 음식점의 로고를 박아 납품을 받을 수도 있다. 한편 황학동 식당 골목의 안쪽으로 들어가면 각종 포장마차와 스낵카에 사용되는 각종 용품 제작 업체, 파라솔 제작업체, 붕어빵틀 제작업체, 연탄화덕 제작업체가 난립하고 있어 포장마차나 포차주점, 연탄구이 음식점 창업에 필요한 모든 설비를 구입할 수 있다.

또한 식당 가구, 테이블 제작업체도 모여 있으므로 황학동 식당 골목 한 군데만 돌아다니면 모든 설비를 구입할 수 있다. 제품의 가격은 전반적으로 일정한 선을 유지하고 있으므로 업체 여러 곳을 탐방한 후 가장 저렴한 가격을 제시하는 곳에서 설비를 납품받는 것이 좋겠다.

고급 식기류의 구입과 납품

고급 일식집이나 한정식집을 개업할 경우는 대개 식기류도 고급 제품을 사용해야 한다. 황학동 식당 상가 골목에서는 이러한 고급 식기류의 납품이 가능할 뿐 아니라 청계천 8가에 있는 한국도자기 본사 전시장과 상담하면 수준 높은 국산품을 납품받을 수가 있다. 그러나 만일, 일본제나 미국제의 식기류를 구입하고 싶다면 남대문 시장의 수입상가 매장으로 가야 한다. 디자인이 특별하거나 독특한 재질을 가진 식기류는 일본제품에서 많이 볼 수 있기 때문이다.

Chapter

05

운영의 묘미

광고 전략

광고란 매출을 높이기 위해 제품의 장점을 홍보하는 수단 중 하나이다. 광고는 다소의 과장이 필요할 뿐 아니라 제품의 장점을 적극적으로 홍보하는 전략이 필요하다. 거짓 자료를 동원하지 않는한 적극적인 홍보 전략은 향후 매출에 많은 도움을 준다. 음식점의 광고는 매장에서 하는 방법과 전단지를 이용하는 광고 방법이 있다. 요즘은 규모가 큰 음식점의 경우 케이블 TV를 통해 TV 광고를하는 경우가 많다.

1 개업날부터 대박을 터트리자

개업식 이벤트 계획은 치밀하게

서울 회기동의 K씨는 낙지 볶음 전문점을 개업했다. 개업 15일 전부터 광고 문안을 만들더니 개업 일주일 전에 개업 홍보 전단지의 제작을 완료했다. 그리고 일주일 동안 홍보 전단지를 각 가정에돌렸다. 때로는 아르바이트생을 동원했고 때로는 신문 보급소를 통해 홍보 전단지를 뿌렸다.

K씨가 이렇게 홍보에 열중하는 이유는 음식점의 입지 조건이 워낙 나빴기 때문이다. 전철역과 가

까웠지만 이른바 역세권 전철역하고는 거리가 멀었다. 음식점의 건너편에 있는 공장 때문에 담벼락으로 막혀 있다시피 한 곳에 음식점이 있었다. 유동 인구라고 해봤자 전철역에서 나온 손님들이 5분 가량을 걸어온 뒤 스쳐 지나가는 그런 장소였다. 자동차 도로 역시 막다른 길이라 택시나 들어온 뒤 U턴하는 그런 장소였다. 그러니까 지하철로 출퇴근하는 유동 인구 외에는 사람들이 접근하지 않는 그런 장소였던 것이다.

개업날이 되자 K씨는 이벤트를 불렀다. 내레이터 모델 2명을 포함해 도합 100만 원 가량의 돈이 소요되었다. K씨는 이벤트보다는 개업축하 화분 등에 신경을 썼다. 가까운 친지에게서 들어온 화분이 고작 2개였는데 K씨는 자비를 들여 화분 2개를 더 사놓았다. 그것도 크고 요란한 화분을 준비했는데 그것은 낙지 전문점의 고객이 중장년층이라는 것을 알고 있었기 때문이었다.

음식점의 규모는 30평 남짓했지만 미리 시작한 홍보 덕택에 개점 이벤트는 성공적으로 마무리되었다. 그리고 대다수의 고객이 30, 40대의 중장년층이었지만 개업 이후로 꾸준하게 손님들이 유입되었다. 딱 두 달 뒤부터 K씨는 전단지를 이용한 홍보를 그만두었다. 어느 정도 고객이 유지되었고 전단지 덕에 배달손님도 꾸준하게 있었던 것이다.

K씨와 달리 개업 때는 아무 일도 하지 않다가 영업이 부진하자 뒤늦게 전단지를 돌리고 홍보에 박차를 가하는 경우가 있다. 이러한 홍보 전략이 나쁘다는 것은 아니다. 그러나 개점일에 맞추어 전단지를 일주일 전부터 돌리는 것이 더 효과적이다. 왜냐하면 새롭고 깨끗한 점포 이미지를 고객에게 줄 수 있기 때문이다.

전단지 제작비용이야 인테리어 비용에 비하면 아무 것도 아닐 정도로 저렴하다. 개업비용에 50~70만 원을 더 쓰면 전단지를 제작한 뒤 돌릴 수가 있다. 입지 조건이 좋다고 과신하지 말라. 음식점이 문 닫아야 할지 영업을 계속해야 할지는 개점 후 1개월 안에 결판이 난다. 개점일 10일 전부터 체계적으로 개점 이벤트를 차근차근 준비하는 것은 앞으로의 영업을 위해 무척 중요한 일이라 하겠다.

음식점 광고는 음식점에서

다른 광고와 달리 음식점 광고는 음식점의 내부에서부터 시작할 수 있다. 음식의 맛이 좋으면 그것은 가장 큰 광고가 된다. 개인의 취향에 따라 맛을 평가하는 기준이 다르기 때문에 이런 경우에는 자료를 이용해 객관적인 시야에서 접근을 유도할 수 있다. 어떤 음식을 "건강 보양식"이라는 자료를 근거로 광고를 하는 것이 좋은 예가 될 수 있다. "건강 보양식"이라는 자료는 중장년 고객에게 큰 효과가 있어 B+ 맛을 가진 음식도 A+로 인정하게 한다. 자료를 이용한 홍보 전략도 필요하지만 이쑤시개와 같은 사은품과 전단지를 돌리는 홍보 전략도 필요하다. 오픈일에는 나레이터 모델을 데려와 이벤트를 하는 프로모션 작업도 필요하다.

개업식에 멋진 화분을 가져다 놓는다

음식점의 개업은 그 지역에서는 하나의 큰 이벤트라고 볼 수 있다. 그래서 내레이터 모델이나 풍선이 등장하고 판촉물이 날개 돋히듯 나간다. 그런데 이런 이벤트는 사실 별로 중요하지 않다. 길어봤자 이틀만에 끝나는 이벤트이고 그후로는 잊혀지기 때문이다.

음식점의 개업 날에 볼 수 있는 이벤트 중에 가장 효과가 큰 것은 개업 화환이라고 할 수 있다. 개업식 화환이나 화분은 효과도 장시간 갈 뿐 아니라 알게 모르게 동네 사람들에게 음식점을 마음속에 각인시킬 수가 있다.

원래부터 인맥이 없어 아는 사람이 별로 없었던 Y씨는 올 봄의 개업식 때문에 많은 고민을 하였다. 명색이 개업식인데 달랑 화분이 2개 들어왔다. 그것은 같은 상가에서 먼저 입점한 사장님들이 보내온 화분이다. 한참을 고민하던 Y씨는 강남 터미널의 지하상가를 지나가다가 야자수가 울창한 대형 화분의 가격을 문의했다. 그런데 웬걸? 몇십 만 원을 호가할 줄 알았던 야자수 화분이 기껏 10만 원 정도밖에 하지 않았던 것이다.

바로 이거다! Y씨는 자비를 들여 화분 3개를 신청하였고 즉석에서 화분을 보내는 사람 이름을 가상으로 작성하였다. 그리고는 개업 날이 되었다. 오전이 되자 전에 계약했던 야자수 화분 3점이 음식점에 도착하였다. Y씨의 예측대로 점심 시간이 되자 몰려온 사람들이 은근히 화분에 눈길을 주는 것이 보였다.

"국회의원 000" "XX 네트워크 사장 000" "△△ 기업 사장 000"

행인들이 음식점 앞을 지나가면서 슬며시 화분에 쓰여진 보낸 사람의 이름을 살피는 모습을 보고 Y씨는 자신의 결정이 옳았음을 깨달았다. 단돈 30만 원을 사용해 동네 사람들에게 멋지게 눈도장을 찍은 것이다. Y씨의 그 화분들은 그후로도 한 달 동안이나 매장 안을 지켰다고 한다.

2 판매하는 음식 이름을 이용하자

음식 재료의 지명도를 이용한 광고 전략

한번 생각해 보자. 충남의 광천이란 읍에 가면 무엇이 유명할까? 광천하면 떠오르는 것이 광천 토굴 새우젓이다. 광천 토굴 새우젓은 충남 광천의 옹암리 일대가 유명하다. 한때 금광이었던 토굴을 이용해 새우젓을 숙성시킨 것이 맛이 유난히 뛰어나 그 이후부터 상인들이 토굴을 파기 시작해 40 개가 넘었고 이 토굴을 이용해 새우젓을 숙성시킨 것이 전국적으로 알려지기 시작해 충남 광천 새우젓은 명품이 되었다.

이번에는 영광 굴비에 대해 이야기를 해보자. 대형 할인마트에서 영광 굴비를 제일 쌀 때 구입하면 1만 원 안쪽으로 구입할 수 있다. 그러나 명절을 앞두면 다른 굴비의 가격은 제자리에 있어도 영광 굴비는 5배 이상 널뛰기를 한다. 영광 굴비의 가격이 명절을 앞두고 널뛰기하는 이유는 무엇일까? 바로 브랜드 값을 하는 것이다. 이처럼 음식마다 고유의 브랜드가 알려져 있다.

명절상에는 영광굴비가 최고!

음식점의 홍보 전략에서 익히 알려진 브랜드를 사용하는 전략은 가장 안정적인 광고 전략인 동시에 음식점의 신뢰도를 상승시키는 요인이 된다. 다음과 같은 예제가 있겠다.

"강릉 초당 두부의 손맛을 그대로 드립니다. 정말 맛있습니다." – 경기도 인천, 두부요리 전문점 광고

"경기미로 밥을 지었습니다." – 서울 동대문, 백반집 광고

"강원도 고랭지에서 무공해로 재배한 쌈밥을 준비했습니다." – 서울 논현동, 쌈밥집 광고

"전주 콩나물 국밥이 유명한 것은 전주 지방의 수질이 콩나물 재배에 가장 적합하기 때문입니다."
 – 전북 전주, 콩나물 국밥집 광고

"우리 고기 한우를 사용했습니다." – 서울 창동, 고기집 광고

"소스는 이태리산 재료를 수입해 사용합니다." – 서울 명동, 스파게티 전문점 광고

"저희 음식점은 매일 비행기로 공수해 온 제주산 은갈치를 사용합니다."
 – 서울 신사동, 갈치회 전문점 광고

어떻게 보면 간단한 아이디어 같지만 광고 효과로 보면 좋은 아이템이라고 할 수 있다. 저 정도면 음식점의 신뢰도가 높아지지 않을까? 이러한 광고는 메뉴판에 붙일 수도 있고 음식점 매장 내부에 프린터로 인쇄해 붙일 수가 있다. 영광 굴비를 이용한 광고도 만들 수가 있다.

"저희 음식점은 굴비 백반 전문점으로 영광 굴비만을 사용합니다. 맛있게 드세요."
 – 서울 종로 6가, 굴비백반 전문점의 광고

음식의 역사를 이용한 광고 전략

한식이나 양식이나 음식에는 그 음식만의 전통적인 역사와 발전 과정이 있다. 음식의 역사와 발전 과정을 메뉴판에 표시하여 고객들의 입맛을 돋우는 전략이 있다. 이 방법은 가장 효율적인 광고 방법이라 하겠다. 음식의 역사를 홍보하므로 객관적인 자료가 될 수가 있다.

예를 들어 건강보양식 민물 매운탕 전문점을 운영하고 있다고 가정해보자. 자료를 조사하면 이 민물 매운탕의 유래와 특징, 그리고 임금님이 즐긴 사실이 고증으로 남아 있다. 메뉴판을 제작하기 전에 미리 음식에 대한 역사와 특징을 조사한 뒤 메뉴판에 표시해주면 좋은 광고 효과를 이끌 수 있게 된다.

▣ 메뉴판 표시 내용
한방 건강식 메기 매운탕의 약용 효과에 대해 설명한다.
한방 건강식 메기 매운탕의 기원이나 역사 고증을 설명한다.
한방 건강식 메기 매운탕의 장점을 종합적으로 설명한다.

아쉽게도 요즘 젊은 사람들은 열심히 공부하기보다는 단편적으로 주워 들은 정보를 좋아한다. 물론 바쁘게 살다 보면 1년에 책 한 권도 읽지 않는 사람들도 있다. 이런 사람들은 이런 단편적인 정보들을 좋아한다. 별로 수고를 들이지 않고도 좋은 정보를 입수했기 때문이다. 이처럼 음식에 대한 좋은 자료를 메뉴판을 통해 알려주면 고객들과 그 음식은 보다 친밀감 있게 가까워질 것이다.

유명 주류 업체를 이용하면 무료로 메뉴판을 제작할 수 있다

음식점에서 벽에 붙어 있는 메뉴판을 보면 종종 유명 주류 업체의 이름이 들어가 있는 메뉴판을 만날 수가 있다. 예를 들면 백세주 광고가 삽입되어 있는 메뉴판이 그것이다. "이 음식점이 백세주 회사와 관련이 있나?" 아는 사람은 다 알지만 모르는 사람은 앞의 경우처럼 착각하기 마련이다. 유명 주류 업체의 이름이 삽입된 메뉴판의 제작 방법은 의외로 간단하다. 메뉴판을 주류 업체의 영업 사원들이 만들어주기 때문이다. 그 대가로 음식점 주인은 해당 영업 사원이 판매하는 술을 2박스 정도 더 사주면 된다.

역사 고증을 이용한
메기 매운탕 전문점의 메뉴판 제작 예제

```
 ● ● ● ●
 ● ● ● ●
섬진강 한방 메기 매운탕
대 35,000원 / 중 28,000원 / 소 20,000원
```

▣ 메기의 약용 효과

메기는 고단백인 동시에 철분의 함유량이 높을 뿐 아니라 지방질이 낮아 보혈 강정 및 보약의 으뜸으로 손꼽히고 있는 민물 고기이다. 메기는 DHA를 함유하고 있어 기억 증진 향상과 뇌세포의 활성화로 노인성 치매증을 예방하는 데 탁월한 효과가 있다. 또한 고혈압이나 심근 경색과 같은 심장병 증상과 여성 빈혈증 등에서 조혈제로도 널리 사용되고 있다. 피부에 이물질이 들어갔을 때 메기의 눈을 태워서 가루로 만들어 환부에 붙이면 곪지 않고 치료되는 효과가 있을 뿐 아니라 이질이나 치질로 인한 대변 출혈에는 메기에 파를 넣어 달여 먹으면 큰 효과가 있다. 생선뼈가 목에 걸렸을 때는 메기의 간을 먹으면 치료에 효과가 있듯 메기를 이용한 민간요법 또한 다양하게 많다.

▣ 메기의 역사 기록

메기에 대한 역사 기록은 풍부하게 남아 있다. 『식경(食經)』에 의하면 사지가 차고 저린 사람에게 메기를 먹이면 효과가 있다고 저술되어 있고 중국의 『본초강목』은 입이나 눈이 한쪽으로 돌아간 환자를 치료할 목적으로 메기의 꼬리를 잘라 붙이면 하루만에 정상으로 돌아온다고 기록되어 있다.

한편 메기는 한방에서 붓기를 가라 앉히거나 소변을 잘 나오게 하기 때문에 전신부종이나 복막염, 모유부족, 결핵증세와 같이 손발이 차고 가슴이 답답한 신체 허약자의 건강 보양식으로 알려져 있을 뿐 아니라 비뇨기 증세에 의해 하혈이나 항문병이 발생했을 경우 메기를 삶아 먹으면 탁월한 효과가 있다고 알려져 있다.

섬진강 메기요리 전문점의 메기 매운탕은 매운탕에 인삼, 대추, 황기, 당귀, 감초 등 12가지의 한약재와 표고버섯, 팽이버섯 등의 3가지 버섯류 그리고 미나리, 콩나물, 파 등 갖은 야채를 재료로 넣어 만든다. 또한 충주에서 유명한 민물 새우를 납품받아 넣기 때문에 메기의 맛이 담백할 뿐 아니라 그 국물 맛이 한 여름철에도 시원하다. 사시사철 최고의 보양음식으로 "섬진강 한방 메기 매운탕"은 으뜸이라 하겠다.

3   인터넷 게시판의 입소문이 중요하다

인터넷에서 추천 음식점으로 선정 관련 대처법

필자가 알고 있는 음식점의 80%는 인터넷 사용자들에게 음식점이 추천되었으니 홍보해주겠다는 조건으로 돈을 내라는 전화를 받았다고 한다. 이런 전화 중에는 C 신문사라는 이름을 파는 경우도 있다. 이런 전화는 철저히 무시하는 것이 좋다. 양식 없는 요리 관련 홈페이지나 포털 사이트의 영업 수단일 수도 있기 때문이다. 정상적인 포털 사이트라면 오히려 여러분에게 비용을 지불하고 접근해야 한다.

인터넷에서의 홍보 전략이 중요

앞에서 설명한 영업 방식이 아닌, 실제로 음식점을 다녀간 고객들이 인터넷의 음식 관련 게시판에 그 음식점에 대한 느낌을 호의적인 평가로 글로 올리는 경우가 있다. 고객이 글을 올려 음식점을 소개하면 십중팔구 음식이 맛있고 가격이 저렴하고 인테리어가 훌륭하다고 칭찬하는 경우가 많다.

이처럼 고객들이 자청해서 올린 게시판 평가는 음식점의 운영에 많은 도움이 된다. 몇몇 인기 있는 음식점들은 그 게시물을 읽고 찾아온 고객들로 바글바글한 경우도 있다. 고객들이 인터넷에 글을 올리는 경우는 다음과 같이 3가지로 나눌 수 있다.

맛있는 집 / 인테리어가 좋은 집 / 서비스가 친절한 집

이와 달리 고객들이 인터넷에서 음식점을 혹평하거나 평가 절하를 하는 경우도 있다. 이러한 일들은 대부분 고급 음식점에서 경험했던 불친절인 경우가 대부분이다. 또한 비용에 비해 맛이 형편없을 경우에도 혹평을 받게 된다.

음식점도 홈페이지가 필요할까요?

홈페이지를 제작하는 비용은 50만 원부터 시작해 기백만 원까지 천차만별이라 할 수 있다. 음식점 홈페이지는 보통 10페이지에서 20페이지가 적당한데 이 정도 규모의 홈페이지는 200만 원 정도의 비용이면 제법 고급스럽게 제작할 수가 있다. 음식점을 오픈한 후 영업적인 면이 어느 정도 정상 궤도에 올랐다면 인터넷에 홈페이지를 만들어두는 것이 좋겠다.

홈페이지에서 소개되는 내용은 기본적인 메뉴 소개, 약도, 연락처, 음식점의 특징, 인터넷 배달 주문 등이다. 지금 당장은 그 효과가 미미하겠지만 향후 5~10년 뒤에는 효과가 커질 수 있다. 특히 독자적으로 체인점 사업을 구상하고 있다면 홈페이지가 중요한 영업 수단으로 활용될 수 있을 것이다.

4   전단지와 스티커를 이용한 홍보 전략도 소중하다

광고 홍보물

S씨는 소규모의 한식 전문 음식점을 운영하고 있다. 월 600만 원의 순수익이 400만 원 수준으로 떨어지자 S씨는 뒤늦게 전단지 광고와 스티커 광고를 준비하기 시작했다. 개업 때부터 이러한 광고에 대해 관심이 없었던 S씨는 날이 갈수록 많아지는 비슷한 음식점 때문에 조바심이 났던 것이다.

특히 S씨는 스티커 광고물을 신경을 써서 제작했다. S씨가 운영하는 음식점의 매출 중 배달 음식이 20%를 차지하고 있었는데 S씨는 스티커 광고물을 이용해 배달 음식의 총매출의 50%대까지 올리고 싶었다.

S씨의 경우는 영업이 부진한 결과 광고물 제작에 들어간 사례라고 할 수 있다. 신규 음식점의 경우에는 개업 전부터 홍보물의 배포 작업이 필요하다. 전단지형 홍보물은 아침 신문에 끼워서 뿌릴 수 있고 스티커 홍보물은 아르바이트생을 고용해 뿌릴 수 있다. 피자 전문점 같이 주문 배달이 많은 음식점은 전단지 광고가 중요하고 중국집의 경우엔 스티커 광고가 중요하다.

전단지 배포 인건비

- ▣ 전단지 배포 가격 (기본 수량 400장~4000장)

  4천장 기준 1장당 45~60원 합 16만 원 (가가호호 현관문에 부착 방식)

- ▣ 포스터 부착 가격 (기본 수량 관계없음)

  서울 전 지역 : 장당 평균 250원 수준

- ▣ 맨투맨 배포 가격 (평균 4시간 배포)

  장소당 : 평균 5만 원 수준 (전단지의 배포 가격은 지역에 따라 5~10원 저렴한 곳도 있음)

재래시장 안에 위치한 피자 배달 전문점의 경우는 전단지 배포 비용이 만만치 않은 경우가 있다. 아무리 전단지를 배포하고 매출을 올려도 저렴한 가격으로 피자를 팔다 보니 수지 타산이 맞지 않는 것이다. 이런 경우에는 프라이드 치킨 같은 틈새 메뉴의 개발이 중요하다. 재래 시장에서는 프라이드 치킨이 피자보다 오히려 순이익률이 높기 때문에 수지 타산을 맞출 수가 있다.

5 유명한 음식점이라면 그것을 증명할 증거가 필요하다

신문에 기사가 났다면 반드시 기사를 스크랩하기

TV나 신문에 자주 등장하는 유명한 음식점들이 있다. TV 기자나 신문사 기자와 관계가 돈독했기 때문에 전파를 자주 타는 것은 아니다. 최소한 몇 년 전만 해도 TV나 신문에 나온 음식점들은 대부분 소문난 맛집일 경우가 많았고 그만큼 대단한 음식점들이 많았다. 그러나 최근에는 브로커의 도움을 받아 음성적으로 돈을 지불하고 신문이나 TV 전파를 타는 음식점들도 있다.

사실 방송국 PD나 신문사 기자들이 천재가 아닌 이상 전국의 맛집들을 모두 꿰차고 있는 것은 아니다. 이들도 인터넷이나 때로는 음식점을 다녀온 사람의 입소문을 통해 맛집에 대한 정보를 입수하는 경우가 허다하다. 그런데 요즘은 이러한 맹점을 이용해 브로커들이 음성적으로 활동하기도 한다. 이유야 어쨌든 음식점이 TV나 신문에 나올 수만 있다면 정상적인 한도 내에서 적극적으로 협조하는 것이 좋다. TV나 신문에 등장하는 것은 음식점이 할 수 있는 가장 큰 마케팅이기 때문이다. 실제로 TV나 신문에 음식점에 대한 기사가 나오면 매출이 최대 50%까지 높아질 수 있다.

　신문이나 TV에 나왔다고 해서 사람들이 그 사실을 알고 있는 것은 아니다. 그러므로 유명한 음식점이 되고 싶다면 그러한 사실들을 고객들에게 주지시키는 작업이 필요하다. 대부분의 사람들은 남이 인정을 안 하면 자신도 인정을 안 하고 남이 인정을 하면 자신도 인정하는 속성을 가지고 있기 때문이다.

◀ 남대문 갈치 조림 식당의 내부 광고. 축구 선수 이천수가 "체험 삶의 현장"을 녹화한 음식점으로, 신문 기사를 스크랩해 음식점 벽에 붙여 놓았다. 필자가 방문했을 때는 이 음식점에만 유독 손님이 많았다.

　서울 성북구에는 80년 전통을 가진 추어탕 집이 있다. 식민지 시대 때 생긴 이 음식점의 내부에는 80년 전의 식당 모습을 찍은 사진과 그 사진이 실려 있는 신문 기사들이 벽에 덕지덕지 붙어 있다. 스크랩된 신문 기사가 하도 많아서 대충이라도 읽으려면 30분도 부족할 지경이었다.

　이 음식점의 벽에 진열된 사진 중 백미인 것은 자전거를 타고 추어탕을 배달했던 1930년대의 사진이었다. 아무 생각 없이 붙여놓은 사진 같지만 그 사진들은 음식점이 오래되었다는 것을 증명하고 있었다. 그리고 아무리 목석 같은 고객이라 할지라도 그 사진 한 장을 보면 이 음식점이 오래된 전통을 가지고 있었음을 인정하게 된다.

　"음식점이 유명해져봤자 얼마나 유명해지겠어?" 사람들은 이렇게 말할지도 모른다. 그러나 매출이 50% 이상 높아진다면 당신은 어떤 선택을 하겠는가? 음식점을 홍보하는 방법에는 여러 가지가 있지만 사진이나 신문 기사, 그리고 TV에 나오는 방법처럼 멋진 홍보 방법은 없다고 하겠다. 왜냐하면 내일 당장부터 매출이 상승하기 시작할 것이기 때문이다.

6   직영점이나 체인점 자체가 가장 큰 광고 효과를 가진다

일단 월 순수익이 500만 원 이상이 되면 체인점을 내도 무방하다. 겨우 그 정도의 순수익에 체인점을 낸다고? 걱정하지 말자. 앞에서 설명했듯 평수를 두 배로 늘리면 월 순수익 1천만 원에 육박할 수 있는 것이 바로 음식점 장사의 묘미이기 때문이다.

체인점을 개설하면 두 음식점의 매출이 동반 상승할 여지가 생긴다. 실제로 몇몇 음식점들이 장사에 성공하면 가족이나 친지에게 노하우를 전수한 뒤 같은 이름으로 다른 동네에서 음식점을 오픈하는 경우가 있다. 동일한 이름에 동일한 음식을 제공하는 음식점이 2개면 그게 바로 체인점이 될 수 있다.

따지고 보면 식당업을 처음 하는 사람들은 장사가 아무리 잘되어도 광고나 역량 등의 부족으로 체인점 사업을 할 여력이 없다. 그렇다면 친척이나 가족들을 동원하라. 5천만 원 투자에 월 순수익 500만 원이라면 누구든 한 번쯤은 관심을 가지게 될 것이다. 더구나 친척간이니까 영업 노하우를 감출 이유도 없다. 이렇게 하나둘씩 친척이나 아는 사람에게 노하우를 전수하다 보면 전국적으로 체인화가 가능해진다.

음식점은 체인점이나 직영점을 소유하고 있다는 것 자체에 가장 큰 광고 효과를 가지고 있다. 얼마나 맛있는 집이면 체인점이 생길까? 사람들은 그렇게 생각한다. 분점이 파생되므로 전에 없던 음식점에 대한 지명도가 생긴다. 식자재를 같이 구입할 수 있고 이로 인해 비용을 절감할 수 있다. 메뉴 개발을 공동으로 할 수 있고 노하우를 공동 관리할 수 있다. 이런 효과로 인해 매출을 동반 상승시킬 수 있는 것이 체인점의 강점이다.

돈을 더 벌고 싶다면 체인점 본사를 만들고 체인점 가맹 사업을 하는 것도 좋다. 체인점 가맹 사업이 과연 장사가 될까? 외국의 분석에 의하면 한국에는 10억 원 이상의 현금을 가진 백만장자가 약 5만 명 존재하고 있다. 작은 음식점을 개업하는 데 필요한 1억 원 정도의 돈을 가진 사람이 그만큼 많다는 뜻이다.

그러나 체인점 사업은 말 그대로 중소기업형 사업이 된다. CI 작업이나 캐릭터를 제작하고 홍보 작업도 해야 한다. 가맹점이 300개 정도로 꽉 차면 포화상태가 되어 체인점 사업을 접을 수도 있다. 그러나 이 사업은 더 큰 사업으로 발전할 수 있다. 외식사업이 되어 학교와 기업 식당에 식자재를 납품할 수도 있고 냉동/반가공 제품을 만들어 시장에 판매할 수도 있다. 소규모의 음식점인 경우는 체인점이 있다는 사실 하나만으로도 광고 효과가 크다는 것을 명심하자.

part

4

투자비와 종목별로
음식점 살펴보기

Chapter
01
0원부터 1억 원까지
투자비별 음식점 정보

1 투자비 0원의 맨손 음식점 창업하기

왕김밥 노점판매/배달판매

■ 개요

투자비 0원으로 판매하는 음식이라면 김밥장사가 있을 것이다. 왕김밥 노점판매는 김밥을 말아 출근 시간에 맞추어 유동 인구가 많은 역세권에서 판매를 하는 것을 말한다. 왕김밥 배달판매는 저녁 시간 이후 PC방을 전전하며 김밥을 파는 것을 말한다. 김밥은 직접 만들거나 1천 원 김밥집에서 200원 더 주고 왕김밥으로 큼직하게 만든 것을 구매하여 2천 원에 판매한다.

■ 직원 수

초기에는 김밥집에서 떼어 판매하지만 1일 매출이 4~5만 원 이상 넘어가면 직접 만들어 판매한다.

▣ 개업 현황

의외로 서울 강남 같은 오피스 밀집 지역에 출근 시간에 맞추어 노점판매를 하는 사람들이 많다. 오피스, 역세권, 대학가 입구에서 판매한다.

▣ 입지 조건

오피스빌딩이 많이 모여있는 곳에서 출근 시간에 맞추어 젊은 여성들에게 판매한다. PC방이 많이 몰려있는 곳에서 3~4시간 정도 돌아다니며 판매한다.

▣ 메뉴 구성

왕 김밥 / 왕 매운 김밥 / 왕 참치 김밥
한 줄을 2천 원에 판매해야 하기 때문에 기존 김밥과 차별화를 두기 위해 조금 두툼하게 만든다.

▣ 매출 전망

일단 PC방 판매부터 시작해본다. 남자들이야 PC방 사정 뻔히 알고 있으니 일단 노점상보다 장사에 유리하다. 일단 단골 PC방에 들려 사정 이야기를 하고 손님들에게 김밥을 판매하고, 그 옆 PC방으로 이동해 판매한다. 한 군데서 2~4줄을 판다고 가정하면 열 군데 PC방을 돌면 20~40줄을 판매할 수 있다.

한 줄에 2천 원에 판매하므로 평균 1천 원 남는다고 가정하면 PC방 서너 시간 돌면 3~5만 원 순이익이 발생한다. 사업이 잘 되면 아예 PC방 카운터에 직접 납품할 수도 있는데 도중에 포기하지 말고 종잣돈 1천만 원을 만들 때까지(예상 기간 1년) 장기간에 걸쳐 사업을 벌인다. 노점상의 경우 맛이 알려지면 아침마다 단골 손님이 생기므로 장사가 쉬워진다. 차츰 여유가 생기면 요구르트 같은 것을 서비스로 주는 것도 좋은 방법이다.

▣ 개점 비용

필요 없음. 아이스박스 같은 보온통 정도만 준비하면 된다.

2 투자비 2천만 원 이하

호떡/떡볶이/호두과자/꼬치구이/다코야키 & 케밥 트럭노점상

▣ 개요

호떡집은 계절을 타고 떡볶이집은 4계절 내내 꾸준하다. 호두과자 전문점은 최근 서울에서 뜨고 있는데 유치원, 초등학교, 병원 등이 많은 곳에서 개업하면 단체 납품도 가능해진다.

▣ 입지 조건

1~2평 남짓한 공간만 있으면 개점이 가능하다. 재래시장, 대학가, 번화가를 끼는 것이 좋다.
가판형(스낵카 또는 포장마차형) 호떡 전문점이나 떡볶이 전문점은 이동에 용이하나 목이 좋은 자리를 확보하는 작업이 필요하다.

▣ 개점 비용

1~2평 남짓한 공간에서 시설비는 보통 300만 원 안쪽이다. 호떡집이나 떡볶이집은 4구 화구가 기본으로 어묵, 떡볶이, 순대, 튀김 등을 함께 판매할 수 있다. 가판형 호떡 스낵카는 서울 황학동 식당 골목 등에서 전문적으로 제작 판매한다.

다마스나 봉고와 같은 차량형으로 제작할 경우엔 저렴한 햄버거와 샌드위치를 판매하는 전략으로 나가는 것이 좋다. 이런 차량형 포장마차는 심야 또는 새벽 시간에 유동 인구가 많은 지역에서 영업하는 것이 좋다. 소도시에서는 주로 번화가나 나이트 클럽이 모여있는 입구를 노린다. 여름철에는 햄버거와 샌드위치를 푸짐하게 해서 2,000원 안쪽으로 받고 겨울철에는 어묵 등을 동시에 판매하면 장사가 잘된다. 요즘은 다코야키 & 케밥 트럭노점상이 붐을 일으키고 있다.

백화점이나 대형 상가에 입점하는 호떡집이나 떡볶이집은 냉장고 등의 부대 시설과 용기 포장기 등의 기기가 필요해 경비가 1천만 원 이상으로 높아진다.

▣ 체인점 현황

호떡 체인점 등은 각 지방마다 군소 업체가 난립하고 있다.

1천 원 왕찐빵 & 왕만두 전문점

■ 개요

과거에 인기를 얻다 사라졌는데 요즘 다시 등장하고 있다. 왕찐빵이나 왕만두, 왕매운만두를 1개 1천 원에 테이크아웃 방식으로 판매한다. 주방을 매장 앞에 오픈해 만두나 찐빵 만드는 과정, 찜통에서 쪄내는 과정까지 고객에게 보여준다. 테이크아웃용 포장용기나 봉지 등을 세련되게 만든다.

■ 메뉴 구성

왕만두(1,000원) / 왕매운만두(1,000원) / 왕잡채만두(1,000원) / 왕피자만두(1,000원) / 왕찐빵(1,000원)

■ 직원 수

부부가 운영하기에 딱이다. 장사가 잘되면 주방에 만두를 만드는 사람이 1~2명 정도 더 필요하다.

■ 개업 현황

최근 부도심의 번화가에서 꽤 많이 보이고 있다.

■ 입지 조건

젊은이, 여성 직장인, 여성 중장년층, 남성 중장년층이 주요 고객이므로, 이들 유동 인구가 많은 지역에 로드숍 방식으로 창업한다. 부도심의 유동 인구가 많은 곳, 지하철 이용객이 몰리는 역세권도 좋은 입지 조건이 된다.

■ 개점 비용(건물 임대료 별도)

2천만 원 이하

■ 주의점

만두피에 신경을 쓴다. 재료비 아끼려고 만두피를 두껍게 하면 바로 점수를 잃기 때문이다.

■ 체인점 현황

전국적으로 프랜차이즈를 벌이는 업체는 없지만, 각 지방마다 소규모 프랜차이즈를 하는 업체들은 간혹 있다.

도시락 배달음식 전문점(생선가스 전문)

▣ 개요

투자비 2천만 원 이하로 음식점을 창업하려면 아무래도 만만한 것이 배달음식 전문점이다. 필자가 추천하는 아이템은 '생선가스'인데 일단 직장인들에게 잘 먹히는 아이템이다. 잘만 하면 시쳇말로 빌딩 세울 수 있는 아이템이므로 '생선가스'와 '고소한 소스' 개발에 최선을 다한다.

▣ 직원 수

주방 1~2명, 홀 및 배달사원 1~2명이 필요한데 장사가 잘되면 5명 이상의 직원이 필요할 수도 있다.

▣ 개업 현황

여러 가지 음식을 도시락 방식으로 판매하는 경우는 있어도 생선가스를 전문으로 하는 도시락 배달음식점은 별로 없다.

▣ 입지 조건

부도심 상권이나 동네 상권 중 2~5층 상가가 몰려 있는 다운타운이 좋은 입지 조건이 된다. 재래시장, 가내수공업 공장 지역, 2~5층 사무실 밀집 지역, 역세권 또한 좋은 입지 조건이 된다. 상가 지역이나 2~5층 사무실 밀집 지역, 가내수공업 출근자들은 대부분 점심 식사를 배달로 시켜먹기 때문에 장사하기 딱 좋다.

▣ 개점 비용(건물 임대료 별도)

1천만 원 이하(배달 음식점이므로 인테리어 비용 필요 없음, 오토바이 1대 필요)

▣ 메뉴 구성

· 생선가스 도시락(5,000원~5,500원) : 생선가스, 밥, 김치, 채소류 반찬2, 멸치류 반찬1,
  샐러드 반찬1, 조림류 반찬1, 김, 국물

· 제육덮밥 도시락(4,500원~5,000원) : 제육덮밥, 들기름볶음김치1, 채소류 반찬2,
  멸치류 반찬1, 샐러드 반찬1, 조림류 반찬1, 김, 국물

· 옛날 소시지 & 계란프라이 도시락(5,000원~5,500원) : 소시지, 밥, 계란프라이, 들기름볶음

김치1, 채소류 반찬2, 멸치류 반찬1, 샐러드 반찬1, 조림류 반찬1, 김, 국물

· 도시락 정식(6,500원) : 생선가스, 함박스테이크, 밥, 김치, 채소류 반찬2, 멸치류 반찬1, 샐러드 반찬1, 조림류 반찬1, 김, 국물

> 생선가스를 전문으로 하는 집으로 명성을 쌓기 위해 돈가스를 판매하지 않는 것이 좋으며 대신 육류를 좋아하는 사람들을 위해 제육덮밥을 하는 전략이다. 생선가스는 동태를 사용한다.

한식 배달 전문점

▣ 개요

한식 배달 전문점으로서 성공할 생각이라면 정확한 시장 조사와 입지 배후 조사가 필요하다. 예를 들어 가내 공장 2~5개를 단골 고객으로 확보할 수 있는지 그 지역의 가내 공장 상태를 정확하게 조사하는 작업이 필요하다. 한식 배달 전문점은 가내 공장 지역과 상가가 많은 지역이 최우선 관찰 대상이고 그 지역에 입점이 완료되면 광고 전단지를 이용해 홍보에 박차를 기해야 한다. 물론 홍보한 만큼 음식의 맛도 좋아야 한다.

▣ 직원 수

한식 배달 전문점은 대부분 10평 규모의 음식점들이다. 직원은 주방 1명, 홀 1명 정도가 필요하고 배달은 남편이 담당하는 경우가 많다. 가내 공장이 많은 지역에서는 점심 시간에만 200그릇을 소화하는 음식점도 있는데 이 정도의 규모라면 홀 직원을 더 고용해야 한다.

▣ 개업 현황

골목길에 있는 음식점들은 20%가 인근 가내 공장을 끼고 영업을 한다고 봐야 하기 때문에 한식 배달 전문점이라고 볼 수 있다. 서로 경쟁을 하다 보면 고객을 뺏고 뺏기는 상황이 되므로 음식 맛을 높여 고정 고객을 계속 만들어 가는 것이 좋다. 업주가 부지런하고 단골 고객이 다수 확보되면 의외로 돈벌이가 짭짤하다.

▣ 입지 조건

가내 공장 지역, 상가 지역, 사무실 지역, 전문 시장 지역이 좋은 입지 조건이 된다. 동대문 시장처럼 전문 상가 지역은 상당히 좋은 입지 조건이 되므로 상가 주위에 10평 규모의 빈 점포가 있는지 찾아보는 것도 좋은 방법이다.

▣ 개점 비용(건물 임대료 별도)

1천만 원 이하에서 창업 가능(인테리어 없이 식탁과 의자 구입비 적용)

1천 500만 원 이하에서 개점 가능(인테리어 없이 식탁과 의자 구입비 적용)

▣ 매출 전망

하루 매상 40만 원의 경우 400만 원 정도의 월 순이익이 발생한다. 입점한 지역이 가내 공장 지역이 아닌 상가 지역이면 음식의 단가를 높여 순이익률을 높일 수 있다.

▣ 체인점 현황

한식 배달 아이템으로 체인점 사업을 하는 업체는 현재 없다. 도시락 배달 전문점이 한식 배달 전문점의 변형이긴 하지만 점포의 배후 조건이 좋으면 도시락 배달 전문점보다 한식 배달 전문점이 더 유리하다 하겠다.

퓨전 음식 배달 전문점

▣ 개요

생선가스 배달 전문점과 비슷하지만 한식과 일식이 혼합된 퓨전 음식 배달 전문점이다. 예를 들어 생선가스 한 도막, 돈가스 한 도막 등으로 도시락을 꾸미고 반찬과 스파게티 샐러드를 내온다. 일본식 주먹밥으로 도시락을 꾸미거나 스파게티로 도시락을 꾸밀 수도 있다. KTX 열차에서 볼 수 있는 홍익회의 7천 원짜리 도시락과 편의점표 도시락을 예로 들 수 있을 것이다. 그런데 이들 도시락은 한식에 가까운 상차림이므로 일본식에 가까운 도시락을 연구하는 것이 좋다. 메인 식사로 돈부리 등을 제공하고 디저트로 회초밥 몇 개, 스파게티 한 입 정도의 양을 제공하는 도시락을 꾸며볼 수도 있다. 젊은 사무직 여성들이 많은 사무실 밀집 지역이나 쇼핑몰 밀집 지역에서 영업하면 효과가 있을 것이다.

■ 직원 수

역시 배달 전문점이므로 10평 규모의 점포에서도 창업이 가능하다.

■ 개업 현황

국내에는 퓨전 음식 도시락 배달점이 별로 없다. 일본에서는 최근 일본 가정식 도시락점이 붐을 이루고 있다.

■ 입지 조건

여성 사무직 인구가 많은 지역에 창업하는 것이 좋다. 예를 들면 의류 쇼핑몰 같은 쇼핑센터 주변이 괜찮다.

■ 개점 비용(건물 임대료 별도)

1천만 원 이하(5평형, 인테리어 없이 식탁과 의자 구입비 적용)
4천만 원(15평형, 인테리어 구축한 경우)

■ 매출 전망

가격을 일반 한식에 비해 500원~1천원 정도 더 비싸게 판매할 수 있다.

■ 체인점 현황

퓨전 도시락 배달 전문의 체인점은 국내에 아직 없다.

3,500원 24시간 기사식당(돈가스 + 돌솥비빔밥 + 카레라이스 + 제육덮밥)

■ 개요

기사식당이지만 흔히 보는 기사식당이 아닌 3,500원 균일가의 기사식당이다. 돈가스, 돌솥비빔밥, 카레라이스, 제육덮밥 4가지만 취급하는데 운영비를 줄이기 위해 모든 음식을 셀프 방식으로 운영한다. 예를 들어 돈가스를 튀기고, 돌솥비빔밥을 만들고, 카레라이스를 만드는 것은 주방에서 하지만 반찬이나 국물을 가져가는 것은 셀프이다.

▣ 직원 수

주방에 2~3명이 필요하다. 셀프로 반찬을 가져가도 그릇을 반납하는 것을 잊어버리는 손님들이 많으므로 주방에서 일하는 사람 중 한 명이 때때로 홀에서 손님을 돕기도 한다. 보통 빈 그릇을 주방으로 가져오거나 테이블을 닦는 작업을 해야 한다.

▣ 개업 현황

IMF 이후 자취를 감추었다가 최근 서민 경제가 악화되면서 다시 등장하고 있다. 24시간 김밥집이 히트쳤을 때 밥값을 아끼려는 택시기사들이 김밥집을 많이 이용했으나 지금은 맛 때문에 24시간 김밥집을 포기하였는데, 그런 기사들을 고객으로 끌어들일 수 있다.

▣ 입지 조건

택시 왕래가 빈번한 대로변이 좋은데 일단 점포 앞에 차를 세울 수 있는 갓길이나 주차 시설이 있어야 한다. 점포 크기는 20평 규모가 좋다.

▣ 개점 비용(건물 임대료 별도)

20평형, 2천만 원 이하에서 창업 가능(주방설비, 간판, 의탁자 외 인테리어 비용이 들지 않는다.)

▣ 메뉴 구성

돈가스 정식 / 제육덮밥 정식 / 카레라이스 정식 / 돌솥비빔밥 4가지만 취급(3,500원 균일가)

▣ 매출 전망

24시간 영업을 해야 한다. 특화된 앞의 4가지 음식을 3,500원 균일가로 제공한다. 조리는 주방에서 하고, 반찬이나 국물은 셀프로 담아가는 방식을 취한다. 기본 반찬 3가지가 제공되는 반찬 냉장고, 국물이 들어있는 보온밥통, 밥이 들어있는 보온밥통을 셀프로 리필 가능하도록 홀에 배치한다.

번화가에서는 택시 기사들이 주요 고객이지만 의외로 그 지역 담당 교통경찰이나 전경들이 많이 찾기도 한다. 일단 교통경찰이나 전경들 10여 명이 점심 시간에 찾도록 만들면 매일 3만 5천 원의 추가 매출이 발생할 수 있으므로 교통경찰 활동이 많은 사거리 신호등 요충지 부근 도로변에 창업한 뒤 식권을 발행하는 방법도 생각해볼 만하다.

4,500원 무제한 리필 어머니표 가정식 식당

▣ 개요

백반집인데 모든 음식을 4,500원 균일가로 제공한다. 돈가스, 순두부백반, 돌솥비빔밥, 카레라이스, 동태찌개백반, 제육덮밥, 스파게티, 볶음밥류의 음식을 가정식 백반 방식으로 판매한다. 학원가나 고시촌, 대학가 등 재수생이나 고시생이 많은 고시원 부근에 창업한다. 고시원과 연계해 식권을 발행하는 전략을 취한다.

▣ 직원 수

한식 특성상 주방에 2~3명이 필요하고 홀에는 2명 내외가 필요하다. 장사가 잘되면 더 많은 인원이 필요하다.

▣ 개업 현황

일부 고시촌에 비슷한 방식으로 영업하는 가정식 식당이 있지만 균일가로 판매하는 음식점은 별로 없다.

▣ 입지 조건

일단 학생들이나 직장인, 자취생이 많은 곳에 창업한다. 가정집을 개조해 창업해도 좋다.

▣ 개점 비용(건물 임대료 별도)

20평형, 2천만 원 이하에서 창업 가능(주방설비, 간판, 의탁자 외 인테리어 비용이 들지 않는다.)

▣ 메뉴 구성 : 4,500원 균일가(밥과 반찬은 무제한 리필)

등심돈가스 / 카레돈가스 / 치즈돈가스 / 왕돈가스 / 고구마돈가스 / 생선가스
뚝배기순두부백반 / 동태찌개백반 / 돌솥비빔밥 / 스파게티 / 크림스파게티 / 치즈김치볶음밥
철판볶음밥 / 돌솥치즈비빔밥 / 왕매운라면+공기밥1 / 계란라면+공기밥1 / 만두라면+공기밥1
소시지백반정식 / 계란찜정식 / 낙지덮밥 / 오징어덮밥 / 참치김치찌개 / 새우볶음밥 / 회덮밥
뚝배기불고기 / 육개장 / 치킨오므라이스 / 철판데리야끼함박스테이크 / 냉면 / 퓨전라볶이
저녁 시간에는 두부와 소면(7천원), 황태구이(7천원) 등의 안주류와 주류 및 음료를 판매한다.

시장 닭집 & 곱창집

▣ 개요

생계형의 시장 닭집을 말한다. 닭으로도 먹고 사는 데 지장이 없지만 생닭, 프라이드치킨, 양념치킨, 삼계탕 재료, 영계백숙 재료 외에 매출을 높이기 위해 곱창볶음을 테이크아웃으로 가져갈 수 있도록 시스템을 구축한다. 시장표 닭집이지만 간판도 깔끔하게 부착하고 어느 정도 쾌적한 환경으로 점포를 꾸민다.

▣ 직원 수

부부가 같이 운영하는 경우가 많은데 부인은 조리를 담당하고 남편은 배달을 담당한다. 테이크아웃 곱창볶음이 맛있다고 소문나면 이것으로 1일 매상 10~20만 원 더 올릴 수 있다.

▣ 개업 현황

재래시장마다 1~3곳씩 영업하고 있다.

▣ 입지 조건

일단 유동 인구가 많은 재래시장에 입점한다. 서울의 재래시장도 좋지만 지방 도시나 인구 10~20만 규모의 군청소재지의 대형 상설시장 내에서 창업해 보는 것도 생각해볼 만하다. 일단 독점 가능한 시장이 있나 조사를 해본다.

▣ 개점 비용(건물 임대료 별도)

10평형, 2천만 원 이하에서 창업 가능

▣ 메뉴 구성

곱창볶음 테이크아웃(7,000원) / 생닭(시가) / 거인프라이드치킨(12,000원)
거인양념치킨(13,000원) / 거인반반치킨(후라이드&양념, 13,000원)
삼계탕 재료, 영계백숙 재료, 오골계 재료, 오리고기(시가)

▣ 매출 전망

시장 내에서 장사가 잘되거나 독점을 하는 상황이 되면 수익이 짭짤하다. 통닭 장사는 원래 유행을 안타므로 수익이 일정하게 계속 발생하는 반면, 몸이 많이 고달프다. 그러므로 일정 목표 금액을 정해놓고 딱 5년 고생한다는 각오하에 열심히 장사하는 것이 좋다. 대도시보다는 중소도시의 재래시장을 노리는 것이 좋다.

김밥 전문점

▣ 개요

지난 10년간 국내에서 큰 인기를 얻었던 1천 원대의 저가 김밥집들이 재료비 및 인건비 상승으로 김밥 값을 올리면서 된서리를 맞았는데 그 와중에 편의점 도시락이 출시되면서 엎친 데 덮친 격이 되었다. 그러나 저렴한 비용으로 한 끼를 해결할 수 있다는 이미지가 있으므로 젊은 층 유동 지역에서는 아직도 유효한 브랜드이다. 물론 1천 원 김밥집들은 맛이 천차만별이므로 손맛 좋은 주방장을 고용하는 것이 필수다. 1천 500원~3천 원대 김밥을 판매하는 중·고급 김밥 체인점들은 음식 맛도 어느 정도 있고 매뉴얼이 제공되므로 초보자들도 운영하는 데 큰 어려움이 없다.

▣ 직원 수

점포의 크기는 10평부터 가능하지만 유동 인구가 많은 지역이라면 15평 이상이 좋다. 20평 규모에서는 주방 1~3명, 홀 및 배달을 담당한 직원 2~4명이 필요하다. 홀 직원 중 한 명은 즉석 김밥을 말아주는 역할을 한다.

▣ 개업 현황

앞에서 말했듯 중·고급 김밥 체인점이 아닌 저가 김밥 체인점들은 발등에 불이 떨어진 상태이다. 이른바 김밥천국이란 브랜드가 수없이 난립하면서 맛이 통일되지 않았고 게다가 동네 편의점마다 맛있는 도시락들이 상륙하여 이젠 편의점 도시락과 싸우는 양상이다. 김밥천국 체인점들은 요즘처럼 식도락 위주의 세상이 된 이상 가격과 손 맛, 품질을 높이는 것이 최우선 과제가 되었다.

▣ 입지 조건

가격이 저렴한 것이 입지 조건을 가리지 않는 최상의 무기라 할 수 있다. 번화가, 대학가, 상업 지구, 업무 지역, 역세권, 부도심, 주택가 옆 도로변 등 어느 지역에서도 창업이 가능하다. 또한 아파트 단지와 단독 주택이 많은 주거 지역에서도 도로를 끼고 있으면 오픈이 가능한 것이 김밥 전문점의 특징이다. 주거 지역에서도 인기 있는 이유는 맞벌이하는 주부나 밥하기 싫은 주부, 갓 결혼한 젊은 부부들, 자취생들이 주된 고객이기 때문인데, 편의점 도시락이 등장하면서 조금 타격을 받는 상태이다.

▣ 메뉴 구성

김밥류(브랜드 김밥, 누드 김밥, 김치 김밥, 야채 김밥, 쇠고기 김밥, 참치 김밥, 꼬마 김밥, 모듬 김밥 등) / 면류(쫄면, 우동류, 라면류) / 밥류(순두부 백반, 된장찌개 백반, 김치찌개 백반 등) / 기타 만둣국 등의 분식류

갑자기 몇 년 사이에 편의점 도시락이 더 싸고 눈부시게 발전하고 있다. 개인적으로 김밥집을 하고 있다면 메뉴 개발에 더욱 신경 써야 한다. 가격을 더 이상 낮출 수 없으므로 편의점 도시락을 이길 수 있는 신메뉴 개발이 필요한 것이다. 예를 들면 순두부와 비빔밥을 같이 먹을 수 있는 메뉴 등이 있다.

▣ 매출 전망

월 매출액은 재료비 35%~40%, 인건비 및 임대비 30%~40%, 순이익 25%~35%로 볼 수 있다. 1일 매출 40만 원이면 월 순이익 200~300만 원, 1일 매출 90만 원이면 월 500~600만 원 순수익이 가능하다.

▣ 개점 비용(건물 임대료 별도)

개인 : 10평형 2,500만 원, 20평형 4,000만 원
체인점 : 10평형 3,000만 원, 20평형 4,500만 원

▣ 체인점 현황

김밥 체인점에 가입하려면 가맹비로 보통 5백만 원이 필요하다. 주방 설비는 평균 1천만 원 정도를 투자해야 하고, 인테리어 비용은 평당 130만 원 정도 소요된다.

업체명	가맹비 및 개점 비용	업체 특징
 **김가네 김밥** 서울시 광진구 구의동 219-25 TEL : (02) 923-7127	**10평형 기준 (점포형)** 가맹비 : 5,000,000원 보증금 : 2,000,000원 인테리어 : 13,000,000원 주방 시설 : 10,000,000원 간판 : 3,000,000원 합계 : 3천 3백만 원 안팎 · 창업자금지원 이용 가능	김밥 & 분식 프랜차이즈 분야에서 업계 1위이다. 1994년 한국형 패스트푸드의 선두 주자로서 대학로에 본점을 오픈하여 '즉석김밥'이란 용어를 창출한 업체이다. 현재 서울에만 180여 가맹점, 전국에 약 500여 가맹점이 있다. 김밥 프랜차이즈 중에서 비교적 맛이 좋은 업체로 소문났다.
 **종로김밥** 서울시 강동구 길동 411-4 길동빌딩 2층 (주) 제이알 TEL : (02) 447-1154	**10평형 기준 (점포형)** 가맹비 : 5,000,000원 보증금 : 2,000,000원 인테리어 : 13,000,000원 주방 설비, 간판, 의탁자 : 8,500,000원 냉, 난방기 : 2,000,000원 초도집기 : 2,000,000원 가스 설비 : 1,700,000원 합계 : 3천 2백 20만 원 안팎	1994년 종로 2가에서 1호점을 오픈한 이후 현재 전국에 400여 체인점이 있다. 1999년에는 미국 LA에 체인점을 두었다. 10여 종류의 김밥 메뉴와 분식류, 만두류, 밥류, 계절 메뉴를 판매한다.
김밥천국 (주)정다믄 서울시 관악구 신림본동 1641-26 원정빌딩 302호 서울가맹상담 TEL : (02) 882-8222 부산가맹상담 TEL : (051) 811-1085	**10평형 (점포형)** 가맹비 : 3,000,000원 인테리어 : 주인 직접 또는 별도 주방 집기류 : 주인 직접 또는 별도 간판 : 2,000,000원 가구 : 2,000,000원 오픈판촉비 : 1,500,000원 합계 : 8백 50만 원/3천만 원 안팎 (인테리어 등 모두 포함 시) **20평형 (점포형)** 합계 : 4천 200만 원 안팎(인테리어 등 모두 포함 시) · 창업자금지원 이용 가능	1995년 인천 주안동에서 최초로 개점한 김밥천국은 김밥천국, 김밥나라, 김밥타운 등의 상표명으로 알려져 있다. 2001년 김밥천국, 김밥나라, 김밥타운 등을 합작해 체인 본부를 설립했고 현재 전국에 300여 가맹점이 있다. 국내에서 김밥 체인점 붐을 일으킨 업체이다. 최근 추세에 맞게 카레 메뉴와 스파게티 메뉴, 죽 메뉴를 보강하였다. (김밥천국 검정색 간판)

업체명	가맹비 및 개점 비용	업체 특징
 **김밥천국** (주)한우리 서울시 서초구 서초동 1668-17 하이센스빌딩 4층 TEL : (02) 584-1212	가맹비 무료 모든 시설 주인 직접 저렴한 비용으로 식자재 공급	1997년부터 체인 사업을 시작한 김밥천국의 또 다른 브랜드로 (주)한우리에서 운영한다. 김밥천국 유사 상표의 난립으로 맛을 유지할 수 없고 정상적인 매장 운영을 못하는 바 가맹비를 받지 않고 창업을 도와주고 있다. (김밥천국 주황색 간판)
 **충무김밥 & 맛죽** 서울시 중랑구 망우동 503-10 (주) 한국사람들 FSC TEL : (02) 444-9300	**10평형 (점포/매장형)** 가맹비 : 5,000,000원 인테리어 : 13,000,000원 주방 집기류 : 10,000,000원 간판 : 3,000,000원 부자재 : 별도 합계 : 3천 100만 원	충무김밥은 경남 통영 항의 할매 김밥집에서 유래되었다. 맨밥에 김을 싸고, 꼴뚜기 무침, 무김치를 별도로 내어 온 것이 현재의 충무김밥이다. 현재 충무김밥은 여러 업체가 체인점 사업을 벌이고 있는데 그중 가장 먼저 프랜차이즈 사업을 벌인 업체로 전국에 140여 가맹점이 있다. 또한 서울 중랑구에 공장, 경기도 남양주에 물류센터를 보유하고 있다.

※ 각 업체 가맹비 및 개점 비용을 비롯하여 각 정보는 변동이 있을 수 있으니 홈페이지를 통해 정확한 정보를 확인하도록 한다.

> 김밥천국은 현재 5~10여 개 업체가 프랜차이즈 사업을 벌이고 있으므로 창업 시 주의해야 한다. 재료는 본사에서 공급받지만 주방장에 따라 맛의 차이가 심하므로 손맛 좋은 주방장을 구해야 한다.

국수 전문점

■ 개요

말 그대로 멸치 국수를 판매하는 음식점이다. 소자본 창업 시 눈여겨볼 만한 것이 옛 맛을 떠올리게 하는 음식들인데 그중 멸치국수를 빼 놓을 수 없다. 단 반드시 여성들이 많은 최고 번화가를 노려야 한다. 번화가 뒷골목에 5평~10평 규모로 창업한 뒤 멸치 국물과 김치 맛에 신경 쓰면 1년 내 투자금을 뽑을 수 있을 뿐 아니라 의외로 돈도 많이 벌 수 있다.

■ 직원 수

부부가 함께 운영하는 실속형이 좋다. 5평~10평 크기에서 주방 1, 홀 1명 정도 필요하지만 장사가 잘되면 5명까지 필요하다.

■ 개업 현황

서울 공릉동 국수 골목처럼 국수만 파는 곳이 꽤 있지만 유동 인구가 많은 번화가 지역에는 잘 보이지 않는다.

■ 입지 조건

젊은이, 여성 직장인, 여성 중장년층, 남성 중장년층이 많은 번화가 지역, 이를 테면 쇼핑센터나 의류센터가 몰려 있는 지역의 최고 요충지에 있는 뒷골목에서 저렴한 점포를 물색하고 입점한다.

■ 개점 비용(개인)

5평~10평형, 2천만 원 이하(건물 임대료 별도)

■ 메뉴 구성

멸치국수 : 3,000원 / 비빔국수 : 3,000원 / 물냉면 : 4,000원 / 비빔냉면 : 4,000원

■ 매출 전망

번화가에서 박리다매로 판매하는 전략을 구사하는데 하루 300명의 손님이 방문하면 월 1천만 원 이상의 순이익이 발생한다.

■ 체인점 현황

국수 체인점으로는 '명동할머니국수', '장터국수' 등이 있다.

라면 전문점

▣ 개요

소규모 점포에서 라면 메뉴를 전문적으로 개발 판매하는 업종이다. 다른 외식업과 달리 유행을 타지 않고 꾸준하게 매출이 유입되는 편이다. 또한 작은 점포에서도 개업이 가능하고 테이블 회전이 빠르기 때문에 소자본 창업에 적절할 뿐 아니라 입지 조건이 좋다면 대박을 낼 수도 있다.

▣ 직원 수

부부가 함께 운영한다. 10평 크기에서 직원 수는 주방 1~2명, 홀 1~2명이 필요하다.

▣ 개업 현황

서울 명동에서 시작한 '틈새라면'이 체인점으로 크게 성공하고 있다. 일본식 생라면 전문점은 일식 돈가스나 오뎅, 일식 튀김류를 함께 취급하면서 고급 전략을 취하고 있다.

▣ 입지 조건

대학가, 대형 상가, 번화가, 관공서, 역세권, 학원가, 쇼핑몰, 오피스빌딩, 대형 터미널 등이 적당하다. 기본적으로 어느 정도 유동 인구가 있는 번화가에 입점해야 한다. 틈새라면은 젊은 층에게 인지도가 높은 브랜드답게 창업비가 좀 높은 편이다. 물론 일식 생라면은 창업비가 더 높다. 5평 규모에서도 창업할 수 있지만 유동 인구가 많은 지역이라면 10평 안팎에서 창업해야 목돈을 만질 수 있다. 주요 타깃은 학생이나 젊은 층, 여성 직장인이다.

▣ 개점 비용
· 개인 : 10평 기준, 3천 5백만 원 안팎(건물 임대료 별도)
· 체인점 : 10평 기준, 4천만 원~5천만 원(건물 임대료 별도)

▣ 메뉴 구성

일반라면류(라면류, 떡국라면, 만두라면, 된장라면 外) / 퓨전라면류(빨계떡, 돈가스라면, 카레라면, 치즈라면 外) / 토핑라면류(왕새우라면, 어묵라면, 해물라면 外) / 생라면류 / 김밥, 주먹밥, 만두류

▣ 매출 전망

틈새라면의 빨계떡과 같이 특이한 메뉴 개발이 필요하다. 해물라면, 카레라면, 고추라면, 치즈라

면, 콩나물라면 등은 익히 알려진 메뉴이므로 개인 창업자라면 새 메뉴 개발에 부단히 신경 써야 한다. 또한 대접이나 양은냄비에 담아내는 방식이 아닌 군대식 반합에 담아내는 라면 등 추억의 맛, 뽀글이 라면 등 여러 가지 추억 아이템을 시도할 만하다. 순이익률의 경우 일반 라면은 60% 이상이며 평균 순이익률은 매출의 40~60% 선으로 볼 수 있다. 메뉴 개발, 유동 인구, 맛 이렇게 3박자가 맞으면 월 1~2천만 원 순익에 도전할 수도 있다. 생라면 전문점은 일본식 튀김과 덮밥류, 주류를 함께 취급하는 경우가 많다.

■ 체인점 현황

'틈새라면' 체인점이 가장 유명하다. 생라면 전문점으로는 '하코야'가 알려져 있다.

업체명	가맹비 및 개점 비용	업체 특징
틈새라면 '빨계떡' 서울시 중구 충무로5가 85-2번지 틈새빌딩 4층 TEL : (02) 2285-6197~8	**10평 기준(점포형)** 가맹비 : 7,000,000원 보증금 : 3,000,000원 인테리어 : 16,000,000원 안팎 주방 시설 : 5,800,000원 안팎 간판 : 3,000,000원 합계 : 3천 4백 80만 원 안팎	1981년 명동에서 틈새라면 본점을 오픈한 이후 각종 매스컴의 주목을 받았다. 2003년 전주에 가맹 1호점을 개점하였고 현재 전국에 200여 가맹점이 있다. 고춧가루, 계란, 떡이 들어간 빨계떡, 계란과 떡이 들어간 계떡, 해물이 들어간 빨해떡, 부대찌개 맛이 나는 빨부대 같은 라면 메뉴와 김밥 메뉴, 찬밥, 냉라면, 주먹밥, 김치덮밥, 제육덮밥, 오징어덮밥, 만두 등을 메뉴로 한다.
하코야 생라면 서울시 강남구 신사동 637-7 (주) 엘에프 푸드 TEL : (02) 518-5518	**15평 기준(점포형)** 가맹비 : 10,000,000원 교육비 : 1,500,000원 인테리어 : 20,250,000원 안팎 주방 시설 : 7,000,000원 홀 집기 : 3,500,000원 의탁자 : 4,000,000원 간판 : 4,500,000원 오픈비용 : 1,500,000원 포스 : 1,400,000원 로열티 : 월 100,000원 합계 : 5천 675만 원 안팎	1994년 종로 2가에서 1호점을 오픈한 이후 현재 전국에 400여 체인점이 있다. 1999년에는 미국 LA에 체인점을 두었다. 10여 종류의 김밥 메뉴와 분식류, 만두류, 밥류, 계절 메뉴를 판매한다.

업체명	가맹비 및 개점 비용	업체 특징
 **사이타마야 라멘** 서울시 영등포구 당산동 121-158 인따빌딩 7층 TEL : (02) 2636-8395	**15평 기준(점포형)** 가맹비 : 5,000,000원 보증금 : 5,000,000원 교육비 : 1,000,000원 인테리어 : 22,500,000원 안팎 주방 시설 : 7,000,000원 홀 집기 : 4,500,000원 의탁자 : 4,000,000원 간판 : 4,000,000원 오픈비용 : 1,500,000원 로열티 : 년 120,000원 합계 : 5천 450만 원 안팎	1999년 생과일 아이스크림 브랜드인 '프랜치키스' 체인 사업을 벌인 (주)오앤 씨글로벌이 일본에서 수입한 생라면 전 문점이다. 일본에서 30년된 프랜차이 즈 업체로 일본에 20여 매장이 있다. 한국에는 2010년 6월에 마포 서교점을 오픈한 이후 직영점을 홍대에 개설하였 다. 현재 국내에 5여 개 매장이 있다. 생라면과 덮밥류, 타코야끼, 오뎅탕, 연어샐러드, 고로케, 새우튀김, 등심가 스 같은 안주류 외 사케와 주류를 취급 한다.

※ 각 업체 가맹비 및 개점 비용을 비롯하여 각 정보는 변동이 있을 수 있으니 홈페이지를 통해 정확한 정보를 확인하도 록 한다.

어묵요리 전문점 / 오뎅바 전문점 / 수제어묵 전문점

▣ 개요

한국식 어묵과 일본식 오뎅을 주종목으로 하지만 실은 퓨전음식 및 안주를 판매한다. 오뎅은 손님 을 끄는 미끼인 셈이다. 아울러 일본산 다양한 주류를 함께 판매한다. 우동이나 각종 덮밥류도 취 급한다. 개인 창업의 경우 오뎅 샤브샤브와 같이 오뎅을 육류로 취급하여 독특한 방식의 조리법을 개발하고 각종 퓨전메뉴, 일본식 튀김메뉴, 퓨전 회요리를 개발할 필요가 있다. 다시 말해 겨울음 식인 오뎅 외에 다른 퓨전 메뉴가 많이 필요하다는 뜻이다. 소자본 창업이 가능하기 때문에 최근 젊 은 창업자들에게 많은 인기를 끌고 있는 아이템이다.

▣ 직원 수

10평~40평 정도의 점포 면적이 필요하며, 10평형의 경우 주방 1~2명, 홀은 1~2명이 필요 하다.

▣ 개업 현황

번화가, 유흥가, 대학가에서 볼 수 있다.

▣ 입지 조건

번화가, 유흥가, 역세권, 대형 대학가가 좋은 입지 조건이 된다. 젊은 층의 유동 인구가 많은 극장 앞이나 먹자골목, 백화점의 음식 코너, 할인마트 매장에도 입점을 생각할 수 있다. 타깃은 10대 후반부터 20~30대 층으로 볼 수 있다.

▣ 개점 비용(건물 임대료 별도)

개인 : 15평 기준, 3천만 원 안팎
체인점 : 20평 기준, 4천 5백만 원 안팎

▣ 메뉴 구성

어묵류 / 퓨전 안주류 / 우동, 식사류 / 일본주류

▣ 매출 전망

오뎅바는 일본식 선술집 스타일과 퓨전안주를 혼합해 운영한다. 총매출의 30%가 순이익이다. 10~15평 규모로 창업하며 객단가 1만 원 안팎, 일 60만 원 매출 시 월 500~600만 원의 순이익이 발생한다. 단 주인이 주방을 맡아야 하고 아르바이트생 1~2명을 고용한 경우에 해당한다.

> 개인 창업의 경우 오뎅 재료는 도매상이나 마켓 또는 백화점 등에서 조달할 수 있다. 때에 따라 즉석 오뎅 제조 기계를 구비하는 경우도 있다. 오뎅 제조 기계는 각 지역의 식당 기자재 판매업소에서 구입할 수 있다.

업체명	가맹비 및 개점 비용	업체 특징
 **펀앤조이 오뎅사께** 서울시 서초구 서초동 1577-5 동명빌딩 3층 (주) SCF TEL : (02) 525-4949	**10평 기준 (점포형)** 가맹비 : 5,000,000원 보증금 : 1,000,000원 인테리어 : 13,000,000원 주방설비, 집기, 판촉물 일체 : 8,800,000원 간판 : 2,000,000원 합계 : 2천 880만 원 · 40평형의 경우 약 8천만 원 　 소요	2004년 1호점을 오픈한 후 2005년부터 프랜차이즈 사업을 본격적으로 시작하였다. 전국에 약 250여 가맹점이 있다. 수제오뎅탕, 해물오뎅탕, 누룽지오뎅탕, 스키야키, 문어오뎅탕, 한우소고기버섯철판, 구운닭발, 치즈해물떡볶이, 삼치구이, 황태구이, 수제오뎅샐러드, 요구르트키위샐러드, 케이준치킨샐러드, 모듬튀김, 등심돈가스, 후라이드치킨, 수제소시지류와 사케 등의 일본술, 과일막걸리, 식사류와 우동류를 취급한다. 자체 물류센터가 있어 대부분의 음식이 데우기만 하면 된다.
 **정겨운 오뎅집** 서울시 송파구 방이동 22-5 잠실리시온 1303호 TEL : (02) 586-5403	**10평 기준(점포형)** 가맹비 : 5,000,000원 보증금 : 1,000,000원 점포입지분석비 : 1,000,000원 인테리어 : 17,000,000원 주방설비, 집기 : 9,400,000원 소품, 판촉물 : 1,000,000원 간판 : 1,000,000원 교육비 : 500,000원 합계 : 3천 590만 원	오뎅바나 오뎅전문점 중에서 가장 성공한 브랜드이다. 전국에 50여 가맹점이 있다. 1천 원의 저가 꼬치오뎅을 기본적으로 판매, 문턱을 낮추었다. 조리방법도 가능해 초보자들도 창업할 수 있다. 치즈오뎅, 냉오뎅, 맛살오뎅, 만두오뎅, 오징어봉오뎅, 유부동, 새우오뎅, 고추오뎅을 비롯 수입오뎅인 콩오뎅, 양배추롤, 유부야채롤, 계란오뎅, 샤브뎅(도미살오뎅)을 취급한다. 그 외 샐러드안주, 소시지류, 훈제류, 치킨류, 튀김류, 볶음류, 무침류, 탕류, 마른안주를 취급하고 사케, 일본 맥주 등의 주류를 취급한다.

※ 각 업체 가맹비 및 개점 비용을 비롯하여 각 정보는 변동이 있을 수 있으니 홈페이지를 통해 정확한 정보를 확인하도록 한다.

오코노미야키(즉석식) 전문점 / 일본식 선술집

▣ 개요

일본식 해물빈대떡인 오코노미야키를 손님 앞에서 즉석 조리해서 판매한다. 예전에 유행했던 즉석 철판요리점과 비슷한 방식이다. 홀 테이블마다 즉석 조리할 수 있도록 철판시설을 설치해야 한다는 단점이 있지만 외모에 자신있는 남녀가 20대 젊은이들을 대상으로 창업하기에 딱 좋은 아이템이다. 오코노미야키는 보통 맥주와 함께 먹으므로 일본맥주도 함께 판매한다.

▣ 직원 수

20평 이상의 규모에서 주방직원 외에 오코노미야키를 조리할 수 있는 남자직원이 필요하다. 홀 테이블마다 부침용 철판을 설치하고 손님이 자리에 착석하면 남자직원이 찾아가서 오코노미야키를 주문받고 바로 조리해준다. 손님이 좋아하는 재료를 직접 선택해 먹을 수도 있다.

▣ 입지 조건

유흥가, 번화가, 대학가 등에 입점하는 것이 좋다. 20대 젊은이들이나 여성들이 즐겨찾는 A, B급 상권에서 창업하는 것이 원칙이다.

▣ 개점 비용(건물 임대료 별도)

20평 기준, 4천만 원 안팎(젊은이들이 찾는 주점이므로 인테리어에 조금 신경쓴다.)

▣ 메뉴 구성

· 해물치즈 오코노미야키 : 소 5,000원 / 대 10,000원 (점원이 만들어 주거나 손님이 셀프로 만들어 먹는 방식)

· 히로시마식 오코노미야키 : 소 5,000원 / 대 10,000원 (점원이 만들어 주거나 손님이 셀프로 만들어 먹는 방식)

· 김치 오코노미야키 : 소 5,000원 / 대 10,000원 (점원이 만들어 주거나 손님이 셀프로 만들어 먹는 방식)

· 선택 오코노미야키 : 재료당 1천 원 추가 (손님이 토핑을 선택하는 방식)

· 다코야키 : 문어가 들어간 일본식 과자빵

· 야키토리 : 일본식 꼬치구이 / 닭, 새우, 삼겹살 등 (손님이 직접 구워 먹는 방식)

· 일본식 우동류 : 야키우동, 야키소바 / 일본라멘류

· 나베요리 : 스키야키 외

· 일본 카레요리 / 가츠동(일본식 돈가스 덮밥)류 / 돈부리(일본식 덮밥)류
· 일본맥주 / 일본소주 / 일본매실주 / 사케 / 한국소주 등의 주류

■ 매출 전망

유동 인구가 많은 번화가에서 창업한 뒤 젊은 여성 손님의 유입이 많으면 월 3천만 원 이상의 매출
에 도전할 수 있다. 참고로, 국내 대도시 유흥가마다 일본 전통 선술집이 있는데 간혹 체인점 사업
을 하는 음식점도 있으므로 메뉴 구성이나 조리법을 배울 수 있고 프랜차이즈로 창업할 수 있다. 메
뉴 구성이 벅찰 경우 오코노미야키, 돈부리, 우동 같은 몇 개의 메뉴만 주력으로 삼는다.

빈대떡 전문점

■ 개요

10평~20평 규모에서 창업한다. 빈대떡, 퓨전빈대떡, 해물파전, 깻잎전, 고추전 등의 빈대떡과
전류를 취급하고 도토리묵 등을 판매한다. 주류는 막걸리, 퓨전막걸리, 소주 등을 취급한다. 유명
프랜차이즈가 많은데 개인 창업도 충분히 가능하고 근처에 동종 업체가 없을 경우 충분히 승산이
있는 업종이다.

■ 직원 수

15평 규모에서는 부부가 운영할 수 있다. 20평 규모를 권장하며 이 경우 1~3명이 필요하다.

■ 개업 현황

있을 만한 곳에 없고 없을 만한 곳에 있다. 최근에는 재래시장에서도 2,000~3,000원대의 빈대
떡을 파는 집들이 늘어나고 있지만 대부분 테이크아웃 방식이다.

■ 입지 조건

유흥가, 번화가, 역세권, 상가 밀집 지역이 좋은 입지 조건이 된다. 초기에는 매장, 테이크아웃,
배달업을 병행하지만 장사가 잘되면 배달업을 중단하고 매장에 치중한다. 지방에는 도립공원 같은
산 입구에 많은데 대도시에서도 중장년층이 즐겨찾는 놀이공원 앞을 노려볼 만하다. 4천~2만 가
구 아파트가 밀집된 곳에는 유흥가가 자연발생적으로 생기는데 이런 곳에 선점하는 것도 좋은 생각

이 된다. 개인 이름으로 창업해도 좋은데 프랜차이즈 못지 않게 깔끔한 간판을 달고 인테리어도 대포집 형식이 아닌 유명 프랜차이즈 치킨집처럼 예쁘게 꾸미는 것이 좋다.

◪ 개점 비용(건물 임대료 별도)

개인 : 15평 기준, 3천만 원 안팎

체인점 : 20평 기준, 5천만 원 안팎

◪ 메뉴 구성

빈대떡류(빈대떡, 맷돌빈대떡, 해물빈대떡, 피자빈대떡, 김치빈대떡류)

전류(해물파전, 해물전, 고추전, 깻잎전, 두부전, 모듬전, 동그랑땡, 고기전 류)

안주류(김치두부, 도토리묵 등) / 탕류(어묵탕, 계란탕 등)

주류(소주, 막걸리, 퓨전막걸리, 맥주 등)

◪ 매출 전망

입지 조건에 따라 일매상 200만 원까지 가능하다. 매출을 높이기 위해 맛깔스러운 전 메뉴의 개발이 필요하다. 빈대떡 고객에게 틈새 안주인 전 안주를 추가 판매하는 전략이다. 순이익률은 매출의 30~40% 수준이다.

◪ 체인점 현황

'종로 빈대떡'이 지명도가 높고 새로 프랜차이즈를 시작한 업체로는 '미스터 빈대떡' 등이 있다.

업체명	가맹비 및 개점 비용	업체 특징
 **종로 빈대떡** 서울시 종로구 종로5가 37번지 백제약국옆 TEL : (02) 742-9494	**15평 기준 (점포형)** 보증금 : 별도 교육비 : 별도 기본 설비 : 5,000,000원 인테리어 : 점주 직접 합계 : 전화 문의 요망 · 기본 설비는 빈대떡 제조 시설 모든 것을 제공하며 냉장고 등의 주방설비는 별도 준비해야 한다.	1970년 시작한 종로 빈대떡은 맛으로 유명한 30년의 기술 노하우를 가진 빈대떡 전문 프랜차이즈이다. 빈대떡 프랜차이즈 기업 중에서 높은 인지도를 자랑, 젊은 층이 거부감 없이 빈대떡에 호감을 갖게 한 최초의 체인점이다. 현재 전국에서 100여 개의 체인점이 영업 중이다. 취급하는 메뉴로는 해물파전, 굴파전, 고기빈대떡, 굴빈대떡, 해물빈대떡, 김치빈대떡, 모듬전, 도토리묵 등이 있다.
 **Mr 빈대떡** 서울시 중구 신당3동 366-126 남산정은스카이빌딩 재지103호 TEL : 1588-6690	**25평 기준(점포형)** 가맹비 : 8,000,000원 인테리어 : 평당 125만 원 주방설비 : 6,200,000원 집기 : 5,000,000원 간판 : 4,000,000원 홍보&판촉물&유니폼 　　　 : 4,800,000원 포스 : 2,500,000원 합계 : 5천 5백만 원 안팎	'죽이야기', '더스타일 호프', '육회달인' 등의 체인점 사업을 벌이고 있는 (주)대호가의 퓨전 빈대떡 프랜차이즈이다. 2010년 현재 전국에 약 20여 가맹점이 있다. 빈대떡, 피자빈대떡, 해물빈대떡, 불고기피자빈대떡, 오코노미빈대떡, 깻잎전, 동그랑땡, 고추전, 굴전, 동태전, 김치돼지고기전, 홍어무침, 홍어삼합, 홍어사시미, 계란말이, 도토리묵, 두부삼겹김치, 오뎅탕, 연포탕, 골뱅이, 막걸리, 소주 등을 취급한다.
아리동동 서울시 강동구 둔촌동 53-3 TEL : (02) 471-6300	**15평 기준 (점포형)** 가맹비 : 5,000,000원 주방설비, 집기 : 11,000,000원 인테리어 : 19,500,000원 간판 : 2,000,000원 비품 : 1,000,000원 합계 : 3천 850만 원	피자치킨체인점인 '피니치니' 운영업체인 그린푸드의 빈대떡 브랜드이다. 막걸리와 주막을 컨셉으로 하여 민속주점 풍의 빈대떡 프랜차이즈이다. 2010년 현재 전국에 약 10여 개의 체인점이 있다. 민속주점 형태이기 때문에 빈대떡과 10여 종의 전류, 10여 종의 탕류, 10여 종의 보쌈류, 10여 종의 볶음류, 10여 종의 무침류 등의 안주와 주류를 취급한다.

※ 각 업체 가맹비 및 개점 비용을 비롯하여 각 정보는 변동이 있을 수 있으니 홈페이지를 통해 정확한 정보를 확인하도록 한다.

연탄구이 전문점(돼지불고기/소곱창 외)

◼ 개요

20평~30평 규모에서 연탄구이 시설이 있는 원통 테이블을 놓고 대폿집 분위기를 연출한다. 인테리어 비용이 많이 들지 않지만 때에 따라 연통 등의 환기구 시설을 설치해야 한다. 돼지불고기를 전문으로 하거나 소곱창을 전문으로 한다.

◼ 직원 수 : 20~30평 규모에서 주방 1, 홀 1~4명의 직원이 필요하다.

◼ 개업 현황 : 서울 마포의 돼지갈빗집과 비슷하지만 돼지갈비 대신 살코기 중 부드러운 부분을 구워 파는 점이 다르다.

◼ 입지 조건

유흥가, 번화가, 역세권, 상가 밀집 지역이 좋은 입지 조건이 된다. 골목을 낀 C급 상권이나 대학가에서도 창업해볼 만하다. 인구 10~20만 중소 도시의 요충지에서도 창업해볼 만하다.

◼ 개점 비용(건물 임대료 별도)

개인 : 20평~30평 기준, 2천만 원~3천만 원 이하

◼ 메뉴 구성

돼지불고기 연탄구이(1인분 7,000원, 간장소스양념 & 고추장양념 등의 메뉴) / 국물요리 (된장국 기본) / 겨울 황태국 / 여름 물냉면 & 비빔냉면 / 소주, 맥주, 백세주, 막걸리 外 사이다, 콜라 등의 음료수

◼ 매출 전망

인테리어는 아예 포기하거나 어중간한 인테리어 채택. 아예 1960년대 풍으로 페인트칠만 된 점포에 연탄구이 테이블만 들여놓고 장사할 수도 있다. 부드럽고 맛좋은 돼지살(목살, 항정살 등)을 안정적으로 확보하는 것이 키포인트. 불고기 양념 개발에 신경을 쓴다. 장사가 잘되면 월 3천만 원 이상의 매출이 발생한다.

◼ 체인점 현황

연탄구이 체인점은 없다. 간혹 대도시마다 대폿집 형태의 연탄구이집들이 모여있는 곳이 있다.

1만 원 안주 무제한 리필 주점 – 해물주점 & 삼겹살 주점

▣ 개요

해물주점, 삼겹살주점, 소고기주점 등이 1인당 1만 원의 안줏값을 받고 무제한 리필해준다. 예를 들어 3명의 손님이 들어온 뒤 한 사람은 조개구이, 한 사람은 삼겹살, 한 사람은 새우구이를 시켰을 경우 각자 1만 원씩 안줏값을 받고 해당 안주를 무제한 리필해준다. 소주, 맥주, 막걸리는 별도로 판매하는데 술을 많이 팔아야 이문이 남는다. 홍합국물이나 오이, 당근, 강냉이 안주 등을 기본 제공한다.

▣ 직원 수 : 20평 규모일 경우 주방 2명 내외, 홀은 테이블 회전율에 따라 1~4명이 적절하다.

▣ 개업 현황 : 번화가나 먹자골목 등에 간혹 1만 원 주점이 있다.

▣ 입지 조건

젊은이들이나 직장인들이 많은 번화가, 유흥가, 역세권, 대학가 등이 좋은 입지 조건이 된다. 부도심이라고 해도 주택 지구와 상가 지구가 중첩된 부근의 번화가, 다운타운에 입점한다. 일단 유동 인구가 어느 정도 집중되는 지역에서 비어 있는 점포에 입점한다. 파라솔 영업이 가능하도록 점포 앞이 넓은 곳에 입점한다.

▣ 개점 비용(건물 임대료 별도)

개인 : 20평~40평, 인테리어를 하지 않을 경우 3천만 원 이하에서 창업 가능

▣ 메뉴 구성

조개구이 / 조개치즈구이 / 모듬조개구이 / 콘버터샐러드 / 대하구이 / 낙지무침 / 낙지볶음 / 대합구이 / 생선모듬구이(고등어+꽁치+조기) / 대패삼겹살 / 돼지고기 / 소고기 / 닭고기 外

▣ 매출 전망

입지 조건이 좋으면 의외로 돈을 만질 수 있다. 박리다매 전략이므로 무조건 유동 인구가 많은 지역에 입점해야 한다. 이런 주점들은 인테리어에 신경쓰지 않으므로 초기 창업비가 적게 든다. 해물전문 또는 육류 전문으로 영업하거나 육해공 전문으로 창업할 수도 있다.

4 투자비 5천만 원 이하

퓨전 분식 전문점(전문점 느낌의 스파게티 & 돈가스 체인점)

▣ 개요

소자본 창업 중에 필자가 눈여겨보는 음식점이 퓨전 분식 전문점이다. '한우동'이나 '김가네' 같은 홀 분위기에서 스파게티, 라이스(리조또), 일식돈가스, 우동 따위를 판매하는데 스파게티와 리조또를 주 메뉴로 하기 때문에 일종의 스파게티 레스토랑을 연상시키지만 일반 식사류도 많이 판매하기 때문에 분식점 스타일이라고 할 수 있다. 한국, 일본, 이태리 음식을 모두 취급하는 프랜차이즈로는 '하늘자전거'가 소자본으로 창업할 수 있는 대표적인 업체인데 맛도 나름대로 괜찮으므로 향후 이태리 음식인 스파게티와 리조또를 국내에 전파하게 될 업체로 보인다.

▣ 직원 수

평균 20평이 적당하며 주방 1~2명, 홀 & 배달 사원은 합쳐서 2~3명이 필요하다.

▣ 개업 현황

2010년 여름부터 이런 종류의 퓨전 분식점들이 점차 알려지고 있는 양상이다.

▣ 입지 조건

젊은이들이나 직장인들이 많은 번화가, 역세권, 대학가 등이 좋은 입지 조건이 된다. 부도심이라고 해도 주택 지구와 상가 지구가 중첩된 지역의 소규모 번화가, 다운타운, 유동 인구가 많은 재래시장 입구나 출구에 입점한다. 일단 음식값이 김밥집에 비해 10~20% 정도 비싸므로 유동 인구가 어느 정도 있는 지역에 입점하는 전략이 필요하다. 아마 음식값을 조금 낮춘다면 기존 김밥집 & 분식점의 30% 이상을 잠식할 수 있을 것이다. 바꿔 말하면, 음식값이 조금 비싸기 때문에 어느 정도 유동 인구가 있는 지역에 입점해야 한다는 뜻이다.

▣ 개점 비용(건물 임대료 별도)

개인 : 10평 기준, 3천만 원 안팎
체인점 : 10평 기준 – 4천만 원 안팎
　　　　 20평 기준 – 5천 5백만 원 안팎

▣ 메뉴 구성

5~10여 종의 스파게티류(4,500원~6,000원) / 5~10여 종의 라이스 & 리조또류(4,500원~6,000원) / 일식돈가스, 함박스테이크, 치즈돈가스, 고구마돈가스, 김치나베가스류(5,500원) / 히레생선가스, 통새우정식, 치킨정식류(6,000~7,000원) / 메밀국수, 일식우동류(4,500원) / 주먹밥, 유부초밥류(2,500원~5,000원)

▣ 매출 전망

기존의 일식 돈가스 마니아와 스파게티 마니아들 사이에서 인기를 얻고 있다. 가족 단위 패밀리 레스토랑 분위기를 가지고 있기 때문에 고객 폭이 넓어지고 있다. 따라서 입소문이 나면 향후 매출 전망이 점점 더 좋아질 것으로 보인다.

▣ 체인점 현황

퓨전 분식 전문점은 이제 막 태동을 하는 분위기이다. 경기도 부천에서 시작한 '하늘자전거'와 '밥톨스'라는 브랜드가 퓨전 분식 형태의 프랜차이즈 사업을 벌이고 있다. 이미 대중화된 24시간 김밥집보다 음식 가격이 조금 비싸지만 유동 인구가 어느 정도 되는 지역에서는 충분히 먹히고 있는 상황이다.

업체명	가맹비 및 개점 비용	업체 특징
하늘 자전거 경기도 부천시 원미구 원미동 137-1 4층 제이제이지푸드 TEL : 1600-9255	**10평형 기준 (점포형, 배달 겸용)** 가맹비 : 5,000,000원 보증금 : 2,000,000원 교육비 : 2,000,000원 인테리어 : 1,200,000원 간판 : 3,000,000원 주방기구 : 6,500,000원 주방용품 : 3,500,000원 가구 : 2,000,000원 홍보, 인쇄 : 3,000,000원 합계 : 3천 9백만 원 안팎	일식 돈가스, 주먹밥, 스파게티, 함박 스테이크, 라이스(리조또), 우동, 모밀, 유부초밥 등을 판매한다. 서민 주거 단지의 유동 인구가 많은 곳에서 창업 해도 안성맞춤이다. 모방할 수 없는 특 제소스가 인상적이고 돈가스 재료로 국 내산 돈육만을 고집한다. 30대 층의 가 족 외식자들이 다운타운으로 나가지 않 고 저렴한 가격으로 전문가 수준의 스파 게티, 리조또를 먹을 수 있도록 해준다. 가맹 사업을 최근 시작했는데 급속도로 가맹점이 늘어나고 있다.
밥톨스 서울시 마포구 합정동 196-1 럭키빌딩 4층 M 커뮤니케이션 TEL : 1688-7920	**20평형 기준 (점포형)** 가맹비 : 5,000,000원 보증금 : 2,000,000원 교육비 : 2,000,000원 인테리어 : 평당 1,200,000원 주방설비 : 평당 900,000원 사인 &디스플레이 : 1,000,000원 오픈지원 : 무료 간판 : 별도 합계 : 문의 요망	전문음식점과 저가 브랜드 사이의 틈새 시장에서 고급 지향의 퓨전 분식을 제공 한다. 스낵류, 스파게티, 리조또, 라이 스 외 10여 종의 퓨전 오므라이스, 등 심돈가스, 치킨스테이크, 떡갈비스테 이크, 우동볶음면 등을 취급한다.

※ 각 업체 가맹비 및 개점 비용을 비롯하여 각 정보는 변동이 있을 수 있으니 홈페이지를 통해 정확한 정보를 확인하도 록 한다.

만두 & 분식 전문점

▣ 개요

만두 & 분식 & 김밥을 아이템으로 한 만두 전문점 겸 김밥 전문점을 말한다. 저가 김밥집 브랜드와 고가 김밥집 브랜드 사이의 틈새 시장을 노리고 창업하는데 메뉴 구성이 김밥집 브랜드와 똑같아 저가 김밥집을 대체하기도 한다. 최근 수도권에서 많이 상륙한 체인점으로는 부산에서 시작한 '명인만두'가 있고 '신포우리만두' 체인점은 역사가 깊은 체인점이다. 개인으로 만두집을 창업할 경우 일단 만두피가 종이처럼 얇고 속이 알찰 뿐 아니라 육류 잡냄새가 나지 않도록 하는 것이 중요하다.

▣ 직원 수

만두와 식사를 함께 취급하므로 주방 직원이 많이 필요하다. 24시간 영업시 주방 4명, 홀 2명 내외가 필요하다.

▣ 개업 현황 : 만두 체인점은 번화가에서 꼭 한두 개씩 볼 수 있다.

▣ 입지 조건

젊은이, 여성 직장인이 주요 고객이다. 유동 인구가 많은 지역에서 창업하되 인테리어에 신경을 써야 한다. 부도심, 지하철 이용객이 몰리는 역세권도 좋은 입지 조건이 된다.

▣ 개점 비용(건물 임대료 별도)

개인 : 10평형, 4천만 원 안팎
체인점 : 15평형, 6천만 원 안팎

▣ 메뉴 구성

만두류(2,000원) / 볶음밥류(4,000원) / 돈가스류(5,000원) / 면류(3,500원)

▣ 매출 전망 : 일반적으로 매출의 25~30%가 순이익이다.

▣ 체인점 현황

'신포우리만두'는 40년 역사를 자랑하는 프랜차이즈 기업으로 전국의 번화가에서 볼 수 있다.
'명인만두'는 최근 수도권에서 왕성한 가맹 활동을 하고 있다.

업체명	가맹비 및 개점 비용	업체 특징
명인 만두 경기도 성남시 수정구 수진2동 4513 성호빌딩 9층 명인F&B TEL : 1544-5547 1544-7731	**15평형 기준 (점포형)** 가맹비 : 10,000,000원 보증금 : 2,000,000원 인테리어 : 24,000,000원 주방 시설 : 16,000,000원 간판 & 사인 : 7,800,000원 식기류 : 3,600,000원 포스 : 무상 지원 합계 : 6천 1백 40만 원 안팎	1976년 부산에서 만두 & 분식 점포를 낸 뒤 성남으로 본사를 확장 이전하였다. 현재 전국에 130여 가맹점이 있다. 자체적으로 공장을 가지고 있고 만두아카데미를 개설하였다. 10여 가지의 만두 메뉴와 김밥, 분식, 식사류를 취급한다.
신포우리만두 전북 김제시 황산면 용마리 39-36 신포우리식품 TEL : (063) 546-7051~3 강남 서울지사 (주)SP TEL : (02) 779-7501	**15평형 기준 (점포형)** 합계 : 5천 5백만 원 안팎 로열티 : 년 100만 원 (매년 가맹계약 갱신시 납부)	1971년 인천 신포동에서 '우리집'이란 이름으로 창업한 40년 전통의 토종 기업으로 '쫄면' 대중화를 이끈 브랜드이다. 전국에 약 120여 가맹점이 있고, 1987년에는 전북 김제에 제1, 제2공장을 설립, 신포우리식품을 창립하였다. 가맹점은 새우만두 등의 10여 종의 만두 메뉴와 면류, 비빔밥, 덮밥 & 라이스류, 치즈돈가스류를 판매한다.

※ 각 업체 가맹비 및 개점 비용을 비롯하여 각 정보는 변동이 있을 수 있으니 홈페이지를 통해 정확한 정보를 확인하도록 한다.

우동 전문점

▣ 개요

주력 메뉴는 우동이다. 일본식 우동을 한국인의 입맛에 맞게 조리 판매하지만 볶음면 같은 퓨전 메뉴와 스파게티, 쫄면 같은 면 메뉴, 비빔밥, 볶음밥, 순두부찌개는 물론 퓨전 한식 메뉴와 돈가스, 생선가스 같은 메뉴도 취급한다.

▣ 직원 수

점포의 크기는 10평부터 시작할 수 있는데 보통 15평~20평형을 권장한다. 15평형의 경우 매출에 따라 주방 2명, 홀은 1~3명 정도가 필요하다.

▣ 개업 현황

번화가, 대학가, 유흥가, 역세권, 대형 아파트 단지에서 볼 수 있다. 번화가의 경우 서너 곳이 경쟁적으로 영업하는 양상이다.

▣ 입지 조건

번화가, 역세권, 부도심, 대학가, 관공서 단지, 상업지구, 업무 타운, 오피스 빌딩에서는 포장 배달업을 병행한다. 주로 20대 초반의 여성 유동 인구, 여성 직장인, 젊은이들이 많이 몰리는 부도심, 4천~1만세대의 아파트가 몰려있는 먹자골목, 대형 터미널 등에 입점하되, 가급적 유동 인구가 많은 동선을 따라 입점하는 것이 유리하다. 지방에서는 유명 패스트푸드점 옆이나 유명 의류점 부근에 입점하는 전략을 취한다. 음식의 가격이 24시간 김밥집에 비해 조금 비싸므로 유동 인구가 어느 정도 되는 곳에 입점해야 한다.

▣ 개점 비용(건물 임대료 별도)

개인 : 15평 기준, 4천만 원 안팎
체인점 : 15평 기준, 5천만 원 안팎

▣ 메뉴 구성

우동류(돌솥 우동, 일본식 우동, 볶음면 등) / 분식류(모밀 국수, 냉면, 쫄면, 만두 등)
식사류(김밥, 비빔밥, 철판 & 돌솥볶음밥, 치즈볶음밥, 생돈가스, 스파게티, 퓨전라이스 등)

■ 매출 전망

개인 창업의 경우 매출의 35~30%, 체인점의 경우 매출의 30%~25%가 순이익이다. 매출이 높으면 순이익도 3%~10% 더 늘어난다. 예를 들어 일매 90만 원일 경우 직원 4명(주방 2, 홀 2) 고용하고 월 500~600만 원 정도의 순이익이 발생한다. 우동집의 경우 통상적으로 총매출의 35%가 재료비, 35%는 인건비와 임대료로 들어간다.

업체명	가맹비 및 개점 비용	업체 특징
한우동&돈부리 **한우동 & 돈부리** 서울시 마포구 신수동 103-4 FA빌딩 TEL : 1588-0672	**15평형 기준 (점포/매장형)** 가맹비 : 3,000,000원 주방기기 집기 의탁자 : 15,000,000원 인테리어 : 22,500,000원 홍보판촉물 : 2,000,000원 간판 : 3,000,000원 교육비 : 2,000,000원 합계 : 4천 450만 원 (업종 변경 시 간판, 가맹비, 홍보 판촉물, 포스, 교육비 합 1천 100만 원)	(주) 한우동&돈부리는 1997년 인천 연수동에 우동 전문점 한우동을 개점한 이래 한국인 입맛에 딱 맞는 독특한 우동으로 발전을 거듭해 전국에 약 400여 개의 가맹점을 개점, 관리하고 있는 우동 전문 프랜차이즈 회사이다. 2010년 새롭게 한우동&돈부리 브랜드를 런칭하여 우동, 분식, 식사류 메뉴 외에 돈부리 메뉴를 추가하였다. 10여 종의 우동 메뉴, 20여 종의 돈가스&생선가스&오므라이스 메뉴, 10여 종의 돈부리&스파게티 메뉴, 10여 종의 라이스 메뉴, 10여 종의 찌개&탕 메뉴, 10여 종의 면 메뉴를 취급한다.
용우동 용우동 서울 강서구 염창동 240-21 우림블루나인빌딩 B동 701호 TEL : (02) 2671-4470	**20평형 기준 (점포/매장형)** 가맹비 : 9,000,000원 보증비 : 1,000,000원 주방설비 & 집기 : 18,500,000원 인테리어 및 간판 : 실비 정산 간판 : 실비 정산 교육비 : 1,000,000원 합계 : 5천만 원 안팎 (자세한 비용은 문의 요망)	1997년 인천 인하대 앞에서 창업한 용우동은 2010년 현재 전국에 160여 개의 가맹점이 있다. 우동류, 돈가스류, 만두류, 면류, 비빔밥류와 함께 다양한 세트, 철판 메뉴를 취급한다. 스파게티가 붐을 일으킬 무렵 업계 최초로 한식에 치즈를 결합한 '치즈김치볶음밥'이나 '고구마치즈돈가스' 같은 퓨전 메뉴를 선점 개발한 기업이기도 하다.

※ 각 업체 가맹비 및 개점 비용을 비롯하여 각 정보는 변동이 있을 수 있으니 홈페이지를 통해 정확한 정보를 확인하도록 한다.

초밥 & 생돈가스 전문점

▣ 개요

주력 메뉴는 초밥이지만 실제로는 초밥, 생돈가스, 일본식 우동류를 판매한다. 한식 메뉴는 취급하지 않고 일본 음식을 퓨전 방식이나 세트 메뉴로 개발 판매한다.

▣ 직원 수

점포의 크기는 10평부터 시작할 수 있는데 보통 15평~20평형을 권장한다. 15평형의 경우 매출에 따라 주방 1~2명, 홀 및 배달 직원이 1~3명 정도가 필요하다. 8평형의 배달 전문일 경우 주방 1, 배달 1로 영업할 수 있다.

▣ 개업 현황

번화가, 대학가, 유흥가, 역세권, 대형 아파트 단지에서 볼 수 있다.

▣ 입지 조건

쇼핑몰, 대형 버스 터미널, 오피스빌딩, 번화가, 역세권, 부도심, 대학가, 지방 법원 같은 관공서 단지, 상업 지구 등에 입점하는 것이 좋은데 가급적 유동 인구가 어느 정도 되는 곳에 입점해야 한다. 1만 세대급 아파트 단지를 끼고 입점하면 배달 영업이 활발하고 아파트의 40~50대 주부층이나 부부가 주요 고객이 된다. 도심지의 차량 왕래가 많은 도로변에서 대형 주차장 시설을 만들고 창업할 수도 있다.

▣ 개점 비용(건물 임대료 별도)

개인 : 8평 기준, 1천 500만 원 안팎 (도시락 배달 전문)
　　　 15평 기준, 4천만 원 안팎
체인점 : 15평 기준, 6천만 원 안팎

▣ 메뉴 구성

초밥류(3~5종 취급) / 우동류(일본식 우동, 볶음면 등등) / 생돈가스 / 스파게티 / 퓨전 라이스류 세트메뉴류 / 냉면 등의 계절메뉴류

▣ 매출 전망

기존의 초밥 & 생돈가스 전문점에 새로운 브랜드가 치고 올라오는 양상이다. 여대생이나 20대

젊은 층, 여대생, 30~50대 주부층, 가족외식층이 주요 고객이 된다. 소자본 창업의 경우 개인 창업도 가능한데 주택&상가 복합 지역에서 도시락 배달 방식으로 창업한 뒤 중 저가 전략을 취하면 수입이 짭짤해진다.

■ 체인점 현황

'코바코'가 초밥 & 생돈가스 프랜차이즈 사업을 오랫동안 지속하고 있다. '코바코'는 패밀리 레스토랑 풍의 익스테리어를 자랑하는데 주로 서울, 경기권에 가맹점이 많다. '유나인'은 BBQ 치킨으로 유명한 제너시스의 새 브랜드이고 '야미가'는 초밥도시락 프랜차이즈이다.

업체명	가맹비 및 개점 비용	업체 특징
 **야미가** 서울시 마포구 대흥동 664 태영아파트 중앙상가 210호 TEL : (02) 449-4501	**10평형 기준 (도시락 배달형)** 가맹비 : 3,000,000원 보증금 : 2,000,000원 인테리어 : 11,000,000원 주방설비 : 10,000,000원 집기및비품 : 1,000,000원 간판 : 1,300,000원 광고 홍보물 : 2,000,000원 기술이전비 : 1,000,000원 초도물품 : 2,500,000원 합계 : 3천 350만 원 안팎 · 포스 별도 : 250만 원 · 배달용 오토바이 별도	야미가는 1998년 농심 강남대리점으로 창업, 2008년 일식도시락 배달 사업을 시작하였다. 2010년 현재 전국에 12개의 도시락 배달 가맹점이 있다. 10여 종의 돈가스류, 2종의 스테이크, 10여 종의 덮밥류, 10여종의 초밥류(초밥정식, 돈가스롤, 유부초밥, 캘리포니아롤 등), 5종의 볶음밥, 10여 종의 우동 & 면류, 2종의 세트메뉴를 도시락 배달 방식으로 판매한다.
 **유나인(U9)** 서울시 송파구 문정동 150-25 제너시스빌딩 TEL : 080-777-8292	**15평형 기준 (점포/매장형)** 가맹비 : 10,000,000원 보증금 : 2,000,000원 주방설비 : 8,860,000원 주방집기 : 3,000,000원 인테리어 : 27,000,000원 초도상품비 : 2,500,000원 간판 : 1,500,000원 교육비 : 2,000,000원 포스 외 기타 : 2,030,000원 합계 : 5천 890만 원 · 타업종에서 업종 전환 상담 가능	BBQ치킨으로 유명한 (주)제너시스의 초밥 브랜드이다. 연어초밥, 새우초밥, 세트초밥류와 등심돈가스, 치킨가스, 안심돈가스, 치즈돈가스, 철판돈가스, 다코야키, 퓨전돈가스, 카레돈가스, 알탕, 알밥, 회덮밥, 김치돌솥알밥, 해물덮밥 외 우동류를 취급한다.

업체명	가맹비 및 개점 비용	업체 특징
BAKE HOuse COBACO **코바코** 코바코 베이크하우스 서울시 강서구 내발산동 669-5 (주) 호경에프씨 TEL : (02) 333-5000	**15평형 기준 (점포/매장형)** 가맹비 : 5,000,000원 보증금 : 2,000,000원 주방설비 : 8,300,000원 주방집기 : 5,500,000원 인테리어 : 22,500,000원 익스테리어 : 4,000,000원 의탁자 : 3,200,000원 간판 : 3,100,000원 교육비 : 5,000,000원 음식모형 : 1,600,000원 포스 : 700,000원 개업홍보비 : 1,000,000원 합계 : 6천 190만 원	새로 런칭한 코바코 베이크하우스는 20평 이상에서 개업 가능하며 기존 코바코 메뉴에 피자, 샐러드 메뉴가 추가되었다. 코바코 메뉴는 순 살코기 돈가스 관련 퓨전 음식이 주메뉴이며 생돈가스+우동+퓨전커리+생선초밥 등을 다양한 세트메뉴로 판매한다. 코바코의 독특한 양념과 48시간 숙성시킨 살코기 그리고 20여 가지의 야채와 과일을 숙성시킨 소스가 일품이다. 재료는 주방장이 없어도 영업 가능하도록 반제품 형태로 체인점에 공급한다. 주로 서울, 경기권에 가맹점이 많다.

※ 각 업체 가맹비 및 개점 비용을 비롯하여 각 정보는 변동이 있을 수 있으니 홈페이지를 통해 정확한 정보를 확인하도록 한다.

일식 전문점 / 캘리포니아롤 전문점 / 스시 전문점

▣ 개요

말 그대로 전통 일식 요리를 취급하되 조금 캐주얼한 메뉴 위주로 판매한다. 초밥, 캘리포니아롤, 생돈가스, 우동세트, 모밀세트, 덮밥세트, 볶음류 등을 판매한다.

▣ 직원 수

점포의 크기는 10평부터 시작할 수 있는데 보통 15평을 권장한다. 체인점의 경우 본사에서 재료를 공급받아 간단히 조리하므로 주방 1명, 홀 1명, 배달 1명으로도 영업이 가능하다.

▣ 개업 현황

유흥가, 번화가, 대학가, 유흥가, 역세권, 대형 아파트 등에서 볼 수 있다.

▣ 입지 조건

쇼핑몰, 대형 버스터미널, 오피스빌딩, 번화가, 역세권, 부도심, 대학가, 지방법원 같은 관공서 단지, 상업지구 등에 입점하는 것이 좋은데 가급적 유동 인구가 어느 정도 되는 A, B 급 상권에 입점해야 한다. 배달 장사에도 신경쓰면 좋다.

▣ 개점 비용(건물 임대료 별도)

개인 : 8평 기준, 1천 500만 원 안팎 (배달 전문)
          15평 기준, 4천만 원 안팎
체인점 : 15평 기준, 5천만 원~6천만 원

▣ 메뉴 구성

초밥류(5~10여종 취급) / 캘리포니아롤류(5~10여종 취급) / 우동류(일본식 우동, 볶음면, 세트메뉴 등등) / 생돈가스류(세트메뉴 등) / 일본 라멘류

▣ 매출 전망

캘리포니아롤, 초밥, 생돈가스, 우동, 세트 메뉴를 판매한다. 보통 총매출의 35%~40%가 재료비이고 순이익은 30~35% 안팎이다. 나머지 30~35%는 인건비와 임대료로 나간다. 체인점의 경우 본사에서 재료를 공급받아 간단히 조리해 판매한다.

▣ 체인점 현황

캘리포니아롤, 초밥, 생돈가스, 우동, 세트 메뉴를 판매한다. 보통 총매출의 35~40%가 재료비이고 순이익은 30~35% 안팎이다. 나머지 30~35%는 인건비와 임대료로 나간다. 체인점의 경우 본사에서 재료를 공급 받아 간단히 조리해 판매한다.

업체명	가맹비 및 개점 비용	업체 특징
미다래 서울시 동작구 사당5동 235-41 TEL : (02) 583-1515, 6611	**15평형 기준 (점포/매장형)** 가맹비 : 없음 보증금 : 없음 주방설비 : 14,500,000원 주방집기 : 7,000,000원 인테리어 : 32,000,000원 판촉물 : 2,000,000원 쇼케이스 : 2,100,000원 음식모형 : 1,400,000원 교육비 : 없음 합계 : 5천 900만 원	전국에 70여 개의 가맹점이 있는 미다래는 전통 일식 전문점을 캐주얼하게 보급하는 업체이다. 다양한 규격의 초밥 세트, 연어치즈롤, 미다래롤(게살롤), 볼케이노롤(볶음참치롤), 아망떼롤(게살롤), 새우롤, 아이비롤(연어롤), 샨데리아롤(장어롤) 외 10여 종의 우동류, 10여 종의 면류, 5종의 모밀세트, 10여 종의 덮밥, 10여 종의 돈가스, 3종의 볶음밥을 취급한다.

업체명	가맹비 및 개점 비용	업체 특징
 **스시마당** 전주시 덕진구 팔복동 1가 140-1 2층 스시마당 가온 TEL : 1588-7248	**15평형 기준 (점포/매장형)** 가맹비 : 8,500,000원 설계감리비 : 1,000,000원 주방설비 & 집기 & 실내 기본 공사 : 31,860,000원 실내디스플레이 : 3,600,000원 익스테리어 : 4,150,000원 합계 : 4천 910만 원	2004년 11월 전주 고사점(1호점)을 오픈한 이후 매스컴의 주목을 받았다. 새우초밥, 유부초밥, 장어초밥, 문어초밥, 연어초밥, 한치초밥, 도미초밥, 농어초밥, 광어초밥, 모듬초밥, 세트메뉴, 날치알롤, 크림치즈연어롤, 새우롤, 장어롤, 고구마치즈돈가스, 등심돈가스, 케이준치킨샐러드, 치킨까스, 미니우동, 해물우동, 왕새우튀김우동, 돈코츠라멘, 미소라멘, 쇼유라멘, 나가사키짬뽕, 해물덮밥세트, 알밥세트, 새우볶음밥세트, 버섯불고기덮밥세트 등을 취급한다.
로큰롤 서울 중랑구 중화동 307-3 4층 (주) 라온FS TEL : (02) 2207-3209~10	**10평형 기준 (점포/매장형)** 가맹비 : 5,000,000원 인테리어 : 24,000,000원 주방설비 : 7,000,000원 식기류 : 6,000,000원 의탁자 : 2,500,000원 홍보물품 : 1,500,000원 간판 : 2,000,000원 합계 : 4천 900만 원	2006년 서울 상계본점을 오픈한 뒤 롤초밥 가맹 사업을 시작하였다. 장어롤, 더블새우롤, 필라델피아롤(연어크림치즈롤), 새우튀김롤, 새우롤, 돈까스롤, 더블롤, 레인보우롤(여러 재료 사용), 연어롤, 캘리포니아롤, 치즈참치롤, 생선초밥, 모듬세트, 새우튀김덮밥, 돈가스덮밥, 알밥, 회덮밥, 유부우동, 새우튀김우동, 해물볶음우동, 김치우동, 꼬치우동, 롤큰롤우동, 냉모밀, 모듬가스, 생선가스, 고구마돈가스, 치즈가스, 롤큰롤가스 등을 취급한다.

※ 각 업체 가맹비 및 개점 비용을 비롯하여 각 정보는 변동이 있을 수 있으니 홈페이지를 통해 정확한 정보를 확인하도록 한다.

일본 음식 전문점/돈부리 & 가츠동 전문점

▣ 개요

우동전문점, 카레전문점, 초밥전문점은 물론 저가 분식점에서도 일본식 생돈가스를 만들어 내기 시작하면서 말 그대로 '일본식 생돈가스'를 전문적으로 취급했던 프랜차이즈들의 부침이 심하다. 아워홈(구 LG유통 FS사업부)의 인기 브랜드인 '사보텐'이 생돈가스 프랜차이즈 중에서 1위를 차지한 가운데, 아예 일본정통요리를 싸그리 담아내는 프랜차이즈가 나타나고 있는데 '가츠라'가 대표적인 업체이다. 또한 고급 생돈가스 전문점에서 먹을 수 있었던 가츠동(일본식 돈가스 덮밥)과 돈부리(일본식 덮밥)만 전문적으로 판매하는 체인점들도 최근 생겨나면서 일본 음식 전문점들이 점점 특화되고 있는 양상이다. 사실 일본의 직장인들이 점심 시간에 일반적으로 먹는 음식이 돈부리, 가츠동, 카레류라고 한다. 그중 돈부리와 가츠동만 전문적으로 판매하는 음식점의 경우 젊은 층 사이에서는 큰 호응을 얻고 있으므로 젊은 층 유동 인구가 활발한 지역에서는 가츠동 & 돈부리 전문점의 창업도 생각해볼 만하다.

▣ 직원 수

10평부터 창업할 수 있지만 20평 이상을 권장한다. 매출액에 따라 주방 1~3명, 홀은 1~3명 정도의 직원이 필요하다.

▣ 개업 현황

번화가나 유흥가 등의 A, B급 상권에 있다.

▣ 입지 조건

번화가, 대형 아파트 단지와 비즈니스 단지가 중첩된 곳, 대형 역세권, 관공서 밀집 지역, 오피스 밀집 지역에 입점하는 것이 좋다. 규모가 어느 정도 있는 대학가, 종합 터미널도 입점이 가능하다. 가능하면 오피스, 상업 지구가 중첩된 지역이나 비즈니스맨과 젊은 층 유동 인구가 많은 지역에 입점한다.

▣ 개점 비용(건물 임대료 별도)

개인 : 10평 기준, 3천 5백만 원 안팎
체인점 : 20평 기준, 6천만 원 안팎

▣ 메뉴 구성

생돈가스류 / 가츠동, 나베류 / 그 외 정통 일본요리류 / 일본주류 취급

▣ 매출 전망

일본 전통 음식점인 가츠라의 경우 가맹점의 평균 순이익률은 매출의 20~30% 수준이다. 개인 창업의 경우 총매출의 30~35%가 순이익이다.

▣ 체인점 현황

일본 전통 요리점을 표방한 '가츠라'가 체인점 사업을 활발히 벌이고 있다. 일본식 생돈가스로 유명한 아워홈의 '사보텐'은 30평 기준 초기투자비로 약 1억 5천~2억 원 정도의 비용이 필요하다.

업체명	가맹비 및 개점 비용	업체 특징
가츠라 서울시 강서구 등촌동 664번지 엉터리생고기 빌딩 3층 (주) 푸른에프앤디 TEL : 1544-3207	**20평 기준 (점포/매장형)** 가맹비 : 10,000,000원 보증금 : 3,000,000원 인테리어 : 32,000,000원 주방설비, 집기 : 15,500,000원 판촉물, 소품 : 3,000,000원 교육비 : 2,000,000원 포스 : 3년 약정 시 무상 지원 합계 : 6천 550만 원	가츠라는 정통 일본 요리와 사케를 판매하는 일본 음식 전문점이다. 일본 교토에서 시작되어 2000년 서울 명동에 1호점을 냈다. 가츠라정식, 히레카츠, 가츠카레, 생선가스, 고로케카레, 감자고로케, 로스카츠, 치킨가스, 장어덮밥, 모둠스시, 가츠동, 새우덮밥, 규동, 참치낫토동, 게살국밥, 돈코츠라멘, 쇼유라멘, 자루소바, 해물볶음우동, 나가사키짬뽕 등의 점심 메뉴와 야키토리, 시샤모구이, 도미뱃살데리야키, 각종 나베요리, 각종 회요리, 각종 별미요리, 각종 튀김요리, 각종 샐러드류 등의 디너 메뉴, 일본 술을 취급한다. ※ 요리명은 외래어 표기법에 따랐습니다.

업체명	가맹비 및 개점 비용	업체 특징
타누키 돈부리 서울시 강남구 역삼동 617-4 TEL : (02) 556-0890	**20평 기준(점포형)** · 자세한 창업 비용은 문의 요망	타누키 돈부리는 일본식 덮밥과 가츠동, 낫토요리를 취급하는 전문점이다. 2010년 현재 서울 강남과 대학로 등에 약 5개의 가맹점이 있다. 덴동(모듬튀김덮밥), 사케우니동(연어성게알덮밥), 덴푸라모리아와세, 사케낫토동, 가츠나베정식, 아라아게가츠동, 에비우나기동(새우장어덮밥), 규우나기동(소고기장어덮밥), 가키아게동, 규동, 에비카츠동 등의 20여 개의 덮밥, 가츠동 메뉴를 취급한다. ※ 요리명은 외래어 표기법에 따랐습니다.

※ 각 업체 가맹비 및 개점 비용을 비롯하여 각 정보는 변동이 있을 수 있으니 홈페이지를 통해 정확한 정보를 확인하도록 한다.

손콩칼국수 전문점(콩칼국수/바지락칼국수/콩수제비/만두국)

▣ 개요

사라졌던 바지락칼국수 전문점들이 서민경제가 불황에 접어들자 다시 하나둘씩 생겨나고 있다. 콩을 이용한 조리법이 많이 발전하고 있으므로 더 다양한 방식의 칼국수 메뉴, 좀 더 쫄깃한 면발을 연구하면 다시금 전성기가 찾아올 것이다. 또한 칼국수 외 수제비, 만둣국 등을 함께 취급하여 내실을 다지는 것도 좋은 생각이 될 것 같다. 최근 인기 조짐이 있는 '콩칼국수' 같은 음식은 여름철에 아무리 먹어도 질리지 않으므로 소자본 창업으로 생각해볼 만하다.

▣ 직원 수

점포 크기는 20평 규모부터 시작하는 것이 적당하다. 손칼국수이기 때문에 주방 1~2명, 홀 1~2명의 직원이 필요하다.

▣ 개업 현황

번화가, 관광 단지, 대도시 외곽 변두리 대로변에서 볼 수 있는데 최근 들어 재래시장 등에서 소자본으로 창업하기도 한다.

▣ 입지 조건

대형 아파트 단지가 중첩된 곳에서 동선을 따라 대로변 주차장이 넓은 곳에 창업한다. 번화가, 관공서 밀집 지역 등 유동 인구가 많은 지역, 주말 드라이브족이 즐겨 찾는 관광지 상권의 차량 이동이 많은 동선, 신도시 외곽의 차량 이동이 많은 동선을 따라 창업한다.

▣ 개점 비용(건물 임대료 별도)

개인 : 20평 기준, 2천만 원~4천만 원

▣ 메뉴 구성

콩칼국수류(냉콩칼국수 등) / 손칼국수류(해물 칼국수, 바지락 칼국수, 샤브샤브 칼국수 등) / 콩수제비류(항아리수제비, 매운수제비, 닭한마리매운수제비 등) / 이색만두류(클로렐라 만두, 콩만두, 만두국, 왕만두, 만두정식 등)

▣ 매출 전망

테이블 단가 12,000원 내외. 총매출의 30%~35%를 순이익으로 볼 수 있다. 1일 매출 50만 원일 경우 월 순이익 약 400만 원 내외이다.

▣ 체인점 현황

일산의 '오송한우손칼국수집'이 체인점 사업을 하고 있다.

닭갈비 전문점

▣ 개요

신라시대에서부터 있었다는 닭갈비 요리법이 1950년대 말 춘천 지역에서 닭불고기를 하는 사람이 생긴 이후 춘천의 명물 음식이 되었다. 지금도 춘천 명동의 닭갈비 골목에는 수많은 닭갈비 전문점이 있는데 맛 또한 매우 뛰어나다. 강원도 지역은 예로부터 목장이나 도계장이 발달해 춘천닭갈비가 유행했고 돼지고기나 쇠고기보다 가격이 저렴해 '대학생 갈비'라는 말이 유행했다. 닭갈비 조리법은 냄비에 육수를 넣어 조리하는 방식과 숯불 석쇠에 조리하는 방식이 있는데 춘천식 닭갈비는 대부분 육수에 여러 가지 재료를 토핑하여 조리한다.

■ 직원 수

점포의 적정 규모는 20평~30평이다. 주방 2명, 홀 2~3명의 직원이 필요하다.

■ 개업 현황

번화가와 유흥가 지역에서 많이 볼 수 있다.

■ 입지 조건

번화가, 유흥가가 기본 입지 조건이 된다. 학원가, 역세권, 먹자골목 등 젊은 층의 유동 인구가 많은 지역에 입점하는 것이 좋으며 아파트 단지에서 입점할 경우에는 1만 세대 정도의 아파트가 형성된 지역의 먹자골목이 좋다.

■ 메뉴 구성

닭갈비류(뼈없는 닭갈비, 야채닭갈비 외) / 철판볶음밥류 / 막국수, 쟁반국수류 /
빈대떡, 해물파전류 / 주류, 음료수 일체

■ 개점 비용(건물 임대료 별도)

개인 : 20평 기준, 4천만 원 안팎
체인점 : 20평 기준, 5천만 원 안팎

■ 매출 전망

매장 위치에 따라 다르겠지만 총매출의 25~35%를 순이익으로 볼 수 있다. 재료비와 인건비는 각각 35% 수준이다. 하루 매상 70만 원일 경우 대략 월 700만 원의 순이익이 발생한다.

■ 체인점 현황

닭갈비 프랜차이즈는 부침이 심하다. 일단 본사에서 닭이나 소스를 납품 받지만 나중엔 자체적으로 조달 가능하기 때문이다. 유명 체인점으로는 '춘천집'과 '유가네 닭갈비' 등이 있고, '오투닭갈비'는 춘천닭갈비식 소스를 사용해 체인점 사업을 벌이고 있다.

업체명	가맹비 및 개점 비용	업체 특징
 **유가네 닭갈비** 서울시 강남구 역삼동 830-3 서정빌딩 5층 TEL : (02) 3288-9922	**20평형 기준 (점포/매장형)** · 창업 비용은 전화 상담 요망	유가네 닭갈비는 1981년 경기도 안양에서 '보통닭갈비'로 오픈한 뒤 1995년 부산대 앞에 '유가네 닭갈비' 1호점을 오픈한 프랜차이즈 업체로 현재는 전국에 70여 가맹점이 있다. 유가네닭갈비, 신화닭갈비, 해물닭갈비, 숯불닭갈비, 치즈철판볶음밥, 닭갈비철판볶음밥, 닭야채철판볶음밥, 해물철판볶음밥, 불고기철판볶음밥, 쟁반국수 메뉴와 음료수 및 주류를 취급한다.
 **오투(O2) 닭갈비** 서울 성북구 동선동 1가 72-2 해송빌딩 6층 TEL : 1588-0716 　　　(031) 897-8020	**30평형 기준 (점포/매장형)** 가맹비 : 3,000,000원 보증금 : 2,000,000원 인테리어 : 평당 110만 원 주방설비, 집기 : 21,000,000원 간판 : 3,000,000원 합계 : 6천 300만 원 안팎	(주)오투푸드의 닭갈비 프랜차이즈로 자체 계육공장과 춘천닭갈비식 소스공장을 가지고 있다. 2009년부터 프랜차이즈 사업을 시작하였고 2010년 현재 대학로, 용인, 부산에 체인점이 있다. 오투닭갈비, 매운닭갈비, 삼겹닭갈비, 쭈꾸미닭갈비, 닭철판볶음밥, 삼겹살철판볶음밥, 쭈삼철판볶음밥, 동치미메밀막국수와 각종 음료와 주류를 취급한다.
 **춘천집/곰소설렁탕** 경기도 광주시 오포읍 추자리 324-4 (주)한아식품 TEL : (02) 568-8885	**30평형 기준 (점포/매장형)** 가맹비 : 6,000,000원 보증금 : 3,000,000원 인테리어 : 39,000,000원 주방설비, 집기 : 13,000,000원 홀 집기 : 4,400,000원 간판 : 6,000,000원 개업물품 : 1,800,000원 합계 : 7천 320만 원 안팎	(주)한아식품의 체인점 사업인 춘천집은 닭갈비 전문 브랜드의 선두 업체로 현재 70여 개 가맹점이 있다. 주메뉴는 뼈없는닭갈비, 삼겹닭갈비, 치테이토닭갈비, 치쫄라닭갈비, 비빔공기, 치즈돈까스, 닭야채철판볶음밥, 레인보우콘볶음밥, 쟁반국수, 막국수, 김치전, 소주, 맥주, 백세주, 청하, 매취순 등이 있다. (주)한아식품은 춘천집 외에 고기 메뉴를 취급하는 가든파티, 맷돌순두부를 취급하는 돌깨마을, 설렁탕을 취급하는 곰소설렁탕의 프랜차이즈 사업을 하고 있다.

※ 각 업체 가맹비 및 개점 비용을 비롯하여 각 정보는 변동이 있을 수 있으니 홈페이지를 통해 정확한 정보를 확인하도록 한다.

가정식 백반 전문점(직장인 대상, 12~15가지 반찬)

▣ 개요

가정식 백반 전문점은 업무 타운이 밀집된 지역에서 직장인을 대상으로 영업하는 음식점을 말한다. 점심에는 백반 메뉴 하나를 인근 직장인을 대상으로 판매하고 오후에는 고가 안주와 술을 판매해 매출을 높인다. 인테리어보다는 칼칼하고 삼삼한 손맛으로 음식을 조리하는 능력이 필요하다. 보통 빌딩 뒷골목의 가정집이나 한옥집을 개조해 오픈하는데 일단 소문이 나면 대로변 빌딩의 직장인들이 주요 고객이 된다.

▣ 직원 수

전문 백반집은 대개 나이 드신 부부가 운영하는 경우가 많다. 평균 30평 이상의 가정집 등을 개조해 60~80석 규모로 창업한다. 30평 규모에서는 주방 2~3명, 홀 3~5명이 적당하다. 점심 시간의 피크타임을 위주로 영업을 하기 때문에 파트 타임 직원을 많이 고용한다.

▣ 개업 현황

구식 빌딩 밀집 지역, 구식 사무실 밀집 지역의 뒷골목에 의외로 가정식 백반집이 많다.

▣ 입지 조건

가장 좋은 입지 조건은 구식 빌딩을 끼는 것이지만 5층 규모의 상가나 5층 규모의 사무실들이 밀집된 지역의 뒷골목에 창업해도 영업이 잘된다. 상업지구, 비즈니스타운, 관공서가 중첩된 곳은 최고의 입지 조건이 된다. 오피스텔은 지하층에 독자 상권이 있으므로 오피스텔을 노리고 창업할 필요는 없다. 대개 대기업 직원들은 음식을 배달시켜 먹지 못하기 때문에 대기업 계열사의 배후에 창업한다. 일단 직장인 유동 인구가 많아야 한다.

▣ 개점 비용

건물 임차 비용을 제외하고 3~4천만 원 이하의 자본으로도 창업 가능하다. 가정집을 개조한 경우 일반 주택에 의탁자만 갖다 놓기 때문에 추가 인테리어 비용이 들지 않는다. 물론 각종 냉방장치는 반드시 설치해 쾌적한 분위기를 연출해야 한다.

▣ 매출 전망

가정식 백반 전문점은 점심 메뉴가 특히 맛있어야 한다. 12가지의 다양한 반찬과 함께 매일 바뀌는 국물 요리가 영업의 포인트이다. 예를 들어 그날 참치를 구웠다면 참치구이 백반이 되고, 돼지김치찌개를 준비했다면 돼지김치찌개 백반이 된다. 가격은 입지 조건에 따라 5,500~6,000원이 적당하다. 점심 시간이 끝난 오후와 저녁에는 아귀찜이나 낙지볶음 같은 이익이 많이 남는 특선 안주와 주류를 판매해 단골 고객들을 다시 유도하는 전략이 필요하다.

365일 성공하는!

음식점 창업 이야기

회사원을 타깃으로 한
가정식 백반 – 서울 신설동 음식점

서울 신설동처럼 4~5층 상가와 구식 사무실 건물이 발달한 지역도 드물다. 인근 회사원들이 점심 시간이면 밥을 먹으러 쏟아져 나오므로 일단 밥장사가 잘된다. S 가정식 백반집은 대로변을 끼고 골목 안쪽에 있고, 이에 인접해서 유사 형태의 가정식 백반집들이 경쟁 영업 중이다. S 가정식 백반집은 이들 중 가장 장사가 잘되는 음식점인데 보통 12가지 내외의 반찬과 매일 바뀌는 국이 키포인트이다.

기본 메뉴 : 가정식 백반 정식 (5,500원)

반찬 구성 : 국(매일 바뀐다), 김치, 오이무침, 계란찜, 어묵볶음, 멸치볶음(혹은 오징어채볶음), 겉절이 김치, 콩나물무침, 양상추샐러드, 고등어찜 등의 12가지 반찬

술안주 메뉴 : 저녁 시간에는 주류와 안주 판매. 안주는 아귀찜, 매운탕, 꽃게탕, 삼겹살 등이 있다.

성공 포인트 : 반찬이 전체적으로 삼삼하고 맛이 좋다. 국이 매일 바뀌는데 미역국 → 북어국 → 순두부찌개 이런 식으로 바뀐다. 반찬 내는 것도 정성이 가득하고 깨끗하다.

종업원 수 : 주방 3~4명, 홀 종업원 3~5명, 카운터 주인 직접

고객분석 : 인근 빌딩 직장인, 인근 사무실 직장인, 주부 계모임

위치 : 신설동에서 청량리 방면 대로변 인접 뒷골목 안쪽

음식점 구조 : 한옥집 개조, 각 테이블은 6석 규모, 방석집 형태, 총 80~90석 규모
(큰방 2, 작은 방 1, 마루 1) 주차시설 없음

월매출 : 점심 시간대 테이블당 회전수 2.5회 내외, 점심 시간만으로도 월 3천만 원 정도의 매출이 발생. 오후 및 저녁 시간 매상을 일 30만 원으로 잡을 경우 월 4천백만 원 정도의 매출이 발생.

황태요리 전문점/동태탕 전문점/황태 해장국집

▣ 개요

강원도 고지대에서 겨울철에 자연 상태에서 얼렸다 녹였다 잘 말린 황태를 다양한 방식으로 요리하여 판매하는 업종이다. 기본 메뉴는 황태정식과 황태구이류이고, 황태찜, 황태전골 외에 해물파전 같은 전류를 판매한다. 동태탕 전문점은 말 그대로 동탯국을 맛있게 끓여내는 집이다.

▣ 직원 수

동탯국 잘하는 집이라면 20~40평 규모에서 창업할 수 있고 캐주얼한 황태요리 전문점이라면 10평 규모에서도 창업할 수 있다. 10평 규모일 경우 테이블 회전율에 따라 주방 1~2명, 홀은 1~2명 내외가 적절하다.

▣ 개업 현황

이 분야는 체인점보다는 전통적인 유명 개인 맛집들이 많다.

▣ 입지 조건

황탯국 집과 동탯국 집은 일단 직장인 유동 인구가 많은 비즈니스타운, 관공서, 상가 밀집 지역이 좋은 입지 조건이 된다. 또는 유흥가나 번화가 등도 입점 대상이 된다. 점심 시간에는 식사, 저녁시간에는 술을 판매하는 방식이다. 황탯국 집은 가급적 번화가 대로변에 노출되어야 하며, 동탯국 집은 뒷골목에서도 영업할 수 있다. 황탯국 집은 해장국 개념이므로 영업이 안정적이면 24시간 심야 영업을 할 수도 있는데 일단 황탯국을 시원하게 끓여 내야 한다.

개인 창업의 경우 기사식당을 겸해 창업할 수도 있는데 이 경우 24시간 영업 체제로 전환해야 한다. 24시간 영업 체제일 경우 직장인은 물론 20대층까지 고객의 폭이 확대된다.

▣ 메뉴 구성

황탯국정식(5,000~6,000원) / 황태구이정식(8,000원~9,000원) / 동탯국(7,000원)
황태전골(18,000~30,000원) / 황태찜(18,000~30,000원) / 황태미역국(6,000원)
황태해장국(6,000원) / 콩나물해장국(6,000원) / 해물파전(8,000원) / 그 외 주류 취급

▣ 개점 비용(건물 임대료 별도)

개인 : 20평 기준, 3천5백만 원 안팎
체인점 : 20평 기준, 5천만 원 안팎

■ 매출 전망

캐주얼한 황탯국 체인점의 경우 황탯국, 동탯국, 황태구이, 부침류를 취급하기 때문에 황탯국+동탯국+빈대떡집 컨셉을 가지게 되어 주류 판매를 겸하게 되므로 영업에 많이 도움이 될 것이다. 30%는 원재료 값이고 순이익은 30% 내외이다. 나머지는 인건비, 임대료 등으로 사용된다.

■ 체인점 현황

황태요리 가맹사업을 활발하게 벌이는 업체로는 '황태자'와 '유진낙지'가 있다. 개인 창업의 경우 강원도 횡계 혹은 설악산 진부령 가는 길에 황태 맛집이 많으므로 조리법을 일정 비용을 내고 직접 배워올 수도 있다.

업체명	가맹비 및 개점 비용	업체 특징
황태자 서울시 양천구 신월동 921-2 호영빌딩 한국폴락식품 TEL : 1566-7092	**10평형 기준 (점포/매장형)** 가맹비 : 무료 인테리어 : 13,000,000원 주방설비 : 6,500,000원 주방집기 : 2,500,000원 탁, 의자 : 3,500,000원 간판 : 5,000,000원 홍보물 : 2,000,000원 교육비 : 무료 합계 : 3천 250만 원 · 15평형은 3천 800만 원	한국폴락식품은 황태 가공 및 유통 전문 업체이며 황태요리를 수년간 연구 '황태자'라는 브랜드로 프랜차이즈 사업을 시작하였다. 모방할 수 없는 소스, 최상등급 황태를 사용한다. 북어국, 동태탕, 코다리볶음탕, 황태미역국, 황태구이, 황태수제비, 시래기국, 명태식해보쌈, 코다리찜, 코다리전골, 부추전, 김치전, 단호박전, 해물녹두전 외 주류 및 음료를 취급한다.

바다해장국과 동태탕
 	
서울시 강동구 천호동 55-48
예진희 R.eF
TEL : 1688-4938
	30평형 기준 (점포/매장형)
	가맹비 : 5,000,000원
	인테리어 : 39,000,000원
	주방설비, 집기 : 1,500,000원
	간판 : 2,000,000원
	홍보물 : 1,000,000원
	합계 : 6천 300만 원 안팎
	  · 다른 업종에서 업종 변경 시
	    기술이전료 6백 80만 원 안팎
		'유진낙지'로 유명한 예진희 R.eF 기업의 황태요리 브랜드이다. 2008년 프랜차이즈 사업을 시작한 이후 '바다양푼이동태탕', '바다해장국과 동태탕', '유진낙지' 등의 가맹점이 전국에 40여 개 있다. 바다양푼이동태탕은 동태탕, 동태전골, 대구뽈찜, 동태찜 등을 전문으로 하다. 바다해장국과동태탕은 황태해장국, 굴해장국, 콩나물해장국, 조개해장국, 알곤이탕, 동태탕, 동태찜, 아구찜, 대구뽈찜 등을 취급한다.

※ 각 업체 가맹비 및 개점 비용을 비롯하여 각 정보는 변동이 있을 수 있으니 홈페이지를 통해 정확한 정보를 확인하도록 한다.

비빔밥 전문점

▣ 개요

잘 지은 밥에 여러 가지 나물과 고추장을 넣어 비벼 먹는 것이 비빔밥이다. 각 지방마다 특색 있는 방식으로 비빔밥 음식이 발전했는데, 특히 전주와 진주 지방에서 발전한 비빔밥 음식이 전국적으로 유명하다. 간단히 몇 개의 반찬을 제공하는 경우도 있지만 성찬식으로 20여 개의 반찬을 함께 내오는 음식점들도 있다. 고급 취향의 전주비빔밥집은 비빔밥, 떡국류, 육회류, 철판볶음밥, 순두부, 냉면, 전골류 등으로 메뉴를 꾸미고 캐주얼한 비빔밥 전문점은 비빔밥 외 철판볶음밥, 면류를 함께 취급하는 것이 영업에 도움이 된다. 캐주얼 비빔밥은 용우동의 '치즈볶음돌솥밥' 등을 참고하면 여러 메뉴를 개발할 수 있다. 원래 최초의 비빔밥은 맨 밥이 아니라 밥을 볶은 뒤 그 위에 나물을 올려 내왔다고 한다.

▣ 직원 수

점포의 크기는 10평, 20평, 40평 등 여러 평수의 적용이 가능하다. 매출에 따라 주방 2~3명, 홀 2~5명 정도가 적절하다.

▣ 개업 현황

각 대학가 등에 비빔밥 체인점이 테이크아웃을 겸해 입점했지만 비빔밥 외 메뉴 부실로 대부분 사라졌고 여러 가지 점심 메뉴를 보강한 체인점들이 나타나고 있다.

▣ 입지 조건

비빔밥 체인점은 비빔밥 위주의 메뉴가 있는 브랜드와 비빔밥 외 메뉴가 있는 브랜드가 있는데, 비빔밥 위주의 메뉴를 가진 체인점은 쇼핑몰, 오피스빌딩, 대형 역사, 대형 버스 터미널, 백화점 푸드코드 등에서 매장 형태로 창업하는 것이 좋다. 비빔밥 외 분식 메뉴를 가지고 있는 체인점은 대학가, 번화가, 상업지역, 대형 아파트 단지, 역세권, 비지니스 단지 등 번화가에서 로드숍 형태로 창업할 수 있다.

▣ 메뉴 구성

비빔밥(퓨전, 산채, 야채, 쇠고기, 해물, 돌솥, 전주비빔밥 등) / 덮밥류(퓨전, 섞어, 오징어, 쇠고기, 낙지 덮밥 등) / 카레류(퓨전카레, 돈가스카레 등) / 철판볶음밥류 / 순두부뚝배기류 / 면류 & 분식류

◼ 개점 비용(건물 임대료 별도)

개인 : 40평 기준, 8천만 원~1억 원 (고급 전주비빔밥 전문점)

체인점 : 10평 기준, 4천만 원~6천만 원 안팎 (캐주얼 비빔밥 체인점)

◼ 매출 전망

체인점의 경우 28~33%가 순이익이다.

> 비빔밥 전문점은 10여 종의 비빔밥 메뉴 외에 다른 점심 메뉴가 반드시 끼어 있어야 하며, 다른 메뉴는 고가정
> 책을 유지해도 비빔밥만큼은 24시간 김밥 전문점과 엇비슷한 저렴한 가격을 유지해야 한다. 직장인들이 비빔
> 밥이나 순두부를 잘 먹는 이유는 점심 한 끼로 만만한 가격대이기 때문이다.

◼ 체인점 현황

'닥터 푸드' 체인점과 '다미랑' 등이 가맹 활동을 활발히 하고 있다. '본비빔밥' 체인점은 '비빔밥', '뚝배기', '두루치기', '도시락' 메뉴를 취급한다.

업체명	가맹비 및 개점 비용	업체 특징
본 비빔밥 서울시 종로구 관철동 32-7 계원빌딩 9층 (주) BONIF TEL : 1644-6288	**10평형 기준 (점포형)** 가맹비 : 10,000,000원 보증금 : 3,000,000원 인테리어 : 14,500,000원 주방기구 : 6,900,000원 매장집기 : 3,700,000원 의탁자 : 3,400,000원 간판 : 6,800,000원 홍보오픈비 : 3,800,000원 로열티 : 2,000,000원 합계 : 5천 921만 원 안팎 ㆍ포스 별도, 로열티는 계약 기간 합산 금액임	본죽 프랜차이즈로 놀라운 성공을 거둔 (주)BONIF의 비빔밥 & 도시락 배달 브랜드이다. 버섯불고기비빔밥, 한치비빔밥, 매운낙지돌솥비빔밥, 해물돌솥비빔밥, 새우돌솥비빔밥, 김치주물럭돌솥비빔밥, 보리비빔밥, 나물비빔밥, 김치알밥, 연어비빔밥, 도토리묵밥, 소고기뚝배기, 새우뚝배기, 해물뚝배기, 바지락순두부, 해물칼국수, 송이버섯칼국수, 본떡산적, 구색나물전, 해물파전, 불고기떡볶이, 구색나물잡채, 소불고기두루치기비빔밥, 돼지고기떡두루치기비빔밥 등의 메뉴를 취급한다. 또한 10여 가지 도시락 메뉴를 취급한다.

업체명	가맹비 및 개점 비용	업체 특징
 **닥터푸드** 서울시 종로구 숭인동 롯데캐슬 지동 915 TEL : (02) 6677-5233	**10평형 기준 (점포/매장형)** 가맹비 : 5,000,000원 인테리어 : 15,000,000원 주방기구 : 4,000,000원 주방용품 : 2,500,000원 매장집기 : 1,000,000원 간판&사인 : 2,000,000원 포스 : 1,500,000원 오픈비, 오토바이 2대 포함 : 7,000,000원 교육비 : 3,000,000원 합계 : 4천 100만 원	의사, 한의사, 영양사로 이루어진 닥터푸드 파트너들이 꾸민 건강 메뉴 프랜차이즈이다. 서울 동대문에 본점을 오픈한 이후 전국 10여 곳에 가맹점이 있다. 닥터비빔밥(현미잡곡밥), 신기한비빔밥, 소고기양파볶음새싹비빔밥, 유기농새싹비빔밥, 순두부해초비빔밥, 오돌뼈비빔밥, 검은깨제육비빔밥, 콜라겐비빔밥, 닥터꽃밥(주먹밥류), 멸치꽃밥, 고추꽃밥, 낙지덮밥, 소고기버섯덮밥, 김치덮밥, 대게살볶음밥, 해물볶음밥, 새우브로콜리볶음밥, 소고기볶음밥, 신김치콩나물국밥, 현미누룽지탕, 어묵탕, 비빔국수, 쫄면, 볶음면, 신김치말이국수, 떡볶이, 찹쌀순대, 냉면 등을 취급한다.
 **전주비빔밥 다미랑** 전북 전주시 완산구 중화산동 2가 761-5 서초빌딩 1층 TEL : (063) 227-2671	**30평형 기준 (점포/매장형)** 가맹비 : 5,000,000원 인테리어 : 36,000,000원 주방설비, 간판 : 18,000,000원 오픈행사 : 1,500,000원 교육비 : 2,000,000원 합계 : 6천 250만 원	다미랑은 IMF때 서울 생활을 청산하고 전주로 내려간 황의찬씨에 의해 창업되었다. 백화점 푸드코트에 입점한 후 2004년 전주 서신에서 1호점을 창업한 이래 삼성홈플러스 김제점, 삼성홈플러스 익산점, 전주 롯데백화점 등 전라권 등에 5개의 직영점을 내었다. 전주비빔밥, 돌솥비빔밥, 함지박비빔밥, 불낙돌판덮밥, 뚝불고기정식, 조랭이떡만두국, 순두부찌개, 복분자비빔냉면, 퓨전김치찌개, 칡물냉면, 칡비빔냉면 등을 취급한다.

※ 각 업체 가맹비 및 개점 비용을 비롯하여 각 정보는 변동이 있을 수 있으니 홈페이지를 통해 정확한 정보를 확인하도록 한다.

매운탕 전문점 / 해물탕 전문점 / 곰장어 전문점

▣ 개요

메기 매운탕집, 해물탕집, 곰장어집은 바다나 강, 저수지를 끼고 창업되었으나 마이카족이 많아지면서 교통량이 많은 대로변에서 독자 생존식으로 창업되고 있다.

▣ 직원 수

30~40평 규모에서 창업하면 주방 2~3명, 홀은 테이블 회전율에 따라 3~5명이 적절하다. 유흥가가 아닌 국도변에서 창업할 경우에는 먼저 주차장을 확보한다.

▣ 개업 현황

유흥가, 대도시 외곽 국도변 등에서 볼 수 있다.

▣ 입지 조건

매운탕 전문점, 해물탕 전문점, 곰장어 전문점은 강을 끼고 있으면 교통량이 왕성한 도로변이 좋은 입지 조건이 된다. 특히 위성 도시에서 대도시로의 출퇴근에 이용되는 국도나 지방도가 좋다. 대형 아파트 단지를 끼고 있는 경우에는 단지 초입보다는 1~2km 떨어진 대로변의 나대지에 입점한다. 10대 이상의 자가용을 주차할 수 있는 공간은 반드시 가지고 있어야 하며 점포의 외관이나 인테리어는 중요하지 않다. 지나가는 사람을 잡을 수 있도록 음식 냄새를 풀풀 풍기도록 한다. 이런 음식점들은 번화가나 유흥가에서 볼품없는 외관(포장마차식 점포)으로 창업해도 충분히 먹힌다.

▣ 메뉴 구성

· 매운탕 전문점의 경우 : 보양식 메기 매운탕, 민물새우 매운탕 등
· 해물탕 전문점의 경우 : 해물탕, 조개구이, 아귀찜 등
· 곰장어 전문점의 경우 : 곰장어구이 외 각종 해물탕 등 취급

▣ 개점 비용

인테리어 비용이 들지 않으므로 초기 투자비가 적게 든다. 국도변에 있는 구식 주택 등을 개조해 창업할 수도 있다. 규모에 따라 다르겠지만 40평형의 경우 3천만 원 이하에서 창업할 수도 있다. 교통 유동량이 많다면 가건물에 의탁자만 가져다 놓고도 창업할 수 있고, 유흥가에서는 주차장 등에 포장마차 형태의 가건물을 짓고 창업할 수도 있다. 인테리어는 별로 신경 쓰지 않아도 되지만 점

포의 크기는 40평 이상이 요구된다. 건물 외관이 형편없어도 일단 규모가 있으면 쾌적하게 술 마시는 분위기를 연출해야 한다.

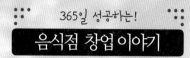

365일 성공하는!
음식점 창업 이야기

Y 메기 매운탕 전문점 – 경기 김포시 국도변

Y 메기 매운탕 전문점의 입지 조건은 좋은 편이다. 서울에서 강화도로 놀러 가는 행락객과 강화도나 인천 등지에서 서울 출퇴근하는 차량들의 유동량이 많은 대로변을 끼고 이 음식점이 있다. 인근에 주택가도 없고 주유소 정도가 영업하고 있지만 배후에 한강을 끼고 있어 민물 매운탕 집을 하기엔 적절하다. 대략 20분 거리 안쪽에 강화시, 김포시, 인천시, 서울시를 끼고 있어 교통량이 많다.

기본 메뉴 : 메기 매운탕 (소 17,000원, 중 24,000원, 대 28,000원대. 메기 매운탕에 메기, 채소류, 수제비, 인삼, 대추, 콩 등을 넣어 끓임.)

반찬 구성 : 김치, 오이무침, 간장소스 외 상추, 치커리, 청고추(맵지 않은)와 같은 야채쌈거리. 공기밥 및 사리는 별도 판매

다른 메뉴 : 메기 매운탕 외 3~4종의 메기 관련 음식. 기타 주류 일체

성공 포인트 : 한방 보양식 메기 매운탕임을 강조. 유동 차량이 많은 국도변에 입점.

종업원 수 : 주방 2~3명 내외, 홀 종업원 2~3명 내외, 주차 관리 1명, 카운터 주인 직접

고객분석 : 행락객, 인근 지역 주민, 가족 외식

위치 : 서울에서 강화도 방향 국도변

음식점 구조 : 간이 건물, 80~90석 규모, 주차장

월매출 : 현재 성업 중

횟집(저가 횟집)

▣ 개요

저가 횟집의 경우 번화가나 유흥가에서 가건물 형태라 해도 맛좋고 가격 경쟁력 있으면 장사가 잘된다. 어차피 회요리는 고급 일식집이나 소래포구 부두에 앉아 먹는 1만 원짜리나 맛은 똑같기 때문에 술 마시는 것이 중요하지 회 맛 따지는 사람은 별로 없다. 도심지에서 창업할 경우에는 무조건 저렴한 가격으로 창업한다.

▣ 직원 수 : 30~40평 규모에서 창업하면 주방 2~3명, 홀은 테이블 회전율에 따라 3~5명이 적절하다. 남자 직원은 키 큰 젊은 남자, 여자 직원은 싹싹한 아가씨나 젊은 주부를 고용한다.

▣ 개업 현황

간혹 유흥가나 번화가에 저가 횟집이 영업 중이다.

▣ 입지 조건

저가 횟집은 소자본 창업 시 노려볼 만한 아이템이다. 대도시의 경우 번화가나 유흥가의 A, B급 상권에서 저렴한 가격으로 회를 파는 전략이다. 점포의 외관이나 인테리어는 중요하지 않으며 대신 메뉴 구성은 고급 횟집과 비슷하게 구성한다. 인구 20~30만 이상의 중소도시의 경우 대단위 아파트 단지를 끼고 먹자골목의 나대지 등에서 창업하면 목돈을 만질 수 있다. 주변에 주차장 시설이 없어도 최소한 골목길에 차를 주차할 수 있는 곳이어야 한다.

▣ 메뉴 구성

광어회 등의 회요리, 생선구이류, 조개구이류 등(저가 횟집이지만 요리를 깨끗하게 담아내는 전략이 필요하다. 은근히 실력있는 주방장이 있음을 음식 담아내는 모습으로 보여준다.)

▣ 개점 비용 : 인테리어 비용이 들지 않으므로 초기 투자비가 적게 든다. 유동 인구가 많은 A, B급 상권에서 빈 주차장이나 가건물 등에 의탁자만 가져다 놓고도 창업할 수 있다. 점포의 크기는 30~40평 이상이 좋다.

▣ 매출 전망

저렴하고 실력있는 횟집이라고 소문나면 자가용족은 물론 인근 아파트에서 밤늦은 시간에도 술을 마시러 많이 찾아온다. 1차 손님이 아닌 2, 3차 손님을 잡는 전략이다.

C도시의 저가 횟집

인구 50만의 C도시의 최근 개발된 대단위 아파트 단지에는 먹자골목이 형성되어 있는데 이 먹자골목 뒷골목에는 빌라 등의 주택가가 있다. 빌라 사이의 빈 공터에 저가 횟집이 있는데 쇠파이프로 기둥을 세우고 천막만 친 가건물 형태이다. 저렴한 가격의 횟집으로 소문나 2차 내지는 3차로 술 마시는 사람들이 즐겨 찾는다. 겨울철에 특히 장사가 잘된다고 한다.

기본 메뉴 : 광어회, 우럭회, 곰장어구이 등등 활어 횟집에서 볼 수 있는 일반적인 메뉴들

반찬 구성 : 일단 테이블에 앉으면 오이, 당근, 고추가 있는 기본 안주와 홍합국이 나옴

다른 메뉴 : 해물탕류, 조개구이류, 냉면류를 취급

성공 포인트 : 가건물이기 때문에 임대료 및 유지비 부담이 적어 회를 저렴한 가격에 판매 가능. 30대 중반의 부부가 운영하는데 둘 다 성격 좋고 싹싹함

종업원 수 : 약 40평 규모의 가건물 안은 횟집 주인 부부를 포함해 주방 2~3인, 홀 3~4명의 직원이 있음. 주방과 홀이 분리되어 있지 않으며 차양막을 열고 들어가면 포장마차 형태의 가건물 안이 훤히 보이고 한쪽에 주방 시설이 마련되어 있음

고객분석 : 2차, 3차를 하러 온 술꾼들이 주요 고객이며, 야참을 먹으러 나왔다가 회를 먹는 인근 아파트의 가족 손님들도 많음

주차장 시설 : 먹자골목 뒤쪽 빈 공사터에 세운 가건물이기 때문에 한쪽에 2~3대의 차를 주차할 공간이 있음. 먹자골목길이기 때문에 밤 10시 이후에는 영업을 끝낸 다른 점포 앞에 주차 가능

참고사항 : 주로 심야 영업. 오후부터 다음날 새벽 4~5시까지 영업

월매출 : 가건물에 있는 횟집이라고 생각하고 들어갔는데 의외로 메뉴가 깔끔하게 나오고 활어횟집에 있는 메뉴가 다 있음. 근처에서 싼 횟집으로 소문나 성업 중

우렁쌈밥 전문점

▣ 개요

우렁된장국은 충청권에서 잘 먹는 음식이다. 한때 서울에서도 유행한 적 있는데 서울에서는 우렁 된장쌈장을 제대로 하는 집이 하나도 없다. 우렁쌈밥에 사용하는 우렁된장쌈장(우렁이 들어있는 강된장 비슷한 쌈장)을 제대로 표현하면 삼삼하게 짭짤하고, 고소하고, 구수하고, 매콤하고, 우렁 의 쫀득한 맛이 어우려져 최고의 별미 쌈장이 된다.

우선 눈물이 쏙 나올 정도로 매콤하고, 삼삼하고, 고소하고, 우렁도 큼직하게 들어있으면 성공할 확률이 있다. 필자는 아산에서 매콤한 우렁된장쌈밥을 먹은 적이 있는데 그 맛이 그 전에 먹은 우렁 된장은 요리할 줄 모르는 사람들의 장난 같다는 생각이 들 정도였다. 이 집의 우렁된장만큼은 확실 히 먹어볼 만했다. 그러나 쌈거리가 제대로 세척되지 않아 흙이 묻어 있는 경우가 종종 있었고 이 때문에 필자에게 좋은 평판을 얻는 데 실패한 집이다.

▣ 직원 수 : 점포의 크기는 평균 40평형이 적당하다. 주방 2명 내외, 홀 2~3명을 고용한다.

▣ 개업 현황 : 서해안 고속도로 송악 IC로 진출하면 우렁쌈밥집들이 서로 원조집이라고 영업 중이다. 대도시 외곽 국도변에 간혹 우렁쌈밥집이 영업 중인데 주로 충청남도에서 많이 있다.

▣ 입지 조건 : 직장인이 많은 비즈니스타운, 관공서 부근, A, B급 상권에 입점한다. 유명 관광지의 차량 왕래가 많은 동선을 따라 국도변에 우렁쌈밥 한정식점을 오픈할 수도 있다.

▣ 개점 비용(건물 임대료 별도)

개인 : 30평 기준, 3천만 원~6천만 원 안팎(한정식 스타일일 경우 인테리어에 신경 쓴다.)

▣ 메뉴 구성

우렁쌈밥정식(7,000원, 반찬 8가지 내외) / 우렁쌈밥 + 한정식(13,000원, 반찬 20가지 내외) / 오리고기 + 우렁쌈밥(10,000원) / 차돌박이 + 우렁쌈밥(10,000원) / 우렁무침(12,000원) / 빈대떡, 해물파전류(8,000원) / 된장백반 / 순두부백반 / 두부전골 / 두부찌개류 / 소주, 맥주 및 음료수

두부 두루치기 / 오징어 두루치기 전문점

■ 개요

두루치기 음식은 전라도와 충청도에서 시작되었는데 재료가 조금 다르다. 충청도의 두부 두루치기 음식은 두부를 직사각형 형태로 썰어 고추장 등의 갖은 양념과 돼지고기, 야채 등을 넣어 흡사 떡볶이처럼 두부를 조려낸 것을 말한다. 오징어 두루치기는 생오징어를 썰어 떡볶이처럼 조려낸 요리를 말한다. 밥 반찬으로도 좋지만 보통 술안주로 많이 판다. 번화가에서는 이 두 가지 요리 가지고는 승산이 없으므로 철판요리 등을 개발해야 하는데, 예를 들어 두부를 마파두부씩으로 썰어 고추장+마파두부 소스로 반 볶은 뒤 두부철판볶음밥의 재료로 만들면 점심 장사도 할 수 있다.

■ 직원 수

30~40평 규모에서 주방 2명 내외, 홀은 테이블 회전율에 따라 2~3명 내외가 적당하다.

■ 개업 현황

대전 은행동 두부 두루치기 음식점 중에 유명한 곳이 두세 곳 있었는데 2년 전 출장 중에 찾아가보니 한 곳만 남아 있었다.

■ 입지 조건

대형 관공서, 비즈니스타운, 번화가, 유흥가 등 A, B급 상권에 입점하는 것이 좋다. 충청권에서는 유명한 음식이기 때문에 외곽 국도변에서도 창업할 수 있다.

■ 개점 비용(건물 임대료 별도)

30평 기준 3천만 원~5천만 원

■ 메뉴 구성

두부 두루치기(대 25,000원 / 중 18,000원 / 소 10,000원) / 오징어 두루치기(대 25,000원 / 중 18,000원 / 소 10,000원) / 두부전골(12,000원~20,000원) / 해물탕(10,000원~30,000원) / 두부 두루치기 철판볶음밥 / 오징어 두루치기 철판볶음밥 / 도토리묵 쟁반국수(20,000원) / 해물파전(8,000원) / 부대찌개(7,000원) / 보리밥정식(7,000원) / 소주, 맥주, 음료수

■ 매출 전망

원래 대전의 두루치기 음식점들은 직장인의 회식자리, 계모임 자리로 인기가 많았다. 서울 등의

두부요리 애호가들을 끌어들이려면 두루치기를 응용한 새 메뉴의 개발이 필요하다.

■ 체인점 현황

원할머니 보쌈으로 유명한 (주)원앤원이 부대찌개&두루치기 아이템으로 '박가 부대찌개' 프랜차이즈 사업을 하고 있다.

5　투자비 5천만 원 ~ 1억 원

죽 전문점

■ 개요

전복죽이나 단팥죽 같은 우리나라 전통죽을 요리해 판매한다. 선풍을 일으키면서 건강죽, 웰빙죽, 프리미엄죽 등 다양한 죽 요리가 탄생하였다. 미리 조리된 죽을 데워서 판매한다는 점에서 창업자들에게 인기를 많이 얻었고 그 결과 국내 프랜차이즈 역사상 가장 성공한 아이템이 되었다.

■ 직원 수

점포의 크기는 10평~20평형이 적당하다. 2~3명으로 운영이 가능하다.

■ 개업 현황

대도시에는 웬만한 곳에 죽 체인점이 다 들어가 있다. 점점 지방 소도시로 확산되어가고 있는 양상이다.

■ 입지 조건

번화가, 대학가, 비즈니스타운, 쇼핑몰, 역세권, 대형역사, 대형버스터미널, 백화점, 대형 아파트단지 등이 좋은 입지 조건이다. 웬만한 곳에는 거의 입점된 상태이므로 입점되지 않은 곳이나 대규모 아파트 단지가 들어서는 곳, 신규 유망 상권을 잘 찾아본다. 30~50대 가정주부들과 20대 젊은 여성층, 여성 직장인들의 유동 인구가 많은 곳, 젊은 부부들의 유동 인구가 많은 주거지역에 입점을 고려해 본다. 개인 창업의 경우 소자본 창업이 가능하지만 유명 프랜차이즈 업체에 비해 죽 가격을 높게 책정할 수 없다는 단점이 있다. 개인 창업자의 경우도 죽을 직접 만들지 않고 죽 유통망을 통해 반제품을 받아 데워 파는 방식으로 판매한다. 참고로, 개인 창업자의 경우 판매 단가가 낮기 때문에 서민 밀집 지역에 입점 가능하지만, 프랜차이즈 죽의 경우 판매 단가가 높기 때문에 서민 밀집 지역 입점에 조심하는 것이 좋다.

◉ 메뉴 구성
전통죽류 / 프리미엄죽류 / 아기죽류 / 퓨전죽 외

◉ 개점 비용(건물 임대료 별도)
개인 : 10평 기준, 3천만 원 안팎 (2천만 원 아래의 소자본으로도 창업할 수 있다.)
체인점 : 10평 기준, 4천 5백만 원~6천만 원 안팎

◉ 매출 전망
체인점의 경우 30% 내외의 순이익률을 볼 수 있다. 요식업 중에서 마진률이 높은 편이다.

◉ 체인점 현황
죽 프랜차이즈 중에서 가장 유명한 '본죽'은 음식점 프랜차이즈의 신기원을 이룬 브랜드로 가맹점 수가 전국에 1천 200여 개나 있다. '죽 이야기'는 전통죽 외에 커피 음료를 함께 취급하는 복합 매장 형태를 띠고 있다.

> 죽 프랜차이즈 덕분에 전통죽 애호자들이 폭발적으로 늘어나고 있다. 바닷가 등에서 활어횟집 등을 창업할 경우 백합죽, 전복죽을 신메뉴로 끼어놓는 것도 좋은 전략이 된다. 백합죽, 전복죽은 고가에 판매할 수 있을 뿐 아니라 맛이 좋으면 바로 매스컴의 주목을 받을 수 있는 아이템이기 때문이다.

업체명	가맹비 및 개점 비용	업체 특징
본죽 서울시 종로구 관철동 32-7 계원빌딩 9층 (주) BONIF TEL : 1644-6288	**10평형 기준 (점포/매장형)** 가맹비 : 10,000,000원 보증금 : 2,000,000원 인테리어 : 14,500,000원 주방기구 : 6,900,000원 집기, 그릇 : 3,700,000원 간판 : 6,800,000원 홍보판촉물 : 3,800,000원 로열티 : 2,000,000원 합계 : 5천 921만 원 안팎 · 포스 별도/로열티는 계약 기간 　합계 금액임	2002년 본죽 대학로 본점을 오픈하였다. 전국을 합치면 1,200여 매장이 있는 프랜차이즈 사상 최고의 히트 브랜드이다. 해외에는 미국, 일본, 베트남, 말레이시아 등이 매장이 있다. 전통 건강죽을 비롯 웰빙해물죽, 프리미엄죽, 아이죽 등 30여 죽 메뉴를 취급한다.
죽 이야기 서울시 중구 신당동 366-126 남산정은스카이 1층 103호 TEL : 1588-6690	**10평형 기준 (점포/매장형)** 가맹비 : 8,000,000원 보증금 : 1,000,000원 인테리어 : 13,000,000원 주방설비, 그릇 : 9,000,000원 의,탁자 : 3,000,000원 간판 : 4,500,000원 홍보판촉물 : 4,000,000원 포스 : 2,500,000원 합계 : 4천 500만 원	프랜차이즈 전문업체인 (주)대호가의 죽 브랜드이다. 영양죽, 프리미엄죽, 멸미죽 등의 죽 메뉴 외에 커피, 라떼, 티, 아이스티, 전통차, 과일주스 메뉴를 함께 취급한다.

※ 각 업체 가맹비 및 개점 비용을 비롯하여 각 정보는 변동이 있을 수 있으니 홈페이지를 통해 정확한 정보를 확인하도록 한다.

떡 전문점 / 떡 카페 / 떡집

▣ 개요

우리나라 전통 떡을 베이커리숍처럼 번듯한 매장에서 판매하는 전략이다. 체인점의 경우 본사에서 떡을 납품하기 때문에 떡을 가맹점에서 직접 만들지는 않는다. 의외로 떡 케이크류가 인기를 많이 얻고 있다. 떡의 경우 다른 식품과 달리 유통 기간이 매우 짧기 때문에 포장 방법을 현대화하고 연구할 필요성이 있다.

▣ 직원 수

체인점의 경우 떡을 직접 제조하지 않기 때문에 10평 크기에서 창업한다. 10평 점포의 경우 1인 경영도 가능하다. 개인 떡집의 경우 직접 떡을 만들어야 하므로 최소 2명~3명이 필요하다.

▣ 개업 현황

최근 떡 체인점과 떡 카페가 늘어나고 있는 추세이다.

▣ 입지 조건

떡 체인점은 유동 인구가 많은 번화가와 아파트 밀집 지역이 좋은 입지 조건이 된다. 떡 카페는 대학가나 젊은이들의 유동 인구가 많은 지역에 입점한다.

▣ 메뉴 구성

전통 떡류 / 떡 케이크류 / 퓨전 떡류

▣ 입지 조건(건물 임대료 별도)

개인 : 10평 기준, 3천만 원 안팎
체인점 : 10평 기준, 5천만 원 안팎

▣ 매출 전망 : 떡 체인점의 순이익률은 보통 20%~30% 수준이다. 개인 떡집의 경우 순이익률이 조금 더 높은 편이다.

▣ 체인점 현황

'떡보의 하루'가 체인점 사업을 활발하게 전개하면서 전국에 약 70여 개의 가맹점이 생겼다. 창업 비용은 건물 임차 비용을 제외하고 10평 기준 약 5천만 원 안팎이다.

한정식 전문점(관광객 대상, 30~40가지 반찬)

▣ 개요

우리나라의 군청소재지는 대개 인구 10만 명 수준이다. 군청건물은 보통 읍 규모의 도시에 있는데 관광도시일 경우 이 읍내마다 가정식 한정식 전문점들이 숨어 있다. 예를 들어 전북 순창의 경우 '강천산'과 '순창고추장단지'라는 관광지가 있어 주말마다 광주권에서 드라이브족이 주말 산행 겸 많이 찾는다. 이런 주말 관광객을 노리고 창업하는 것이 가정식 한정식 전문점이다. 순창의 경우 가정식 한정식의 반찬은 30가지 내외이고 가격은 1인분 8천원~1만 원을 받는다. 광주의 한정식은 한 상 단위로 식대를 받는데 보통 한 상에 6만 원~10만 원이다.

수도권 외곽이나 대도시 외곽 도로변에도 한정식 전문점들이 생겨나고 있는데 보통 1인분에 15,000원~20,000원이고 주말 차량 이동이 빈번한 도로변에 창업한다. 예를 들어 곤지암 일대 골프장 가는 도로변, 양평가는 국도변, 이천 가는 국도변에 많다. 대개 주말 여행객, 가족단위 외식객, 30~50대 남녀 데이트족이 고객이다.

▣ 개업 현황

평균 30평~50평 규모의 점포에서 창업하는 경우가 많다. 지방 읍내에서는 구식주택, 양옥, 한옥을 개조해 창업한다. 수도권 국도변의 한정식집들은 새로 집을 지어 창업한다.

▣ 입지 조건

지방 읍내에서 창업할 경우 관광도시라 해도 안정적인 수익을 위해 군청소재지나 지방법원 같은 관공서 옆에 창업해야 한다. 이렇게 할 경우 공무원들의 회식 자리로 이용되기도 하므로 아무래도 영업에 많은 도움이 된다.

수도권이나 대도시 외곽 도로변에서 창업할 경우 가급적 유명 관광지의 길목에 창업하되 관광단지 상권과 근접 지역에 창업할 경우 장사가 안되므로 관광단지 상권과는 떨어져있는 곳에 창업한다. 대도시에서 출발한 가족여행자들이 주말에 반나절 코스로 즐겨찾는 관광지의 동선을 따라 국도변이나 지방도로변에 창업한다. 관광지가 산이나 사찰일 경우 한정식, 손칼국수, 쌈밥집 같은 전통음식점, 골프장일 경우 체력보강음식점, 테마파크일 경우 젊은이 대상의 델리 카페나 스파게티 레스토랑 등을 창업한다.

▣ 메뉴 구성

· 메뉴 구성 1(한정식집일 경우 기본 반찬 30가지 구성 예제)

김치 / 백김치(열무김치) / 돼지불백 / 감자채볶음(감자조림) / 멸치볶음(새우볶음) / 동치미국 /

어묵볶음 / 샐러드1, 샐러드2 / 도토리묵 / 계란찜 / 버섯볶음 / 게장 / 고사리나물 / 시금치무침 / 버섯전 / 꼬막무침 / 마늘장아찌 / 고추장아찌 / 조기구이 / 더덕구이(도라지무침) / 두부전 / 냉채류 / 김 / 파래무침 / 젓갈류1 / 우렁된장국 (또는 된장국1, 강된장국1) / 청고추+쌈 / 홍어무침 외 소고기불고기 같은 일품요리1에 추가하여 상차림을 한다.

· 메뉴 구성 2(관광지가 유명 산일 경우 산채나물로 반찬을 꾸밀 수도 있다.)
김치 / 백김치(열무김치) / 돼지불백 / 감자채볶음(감자조림) / 멸치볶음(새우볶음) / 동치미국 / 샐러드1, 샐러드2 / 도토리묵 / 계란찜 / 느타리버섯볶음 / 목이버섯볶음 / 고사리나물 / 냉채류 / 명이나물(산마늘)장아찌 / 취나물무침(볶음) / 도라지무침 / 부추나물 / 은행열매구이 / 고추장아찌 / 조기구이 / 두부전 / 파래무침 / 젓갈류 / 된장국 / 강된장국 / 청고추+쌈 / 외 소고기불고기 같은 일품요리 하나, 새송이버섯 버터구이 같은 일품 요리 하나

· 메뉴 구성 3(관광지가 유명 한우집산지일 경우 앞의 반찬에 딱갈비구이 또는 육회를 추가한다.)

· 메뉴 구성 4(관광지가 사찰일 경우 산나물 위주의 반찬구성으로 한정식점을 개업할 수도 있다.)
김치 / 백김치(열무김치) / 돼지불백 / 감자채볶음(감자조림) / 동치미국 / 명이나물장아찌 / 취나물볶음 / 도라지무침 / 부추나물 / 은행열매구이 / 잔대샐러드 / 부지갱이나물볶음 / 느티나무어린잎나물 / 민들레나물 / 씀바귀나물 / 제비꽃샐러드 / 딱지꽃잎나물 / 홀잎나물 / 장이나물 / 쑥된장국 / 곤달비쌈+청고추+된장 / 부침개반찬 / 동태전 / 표고전 / 메뚜기볶음(새우볶음) / 조기구이(갈치찜) / 외 소고기불고기 같은 일품요리1 / 표고버섯나물, 느타리버섯나물, 목이버섯나물이 있는 버섯나물세트1
위와 같이 꾸미면 산나물 잘하는 집이라고 TV 방송국에서 찾아온다. 물론 대부분 봄, 여름에만 구할 수 있는 산나물이므로 묵나물로 활용하는 방법도 강구해야 한다.

· 메뉴 구성 5(쌈밥 전문점일 경우 쌈에 좋은 우리나라 산나물이 많다.)
기존 쌈밥집에서 볼 수 있는 쌈 외에 곤달비쌈(봄~여름), 잔대쌈(봄), 당귀쌈 혹은 일당귀쌈, 유채쌈(가을)을 추가한다. 곰취쌈보다는 곤달비쌈이 더 맛있고, 당귀쌈보다는 일당귀쌈이 더 향이 좋다. 잔대잎과 유채잎은 향이 없지만 생으로 먹을 수 있는 종류들. 유채잎은 비빔밥에 좋고 잔대잎은 샐러드로 좋다.

순두부 전문점 / 콩요리 전문점

▣ 개요

두부요리 전문점은 20대 젊은이가 아닌 30대 이상의 중장년층과 직장인들이 대상이다. 두부요리의 최강점인 자연식이라는 인식이 널리 퍼져있어 마니아층들이 상당히 많다. 두부요리 잘하는 집이 있다면 멀리서도 찾아오는 고객이 많다는 것이다. 그만큼 일반 음식점에 비해 입지 조건에 별 영향을 받지 않지만 최근의 두부요리점들은 점점 규모화되고 있고 질적으로 향상되어 있어 체인점을 개설할 경우 일단 유동 인구가 많은 지역에 입점해야 한다. 개인이 두부요리 전문점을 창업할 때는 '가마솥' 같은 전통적인 두부제조시설이 필요하지만 최근엔 업소용 두부제조기를 많이 사용한다. 요즘 재래시장마다 즉석두부 판매점이 많은데 점포 안에 있는 사각형 기계가 업소용 두부제조기이며 두부, 순두부, 콩비지, 콩국(두유)까지 모두 제조해낸다.

▣ 직원 수

점포의 크기는 30~40평형이 적당한데 두부요리는 엉덩이 딱 붙이고 앉아 먹는 풍토이기 때문에 가급적 넓은 곳에 입점한다. 주방 2~3명, 홀은 3명~5명이 적절하고 두부를 직접 생산할 경우 담당 직원이 필요한데 보통 주인이 직접 한다. 심야 영업을 할 경우엔 주방, 홀 포함해서 1~2명으로 심야 장사를 할 수 있다.

▣ 개업 현황

유동 인구가 많은 번화가에 순두부 체인점이나 두부요리 체인점이 꼭 하나씩 있다.

▣ 입지 조건

유명 체인점이라면 가급적 유동 인구가 많은 A, B급 상권에 입점하는 것이 좋다. 개인 창업이라면 대도시 외곽 교통량이 많은 넓은 도로를 끼고 창업해도 두부 맛이 소문나면 장사가 잘된다. 외곽도로변에 창업할 경우 간판 노출이 매우 중요한데 시쳇말로 10km 밖에다가 '두부요리 잘하는 집이 있음'을 간판으로 알려야 한다. 지금 당장은 아니더라도 두부요리에 관심있는 운전자라면 나중에 반드시 들르기 때문이다. 일단 유행을 타지 않는 충성스러운 마니아층이 두텁게 깔려있으므로 두부요리를 잘하면 충분히 돈을 벌 수 있다. 소자본 창업자의 경우 가정집을 개조해도 충분한 수익을 발생시킬 수 있다.

▣ 메뉴 구성

순두부찌개 / 콩비지찌개 / 두부보쌈 / 두부김치류 / 두부전골 / 모두부 / 생두부류 / 퓨전순두부류(쇠고기순두부, 치즈순두부, 게맛살순두부 外) / 퓨전두부 식사류(두부스테이크, 두부탕수) / 쟁반국수 / 콩국수 / 막국수 / 빈대떡 / 해물파전 外

▣ 매출 전망

두부요리 전문점은 맛있거나 고소하다고 소문나는 것이 중요한데 두부는 그 자체가 고소한 음식이다. 일단 맛 개발에 충실을 기하고 본 궤도에 오르면 30평~40평 규모의 점포에서 1일 매상 100만 원 이상이 가능하다. 주기적으로 신메뉴를 개발하고 더 고소한 두부를 만들어내면 평생 할 수 있는 직업이 된다.

▣ 개점 비용(건물 임대료 별도)

개인 : 20평 기준, 도심형 점포 – 4천만 원 안팎 (도심형 점포이므로 인테리어에 신경 쓴다.)
　　　 50평 기준, 도심형 점포 – 7천만 원 안팎 (도심형 점포이므로 인테리어에 신경 쓴다.)
　　　 100평 기준, 외곽형 점포
　　　 (외곽 국도변에 있는 점포이므로 인테리어보다는 맛에 신경쓴다.)
체인점 : 30평~60평 기준, 1억 원 안팎

▣ 체인점 현황

두부요리는 일단 맛이 소문나면 점심시간에 차량을 몰고 찾아온다. 따라서 맛이 소문나면 그 일대에서 독점하는 형태가 되므로 두부요리 체인점들은 가맹비를 높게 책정하고 있다. 국내에서 가맹사업을 활발히 하는 업체는 2곳인데 한 곳(두부마을과 돌솥밥)은 두부제조기 포함 가격이고 다른 한 곳(LA 북창동 순두부)은 두부 식자재를 공급하는 방식이다.

> 업소용 두부제조기는 크기에 따라 몇백만 원~천만 원 대까지 있는데 크기가 제일 작은 업소용제조기는 시간당 평균 75모, 식당용 두부제조기는 그보다 적게 생산해낸다. 개인 창업의 경우 인터넷 중고장터를 잘 뒤져보면 신품 700만 원 대의 업소용 두부제조기 중고를 절반 이하 가격에 구입할 수도 있는데 대개 즉석두부집에서 사용하던 기계들이다.

업체명	가맹비 및 개점 비용	업체 특징
두부마을과 돌솥밥 (구 민속두부마을) 서울시 송파구 송파동 20-2 3 워렌인 베스트빌딩 6층 (주) 푸른마을 TEL : (02) 3442-6638	**60평형 기준 (음식점형)** 가맹비 : 20,000,000원 인테리어 : 90,000,000원 두부제조기 : 10,000,000원 주방설비, 집기 : 22,000,000원 개점물품 : 2,500,000원 합계 : 1억 4천만 원 안팎 · 60평 이하 점포의 경우 문의 요망	1997년 '민속두부마을' 체인점을 시작한 업체로 새롭게 '두부마을과 돌솥밥' 브랜드를 런칭하였다. 1996년에 즉석두부 제조기 신바람(GT-101)과 두부끓임솥(GT-201)을 개발한 업체. 기본적인 두부 요리와 흰두부, 쑥두부, 깨두부, 검정두부 등의 별미 요리를 판매한다. 현재 4개의 브랜드를 운영하는데 '민속두부마을', '두부마을과 돌솥밥', '두부요리전문점 두란', '옹고집 족발' 등이 있다.
LA 북창동 순두부 서울시 강남구 논현동 106-17 2층 (주)JPSD TEL : 1588-4359	**30평형 기준 (점포형)** 가맹비 : 15,000,000원 보증금 : 5,000,000원 인테리어 : 49,500,000원 주방, 의탁자 : 40,000,000원 간판 : 5,000,000원 로열티 : 월 150,000원 합계 : 1억 1천 450만 원	강원도 고성의 심해 300m에서 뽑아온 물을 사용해 두부를 제조한다. LA라는 이름이 붙어있지만 순수 한국 토종 브랜드로 전국에 70여 개의 가맹점이 있다. 해물순두부, 굴낙지순두부, 황태순두부, 굴순두부, 매생이순두부, 햄치즈순두부, 곱창순두부, 해장순두부, 카레순두부, 섞어순두부, 게살순두부, 쇠고기순두부, 황태구이순두부정식, 굴김치볶음밥, 돼지불백순두부정식, LA갈비순두부정식, 낙지볶음순두부정식, 굴돌솥밥순두부정식, 콩나물비빔순두부정식 등의 메뉴가 있다.

※ 각 업체 가맹비 및 개점 비용을 비롯하여 각 정보는 변동이 있을 수 있으니 홈페이지를 통해 정확한 정보를 확인하도록 한다.

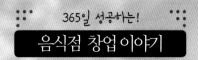
두부요리 전문점 – 서울 K동

서울 K동 법원골목 옆에 있는 두부요리 전문점이다. 법원 정문 앞에 먹자골목이 형성되어 있지만 이 음식점이 있는 곳은 법원 담장이 있는 옆 골목쪽. 상권으로 치면 C급 상권도 아닌 최하 상권이다. 이 지역 최고의 맛집으로 소문났기 때문에 인터넷으로 검색하면 바로 알 수 있다.

식사 메뉴 : 순두부정식, 손두부, 비지찌개, 청국장, 콩나물밥, 두부찌개, 콩국수

안주 메뉴 : 두부전골, 두부사합(돼지고기+두부+배추+김치속), 감자부침 메뉴가 있다. 특이하게도 두부요리점에서는 볼 수 없는 닭날개튀김, 새우튀김 메뉴가 있음

반찬 구성 : 옛날 어머니가 차려준 반찬 스타일

성공 포인트 : 매일 아침 그날 사용할 두부를 직접 만들며, 두부 맛이 고소하다고 소문남. 밑반찬에 통감자간장조림. 콩자반, 볶음김치가 빼놓지 않고 나오는데 옛날 어머니가 만들어준 손맛

고객분석 : 법원 손님, 법원 공무원, 인근 회사원, 가족 외식이 많은데 맛집으로 소문나 멀리서도 자가용 몰고오는 두부 마니아들이 많음

월매출 : 무공해 두부요리 맛집으로 알려져 현재 성업 중

보쌈 전문점

▣ 개요

삼삼하게 절인 배추에 양념 속을 넣어 김치를 만든 후 그 김치와 돼지고기, 오리고기, 족발류를 곁들어 먹는 음식이 보쌈이다. 보쌈김치, 돼지고기, 새우젓 등이 알맞게 곁들어지면 그 맛이 일품이다.

▣ 직원 수 : 30~40평의 점포의 경우 테이블 회전율에 따라 주방 2~4명, 홀 2~5명이 필요하다.

▣ 개업 현황 : 국내에는 유명 보쌈 체인점으로 두 회사가 있다. 이 때문에 소도시에도 보쌈 음식점들을 많이 볼 수 있다. 주로 유흥가, 번화가, 먹자골목 등지에서 보쌈 전문점이 영업 중이다.

▣ 입지 조건

유흥가, 번화가, 역세권이 일단 좋은 입지 조건이 된다. 점심 메뉴가 많을 경우 업무 밀집 지역, 관공서 지역, 상가 지역에서 직장인들을 대상으로 영업할 수 있다. 개인 창업의 경우 보쌈요리와 부대찌개, 두부요리를 묶어서 오픈하는 전략이 필요하다.

▣ 개점 비용(건물 임대료 별도)

개인 : 30평 기준, 5천 5백만 원~7천만 원 (인테리어에 따라 달라진다.)
체인점 : 30평 기준, 1억 원 안팎

▣ 메뉴 구성

돼지고기 보쌈류 / 족발 보쌈류 / 오리고기 보쌈류 / 굴보쌈류 / 메밀 국수 / 막국수 / 냉면 / 쟁반 구수류 / 두부요리류 / 개인 창업의 경우 순두부, 부대찌개류 등의 점심 메뉴를 개발한다.

▣ 매출 전망

체인점의 경우 월매출의 25~30% 선이 순이익이다.

▣ 체인점 현황

보쌈 체인점은 워낙 유명한 '원할머니 보쌈'과 '놀부 보쌈'이 시장을 나누고 있는 양대 산맥이다. 기존의 보쌈 전문점과 달리 점심 메뉴를 강화, 점심시간에는 비즈니스맨들이 식사를 하러 즐겨 찾고, 오후 시간에는 술을 마시기 위해 즐겨 찾는다.

업체명	가맹비 및 개점 비용	업체 특징
 **원할머니 보쌈** 충남 천안시 서북구 업성동 167 (주) 원앤원 대표전화 TEL : (02) 2282-5353 창업문의 TEL : (02) 3408-2000	**30평형 기준 (점포/매장형)** 가맹비 : 5,000,000원 보증금 : 3,000,000원 주방설비 : 49,500,000원 주방기물, 그릇 : 16,990,000원 의탁자 : 1,500,000원 포스 : 800,000원 실내외간판 : 5,000,000원 외부공사 : 10,000,000원 교육비 : 5,000,000원 시장조사비 : 2,000,000원 합계 : 1억 300만 원 안팎	40여 년의 역사를 가진 원할머니 보쌈은 서울 청계천 8가에 본점이 있는데 새로 멋진 건물을 올렸다. 할머니 특유의 개성식 보쌈과 김치, 그리고 할머니가 차려주시는 그 푸짐한 양과 저렴한 가격은 그 곳을 찾는 손님들을 충분히 매료시켰다고 한다. 전국에 300여 가맹점이 있다. 맛보쌈, 모둠보쌈, 다복한상차림, 가화한상차림, 정성한상차림, 족발보쌈, 오리보쌈, 오리바비큐보쌈, 족박무침세트 등의 메뉴와 주류, 음료수를 판매한다. 여러 브랜드를 운영하면서 본사&공장을 천안에 설립하였다.
 **놀부보쌈** 경기도 성남시 중원구 도촌동 575 (주) 놀부NBG TEL : 1577-6877	**30평형 기준 (점포/매장형)** 가맹비 : 15,000,000원 보증금 : 3,000,000원 인테리어 : 46,500,000원 주방설비 : 22,000,000원 주방용품 : 13,570,000원 의탁자 : 2,630,000원 포스 : 36,000,000원 간판 : 11,500,000원 합계 : 9천 900만 원 안팎	놀부 부대찌개로 유명한 (주) 놀부NBG의 체인 사업 중 하나인 놀부 보쌈은 1987년부터 체인 사업을 시작하였다. 놀부 보쌈은 (주) 놀부의 신화를 만든 대표 브랜드라 할 수 있으며 전국에 300여 가맹점이 있다. 놀부보쌈, 흥부보쌈, 회보쌈, 참맛족발, 보족세트, 모둠보쌈, 오리보쌈, 쟁반막국수, 녹두전, 김치전, 로하스약선정식, 보쌈정식, 놀부 순대국, 놀부순두부, 오믈렛볶음밥, 저녁특선 메뉴와 주류, 음료수를 취급한다.
 **개성보쌈** 경기도 고양시 덕양구 덕은동 364 (주) 신개성프랜차이즈 TEL : (02) 373-9999	**30평형 기준 (점포/매장형)** 가맹비 : 5,000,000원 보증금 : 2,000,000원 주방 설비 : 36,000,000원 주방설비 : 22,000,000원 주방용품 : 7,500,000원 의탁자 : 2,000,000원 비품 : 6,000,000원 간판 : 3,500,000원 합계 : 인테리어 6평비 지원 　　　　총 5천 500만 원 안팎	2003년 체인 본부를 설립한 뒤 전국에 40여 가맹점이 있다. 자체 물류센터와 인테리어 팀이 있다. 구절판보쌈, 모둠보쌈, 굴보쌈, 훈제보쌈, 오리보쌈, 쟁반국수, 물막국수, 비빔막국수, 물냉면, 비빔냉면, 개성족발, 냉채족발, 떡갈비, 해물파전, 삼계탕, 만두전골, 개성만두, 평양만두와 주류 및 음료수를 취급한다.

※ 각 업체 가맹비 및 개점 비용을 비롯하여 각 정보는 변동이 있을 수 있으니 홈페이지를 통해 정확한 정보를 확인하도록 한다.

부대찌개 전문점 / 햄요리 전문점

▣ 개요

부대찌개는 경기도 송탄식과 의정부식이 있다. 두 지역 모두 미군 부대가 주둔한 지역으로 미제 소시지의 유통이 많은 지역이었다. 다양한 종류의 햄과 소시지를 넣어 끓인 부대찌개는 주류를 겸해 술안주로 팔았다. 부대찌개는 맛이 고소하고 첨가되는 마늘의 양에 따라 국물이 칼칼해진다. 초기에는 술안주로 먹었으나 소시지 철판구이 요리가 개발되면서 요즘의 부대찌개 전문점은 철판요리를 겸하는 경우가 많다. 따라서 점심 시간에는 식사 손님을, 저녁 시간에는 술손님을 받을 수 있다. 부대찌개도 두부요리처럼 애호가들이 많은 음식이므로 수제햄을 개발해 창업할 경우 더 인기를 얻을 수 있다.

▣ 직원 수

평균 30~40평의 점포 면적이 필요하다. 주방 2~4명, 홀은 테이블 회전율에 따라 3~5명이 적절하다.

▣ 개업 현황

과거에는 군부대 밀집 지역에서 볼 수 있었으나 요즘은 업무 타운, 번화가에서도 많이 볼 수 있다.

▣ 입지 조건

번화가, 역세권, 업무 타운, 상가 밀집 지역이 가장 좋은 입지 조건이 된다. 대형 아파트 단지와 역세권, 상업 지역과 역세권이 혼합된 지역은 좋은 입지 조건이 된다. 일단 직장인의 유동 인구가 많은 지역을 최우선 입지 지역으로 설정하되 역세권을 끼는 것이 좋고 퇴근 시간에 바글바글한 곳도 좋다. 만약 창업 비용 때문에 유동 인구가 적은 대로변에서 창업할 계획이라면 택시 기사들을 대상으로 영업하는 전략이 필요하고, 이 경우 주차장 시설이 필요하다.

▣ 개점 비용(건물 임대료 별도)

개인 : 30평 기준, 5천 5백만 원~8천만 원 (인테리어에 따라 달라진다.)
체인점 : 30평 기준, 1억 원 안팎

▣ 메뉴 구성

점심 특선(부대찌개 요리, 해물순두부백반, 햄철판볶음밥 등) / 저녁 안주(부대전골류, 햄 & 소시지 전골 등) / 특선 안주(수제 소시지 철판구이류, 모듬구이류) / 두부요리류 / 국수류 / 냉면류 / 주

류 및 음료수 등

■ 매출 전망

부대찌개는 얼큰한 맛과 마늘 맛, 칼칼한 맛이 절묘하게 배합되어야 한다. 또한 수제햄을 개발하여 그 음식점만의 독특한 맛을 창안하는 것이 좋다. 부대찌개 점심 식사 메뉴는 6,000~7,000원 정도의 가격이 적절하고 부대 전골이나 햄전골 등의 메뉴는 저녁 시간에 주류와 함께 판매한다. 특성상 음식이 빨리 소진되기 때문에 테이블 회전율이 빠른 편이다. 메뉴 아이템이 좋다면 비즈니스 밀집지역이나 번화가에서 체인점 대신 개인 창업으로 도전할 만한 종목이다. 체인점의 경우 총매출의 22%~32%가 순이익이다.

■ 체인점 현황

'놀부 부대찌개'와 '박가 부대찌개'가 전국적인 체인망을 가지고 있다. 두 체인점 모두 먹을 만한데 가격이 부담되는 것이 사실이다. 오히려 전통적으로 내려오는 옛날 방식의 부대찌개 전문점들이 더 맛있게 하는 경우가 많은데 이런 집들은 부대찌개 외 점심 메뉴를 개발하지 않아 말 그대로 부대찌개 장사만 하는 경우가 많다.

업체명	가맹비 및 개점 비용	업체 특징
모박사 부대찌개 경기도 안성시 대덕면 신령리 513 모박사 부대찌개 본점 TEL : (031) 676-1508 (031) 675-5288	30~40평형 기준 (점포형) · 가맹 문의는 전화상담 요망	모박사 부대찌개만의 독특한 맛은 안성에서 시작하였다. 일명 모박사식 특유의 비법으로 건강식 차조밥, 백김치, 한우 가마솥 육수, 호박 넣은 부대찌개의 노하우를 가맹점에 전수하고, 표준 조리법을 제공, 초보자들도 손쉽게 창업할 수 있다. 전국에 30여 가맹점이 있다. 별미부대전골, 이름난부대찌개, 갈비소시지(어린이백반), 백김치전, 안성막걸리, 바비큐폭립, 오리훈제바비큐와 주류 및 음료수를 취급한다.

업체명	가맹비 및 개점 비용	업체 특징
박가 부대찌개 대표전화 TEL : (02) 2282-5353 창업문의 TEL : (02) 3408-2000	**30평형 기준 (점포형)** 가맹비 : 5,000,000원 보증금 : 3,000,000원 인테리어 : 45,000,000원 주방설비 : 15,990,000원 집기 : 7,000,000원 의탁자 : 3,500,000원 포스 : 800,000원 실내외간판 : 5,000,000원 외부공사 : 10,000,000원 교육비 : 5,000,000원 시장조사비 : 2,000,000원 로열티 : 1년 1,800,000원 합계 : 1억 400만 원 안팎	원할머니보쌈으로 유명한 (주)원앤원의 부대찌개 & 두루치기 요리 전문점이다. 박가부대찌개, 수제햄부대찌개, 김치부대찌개, 해물모둠찌개, 불고기버섯찌개, 오징어두루치기, 두부두루치기, 낙삼두루치기, 순대두루치기, 오징어철판볶음, 두부김치철판, 낙지삼겹철판, 순대볶음철판, 둥글납작만두, 소시지모둠볶음, 냉면, 김치말이국수, 오므라이스, 짜장왕자구슬공주 등의 메뉴가 있다.
놀부 부대찌개 & 철판구이 경기도 성남시 중원구 도촌동 575 (주) 놀부NBG TEL : 1577-6877	**25평형 기준 (점포/매장형)** 가맹비 : 15,000,000원 보증금 : 3,000,000원 인테리어 : 37,500,000원 주방설비 : 12,000,000원 주방용품, 의탁자, 포스 : 18,170,000원 간판 : 12,000,000원 합계 : 9천 700만 원 안팎	1987년 신림동 뒷골목의 12평 점포 '놀부보쌈'이 모태가 되어 창업된 (주)놀부는 1989년부터 체인 사업을 시작했다. 1992년 놀부 부대찌개, 1995년 솥뚜껑 삼겹살 아이템을 잇따라 성공시켜 명실상부한 국내 최대의 한식 전문 프랜차이즈 업체가 되었다. 부대찌개의 경우 햄과 소시지류, 전골미(다대기), 육수, 철판의 일부 육류와 소스를 본사에서 직접 공급하여 주방장이 없어도 조리할 수 있다. 전국에 320여 개의 가맹점이 있다.

※ 각 업체 가맹비 및 개점 비용을 비롯하여 각 정보는 변동이 있을 수 있으니 홈페이지를 통해 정확한 정보를 확인하도록 한다.

감자탕 전문점 / 해장국 전문점

▣ 개요

해장국집은 돼지고기를 사용하는 감자탕&해장국집과 소고기를 사용하는 선지해장국집이 있다. 흔히 알려진 양평해장국집은 소고기를 주재료로 하고, 감자탕집은 돼지고기를 주재료로 한다. 양평해장국집은 여러 업체들이 프랜차이즈 사업을 벌이고 있는데 대부분 평균 이상의 가맹실적을 올리고 있다. 감자탕과 뼈다귀해장국을 취급하는 프랜차이즈 또한 상당히 많은데 대부분 선풍적인 인기를 얻은 바 있다. 이들 업체들은 평균 30~50평 이상의 대형 매장을 권유하기 때문에 소자본 창업이 불가능한데, 개인 창업자의 경우 15평 규모에서 소자본 창업을 할 수도 있다. 소자본 창업의 경우 15평 규모에서 테이블을 6개 설치한 뒤 손맛이 좋으면 월 500만 원 이상의 순이익이 발생하는데, 이때 현실에 안주하지 말고 매장을 계속 확장시켜 규모의 전쟁을 벌여야 한다. 그렇지 않으면 더 큰 업체에 패하게 된다.

▣ 직원 수

평균 30평 규모의 점포에서 개업하는 것이 좋다. 주방 2~3명, 홀은 테이블 회전율에 따라 2~5명이 적당하며 대부분 24시간 영업을 하므로 심야에 일할 직원도 고용해야 한다.

▣ 개업 현황

유흥가, 번화가는 물론 자동차 이동이 많은 대로변에서도 영업 중이다.

▣ 입지 조건

유흥가, 번화가가 1차적으로 좋은 입지 조건이 된다. 대형 아파트와 상업 지구가 중첩된 곳, 먹자골목이 좋은 입지 조건이 된다. 감자탕 값이 많이 올랐으므로 유동 인구가 적은 곳에서는 저렴한 가격을 무기로 영업한다. 감자탕집이 많이 생겼으므로 먹자골목과 동떨어진 곳에서의 창업은 일단 신중을 기한다. 점포 내부는 기본적으로 온돌방을 설치하는 것이 좋다. 고객은 중장년층에서 20대 초반까지 다양하다.

▣ 개점 비용(건물 임대료 별도)

개인 : 30평 기준, 5천만 원~6천 5백만 원 안팎 (인테리어에 따라 다르다.)
체인점 : 30평 기준 – 6천만 원 안팎, 50평 기준 – 1억 원 안팎

▣ 매출 전망

개인 창업의 경우 순이익률은 25%~30% 선이고 체인점의 경우 순이익률은 20~25% 수준이다.

▣ 체인점 현황

감자탕 전문점은 '참이맛'과 '조마루' 외에도 체인점 사업을 벌이는 업체들이 많다. 지방에서는 토속적인 브랜드가 영향력을 발휘하고 있다. 보통 그 지역에서 감자탕이나 해장국을 팔다가 지명도가 높아지면서 체인점 사업을 시작한 업체들이다. 체인점에 따라 조리법이나 재료가 달라 해장국 맛이 조금씩 다르므로 여러 업체의 음식 맛을 비교한 뒤 가장 맛있는 업체와 상담하는 것이 좋다.

업체명	가맹비 및 개점 비용	업체 특징
조마루 프랜차이즈 **조마루** **조마루 감자탕** 경기도 부천시 원미구 춘의동 207-3 TEL : (032) 667-7394 (032) 662-7394	**50평형 기준 (점포형)** 가맹비 : 7,700,000원 보증금 : 5,000,000원 인테리어 : 60,000,000원 (평당 120만 원) 주방설비, 집기, 의탁자, 간판, 홍보물 : 40,000,000원 교육비 : 2,000,000원 합계 : 1억 1천 500만 원 안팎	1989년 설립된 조마루뼈다귀는 1999년 1호점을 개설했다. 전국에 약 200여 개의 가맹점이 있을 정도로 감자탕 브랜드의 선두 주자이다. 해장국(6,000원), 감자탕(21,000원~33,000원), 해물뼈찜(30,000원~50,000원), 콩나물찜(23,000원~34,000원), 간장뼈찜(23,000원~34,000원), 주류 및 음료수를 취급한다. 조마루에서 새롭게 런칭한 '달항마루'는 쇠고기 & 부대찌개 & 샤브샤브 전문점이다.
대한민국 최고 감자탕 **금강산감자탕** **금강산 감자탕** 경기도 남양주시 와부읍 덕소리 483번지 선플렉스 405호 서울지사 TEL : (02) 2299-3161 호남지사 TEL : (063) 222-9262	**40평형 기준 (점포형)** 가맹비 : 5,000,000원 인테리어 : 60,000,000원 (평당 150만 원) 주방설비, 집기, 의탁자, 간판, 홍보물 : 점주 직접 교육비 : 2,000,000원 합계 : 9천 500만 원 안팎 · 자세한 창업 비용은 문의 요망	2000년 금강산감자탕 상표출원 후 2001년 면목동 본점을 창업하였다. 2010년 현재 전국에 43개의 가맹점이 있다. 금강산감자탕, 부대감자탕, 등뼈찜, 한방감자탕, 해장국, 감자탕해장국, 카레밥, 자장밥, 주류 및 음료수를 취급한다. 별도로 '금강산왕족발보쌈' 브랜드를 운영하고 있다.

업체명	가맹비 및 개점 비용	업체 특징
참이맛 감자탕 경기도 고양시 덕양구 행신동 996-3 주공프라자 6층 TEL : (080) 075-500	**30평형 기준 (점포/매장형)** 가맹비 : 10,000,000원 (교육비 400만 원 포함) 인테리어 : 36,000,000원 (평당 120만 원) 주방설비, 집기 : 15,000,000원 간판 : 2,000,000원 판촉홍보물 : 1,000,000원 오픈이벤트 : 2,000,000원 합계 : 6천 600만 원 · 50평형의 경우 1억 원 안팎	참이맛 뼈다귀 전문점은 30년간 뼈다귀 해장국과 전골 메뉴로 승부를 걸어온 집이다. 1984년 인천에서 5평 남짓한 실내 포장마차 형태의 해장국집을 오픈한 뒤 그 명성이 알려져 능곡 행신동에 본점을 오픈하였다. 전국에 100여 개의 가맹점이 있고 중국에도 진출, 중국 본토에 10여 가맹점이 있다. 해장국, 해물콩나물 뚝배기 해장국, 참이맛 굴국밥, 갈비탕, 도가니설렁탕, 꽃게라장국, 버섯전골감자탕, 해물감자탕, 불고기버섯전골, 볶음밥, 등뼈찜, 묵은지삼겹찜, 묵은지찌개, 해물찜, 칡냉면, 녹차냉면 외 주료와 음료수를 취급한다.
우가 양평해장국 전북 완주군 상관면 신리 561-14 전라도푸드F&C TEL : 1688-3378	**30평형 기준 (점포/매장형)** 가맹비 : 6,000,000원 보증금 : 1,000,000원 인테리어 : 36,000,000원 (평당 120만 원) 익스테리어 : 4,000,000원 주방설비, 집기 : 13,000,000원 간판 : 2,000,000원 오픈행상홍보물 : 2,000,000원 교육비 : 2,000,000원 합계 : 6천 400만 원	2001년 본점을 오픈한 이후 2010년 현재 전국에 52개의 가맹점이 있다. 소해장국 전문점이지만 감자탕도 취급한다. 선지해장국, 버섯해장국, 황태해장국, 내장탕, 소머리해장국, 내장전골, 곱창전골, 얼큰이묵은지갈비전골, 감자탕, 곱창구이, 주류, 음료수를 취급한다.
통뼈감자탕 부산시 남구 대연동 867-37 (주) 명가 TEL : (051) 621-0021 　　　(02) 711-1216	· 가맹 및 창업 비용에 대해서는 전화 문의 요망	2001년 부산 부곡점을 오픈한 이후 전국에 70여 가맹점이 있다. 통뼈감자탕, 묵은지감자탕, 통뼈김치찜, 통뼈찜, 통뼈볶음밥, 통뼈해장국, 주류, 음료수 등을 취급한다.

※ 각 업체 가맹비 및 개점 비용을 비롯하여 각 정보는 변동이 있을 수 있으니 홈페이지를 통해 정확한 정보를 확인하도록 한다.

설렁탕 전문점

▣ 개요

소뼈나 사골, 도가니, 양지머리 등을 재료로 하여 생강, 마늘, 파를 넣어 10시간 이상 푹 끓여서 우려낸 것이 설렁탕이라고 한다. 설렁탕은 이 국물을 뚝배기에 담고 취향에 맞게 소금, 고춧가루, 후춧가루, 다진 파, 다진 마늘 등의 다대기와 함께 곁들여 먹는다. 설렁탕 전문점은 기본적으로 50~70평 규모의 점포가 적절하지만 유명 프랜차이즈 업체도 시작할 때는 20평 남짓한 크기에서 시작을 하였으므로 소자본 창업으로 도전할 만하다. 기본적으로 24시간 영업해야 한다.

▣ 직원 수

30평 점포에서는 주방 2~3명, 홀은 3명 내외가 필요하다. 150평 규모의 설렁탕 전문점은 약 300석의 좌석이 있고 직원은 파트 타임 포함 20명 정도가 필요하다.

▣ 개업 현황

최근 설렁탕 전문점은 대형 규모를 가지고 있다. 가족 외식, 젊은 층을 대상으로 영업 중인 음식점도 있지만 택시 기사만을 대상으로 영업을 하는 경우도 있다. 택시 기사들을 대상으로 영업을 하는 음식점들은 설렁탕과 돈가스류를 병행 판매하는 곳이 인기가 많다.

▣ 입지 조건

번화가, 유흥가, A, B급 먹자골목이 일단 최고 입지 조건이 된다. 대형 아파트 단지와 역세권이 중첩된 지역도 좋은 입지 조건이 된다. 교통량이 많은 넓은 대로변을 끼는 것도 좋다. 택시 기사를 상대할 경우 동네 상권에서도 창업 가능하지만 주차장 시설이 있어야 한다. 개인 점포도 가급적 점포 규모를 키우는 것이 유리하지만 설렁탕 맛 개발이 먼저이다.

▣ 개점 비용(건물 임대료 별도)

개인 : 30평 기준, 6천만 원~8천만 원
체인점 : 40평 기준, 1억 원 안팎

▣ 메뉴 구성

설렁탕, 돌솥설렁탕류(6,000~7,000원) / 꼬리곰탕, 도가니탕(9,000~12,000원)
모듬 수육류(20,000~30,000원) / 전골류(18,000~30,000원)
갈비탕류(6,000~8,000원) / 냉면류 / 주류 및 음료수

▣ 매출 전망

총매출의 32~25%가 순이익이다.

▣ 체인점 현황

'신선 설농탕'이 24시간 영업체제이며 대학가에 직영점 체제로 운영되고 있다. 유명 업체로는 '봉희 설렁탕'이 있으나 대형 평수를 원하고 있고 그만큼 초기 창업비가 비싸다.

업체명	가맹비 및 개점 비용	업체 특징
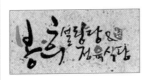 **봉희 설렁탕 & 정육식당** 경기도 고향시 일산 동구 장항동 864 메트로 골드 2층 TEL : (031) 907-6800	**70평형 기준 (점포형)** 가맹비 : 20,000,000원 인테리어 : 120,000,000원 주방집기, 그릇 : 40,000,000원 정육점설비 : 25,000,000원 의탁자 : 10,000,000원 간판, 포스 : 10,000,000원 오픈비용 : 10,000,000원 기타비품 : 10,000,000원 합계 : 2억 3천만 원 안팎	조선왕조실록을 통해 설렁탕 끓이는 방법을 연구해 온 봉희 설렁탕은 35년 전통을 자랑하며 남북장관급 회담에서 최고의 설렁탕이라고 인정을 받았다. 설렁탕 체인점 사업과 함께 설렁탕 육수를 버무린 봉희 생김치, 무김치, 백김치, 포기 김치 등의 김치 사업을 병행하고 있다. 설렁탕, 양곰탕, 도가니탕, 꼬리곰탕, 수육, 갈비찜, 꼬리찜, 육회, 한우모듬, 냉면, 음료 및 주류를 취급한다.
 **신촌 설렁탕** 서울 강남구 도곡동 423-4 TEL : (02) 572-5636	**40평형 기준 (점포형)** 가맹비 : 상담 요망 가계약비 : 1,000,000원 인테리어 : 48,000,000원 주방집기, 그릇 : 34,000,000원 간판 : 5,500,000원 합계 : 8천 800만 원 안팎	1998년 강남 신사동에 18평 규모의 1호점을 오픈한 이후 서울, 경기권에 30여 가맹점이 있다. 설렁탕, 도가니탕, 수육, 갈비탕, 만두, 냉면류를 판매한다.

※ 각 업체 가맹비 및 개점 비용을 비롯하여 각 정보는 변동이 있을 수 있으니 홈페이지를 통해 정확한 정보를 확인하도록 한다.

저가 삼겹살 전문점

▣ 개요

삼겹살 1인분을 3,500원 안팎에 판매하는 삼겹살 주점이다. 생삼겹살은 1인분 5,000원 내외로 판매한다. 인테리어는 젊은 층 분위기에 맞게 깔끔하게 꾸민다. 동네 상권의 유동 인구가 많은 곳이면 창업할 수 있는 아이템이며, 맛이 소문나면 치킨집이나 맥줏집으로 갈 고객들을 끌어올 수 있다. 저렴하게 판매하기 때문에 당연히 수입산 삼겹살을 사용하게 된다.

▣ 직원 수

30~40평의 점포 면적이 필요하다. 주방 1~2명, 홀은 2~4명이 필요하다.

▣ 개업 현황

A, B, C급 상권이나 동네 상권에서 만날 수 있다.

▣ 입지 조건

대학가, 번화가, 유흥가, 역세권, 5천 세대 이하의 아파트, 동네 상권의 작은 먹자골목에 입점할 수 있다.

▣ 메뉴 구성

삼겹살(1인분 3,500원, 수입산) / 생삼겹살(1인분 5,500원, 국산 혹은 수입산)
대패삼겹살(1인분 2,500원, 수입산) / 돼지갈비(1인분 5,000원, 국산 혹은 수입산)
국수(1,000원) / 된장찌개(1,000원) / 김치찌개(4,000원) / 볶음밥(3,500원)
그 외 냉면류 / 주류 및 음료수

▣ 개점 비용(건물 임대료 별도)

개인 : 30평 기준, 5천 5백만 원~6천 5백만 원 안팎
체인점 : 30평 기준, 8천만 원 안팎

▣ 매출 전망

총매출의 25~32%가 순이익이다.

■ 체인점 현황

'돈데이'와 '벌집삼겹살'이 저가 삼겹살 프랜차이즈 사업을 하면서 큰 인기를 얻고 있고 그 외 '엉터리생고기' 체인점이 있다.

> 국내에서 유통되는 저가 삼겹살은 100% 수입산이다. 때때로 수입산 삼겹살을 국내산으로 속인 뒤 고가에 판매하는 경우도 있다.

업체명	가맹비 및 개점 비용	업체 특징
돈데이 서울시 서대문구 북가좌동 306-17 서부프라자 4층 TEL : 1566-3500	**30평형 기준 (점포형)** 가맹비 : 5,000,0000원 보증금 : 2,000,000원 인테리어 : 39,000,000원 주방, 집기, 의탁자 : 24,000,000원 간판 : 4,000,000원 포스 : 2,200,000원 식기세척기 : 2,900,000원 교육비 : 1,000,000원 합계 : 8천만 원 안팎	삼겹살 프랜차이즈인 돈데이는 2003년 1호점인 안암점을 오픈하였다. 전국에 120여 가맹점이 있는데 주로 대학가에 가맹점이 많다. 소프트삼겹살(3,500원), 오리지널삼겹살(4,500원), 두꺼운삼겹살(5,500원) 외 오겹살, 고추장삼겹살, 훈제삼겹살, 올리브잎갈비, 미소삼겹살, 버섯모듬구이, 잔치국수, 김치찌개, 된장찌개, 알밥, 계란찜, 냉면, 소주, 맥주, 음료수 등을 취급한다.
벌집 삼겹살 서울시 양천구 목1동 917-9 현대41타워 3511호 TEL : (02) 2608-1114	**30평형 기준 (점포형)** 가맹비 : 10,000,0000원 인테리어 : 36,000,000원 익스테리어 : 4,000,000원 주방, 집기, 의탁자 : 24,000,000원 간판 : 4,000,000원 포스 : 2,500,000원 식기세척기 : 2,400,000원 교육비 : 1,000,000원 닥트 : 별도 합계 : 8천 4백만 원 안팎	2005년 벌집 삼겹살 1호점을 오픈한 이후 전국에 250여 가맹점이 있다. 벌집삼겹살(5,900원), 얼얼이벌집삼겹살, 양념쪽갈비, 매운돼지갈비김치찜, 주꾸미삼겹살불고기, 수제소세지, 양념쪽갈비, 돼지김치찌개, 김치제육볶음, 누룽지탕, 김치말이국수, 계란미역국 외 주류와 음료수를 취급한다. 다른 삼겹살과 달리 벌집삼겹살은 삼겹살 표면에 벌집 모양의 칼집을 내었다.

업체명	가맹비 및 개점 비용	업체 특징
엉터리 생고기 서울시 강서구 등촌동 664번지 엉터리생고기 빌딩 3층 (주)푸른에프앤디 TEL : 1544-3374 　　　(02) 334-3207	**30평형 기준 (점포형)** 가맹비 : 10,000,0000원 보증금 : 5,000,000원 인테리어 : 42,000,000원 익스테리어 : 2,000,000원 주방, 집기, 의탁자 　: 31,000,000원 간판 : 4,000,000원 포스 : 무상, 설치비 150,000원 식기세척기 : 2,400,000원 교육비 : 3,000,000원 판초홍보물 : 2,500,000원 합계 : 1억 원 안팎	(주)푸른에프앤디의 삼겹살 & 생고기 브랜드이다. 전국에 70여 가맹점이 있다. 생삼겹살(250g, 11,000원), 생오겹살, 생목삼겹살, 항정살, 꽃등심, 소한마리, 생등심, 갈비살, 차돌박이, 육사시미, 버섯생불고기, 김치전골, 뚝배기불고기, 우거지탕, 냉면, 차돌된장찌개 등을 취급한다.

※ 각 업체 가맹비 및 개점 비용을 비롯하여 각 정보는 변동이 있을 수 있으니 홈페이지를 통해 정확한 정보를 확인하도록 한다.

돼지갈비 전문점 / 연탄갈비 전문점

▣ 개요

갈비음식점은 한식 아이템 중에서 가장 인기 있는 아이템이다. 대중적인 만큼 기본적인 수요도 꾸준하게 발생하고 있다. 저가 삼겹살집이 젊은이들을 위한 메뉴라면 갈비음식점들은 국산 고기를 취급하는 경우가 많아 직장인의 회식, 각종 야유회, 가족 외식 등의 단체 손님들이 즐겨 찾고 있다. 돼지갈빗집들은 보통 숯불을 사용하는 반면 연탄갈비집들은 연탄으로 갈비를 굽는다. 연탄갈빗집은 서민 밀집 지역의 먹자골목에서 소자본 창업이 가능한 아이템 중 하나이다.

▣ 직원 수

과거의 갈빗집들이 30~40평 규모에서 영업했다면 요즘 갈빗집들은 100평 이상의 크기를 가지고 있다. 고기 요리는 특성상 저녁 시간대에 손님이 우르르 몰리는 경향이 있으므로 육류관리와 맛에 자신있다면 큰 평형대가 필요지만 소자본 창업의 경우 30~40평에서 창업해도 무방하다. 30~40평의 경우 주방 2~3명, 홀은 3~5명이 필요하다.

▣ 개업 현황

우리 주변에서 가장 흔히 보는 음식점이 돼지갈비를 취급하는 음식점이다. 그만큼 수요가 꾸준히 있다는 뜻이다.

▣ 입지 조건

유흥가, 번화가, 역세권, 관공서, 먹자골목이 기본 입지 조건이 된다. 서민주택지구에서도 식당 몇 개가 있는 도로변이라면 입점할 수 있다. 2차선 정도의 도로변이나 골목길 등에도 입점할 수 있다. 중요한 것은 갈비 맛이므로 육즙과 육류 신선도에 신경을 쓴다. 아파트 단지의 먹자골목에 입점할 경우 동종 음식점과 차별화를 위해 고급화, 대형화시키는 전략이 필요하다.

▣ 개점 비용(건물 임대료 별도)

개인 : 온돌방형, 30평~40평 기준, 5천 5백만 원~7천 5백만 원 안팎

    연탄불형, 30평 기준, 4천 7백만 원 안팎 (연탄불 드럼통 테이블, 닥트 공사 포함)

체인점 : 30평 기준 – 6천 500만 원 안팎, 40평 기준 – 8천 500만 원 안팎

▣ 메뉴 구성

돼지갈비, 삼겹살, 소갈비, 왕갈비, 생고기 등 / 점심 메뉴(옛날도시락정식, 김치볶음밥, 차돌된장찌개, 국밥, 갈비탕, 등뼈찜, 냉면 등) / 각종 주류 취급

▣ 매출 전망

테이블 단가는 2만 5천 원 내외, 체인점의 경우 총매출의 22%~30% 정도가 순이익이고 개인 창업의 경우 25%~35%가 순이익이다.

▣ 체인점 현황

돼지갈빗집은 체인점보다는 그 지역 특성에 맞게 개인 창업을 해도 무방하다. 소자본 창업의 경우 연탄불 드럼통 테이블과 닥트공사 비용이 저렴하므로 개인 창업이 가능하다. 연탄불 드럼통 테이블은 청계천 황학동 식당 골목에 가면 구할 수 있고, 이 업종은 인테리어가 중요하지 않으므로 빈 점포를 임대해 주방시설, 에어콘, 연탄불 드럼통 테이블만 가져다놓고 간판 하나 걸고 장사할 수도 있다. 단, 동네장사라고 하더라도 유동 인구가 어느 정도 있는 동네 먹자골목에 입점해야 한다. 동네 먹자골목은 시장통 입구나 출구 중 유입 인구가 많은 쪽에 자연스럽게 형성되어 있다. 참고로, 연탄갈빗집을 창업할 경우 점포 외장은 조금 신경 쓰는 것이 좋다.

업체명	가맹비 및 개점 비용	업체 특징
 **돈우야** 서울시 강남구 역삼동 770-17 엘엔제이빌 301호 TEL : 1566-1037 　　　(02) 561-8071	**30평형 기준 (점포형)** 가맹비 : 5,000,000원 인테리어 : 30,000,000원 주방설비, 그릇 : 19,800,000원 테이블(로스타) : 4,800,000원 간판 : 4,000,000원 닥트 : 4,000,000원 합계 : 6천 760만 원 안팎	2008년 런칭한 돈우야는 볏집통삼겹살, 돼지갈비를 전문으로 하는 프랜차이즈이다. 볏집통삼겹살, 칼집통삼겹살, 왕소금구이, 바비큐삼겹살, 솔잎왕양념갈비, 갈매기살, 칠리칼집통삼겹살, 항정살, 가브리살, 소갈비살, 우등심, 소양념갈비, 등갈비찜, 육회, 훈제오리, 계란찜, 잔치국수, 수제소시지, 옛날도시락, 물냉면, 알밥, 된장찌개, 김치찌개, 낙지덮밥, 제육덮밥, 삼계탕, 육개장, 홍합탕 등을 취급한다.
 **미스터돼지** 서울시 서초구 서초동 1577-5 동명빌딩 3층 (주) SCF TEL : (02) 525-4949	**30평형 이상 (점포형)** 가맹비 : 7,000,000원 교육비 : 1,000,000원 인테리어, 닥트 : 33,000,000원 주방설비, 그릇, 유니폼, 의탁자 : 21,000,000원 간판 : 4,000,000원 포스 : 1,800,000원 합계 : 6천 780만 원 안팎	오뎅사께 프랜차이즈로 유명한 (주) SCF의 돼지갈비 브랜드이다. 2010년 현재 전국에 5여 개의 매장이 있다. 미스터석쇠구이, 대패삼겹살, 목살돼지갈비, 생삼겹살, 목살소금구이, 차돌박이, 육회, 북어국, 매생이북어국, 만두북어국, 김치찌개, 차돌된장찌개, 육회비빔밥, 제육볶음, 김치말이국수, 비빔국수, 왕만두, 수제떡갈비 등의 메뉴를 취급한다.

※ 각 업체 가맹비 및 개점 비용을 비롯하여 각 정보는 변동이 있을 수 있으니 홈페이지를 통해 정확한 정보를 확인하도록 한다.

떡갈비 / 소고기 화로숯불구이 전문점

▣ 개요

고기 음식점의 정점이 소고기 화로숯불구이 전문점이다. 정육점 시설을 갖추고 국산 소고기 화로 숯불구이와 생고기, 육회 등을 취급하고 아울러 돼지갈비도 취급한다. 예컨대 광양숯불갈비처럼 유명 맛집들이 몰려있는 곳이 있는가 하면 한우 집산지에도 한우숯불구이촌이 성업 중이다. 한우 화로숯불구이는 기본적으로 양념을 하거나 아예 양념을 하지 않고 구워 먹는데 육질 자체가 좋기 때문에 아주 맛있다. 떡갈비 전문점은 담양 떡갈비촌과 해남 떡갈비음식점 때문에 알려졌는데 각 지방에서 향토 음식점을 할 경우 떡갈비 메뉴에 도전할 만하다. 떡갈비요리는 전통적으로 내려오는 맛집들이 상당히 잘하기 때문에 잘하는 집과 못하는 집의 실력 차이가 확연히 드러나는데 일단 떡 갈비를 잘한다고 소문나면 바로 입소문이 퍼진다. 맛이 다른 이유는 맛집 떡갈비는 연탄불로 굽는 경우가 많기 때문이다.

▣ 직원 수

30~40평의 경우 주방 2~3명, 홀은 3~5명이 필요하다.

▣ 개업 현황

지방에 떡갈비 맛집이나 소고기숯불구이 맛집이 간혹 보인다. 대도시 외곽 도로변에 떡갈비 잘하는 집이 출현하고 있다.

▣ 입지 조건

유흥가, 번화가, 역세권, 관공서, 대학가, 대단위 아파트단지, 먹자골목, 주택 밀집 지역과 상권이 중첩된 곳 등이 기본 입지 조건이 된다.

▣ 개점 비용(건물 임대료 별도)

개인 : 온돌방 & 매장형, 30평~40평 기준, 6천 5백만 원~1억 원 안팎 (정육시설 포함)

▣ 메뉴 구성

떡갈비한정식(1인분 15,000원 내외, 한정식에 떡갈비 2개를 추가한 상차림) /
소고기 화로숯불구이(국산 한우 또는 호주산 사용) /
돼지갈비 / 왕갈비 / 생고기 / 그 외 쇠고기류 / 갈비탕류 / 된장찌개 / 냉면류 / 음료수 및 주류

◙ 매출 전망

총매출의 25%~33%를 순이익으로 볼 수 있다.

◙ 체인점 현황

떡갈비만을 전문으로 하는 체인점은 없다. 한때 동네 시장통에서 대유행했던 2천 원짜리 떡갈비
가 있었다. 유명맛집 떡갈비와 비교할 때 굽는 방식 자체가 다르므로 비교 대상이 아니다.

365일 성공하는!
음식점 창업 이야기

떡갈비 한정식 맛집
해남 천일식당 (061-535-1001)

해남 천일식당은 전라남도 해남 읍내에 있는 떡갈비 잘하는 집이다. 천일식당 근처만 가도 진동하는 떡갈비 냄
새에 침이 꼴깍 넘어간다. 주방장이 서울로 스카웃되어 전국의 떡갈비 맛을 평균화시켰다는 재미난 소문도 있지
만 아직 맛있다. 밤 10시까지 영업하는데 운이 나쁘면 장시간 줄서서 기다려야 한다. 떡갈비 한정식 1인분의 가
격이 2만 3천원이다.

◀ 해남 천일식당 떡갈비

떡갈비를 연탄불에 구워 내온다. 조금 달고 흡사 비스킷 같은 식감을 자랑한다. 일단 처음 맛본 사람들은 환상적
인 식감에 놀란다. 한정식에 올라오는 반찬은 25가지 내외이고 생선구이도 포함되는데 역시 연탄불에 구워 내
온다.

샤브샤브 전문점

▣ 개요

몽고 기마병들이 전쟁터에서 가마솥에 얇게 썬 고기와 야채를 끓는 물에 살짝 데쳐 먹으면서 발전한 것이 샤브샤브의 유래라고 한다. 고기류를 살짝 데쳐 먹는다는 점에서 가장 천연 상태에서 육류를 섭취하는 방법이라고 볼 수 있다. 최근의 샤브샤브는 고단백 저칼로리의 건강식품으로 주목받고 있으며 20대까지 고객으로 끌어들일 정도로 가격이 낮아지고 캐주얼화되고 있다.

▣ 직원 수

보통 30평 규모에서부터 창업할 수 있지만 50~150평의 점포 면적이 적당하다. 50평 규모의 점포에서는 주방 2~4명, 홀은 테이블 회전율에 따라 5~7명이 적절하다. 150평 규모에서는 15명 안팎의 직원이 필요하다.

▣ 개업 현황

번화가, 고급 아파트 단지, 고급 상가 지역에서 볼 수 있다.

▣ 입지 조건

젊은이들의 유동 인구가 많은 번화가, 유흥가에서 오픈하는 것이 좋다. 캐주얼한 샤브샤브전문점은 대학가, 역세권에 입점 가능하다. 업무 밀집 지역, 상권 복합 지역, 고급 아파트 단지, 쇼핑 센터, 백화점 매장, 대형 역사, 대형 버스터미널도 좋은 입지 조건이 되고 20대~30대 여성들의 유동 인구가 많은 지역도 좋은 입지 조건이 된다. 고급 주택가가 밀집된 지역, 교통 체증이 심한 대로변의 먹자골목, 데이트코스로 인기 있는 관광지나 테마공원 주진출입로도 주목해볼 만하다.

▣ 개업 비용(건물 임대료 별도)

개인 : 30평 기준, 7천 500만 원 안팎 (개인 창업도 인테리어에 신경을 써야 한다.)

체인점 : 30평 기준, 8천 500만 원 안팎

50평 기준, 1억 2천만 원 안팎

▣ 메뉴 구성

소고기샤브샤브 / 소고기버섯샤브샤브 / 해물샤브샤브 / 해물버섯샤브샤브 / 모듬샤브샤브 / 외 점심 메뉴 (해물 스파게티, 리조또류)

업체명	가맹비 및 개점 비용	업체 특징
 **다드림** 경기도 하남시 상산곡동 127-13 TEL : 1688-3362 (031) 794-5071~3	**30평형 기준 (점포/매장형)** 가맹비 : 10,000,000원 보증금 : 2,000,000원 인테리어 : 39,000,000원 주방설비 및 집기류 : 22,000,000원 간판 : 4,400,000원 광고홍보물 : 2,500,000원 교육비 : 1,000,000원 합계 : 8천 90만 원 안팎	1990년 이조식품을 창업, (주)B&F글로벌로 이름을 바꾸었다. 2004년 낙지 전문점을 오픈, 다드림 샤브샤브 브랜드를 만들었다. 스페셜샤브샤브(소고기 해물샤브샤브), 해물샤브샤브, 소고기 샤브샤브, 해물찜, 아귀찜, 꽃게찜, 대하찜, 낙지찜, 왕만두 메뉴가 있다.
 **채원 샤브수끼** 서울시 도봉구 방학4동 580-1 TEL : (02) 3493-2929	**50평형 기준 (점포/매장형)** 가맹비 : 10,000,000원 인테리어 : 60,000,000원 (평당 120만 원) 주방설비 및 집기류 : 20,000,000원 간판 : 4,000,000원 광고홍보물 : 3,000,000원 포스 : 2,500,000원 합계 : 9천 50만 원 안팎	채소를 심는 정원이란 뜻의 채원은 2004년 11월 방학본점을 오픈한 이후 부침이 심한 샤브샤브 프랜차이즈 중에서 장수하는 업체 중의 하나이다. 채원 등심샤브샤브, 스페셜해물샤브샤브, 등심샤브샤브, 채원런치, 해물파전 등의 메뉴가 있다.
샤브미 서울시 강남구 청담동 31-10 청진빌딩 306호 TEL : (02) 468-5771	**40평형 기준 (뷔페형)** 가맹비 : 10,000,000원 인테리어 : 56,000,000원 (평당 140만 원) 주방설비 및 집기류 : 24,000,000원 의탁자 : 4,600,000원 인덕션 렌지(냄비포함) : 4,600,000원 간판 : 10,000,000원 광고홍보물 : 7,000,000원 합계 : 1억 2천만 원 안팎	뷔페식 샤브샤브 업체이다. 1인당 1만 1천 원 안팎의 비용을 내고 뷔페식으로 샤브샤브를 즐길 수 있다. 애피타이저로 샐러드, 유부초밥, 샌드위치를 제공하고 야채, 버섯, 소고기, 해물을 제공한다. 마지막으로 클로렐라 칼국수와 양념죽을 제공한다. 전통 샤브샤브 메뉴로는 쌈밥샤브샤브, 등심샤브칼국수, 해물샤브칼국수, 버섯등심샤브칼국수, 버섯해물샤브칼국수 메뉴가 있다.

※ 각 업체 가맹비 및 개점 비용을 비롯하여 각 정보는 변동이 있을 수 있으니 홈페이지를 통해 정확한 정보를 확인하도록 한다.

회전초밥 전문점 / 초밥뷔페 전문점

▣ 개요

회전초밥 전문점으로는 '스시히로바' 등이 유명하지만 직영점 형태이고 '마토이 스시'가 가맹점 사업을 벌이고 있다. 회전초밥기계(컨베이어) 시설이 필요하므로 소자본 창업이 불가능하지만 일단 일정 이상의 창업비를 투자한 뒤 1만 원 무한 리필 방식으로 영업하면 매출이 활발하게 발생한다.

▣ 직원 수 : 매장형의 경우 백화점이나 쇼핑몰의 푸드코트 등에 입점하는데 보통 10평 규모에서부터 창업이 가능하다. 점포형의 경우 30평~60평 뷔페형 레스토랑을 권장한다.

▣ 개업 현황 : 번화가, 오피스빌딩 밀집 지역, 백화점 푸드코트 등에서 볼 수 있다.

▣ 입지 조건

오피스빌딩 밀집 지역, 상권이 중첩된 곳에 입점한다. 저렴한 가격의 회전 초밥집은 여성 유동 인구가 많은 여대 앞이나 유동 인구가 많은 역세권, 업무 타운 밀집 지역에 입점해볼 만하다. 고급 뷔페형 회전초밥집은 백화점, 호텔 등에 입점한다. 1만 원 무한 리필 방식의 영업이라면 KTX 대형 역사, 광역시 단위의 대형 버스 터미널, 대형 멀티플라자(복합쇼핑몰) 등에 입점을 생각해볼 만하다.

▣ 개점 비용(건물 임대료 별도)

개인 : 8~10평 매장형, 3천만 원 안팎 (회전초밥 컨베이어 제작비 별도)
       30평 점포형, 1천만 원 안팎 (회전초밥 컨베이어 제작비 포함)
체인점 : 30평 매장형, 1억 1천만 원 안팎
       50평 점포형, 2억 원 안팎 (호텔, 백화점 등에 입점)

▣ 메뉴 구성

초밥류(초밥류 10여 종 취급) / 퓨전롤(캘리포니아롤 외 10여 종 취급) /
군함말이(초밥김말이류 10여 종 취급) / 데마끼(10여 종 취급) / 튀김류(10여 종 취급) /
우동류(우동, 메밀소바 등) / 기타 주류 및 음료수 취급

▣ 매출 전망

테이블 회전율에 따라 매출이 달라진다. 보통 1만 원 무한 리필 방식으로 영업하면 백화점 푸드코

트의 경우 영업이 활발하다. 회전초밥 브랜드로 유명한 '마토이 스시'의 경우 순이익률이 매출에 따라 다른데 매출이 적으면 12% 내외, 매출이 많으면 29% 내외의 순이익률을 보인다. 개인 창업의 경우 초밥말이기계(초밥제조기) 등을 구비하면 인건비를 줄일 수 있다.

업체명	가맹비 및 개점 비용	업체 특징
마토이 스시 (뷔페형) 서울시 서초구 양재동 276-3 승지빌딩 4층 TEL : (02) 573-0896~7	**50평형 기준 (뷔페형)** 가맹비 : 5,000,000원 보증금 : 5,000,000원 인테리어 : 90,000,000원 컨베이어 : 45,000,000원 주방설비, 집기 : 45,000,000원 간판, 사인 : 6,000,000원 교육비 : 3,000,000원 합계 : 2억 2백만 원 안팎	마토이는 전문외식기업인 (주) FC전략연구소의 뷔페형 회전초밥 브랜드이다. 2001년 스시뷔페 '미인'을 창업한 바 있고 2009년에는 국내 대형 마트에 스시 제품을 납품하였다. 2010년 마토이스시 '동서울호텔본점'을 개점하였고 '서울스퀘어점'을 오픈하였다. 마토이스시는 1만 원대의 무한리필 방식으로 영업한다. 광어초밥, 농어초밥, 참숭어초밥, 군함말이(날치알김말이, 꽃맛살김말이, 문어김말이), 캘리포니아롤, 새우튀김롤, 장어롤, 야키우동, 코코넛새우, 고구마맛탕, 연어샐러드 등을 취급한다.

※ 각 업체 가맹비 및 개점 비용을 비롯하여 각 정보는 변동이 있을 수 있으니 홈페이지를 통해 정확한 정보를 확인하도록 한다.

6 투자비 1억 원 이상

고급 한정식 / 궁중음식 전문점

▣ 개요

한정식 전문점은 예로부터 관공서 밀집 지역이나 업무 타운을 중심으로 발전하였다. 오래 전에는 잘 차린 성찬 메뉴를 고가에 제공하면서 지위가 높은 사람들을 고객으로 받는 폐쇄적인 음식점들이 많았다. 말하자면 고급 요정과 한정식이 결합된 스타일인 셈이다. 최근에는 서민층과 젊은 층, 그리고 직장인을 대상으로 대중적인 한정식 전문점이 유행하고 있다. 한정식 전문점은 보통 정식 메뉴를 취급하는 서민형 음식점과 궁중 음식을 제공하는 음식점으로 나눌 수 있는데, 입지 조건에 맞게 갈비요리나 오리요리 등을 특별 메뉴로 부가하는 경우도 있다. 비즈니스맨을 비롯해 가족 외식, 돌잔치 등이 주요 고객이 된다. 한정식과 뷔페식을 혼합해도 된다.

▣ 직원 수

많은 수의 반찬을 준비해야 하고 전문 서비스 인력도 많이 필요하다. 일반 음식점보다 50% 이상 많은 직원이 필요하다.

▣ 개업 현황

개인이 오픈한 크고 작은 한정식 전문점은 부촌이나 비즈니스 밀집 지역 등에서 영업 중이다.

▣ 입지 조건

관공서 밀집 지역, 대규모 아파트 단지, 번화가, 대형 업무 타운, 고급 상가지역 등이 좋은 입지 조건이 된다. 배후 주민들의 소비 성향에 따라 한정식의 가격을 차별화하는 전략이 필요하다. 예를 들어 젊은 층이 많은 번화가에서는 비교적 저렴한 가격으로 30가지 내외의 반찬을 제공한다. 고급 관공서나 비즈니스 밀집 지역, 부촌을 끼고 있는 경우에는 고가 전략을 취하고 식자재의 품질에 신경을 쓴다.

▣ 개점 비용(건물 임대료 별도)

개인 : 50평 기준, 1억 2천만 원 이상
　　　 100평 기준, 2억 5천 원 이상
　　　 400평 기준, 5억 원 이상

■ 메뉴 구성

 기본 한정식 상차림 메뉴(1인분 10,000~50,000원) / 신선로, 육회, 구절판 등이 포함된 한정식 메뉴(한상 기준 50,000~100,000원) / 갈비찜 또는 갈비구이류(20,000~50,000원) / 훈제 요리 또는 오리 요리류(15,000~30,000원) / 간장게장류(15,000~30,000원) / 장어구이, 새우 요리류(15,000~30,000원) / 모듬야채 / 생선찜 / 겨자채 / 삼색나물 등 / 주류 및 음료수 外

■ 직원 수

 한정식은 2인, 3인, 4인, 10인상에 따라 마진율이 점차 높아진다. 반찬 수를 몇 개 더 보강한 상태에서 공기밥만 올려놓으면 되기 때문이다. 순이익률은 25%~35% 수준으로 볼 수 있다.

■ 체인점 현황

(주)배나무골 오리집의 한정식 브랜드인 '황상'이 체인점 사업을 하고 있다.

업체명	가맹비 및 개점 비용	업체 특징
전통 한정식 "황상" **황상** 서울 강남구 대치동 944-31 섬유센터 빌딩 지하 1층 TEL : (02) 528-3322	가맹점 문의는 전화 상담 요망	황상은 여유있고, 넉넉하며 건강한 몸으로 편안하게 오래 살며, 어진 덕을 닦으면서 무병장수한다는 뜻에서 음식을 마련하는 고급 한정식 전문점이다. 주부 모임, 상견례, 귀한 손님의 접대 자리에서 인기 있다. 신선로와 구절판, 왕새우요리 등의 궁중 음식을 메뉴로 제공한다.

※ 각 업체 가맹비 및 개점 비용을 비롯하여 각 정보는 변동이 있을 수 있으니 홈페이지를 통해 정확한 정보를 확인하도록 한다.

북한 음식 전문점

▣ 개요

북한 음식 전문점들은 크게 냉면을 위주로 파는 음식점과 갈비탕을 전문으로 파는 음식점으로 나눌 수가 있다. 냉면은 전통적인 평양 냉면을 메뉴로 취급한다. 면은 보통 메밀로 만들며 육수는 쇠고기나 꿩, 닭 등의 재료를 사용해 만든다. 갈비탕은 이른바 왕갈비라 불리고 각종 한방 재료를 넣어 푹 끓여낸다. 둘 다 만두를 병행하여 메뉴로 내 놓는다.

▣ 직원 수

40평 기준으로 주방 3~6명, 홀 4~8명의 직원이 필요하다.

▣ 개업 현황

북한 음식 전문점은 대도시에서 우후죽순 생겨나는 바람에 점차 희소성이 떨어졌지만 지금은 어느 정도 정리가 되고 있는 시점이다. '모란각'이나 '전철우의 고향냉면'은 아직도 체인점 사업을 잘하는 편이다.

▣ 입지 조건

교통량이 많은 대로변이나 대형 아파트 단지를 끼는 것이 좋다. 보통 인구 30~50만 규모의 도시에서 창업하면 희소성으로 인해 영업에 많은 도움이 된다.

▣ 개점 비용(건물 임대료 별도)

체인점 : 50평 기준, 1억 5천만 원 안팎
　　　　150평 기준, 3억 5천만 원 안팎

▣ 메뉴 구성

냉면류(함흥냉면, 비빔냉면, 회냉면류) / 만두류(왕만두, 만두전골류) /
지짐류(녹두 빈대떡, 파전류) / 갈비류(갈비탕, 왕갈비탕, 쇠갈비류)

▣ 매출 전망

25%~35%를 순이익으로 볼 수 있다.

▣ 체인점 현황

북한 음식 전문점으로는 김용의 '모란각'이 왕성한 체인 사업을 벌이고 있다. 북한 음식 체인점 중에는 가장 성공한 브랜드에 속한다.

업체명	가맹비 및 개점 비용	업체 특징
모란각 (김용의 북한 음식 전문점) 경기도 고양시 일산동구 백석동 1325 디아뜨크리스탈 208호 TEL : (031) 903-1577 (031) 906-1577(본점)	가맹점 문의는 전화 상담 요망	귀순자 김용이 운영하는 북한 음식 전문점으로 현재 전국적으로 많은 체인점이 영업 중이다. 평양 냉면, 갈비 온찬, 불고기 온찬, 개성식 떡만두국, 만두전골, 녹두지짐, 순대, 고구려갈비찜, 평양불고기, 양고기구이 등의 메뉴가 있다.

※ 각 업체 가맹비 및 개점 비용을 비롯하여 각 정보는 변동이 있을 수 있으니 홈페이지를 통해 정확한 정보를 확인하도록 한다.

북한 음식 전문점은 보통 갈비탕, 냉면, 만두류를 주메뉴로 제공한다. 부가 가치를 높이려면 육류 메뉴를 추가해야 한다. 이 외에 진달래각(신영희)과 통일의집(여만철)이 북한 음식 체인점 사업을 진행하고 있다.

오리요리 전문점

▣ 개요

대부분의 사람들은 오리요리를 보양식 건강 음식이라고 생각하면서 맛을 궁금해하지 않는다. 그런데 오리요리는 국민 먹을거리인 닭 요리보다 맛있다. 영양가면에서는 닭 요리나 돼지고기 요리에 비해 월등히 뛰어날 정도로 몸에도 좋은 음식이다. 경기도 부천은 국내에서 가장 먹을거리 싸움이 치열한 지역이다. 국내에서 빅히트친 프랜차이즈 사업은 대부분 부천 시내의 작은 식당에서 출발한 업체들이다. 경기도 부천이 요즘 오리요리 각축전이 벌어지고 있다. 하루 매상 1천만 원 이상 올리는 대형 오리요리 본점도 경기도 부천에 있다. 오리요리는 조리법도 다양한데 중국 북경의 베이징덕 스타일의 오리전문점이 있는가 하면 황토구이 방식의 오리전문점도 있다. 거기다 훈제오리 등 다양한 방식의 메뉴를 구비할 수 있다면 고객을 꾸준히 유입시킬 수 있다.

▣ 직원 수

오리요리 전문점은 보통 50~100평 면적에서 창업하는 것이 적절하다. 쾌적한 환경, 고급스러운 이미지를 꾸미는 것이 중요하다. 서비스를 강화하면 기존 음식점보다 50% 정도 더 많은 직원들을 고용해야 하는데 객단가가 높기 때문에 이문이 남을 수 있다.

▣ 개업 현황

서민형 오리전문점인 보양탕집들이 주로 유원지나 시장 뒷골목에 많이 있다. 고급 황토구이 오리요리 전문점은 대형 아파트 단지 또는 관공서, 또는 비즈니스 타운을 끼고 있다.

▣ 입지 조건

고급 오리요리 전문점은 아무래도 구청 이상의 고급 관공서, 2만 세대 이상의 대형 아파트 단지, 비즈니스 타운과 역세권, 주거 타운이 중첩된 번화가나 먹자골목 등에 입점하는 것이 좋다. 30~50대 유동 인구가 많은 곳에 입점하는 전략이다. 지방의 오리요리 전문점은 자동차 접근이 용이한 대로변에 입점할 수 있는데 30대 이상의 중장년층, 가족 여행자들이 즐겨 찾는 여행지의 진출입 도로변에 입점하는 전략이 필요하다.

▣ 개점 비용(건물 임대료 별도)

개인 : 40평 기준, 7천만 원 안팎 (서민형 음식점)
체인점 : 30평 기준, 7천만 원~1억 원 안팎 (준고급형 음식점)
　　　　100평 기준, 1억 5천만 원~2억 5천만 원 (고급형 음식점)

▣ 메뉴 구성

코스 오리요리류(25,000~200,000원) / 훈제 오리요리류(15,000~50,000원) / 주물럭 오리요리류 / 생오리구이 류 / 황토구이, 가마구이 오리요리류(20,000~50,000원) / 오리탕, 오리찜류 / 오리요리 샐러드류 / 퓨전 오리요리류(오리요리를 치즈 등으로 고품격 요리화) / 삼계탕류 / 점심 메뉴(오리탕, 오리구이정식 등) / 한방 건강 술류 / 한방 건강 차류 / 주류 및 음료수

▣ 매출 전망

점심 메뉴는 미끼 메뉴에 해당하므로 마진률이 적다. 이와 달리 코스 요리로 올라가면 마진율이 점점 높아진다. 평균 마진율은 25%~35%로 볼 수 있다.

▣ 체인점 현황

오리요리 전문점으로는 '배나무골 오리집'이 유명했으나 최근에는 유황오리/황토구이 오리요리 전문점과 장작구이 요리점이 많은 인기를 끌고 있다.

체인점과 달리 개인이 오리요리 전문점을 창업할 때는 훈제구이기나 황토구이 등의 시설을 구비해야 한다. 이런 시설을 구비할 경우 창업비가 다소 높아진다.

업체명	가맹비 및 개점 비용	업체 특징
미운오리 / 배나무골 오리집 서울 강남구 대치동 944-31 섬유센터 빌딩 지하 1층 TEL : (02) 528-3322	자세한 내용은 문의 요망	배나무골 오리집은 서울 강남 지역을 기반으로 발달한 고급 오리요리 전문점이다. 최근에 '미운오리' 브랜드로 중, 저가 오리요리 가맹 사업을 하고 있다. 또한 '구이 삼국지', '한정식 황상' 브랜드를 운영하고 있다. '미운오리'의 경우 왕소금생오리구이, 훈제오리구이, 가마오리구이, 생오리주물럭, 삼계탕 등의 메뉴가 있다.

업체명	가맹비 및 개점 비용	업체 특징
앞뜰 장작구이 마을 서울시 광진구 구의동 74-1 4층 TEL : 1544-9277 　　　(02) 447-5577	**70평형 기준 (점포/매장형)** 가맹비 : 20,000,000원 보증금 : 1,000,000원 인테리어 : 210,000,000원 (평당 300만 원) 주방집기 : 별도 가마구이 : 별도 간판 : 별도 로열티 : 1% 합계 : 3억 원 이상	친환경 무 항생제 오리구이를 장작구이로 제공하는 음식점이다. 앞뜰모듬 장작구이(오리+등갈비+통삼겹), 오리장작구이, 생오리장작구이, 흑마늘오리장작구이, 통삼겹장작구이, 등장작구이, 오리바비큐샐러드, 한방오리탕, 능이버섯닭곰탕, 모듬소시지 장작구이 등의 메뉴가 있다. 서울, 경기권에 약 10여 개 가맹점과 직영점이 있다.
오리먹는 날 경기도 부천시 원미구 도당동 139 오리먹는날 본점 TEL : (032) 672-6044	**30평형 기준 (점포/매장형)** 가맹비 : 5,000,000원 보증금 : 1,000,000원 인테리어 : 45,000,000원 주방설비 : 9,500,000원 주방용품 : 7,500,000원 로스타 외 : 3,000,000원 의탁자 : 4,500,000원 간판 : 5,400,000원 교육비 : 2,000,000원 홍보판촉물 : 2,000,000원 합계 : 8천 300만 원 안팎	(주)TLI 푸드의 오리고기 전문점으로 부천에 본점이 있다. 2009년 개업했고 부천 지역에서는 오리요리 맛집으로 유명하다. 유황생오리 로스구이, 유황생오리 주물럭, 유황생오리 훈제바비큐, 유황생오리 단호박카레구이, 불덕(오리불고기), 생삼겹구이, 오리탕, 냉면, 김치볶음밥, 김치치즈볶음밥 등의 메뉴가 있다.

※ 각 업체 가맹비 및 개점 비용을 비롯하여 각 정보는 변동이 있을 수 있으니 홈페이지를 통해 정확한 정보를 확인하도록 한다.

고급 한우 화로숯불고기 / 생고기 전문점

▣ 개요

한우 생고기와 화로숯불고기를 전문적으로 취급하는 맛집은 고기 굽는 냄새도 일품이고 고기를 큰 화로에 구워 먹는 맛도 일품이기 때문에 항상 손님들로 바글바글하다. 광양의 화로숯불고기는 전국적으로 소문난 맛집이다. 별다른 인테리어 없이 소자본으로 창업할 수 있는 반면 비싼 인테리어를 사용한 고급 전문점도 있다. 부촌에서는 인테리어에 신경을 쓰고 고급 한정식집 분위기를 연출해도 되지만 평당 120만 원 내외의 인테리어로도 충분히 통할 수 있다. 음식점에 따라 참숯으로 생고기를 굽는 경우도 있고 석쇠로 구워 내는 경우도 있는데 참숯화로숯불고기가 더욱 품격을 높인다. 테이블마다 닥트시설과 화로세트가 필요하지만 구입 비용이 저렴하다.

▣ 직원 수

보통 40평 이상에서 창업하는 것이 좋지만 100평형, 가든형 등 다양한 맞춤 설계가 가능하다. 서민 주거지나 대학가 앞에서도 10평~20평 규모의 생고기집을 볼 수 있는 석쇠구이나 철판구이집들이 많다. 10평 규모에서는 주방 1~2명, 홀 1~2명으로도 운영이 가능하며 대부분 소고기를 전문으로 한다.

▣ 개업 현황

각 지역마다 참숯불고기 전문점이 몰려 있는 지역이 있다.

▣ 입지 조건

대형 숯불고기 전문점은 보통 고급 아파트 주거 단지가 중첩된 곳, 비즈니스 단지가 중첩된 곳, 역세권과 고급 주거 단지가 중첩된 곳에 입점하는 것이 좋다. 서민형 숯불고기 전문점은 번화가, 역세권, 동네 먹자골목, 대학가 먹자골목 등에 입점할 수 있다. 지방에서 입점할 때는 교통 유동량이 많은 관통 도로에서도 입점 가능하다. 한우집산지가 가까운 관통 도로라면 특히 이점이 많다. 서민 취향의 생고기 전문점은 가격이 저렴한 대신 서민 주거지나 대학가에서도 입점이 가능한데 정육점을 겸해 창업하는 것이 좋다. 숯불고기 전문점을 창업할 때는 정육점을 겸하는데 서민형은 정육점을 노출시키는 전략이 필요하다.

▣ 개점 비용(건물 임대료 별도)

개인 : 20평 기준, 4천 5백만 원 안팎 (서민형)

50평 기준, 2억 원 안팎 (고급형, 인테리어 평당 300만 원 적용)

■ 메뉴 구성

쇠고기류(꽃등심, 안창살, 갈빗살, 차돌백이류) / 돼지고기류(생삼겹살, 주먹고기, 통갈매기살, 돼지갈비, 고추장구이) / 버섯 생 불고기류 / 식사류(뚝배기 불고기, 된장찌개, 갈비탕류) / 냉면류(함흥냉면, 비빔냉면, 회냉면류) / 각종 주류 일체

■ 매출 전망

총매출의 25~30%를 순이익으로 볼 수 있다. 입지 조건이 좋으면 20평 규모에서도 월 1천만 원 이상의 순이익을 발생시킬 수 있다.

■ 체인점 현황

'화로화화'라는 브랜드가 대중성있는 화로숯불고기 체인사업을 하고 있는데 돼지고기, 소고기, 닭고기를 모두 취급한다. 고급 소고기를 판매하는 화로숯불고기 체인 사업을 하는 업체는 없다. 고급형 화로숯불고기는 한우 육질에 의해 승부가 나므로 대부분 개인 창업이 많다.

체인점이 아닌 독립점을 운영할 경우엔 정육점을 병행하는 것이 영업에 도움이 된다. 고기를 오픈 진열하고 고객들에게 선택할 수 있는 권한을 주는 것이다. 작은 규모의 생고기집은 대폿집 형태가 매출에 도움이 된다.

업체명	가맹비 및 개점 비용	업체 특징
화로화화 충남 천안시 서북구 두정동 1898 대주파크빌 상가 1층 TEL : 1588-9214	**30평형 기준 (점포형)** 가맹비 : 10,000,000원 물품 보증금 : 2,000,000원 인테리어 : 36,000,000원 (평당 120만 원) 주방설비 : 10,000,000원 집기류 : 5,000,000원 의탁자 : 4,500,000원 화로세트 : 1,800,000원 (테이블당 12만 원) 닥트 : 6,000,000원 (테이블당 40만 원) 간판 : 900,000원 광고홍보물 : 1,000,000원 합계 : 6천 700만 원 안팎	화로화화는 젊은이들 대상의 카페형 돼지고기 화로 숯불고기 프랜차이즈이다. 주로 돼지갈비를 취급하지만 소고기도 취급한다. 대왕돼지갈비, 소갈비살, 고추장삼겹살, 닭불갈비, 목항정살, 생삼겹살, 생목살, 쭈꾸미생불고기, 소시지모듬 등의 메뉴가 있다.
계경목장 TEL : (02) 422-9610	점포 크기 관계없음 가맹비 : 5,000,000원 교육비 : 2,000,000원 그 외 점주 직접 진행 합계 : 문의 요망	1983년 설립하여 30여 년간 양념갈비 제조 노하우로 외식시장에 돌풍을 몰고 온 계경목장은 계경원(주)의 자회사였으나 현재는 독립 업체이다. 계경목장의 특징은 독특한 맛, 조리의 편리성, 저렴한 가격에 있다. 생고기 외식 체인점 사업인 계경 목장은 서민형, 중·대형점포 등 점포 크기에 따라 맞춤형 창업이 가능하다. 메뉴는 저가형 점포에 안성맞춤인 웰빙삼겹살, 저가 구이형 안주와 대형 가든형 메뉴가 따로 있다. 또한 10여 개의 점심 식사 메뉴가 있다.

※ 각 업체 가맹비 및 개점 비용을 비롯하여 각 정보는 변동이 있을 수 있으니 홈페이지를 통해 정확한 정보를 확인하도록 한다.

고급 일식 전문점

▣ **개요**

고급 일식 전문점은 일본식 인테리어와 신선한 활어 그리고 맛깔스러운 곁들이 안주(흔한 말로 스키다시)를 제공하는 것이 중요한 영업 전략이 된다. 곁들이 안주용 튀김을 내오더라도 항상 즉석에서 튀겨 내오는 지혜가 필요하며 코스별로 하나씩 요리를 내오는 방식이 전문점 느낌을 준다.

▣ **직원 수** : 40평 기준으로 주방 3~4명, 홀 3~6명의 직원이 적절하다.

▣ **개업 현황**

주로 고급 아파트 지역과 관공서, 백화점 인근에서 영업이 전개되고 있다.

▣ **입지 조건**

대형 아파트를 가까이 두거나 업무 타운, 관공서, 고급 상가 지역, 대형 대학가를 끼고 영업하는 것이 좋다. 상가의 경우엔 백화점 매장보다는 비즈니스 빌딩의 식당가에서 영업하는 것이 높은 매출을 이룰 수 있다. 고가 전략인 만큼 친절한 서비스와 독특한 메뉴, 그리고 수준 높은 내장 인테리어가 필요하다.

▣ **개점 비용(건물 임대료 별도)**

개인 : 40평 기준, 1억 원 이상

체인점 : 50평 기준, 1억 6천만 원 이상

▣ **메뉴 구성**

활어회 코스 : 40,000~120,000원

양식어 코스 : 20,000~60,000원

대게, 참게, 왕게와 같은 게요리와 가재요리류 : 20,000~200,000원

장어요리류 : kg 단위로 판매 14,000~40,000원

대하요리류 : 12,000~40,000원

초밥, 회덮밥, 알덮밥류 : 8,000~20,000원

튀김요리류 : 15,000~30,000원

전복죽류 : 12,000~20,000원

기타 곁들이 안주 및 주류 취급

▣ 매출 전망

테이블당 6~7만 원 안팎의 객단가가 평균이다. 50평 20개 테이블의 경우 테이블 회전율 1회일 때 하루 120만 원, 회전율 1.5회일 때 하루 180만 원의 매출이 발생한다. 순이익은 매상의 25%~35% 수준으로 볼 수 있다.

▣ 체인점 현황

고급 일식집은 체인점 사업이 활성화되지 않고 있다. 그러나 몇몇 유명한 일식집들과 개별적으로 접촉하면 체인점을 개설할 가능성이 있다. 흔히 말하는 체인점 형태의 일식집은 대부분 '초밥'이나 '일식 돈가스' 그리고 '우동'을 취급하므로 고급 일식집과는 거리가 있다.

활어횟집 (대형)

▣ 개요

10년 전만 해도 20평 규모의 활어횟집도 장사가 잘되는 편이었다. 참치횟집이 유행하면서 횟집 사정이 안 좋아지더니 가짜 참치 소동이 벌어지면서 참치횟집이 점점 사라져갔다. 활어횟집은 그 후 100~200평 규모의 초대형 횟집들이 등장하면서 호황을 보이고 있다. 활어횟집을 창업하려면 일단 저렴한 가격을 무기로 하는 것이 좋다.

▣ 직원 수

50~70평의 경우 주방 4~6명, 홀 5~10명의 직원이 필요하다. 최하 30평 규모가 필요하며 40평 규모의 점포라면 나름대로 적정한 수준이라 할 수 있다.

▣ 개업 현황

주로 바닷가나 수산 타운에서 볼 수 있었던 활어횟집이 최근에는 도심 대로변에서도 많이 볼 수 있다.

▣ 입지 조건

대형 횟집을 오픈하려면 일단 자가용의 접근이 용이한 대로변에 입점하는 것이 좋다. 대형 아파트 단지나 업무 타운, 유흥가도 좋은 입지 조건이 된다. 대로변에 입점하려면 주차 시설이 필수이지만 대형 아파트 단지나 유흥가를 끼고 있는 경우에는 주차 시설을 갖추지 않아도 영업이 가능하다.

◈ 개점 비용(건물 임대료 별도)

개인 : 50평 기준, 1억 원 이상

◈ 메뉴 구성

자연산 활어회(30,000~80,000원) / 양식어(15,000~50,000원)

장어요리류(20,000~80,000원) / 조개구이, 새우구이류(10,000~20,000원)

초밥, 회덮밥, 알덮밥류(6,000~10,000원) / 기타 곁들이 안주 및 주류 취급

◈ 매출 전망

신선도를 항상 유지하고 저렴한 가격이라면 일단 매출 전망이 좋다. 이를 위해 활어의 공급이 확실한 업체를 공급업체로 선정해야 한다. 활어회의 비수기는 보통 여름 2개월로 보는데(7월~8월) 비브리오균과 같은 회 전염병이 발생하면 매출에 큰 타격이 발생한다. 활어회는 겨울에 장사가 잘 된다.

◈ 체인점 현황

활어횟집으로는 '청해수산'이나 '동해수산' 등의 대형 점포를 대상으로 하는 체인점들이 발달해 있다. 오징어 활어나 장어만을 공급하는 업체들도 볼 수 있다. 활어회 전문점은 우수한 주방장을 확보하는 것이 중요하고 활어의 공급선이 확실한 업체를 잡을 수 있다면 개인 점포를 창업하는 것도 무난한 편이다.

서울 강남
B 활어 횟집

서울 강남의 B 사거리에 있는 서민형 활어횟집은 심야 손님을 대상으로 새벽 3시까지 영업을 한다. 인근 지역이 고급 주택가나 아파트 지역임에도 이 음식점은 저렴한 가격을 무기로 하고 있다. 이로 인해 음식점의 인테리어도 별 볼 일 없을 뿐 아니라 신경도 쓰지 않고 있다. 그렇지만 이 근방에서는 볼 수 없는 동네 시장 가격 비슷한 저렴한 회요리가 최대의 무기가 되었다. 인근 아파트의 주민들과 젊은이들, 그리고 강남역 사거리에 있는 업무 타운의 직장인, 유흥가에서 근무를 하는 여성들이 주고객으로 2차, 3차 술 손님을 타깃으로 영업하고 있다.

기본 메뉴 : 양식어 기준 15,000원~35,000원 내외의 저렴한 회요리

스키다시 구성 : 원가에 맞추느라 곁들이 안주가 별로 없다. 김치, 샐러드, 메추리알, 옥수수버터볶음, 달걀찜,
　　　　　　　꽁치구이, 각종 야채쌈, 무료 매운탕

다른 메뉴 : 우럭회, 장어회, 회덮밥, 초밥 등

성공 포인트 : 저렴한 가격에 비해 요리의 양은 적지도 많지도 않다. 부족하면 더 주문하거나 대부분 주류를 포
　　　　　　함해 먹기 때문이다. 맛보다는 저렴한 가격으로 술을 마시기 위한 편한 장소라는 점이 성공 포인
　　　　　　트라 할 수 있다.

종업원 수 : 주방 3명 내외, 홀 종업원 3~5명 유동적

고객분석 : 인근 직장인 30%, 인근 주민 30%, 유흥업 종사자 20%, 기타 20%

음식점 구조 : 홀 테이블 20조 내외/야외 테이블 10조 내외

참고 사항 : 배달 영업하지 않음, 포장 가능, 새벽 3시까지 심야 영업, 전용 주차장 없음

월매출 : 이 음식점이 있는 지역은 업무 타운과 주택 단지를 끼고 있어 비교적 조용한 지역. 근처에 저렴한 가격
　　　　으로 회를 공급하는 음식점이 없기 때문에 심야 영업이 활발하게 발생

바닷가재 전문점

▣ 개요

훈제연어샐러드와 각종 야채샐러드로 시작해서 메인 요리인 바닷가재(랍스터) 요리나 킹크랩 요리를 제공하는 음식점이다. 손님의 기호에 맞게 밥, 죽, 빵이나 국수류도 제공한다. 랍스터와 각종 킹크랩 요리를 g 단위로 판매하며 이 외에도 각종 샤브샤브 메뉴와 런치 메뉴를 팔 수 있다. 일반 음식점과 달리 바닷가재를 쪄내는 스팀 오븐과 대형 수족관 시설이 별도로 필요하다. 바닷가재 전문점은 초창기에는 음식점의 규모가 중·대형이었으나 최근에는 테이크아웃 방식의 체인점도 나타나고 있는 추세이다.

▣ 직원 수

테이크아웃 방식은 5평부터 창업이 가능하다. 테이크아웃이 아닌 음식점형은 보통 30평 크기부터 창업할 수 있다. 대형 평수는 50~100평 안쪽 면적에서 창업할 수 있다. 30평~40평 규모의 점포에서는 주방 2~3명, 홀은 테이블 회전율에 따라 2~5명이 적절하다.

▣ 개업 현황

번화가, 고급 관공서, 대형 아파트 단지, 역세권, 유흥가, 상가 지역, 대로변 등에서 볼 수 있다.

▣ 입지 조건

테이크아웃 방식은 번화가, 역세권, 대학가가 입지 조건이 된다. 관공서 지역과 업무 밀집 지역, 대형 아파트 단지, 고급 상가 지역, 백화점 매장도 입점에 좋은 조건이 된다. Seafood 전문점 형태인 경우에는 대로변이나 스카이라운지에도 입점할 수 있다. 이때는 점포의 규모를 보다 대형화시키는 동시에 샐러드 메뉴를 함께 취급해야 한다. 개인이 창업할 경우에는 일반 음식점 창업 비용에 수족관과 바닷가재 모형(또는 킹크랩 모형)이 추가 소요되고, 객단가가 높기 때문에 지역 케이블 TV 등을 통해 꾸준히 광고를 해야 한다.

▣ 개점 비용(건물 임대료 별도)

체인점 : 30평 기준, 1억 원 이상
　　　　 70평 기준, 3억 원 이상

▣ 메뉴 구성

1인용 코스요리(50,000~80,000원) / 바닷가재 코스요리류(2~4인용 100,000~250,000원)

랍스터 샤브샤브(500g~2.0Kg 25,000~130,000원) / 킹크랩 샤브샤브(25,000~50,000원)
쇠고기 샤브샤브류(20,000~50,000원) / 랍스타 구이류(버터구이, 양념구이 등)
랍스터 & 킹크랩 찜류 / 가리비 버터구이류 / 런치 메뉴, 샐러드 메뉴 / 양주, 맥주, 소주, 와인 外

▣ 매출 전망

랍스터 & 킹크랩 재료비는 대략 40%선이며 순이익은 30% 이하이다.

▣ 체인점 현황

랍스터 요리 전문점은 대중화를 선언한 '톰슨 바닷가재'가 활발하게 체인점 사업을 벌이고 있다. 랍스터 요리 전문점과 달리 킹크랩(대게)요리 전문점은 군소업체가 난립 중이며 딱히 지명도가 있는 업체가 없다. 몇몇 유명 킹크랩 전문점의 경우 대부분 직영점 체제이다. 따라서 킹크랩 전문점의 경우 개인 음식점으로 창업해야 하는데 예컨대 '킹크랩(러시아산)+울진 대게(한국산)' 등을 함께 취급하는 음식점을 창업할 수도 있다. 노점상 킹크랩의 경우 보통 40%의 마진율을 보인다.

업체명	가맹비 및 개점 비용	업체 특징
톰슨 바닷가재 경기도 고양시 일산서구 대화동 2170-2 1층 TEL : (031) 908-4785	**30평형 기준 (점포/매장형)** 가맹비 : 7,000,000원 물품 보증금 : 5,000,000원 인테리어 : 60,000,000원 (평당 200만 원) 주방 설비 및 집기류 : 25,000,000원 수족관 : 5,000,000원 간판 : 4,500,000원 가재모형 : 4,000,000원 판촉홍보물 : 5,000,000원 합계 : 1억 1천만 원 안팎	최고의 건강음식 바닷가재를 (주)신화에서 직수입하여 종전에 고급 레스토랑에서 고가 식품의 대명사로 알려진 바닷가재 요리를 파격적인 가격으로 판매한다. 1인용의 톰슨코스요리, 2~3인용의 점보코스요리, 3~4인용의 훼밀리코스요리, 2인용의 커플코스요리 등의 메뉴가 있다.

※ 각 업체 가맹비 및 개점 비용을 비롯하여 각 정보는 변동이 있을 수 있으니 홈페이지를 통해 정확한 정보를 확인하도록 한다.

Chapter 02 :: 개인 창업은 물론 체인점까지
종목별 음식점 정보

커피 전문점

▣ 개요

커피숍은 커피를 팔면서 만남의 장소를 제공하는 기능을 하는 요식업소를 말한다. 테이크아웃 커피 전문점과 달리 넓은 공간이 필요하다. 지방에서는 다방과 함께 젊은 취향의 커피숍들이 번화가 지역과 대학가 지역에서 있었지만 테이크아웃 커피숍과 경쟁이 붙으면서 대부분 명맥을 간신히 유지하고 있다. 만일 새롭게 커피숍을 창업할 생각이라면 룸커피숍, 화원+커피숍, 북카페 등의 복합 커피숍 등을 창업해야 경쟁력이 생긴다.

▣ 직원 수

커피숍의 크기는 보통 30평 이상이 좋다. 주방 1~2명 안팎, 홀 2~4명 안팎이 적절하다.

▣ 개업 현황 및 입지 조건

번화가, 역, 대학가에 발전해 있다. 현대식 터미널이나 젊은 층의 유동 인구가 많은 번화가 지역이 좋은 입지 조건이 된다. 역세권, 대학가, 업무 타운, 비즈니스 빌딩에서 창업하는 것도 좋다. 도로변에서도 유명 행락지나 관광지가 인접한 곳이라면 창업이 가능하다.

▣ 개점 비용(건물 임대료 별도)

개인 : 30평 기준, 6천만 원~9천만 원 안팎

▣ 메뉴 구성

커피류(1,500~5,000원) / 티, 주스류(1,800~5,000원) / 샌드위치류(1,800~5,000원)
디저트 / 아이스크림류 / 칵테일류

▣ 매출 전망

총매출의 40%~60% 사이가 순이익이며 매출이 높을수록 순이익률이 많아진다. 커피 및 음료만
판매할 경우 순이익이 높지만 매출 부진이 많고, 샌드위치 등의 디저트를 함께 팔면 총매상은 높아
지지만 전체 순이익률은 낮아진다.

▣ 체인점 현황

커피숍 체인 사업을 하는 업체는 거의 사라졌다. 현재는 테이크아웃 커피 체인점 사업을 하는 곳
이 많다.

테이크아웃 커피 전문점

▣ 개요

테이크아웃 커피 전문점을 비롯해 카페형 커피 전문점 시장은 바야흐로 춘추전국시대이다. 따라
서 조금 더 저렴하거나 조금 더 고급 품질, 조금 더 큰 규모로 승부를 걸거나 색다른 마케팅 전략이
필요하다. 그러나 지금도 소자본으로 창업할 수 있다는 점에서 예비 창업자들에게 인기를 얻는 아
이템이다. 대학가나 다운타운에서 로드샵 형태로 창업하거나 부도심이나 주거 단지에서 카페형으
로 창업할 수 있다. 창업 비용이 없으면 차량형 테이크아웃 커피숍을 창업한 뒤 번개 작전으로 번화
가를 찾아 판매할 수 있다. 테이크아웃 커피 전문점은 보통 에스프레소와 같은 순도 100% 커피와
아이스커피, 핫초코, 계절 음료를 판매한다. 카페형의 경우 비스킷이나 빵, 와플, 샐러드 종류를
함께 판매해볼 만하다. 테이크아웃 커피 전문점은 소자본 창업의 대표적인 업종이지만 고급 브랜드
와 맞붙으면 한 순간 무너질 수 있으므로 입지 선정에 유의한다.

■ 직원 수

소규모 로드샵 형태는 1~2명으로 영업한다. 과일주스, 전통차, 아이스크림, 와플, 샌드위치를 함께 판매하는 전략을 취하면 직원이 더 필요할 수도 있다. 카페형은 점포 크기에 따라 아르바이트 생을 충원한다.

■ 개업 현황

대형 번화가, 역세권, 업무 단지, 유동 인구가 많은 부도심, 대학가에 포진하고 있다.

■ 입지 조건

테이크아웃 커피 전문점은 입지 조건이 매우 까다롭다. 일단 젊은 층과 여성층의 유동 인구가 많은 지역이 좋은 입지 조건이 되는데 이런 지역은 한정되어 있으므로 새로운 시장을 개발해야 한다. 번화가, 대형 역세권은 바람직한 입지 조건이 되고, 현대식으로 새로 지은 고속버스 터미널이나 규모가 약간 큰 대학가, 대형 도매시장이 밀집된 지역, 대형 오피스텔에 입지해볼 만하다. 극장이 많은 지역, 쇼핑센터에서는 숍인숍(Shop In Shop) 방식으로 입점할 수 있다. 차량형 테이크아웃 커피는 업무 타운의 점심 시간이나 놀이공원의 피크 타임을 노리고 영업할 수 있다.

창업 비용이 부족하면 쇼핑가, 학원가, 오피스빌딩, 백화점에서 숍인숍 방식으로 창업하는 것도 생각해볼 만하다. 자금이 없을 경우에는 유동 인구가 많은 지역이나 대학가에서는 숍인숍 방식으로 창업하고 1,500원 정도의 박리다매 전략을 취한다.

■ 개점 비용(건물 임대료 별도)

개인 : 5평 기준, 2천만 원~6천만 원 안팎
체인점 : 30평 기준, 1억 5천만 원 안팎

■ 메뉴 구성

브랜드 커피류(1500~5,000원) / 고급커피, 아이스커피(2,000~7,000원)
계절음료, 주스류(1,500~7,000원) / 샌드위치, 번, 무스케이크, 디저트류(1,000원)
아이스크림류(1,000원) / 비스킷류(800원)

■ 매출 전망

업체가 난립하면서 순이익이 많이 줄어들었지만 지금도 매출의 30%를 순이익으로 볼 수 있다. 재료비는 30% 선이며, 그 외 비용은 임대료와 인건비로 사용된다. 5~10평 규모에 입지 조건이 나쁘지 않으면 월 400만 원 이상, 유명 프랜차이즈 업체이면서 입지 조건이 좋으면 월 1천만 원 이상 순이익을 올릴 수 있다. 프랜차이즈의 경우 로열티를 별도 지급해야 하므로 순이익률이 20~25%

정도로 줄어든다. 예를 들어 40~50평 카페형의 경우 월 4천~5천만 원을 매출 목표로 해야 하고 5~10평 형의 경우 월 1,500만 원 이상을 매출 목표로 점포 입지 조건을 잘 따져봐야 한다.

■ 체인점 현황

테이크아웃 커피 체인 사업은 춘추전국시대를 연상케 할 정도로 난립한 상태이므로 입지 조건에 따라 브랜드를 선택해야 한다. '로즈버드'와 '스위트번스'는 테이크아웃 방식의 소자본 창업으로 인기있을 뿐 아니라 남녀노소 부담없는 브랜드이고, 몇몇 브랜드는 여성들이나 젊은이들에게 인기 있는 브랜드이다. 따라서 유동 인구에 젊은 여성 비율이 많을 경우 젊은 여성들에게 맞는 브랜드로 창업하는 것이 좋다. 스타벅스 커피 체인점은 전국 300여 점포가 있지만 가맹점 방식이 아닌 직영 방식으로 운영된다.

업체명	가맹비 및 개점 비용	업체 특징
로즈버드 서울 중랑구 중화동 283-15 TEL : (02) 977-5991	**18평형 기준 (테이크아웃/카페형)** 가맹비 : 3,000,000원 보증금 : 5,000,000원 인테리어 : 16,000,000원 (1평 추가시 평당 170만 원 추가) 기계 설비 : 17,000,000원 그 외 설비 : 간판, 의/탁자 별도 로열티 : 월 10만 원 합계 : 5천 5백만 원 안팎	로즈버드 브랜드는 청정원 브랜드로 유명한 (주)대상의 테이크아웃 커피 브랜드이다. 지난 1968년부터 원두 커피를 생산 보급해 온 대상 커피사업본부가 2001년에 분사, (주)로즈버드로 탄생하였다. 로즈버드 테이크아웃은 전국에 250여 개의 가맹점이 있고, 카페형 매장인 '쎄리오'를 새롭게 론칭하였다.
할리스 서울시 강남구 논현동 57-13 건일빌딩 2층 할리스애프앤비 TEL : (02) 2188-7100	**30평형 기준 (카페형)** 가맹비 : 10,000,000원 보증금 : 10,000,000원 인테리어 : 평당 2,500,000원 기계설비 : 34,000,000원 (커피 기계 일체, 분쇄기, 제빙기, 믹서, 냉장고 2, 포스, 쇼케이스 등) 간판 : 15,000,000원 의탁자 : 12,000,000원 초도 물품비 : 8,000,000원 로열티 : 월 매출의 3% 합계 : 1억 6천 4백만 원 안팎	1998년 강남 1호점을 오픈한 이후 국내 커피 시장을 리드하는 토종 브랜드로 각광을 받고 있다. 현재는 미국, 말레이시아, 페루 등에도 가맹점을 오픈했고 전국에 약 200여 개의 가맹점이 있다. 2009년에는 웅진식품과 제휴, 마트용 할리스커피온바바 브랜드를 출시하였으며, 자체 원두 로스팅 공장을 설립하였다. 신한은행과 업무 협약을 체결해 창업비 일부를 대출 지원받을 수 있다.

업체명	가맹비 및 개점 비용	업체 특징
  다빈치커피 서울 서초구 서초동 1575-11 문영빌딩 다빈치커피 TEL : (02) 325-2101	**30평형 기준 (카페형)** 가맹비 : 15,000,000원 보증금 : 5,000,000원 인테리어 : 평당 2,800,000원 기계설비 : 33,000,000원 간판, 의탁자, 기타 시설 : 별도 로열티 : 월 300,000원 합계 : 1억 3천 7백만 원 · 5평형일 경우 5평 인테리어 비 　용 2천만 원	1997년 상표등록한 뒤 2000년 1월에 1호점을 개점했고 현재 전국에 100여 개 가맹점이 있다. 매장의 사용량에 맞게 직영공장에서 원두를 로스팅해 공급한다. 레오나르도 다빈치의 예술혼을 연상시키듯 예술 감각의 커피를 공급하는 것이 목적이다. 기존의 커피+음료 아이템에 베이커리 아이템이 추가되어 와플, 케익, 패스트리, 베이글, 머핀, 샌드위치와 같은 디저트 종류를 함께 판매한다.
DE CHOCOLATE COFFEE **디초콜릿 커피** 서울시 서초구 서초동 1321-1 강남빌딩 7층 702호 인터파크HM TEL : (02) 1544-7737	**40평형 기준 (카페형)** 가맹비 : 20,000,000원 보증금 : 10,000,000원 인테리어 : 별도 기계설비 : 별도 간판, 의탁자, 기타 시설 : 별도 로열티 : 별도 · 현재 직영점 체제로 운영 중이며 　조만간 프랜차이즈 사업을 다시 　시작할 예정이다.	(주)인터파크에서 운영하는 커피 프랜차이즈 기업이다. 엔터테인먼트 기업인 팬텀엔터테인먼트에서 강남 압구정동 로데오 거리에 1호점을 개점한 이후 독특한 인테리어로 큰 인기를 얻었고, 디초콜릿 E&TF로 흡수되었다가, 현재 (주)인터파크HM에서 운영 중이다. 기존의 커피+음료 아이템에 수제 초콜릿 아이템을 추가하였다.
  스위트번스 커피 서울 중량구 면목5동 162-81 한내들빌딩 4층 스위트번스 코리아 TEL : (02) 3394-5608	**5평형 기준 (숍인숍/로드샵형)** 가맹금 : 4,000,000원 교육 홍보비 : 1,000,000원 커피&와플 설비 : 19,500,000원 로티번 설비 : 8,900,000원 아이스크림 설비 : 4,600,000원 로열티 : 월 10만 원 합계 : 최소 2천 5백 50만 원 　　　~ 3천 7백 40만 원	스위트번스는 커피 틈새 시장에서 테이크아웃 커피와 와플을 접목한 소자본 창업의 커피 프랜차이즈이다. 보통 커피+와플+아이스크림+로티번을 판매하는 방식으로 창업할 것을 권장한다. 전국에 매장형 100여 곳과 카페형 40여 곳이 영업 중이다.

업체명	가맹비 및 개점 비용	업체 특징
 엔제리너스 커피 서울 용산구 갈월동 98-6 (주)롯데리아 엔제리너스 TEL : (02) 709-1004,1014	**40평형 기준 (카페형)** 가맹금 : 10,000,000원 보증금 : 15,000,000원 인테리어 : 80,000,000원 기기 설비 : 80,000,000원 로열티 : 월 순이익의 5% 교육비 : 800,000원 합계 : 2억 원 안팎	2000년에 롯데리아에서 자바커피 브랜드로 출발했으나 2006년 브랜드 명칭을 엔제리너스로 변경했다. 2007년 센트럴시티에 1호점을 오픈한 이후 현재 300여 개의 가맹점이 있다. 전국에 3개의 물류센터를 만들어 원두를 신선도 높게 공급하는 것이 매력. 기존의 커피+음료 아이템에 와플, 케익, 패스트리, 베이글, 메이플빵, 롤케이크, 크로와상, 샌드위치 같은 디저트 종류는 물론 머그컵, 원두도 함께 판매한다.
 **커피빈** 서울시 강남구 삼성동 76-3 (주)커피빈 코리아 TEL : (02) 548-0552	커피빈은 본사에서 직영으로 운영한다. 하지만 입지 조건이 좋은 건물을 소유한 분들이 입점을 요청할 경, 입지 조건을 분석한 뒤 임대 수수료를 지급하는 조건으로 입점할 수도 있다.	미국 International Coffee & Tea, LLC와 프랜차이즈 계약을 맺어 2000년 6월에 (주)커피빈 코리아가 설립되었다. 2001년 5월 10일 청담점 1호점을 시작으로 현재 전국에 200여 개 직영점이 있다. 커피 프랜차이즈 기업으로는 스타벅스와 함께 양대 산맥을 이루는 프랜차이즈 기업이다.
 이디야 커피 서울시 강남구 논현동 218-16 선민빌딩 6층 이디야커피 TEL : (02) 543-6467	**15평형 기준 (카페형)** 가맹금 : 7,000,000원 보증금 : 5,000,000원 기기 설비 : 20,500,000원 인테리어 : 45,000,000원 초도 상품비 : 4,000,000원 간판 : 2,000,000원 로열티 : 월 15만 원 합계 : 8천 8백 50만 원 안팎	2001년 중앙대점을 1호점으로 오픈한 이후 현재 420여 개의 가맹점을 가지고 있는 국내 토종 브랜드 중 최고의 가맹점을 가진 브랜드이다. (주)동서식품과 제휴, 에스프레소 커피를 개발하고 원두를 30일 내 판매하는 전략, 자체 커피연구소를 설립하는 등 커피 음료 개발에 열성을 기울이고 있다. 또한 합리적인 가격의 커피로 고객을 많이 끌어들이고 있다.

※ 각 업체 가맹비 및 개점 비용을 비롯하여 각 정보는 변동이 있을 수 있으니 홈페이지를 통해 정확한 정보를 확인하도록 한다. 최근에 히트 친 커피체인점으로는 카페베네(02-3438-6888)가 있다.

개인 커피 전문점 창업하기

프랜차이즈 커피 전문점의 창업 비용이 평균 1억을 상회하면서 개인 커피 전문점 창업을 꿈꾸는 사람들이 많아졌다. 그런데 개인이 창업하려니 모든 것이 막막하다. 이런 분들은 일단 바리스타 교육 과정을 공부할 것을 권장한다. 바리스타 교육 과정을 공부하면 커피 전문점에 필요한 시설집기는 물론 커피 제조 과정을 습득할 수 있으므로 아무래도 창업 및 향후 사업에 유리해진다. 개인이 커피 전문점을 창업하려면 다음과 같은 집기 및 설비류가 필요하다.

업소용 커피머신 : 2그룹 내외. 대당 1백만 원~1천만 원대까지 있다. 동시에 2~3잔 뽑는 것을 선택한다. 잔고장이 많으므로 믿을 수 있는 제품을 구입한다.

커피그라인더 : 원두분쇄기를 말한다. 몇만 원대~몇십만 원대까지 있다.

제빙기 : 얼음을 만드는 기계이다. 몇십만 원대~몇백만 원대까지 있다.

빙삭기 : 아이스음료 및 팥빙수 제조에 사용한다. 몇십만 원대이다.

블랜더 : 스무디 음료 또는 생과일 음료를 제조할 때 필요하다. 믹서기를 사용하기도 한다.

테이블냉장고 : 오십만 원~백만 원대에서 구입한다.

기타 냉동기기, 주방기구, 세척기, 싱크대

그 외 바리스타 용품

음료쇼케이스 : 몇십만 원~1백만 원대에서 준비한다.

케익쇼케이스 : 백만 원~2백만 원대에서 준비한다.

외플 기계 : 필요할 경우. 1백만 원대에서 몇백만 원대까지 있다.

냉온정수기

오디오기기 : 매장형일 경우

인테리어 : 매장형일 경우 평당 150~200만 원 정도 예상한다.

탁의자 : 매장형일 경우

간판

포스 : 필요할 경우 매장 관리 POS를 설치해야 하는데 일단 초기에는 POS를 렌탈한다. 렌탈비를 절감하려면 40~50만 원대로 구입할 수 있는 금전등록기 사용을 권장한다.

합계 : 커피전문점을 저렴하게 창업하면 3천만 원대에서 로드샵 방식이나 숍인숍 방식으로 창업할 수 있다. (임대료 별도)

수제 햄버거 & 수제 소시지 & 수제 핫도그 전문점

▣ 개요

프랜차이즈 버거에 싫증을 내는 사람들에게 수제 햄버거, 수제 소시지, 수제 핫도그 등을 판매한다. 수제 햄버거 체인점으로는 송탄의 '미스리 햄버거'가 유명한데 현재 평택 인근 위주로 체인점이 개설되고 있다. 의외로 각 지방마다 요충지에 수제 햄버거집이 점점 생겨나고 있는 추세이다.

핫도그 체인점으로는 고속도로 휴게소에서 흔히 만나는 스테프핫도그가 있는데 수제가 아닌 덴마크에서 들어온 프랜차이즈이다. 수제 핫도그는 아예 미국식으로 스테이크를 잔뜩 집어넣거나 영철버거 같은 핫도그 등을 개발해 판매하는 것도 생각해볼 만하다. 핫도그에 소시지 대신 육류를 넣은 핫도그는 이태원 레스토랑이나 미군기지 내 패스트푸드점에서 간혹 볼 수 있다. 소스를 달리해 다양한 수제 버거와 핫도그를 개발할 필요성이 있다.

▣ 직원 수

소규모 매장은 1~2명으로 영업한다.

▣ 개업 현황

수제 햄버거 전문점이 지방 번화가에 하나 둘씩 생겨나고 있다. 인기에 편승해 요즘은 쇼핑몰에서도 창업되는 분위기이다.

▣ 입지 조건

소자본 창업이 가능하기 때문에 20대 창업자들이 욕심내는 분야이지만 수제 햄거버 또는 수제 핫도그 전문점은 무조건 유동 인구가 많은 곳에서 창업해야 한다. 유동 인구가 많다면 2~5평 규모에서 창업한 뒤 짭짤하게 수입을 올릴 수 있다. 앞에서 말했듯 아예 정통 미국식으로 창업하면 색다른 햄버거와 핫도그를 찾는 사람들에게 인기를 얻을 수 있다. 유동 인구가 많은 역세권, 대학교, 번화가 등의 요충지에서 2~5평 규모의 점포를 물색해본다.

▣ 개점 비용(건물 임대료 별도)

개인 : 5평 기준, 2천만 원~4천만 원 안팎

체인점 : 5평 기준, 5천만 원 안팎

▣ 메뉴 구성

수제 햄버거류(3,000~5,000원) / 수제 핫도그류(2,000~5,000원)

스테이크 핫도그류(2,000~5,000원) / 샌드위치류(2,000원) / 원두커피 & 음료(1,000원)

▣ 매출 전망

핫도그 체인점으로 유명한 스테프핫도그의 경우 마진율이 35%~40% 정도이다. 극장이나 고속도로 휴게소 같은 요충지에 입점하고 있어 마진율이 높은 편. 개인 점포의 경우 양질의 재료에 박리다매 전략을 취해야 하므로 30%~35% 정도를 마진율로 볼 수 있다.

▣ 체인점 현황

수제 햄버거 전문점인 '미스리 햄버거'가 평택 미군기지 부근에 있다. 유명 핫도그 체인점인 '스테프 핫도그'는 고속도로 휴게소와 극장 매점에서 많이 볼 수 있는 브랜드이다.

업체명	가맹비 및 개점 비용	업체 특징
STEFF HOTDOG **스테프 핫도그** 서울시 영등포구 문래동 3가 54-66 에이스 하이테크시티 2동 409호 스테프코리아 TEL : (02) 831-1071	**5평형 기준 (매장형)** 가맹비 : 7,000,000원 보증금 : 3,000,000원 시설비 : 16,000,000원 안팎 인테리어 : 기본 10,000,000원 초도상품 : 4,000,000원 물품보조금 : 3,000,000원 교육 홍보비 : 3,000,000원 간판 : 별도 합계 : 4천 400만 원 안팎	스테프 핫도그는 수제 핫도그가 아닌 덴마크에서 들어온 핫도그 프랜차이즈이다. 유럽 최고의 핫도그 프랜차이즈로 덴마크에만 4천 500여 개의 가맹점이 있다. 국내에는 약 110여 개의 매장이 있는데 도속도로 휴게소, 공항, 쇼핑몰, 백화점, 극장 매점 등에 많이 입점해 있다. 10여 종의 핫도그와 스파이시랩, 샌드위치, 프렌치프라이, 샐러드, 치즈스틱, 음료와 커피 등을 취급한다.
미스리햄버거 Hamburger **미스리 햄버거** 경기도 평택시 신장동 298-88 TEL : (031) 667-7171	가맹 문의는 전화 요망	1982년 요리에 문외한이었던 아버님이 노점상으로 창업한 후 곽씨인 어머니 이름이 발음이 어려워 '미스리'라고 했던 것이 오늘날 미스리 햄버거가 되었다. 처음엔 송탄 미군기지를 대상으로 장사하다가 매스컴을 타면서 평택, 천안, 안성 등 가맹점 3개를 냈다. 현재도 가족이 운영하며 햄버거 10여 종, 스페셜버거 10여 종, 샌드위치, 핫도그, 프렌치프라이, 음료 등을 취급하며, 햄버거는 유명 체인점 햄버거에 비해 양이 두 배이다.

※ 각 업체 가맹비 및 개점 비용을 비롯하여 각 정보는 변동이 있을 수 있으니 홈페이지를 통해 정확한 정보를 확인하도록 한다.

샌드위치 전문점

▣ 개요

샌드위치 전문점은 말 그대로 샌드위치를 판매하는 전문점을 말한다. 토스트와 달리 야채와 고기를 많이 사용해 맛깔스럽게 만들어야 한다. 최근엔 에스프레소 커피, 생과일주스, 아침식사를 병행하는 복합 매장 형태로 운영해야 이익을 얻을 수 있다. 카페 테이크아웃 샌드위치 전문점을 복합하는 방식이 그것이다.

▣ 직원 수

매장의 규모가 작으면 1명의 아르바이트 직원으로도 영업이 가능하다. 바쁠 때는 2~3명의 직원이 필요하다.

▣ 개업 현황

업무 타운, 역세권, 대학가, 번화가에서 볼 수 있다.

▣ 입지 조건

업무타운, 역세권, 빌딩 내 푸드코트에 입점할 수 있다. 업무 타운에서는 아침이나 점심 고객을 상대한다. 역세권에서는 아침 출퇴근하는 직장인을 상대한다. 젊은 층의 이동이 많은 지하철 역 구내나 대학가에도 입점이 가능하다.

▣ 개점 비용(건물 임대료 별도)

개인 : 10평 기준, 3천만 원~6천만 원 안팎
체인점 : 10평 기준, 4천만 원~1억 1천만 원 안팎

▣ 메뉴 구성

샌드위치류(1,500~5,000원) / 커피류(1,500~5,000원) / 생과일주스류(2,000~5,000원)
케이크, 비스킷, 디저트류(1,000원) / 샐러드류(1,000원) / 아이스크림(500원)
와플류(1,000원)

▣ 매출 전망

총매출의 상당 부분이 포장 판매 방식인 테이크아웃 방식으로 판매되지만 지금은 카페형 매장을 창업할 것을 권장한다. 어차피 지금은 기존의 커피 시장을 누가 더 많이 뺏어 오느냐 싸움이기 때문이다. 순이익은 매출의 30%~35% 수준으로 볼 수 있다.

업체명	가맹비 및 개점 비용	업체 특징
 **서브웨이** 서울시 마포구 공덕동 105-159 마포법조빌딩 603호 서브웨이 코리아 TEL : (02) 797-5036	**12평형 기준 (매장/점포형)** 가맹비 : 미화 $10,000 (약 11,500,000원) 시설비 : 65,000,000원 인테리어 : 평당 2,300,000원 안팎 합계 : 1억원~1억 3천만 원	세계 91개국 3만 2천여 개의 가맹점이 있는 서브웨이 샌드위치는 1965년 고등학교를 졸업한 뒤 대학 학자금을 벌 목적으로 Fred Deluca에 의해 코네티컷에서 창업되었다. 스테이크 샌드위치, 데리야키 샌드위치, 로스트치킨 샌드위치, 참치 샌드위치 등의 10여 종의 샌드위치와 햄치즈&에그, 웨스턴&에그 등의 아침 식사, 베지샐러드 등의 샐러드, 감자칩, 쿠키, 음료류를 판매한다. 국내에 약 40여 가맹점이 있다.
 **죠 샌드위치 & 커피** 서울시 강남구 삼성동 109-17 현대빌딩 401호 (주)제이에스앤씨 TEL : (02) 501-3078	**10평형 기준 (매장/점포형)** 가맹비 : 7,000,000원 보증금 : 3,000,000원 인테리어 : 23,000,000원 기계설비 : 18,000,000원 가구 : 3,000,000원 간판 : 4,500,000원 메뉴판 : 2,500,000원 교육홍보비 : 4,500,000원 합계 : 6천 500만 원 안팎	1990년 샌드위치 전문점을 시작한 뒤 2000년 Joe's Sandwich 여의도 1호점을 개점했다. 기존의 테이크아웃 샌드위치점과 달리 샌드위치와 커피를 함께 판매한다. 현재 전국에 130여 가맹점이 있을 정도로 동종 업체 중에서 비교적 성공한 업체이다. 샌드위치, 베이글, 토스트, 샐러드, 커피, 생과일주스 등을 판매한다.

※ 각 업체 가맹비 및 개점 비용을 비롯하여 각 정보는 변동이 있을 수 있으니 홈페이지를 통해 정확한 정보를 확인하도록 한다.

케밥 전문점

◼ 개요

고대 터키와 그리스에서 시작된 케밥은 육류요리가 발달하지 않은 미국, 호주, 유럽 등에서 선풍적인 인기를 얻었다. 케밥은 고기를 꼬챙이에 끼워 불에 구워 먹는 것을 말하는 터키어이다. 소고기, 양고기, 닭고기 등의 육류가 케밥의 재료가 되며 꼬챙이에 구운 고기는 피타 브레드(Pita Bread)라는 얇은 빵에 싸서 먹는다. 케밥은 햄버거와 달리 고기를 바비큐로 처리하기 때문에 기름기가 쪽 빠져 있어 맛이 담백하지만 맥주집에서 케밥을 안주로 취급하면서 국내에서는 단독으로 창업하기 어려운 편이다. 하지만 대형마트의 푸드코트를 가면 숍인숍 방식의 케밥집이 있을 정도로 국내에서도 많이 알려져 있다.

케밥 전문점은 케밥 머신, 케밥 오븐, 커팅 나이프 등의 장비가 필요한데 주로 수입산을 사용하며, 이들 장비만 있으면 영업이 가능하다. 조금 멋스럽게 창업하고 싶다면 패스트푸드점과 유사한 시설을 구축해야 하지만 보통은 소자본 창업이 가능한 숍인숍 방식을 권장한다. 개인 창업의 경우 피타 브레드(Pita Bread)라는 빵의 맛이 우리 입맛에 딱 달라붙지 않으므로 더 부드럽거나 쫄깃한 빵 개발에 노력하는 것이 좋다.

◼ 직원 수

2~5평 규모의 숍인숍 매장은 1~2명의 아르바이트 직원으로 영업할 수 있다. 패스트푸드점과 비슷한 규모라면 직원이 더 필요하게 된다.

◼ 개업 현황

번화가, 푸드코트, 현대식 터미널에서 만날 수 있다.

◼ 입지 조건

역세권, 번화가, 업무 타운, 백화점 내 푸드코트, 터미널 푸드코트 등이 좋은 입지 조건이 되며, 특히 여자 대학처럼 젊은 여성층의 유동 인구가 많은 지역에 입점하는 것이 좋다. 중소 도시의 종합 버스터미널에 햄버거 체인점이 없을 경우 소자본 창업하여 햄버거를 함께 판매하는 전략도 생각해 볼 만하다.

◼ 개점 비용(건물 임대료 별도)

개인 : 5평 기준, 1천 5백만 원~4천만 원 안팎

체인점 : 5평 기준, 4천만 원 안팎

▣ 메뉴 구성

케밥류(각종 육류 케밥 등) / 햄버거류 / 세트메뉴류 / 커피, 음료류 / 사이드 메뉴류(감자칩, 콘샐러드 등)

▣ 개점 비용

케밥 전문점은 보통 로드샵 형태나 숍인숍 형태의 점포가 운영된다. 익스프레스 방식이나 숍인숍 매장은 소자본 창업이 가능하므로 유동 인구가 많은 장소를 물색한 뒤 생각해본다. 순이익은 매출의 30%~40% 수준이다.

▣ 체인점 현황

카페나 맥주집의 안주에서 케밥안주가 보편화되면서 프랜차이즈 이점이 많이 줄어들었지만 '선샤인 케밥'이 케밥+햄버거+커피 전략으로 프랜차이즈 사업에 성공하고 있다. 특급 호텔 등에 케밥 재료를 납품하는 '기로스 케밥'은 숍인숍 가맹 사업을 활발하게 벌이고 있다. 기로스 케밥은 푸드코트 등에 매장을 개설할 경우 별다른 창업 비용 없이 기계 장비만 있으면 영업할 수 있도록 도움을 준다고 한다. 본사에서 제공하는 소스 외에 짭쪼름하거나 고소한 소스를 자체 개발해 고객을 끌어들이는 것도 생각해볼 만하다.

업체명	가맹비 및 개점 비용	업체 특징
 **선샤인 케밥** 서울시 강남구 대치동 957-24 (주)선샤인케밥코리아 TEL : (02) 3453-7086	**5평형 기준 (매장/점포형)** 가맹비 : 3,000,000원 물품보증금 : 2,000,000원 초도물품 : 2,300,000원 인테리어 & 간판 : 21,000,000원 주방 집기 : 11,000,000원 합계 : 4천만 원 안팎 ・익스프레스 매장은 별도 문의	1990년 호주 퀸즈랜드에서 터키인 Dogan이 케밥 가게를 오픈한 뒤 2005년부터 프랜차이즈 사업을 시작 현재 37개 가맹점이 있다. 국내에서는 K&H 패밀리에 위해 2009년부터 프랜차이즈 사업을 시작하였다. 다른 케밥 체인점과 달리 케밥 재료를 호주 본사에서 직접 공수해오며, 이로 인해 전통 터키식 케밥을 제공한다. 취급 메뉴로는 치킨케밥, 비프케밥, 케밥믹스, 햄버거, 샐러드, 감자칩, 커피, 음료수가 있다.
기로스 케밥 서울시 송파구 문정동 68-10 TEL : (02) 430-2133	**숍인숍 방식** 가맹비 : 없음 보증금 : 없음 인테리어 : 점주 자율 케밥장비 : 2,000,000원 교육설치비 : 200,000~400,000원 실사, 초도물품비 : 450,000원 소모품 : 별도 합계 : 265~285만 원	기로스는 케밥과 비슷한 그리스 음식으로, 기로스 케밥은 터키 케밥과 그리스 기로스를 합쳐 만든 브랜드이다. 1995년 창업한 기로스 케밥은 독일 및 터키 회사와 기술제휴, 1999년 자체 육가공 공장을 설립하였다. 웰밀쌈, 케밥소스, 또띠야, 고기를 가맹점에 직접 납품한다. 체인점은 주로 숍인숍 방식의 창업을 권장하며 서울 이대 앞을 비롯 전국의 푸드코트 등에 매장이 있고, 국내 대다수 특급 호텔, 웨딩홀, 유명 뷔페, 펜션, 컨벤션 센터, 연수원, 대형 호프, 주점, 와인바, 레스토랑에 케밥 재료를 납품하고 있다.

※ 각 업체 가맹비 및 개점 비용을 비롯하여 각 정보는 변동이 있을 수 있으니 홈페이지를 통해 정확한 정보를 확인하도록 한다.

호주 케밥 체인점으로 유명한 선샤인 케밥의 메뉴 구성

선샤인 케밥의 메뉴 사진은 선샤인 케밥 홈페이지(http://www.sunshinekebabs.co.kr)에서 제공하였다. 선샤인 케밥 가맹점 문의는 (02) 3453-7086으로 한다.

▲ 치킨케밥

▲ 비프케밥

▲ 포테이토랩

▲ 믹스케밥

▲ 추가토핑

▲ 기본 제공되는 3가지 소스

▲ 비프버거

▲ 핫칩스(국내산 감자칩)

▲ 샐러드

▲ 라씨(지중해식 요거트 음료)

▲ 핫, 콜드 커피류

▲ 소다류(콜라, 사이다류)

아이스크림 & 커피 & 디저트 카페

◼ 개요

베이커리, 카페, 백화점, 할인마트에서 숍인숍 방식으로 입지하거나 길거리 매장에서 아이스크림을 전문적으로 판매하는 업소가 아이스크림 전문점이다. 숍인숍 방식과 로드숍 방식, 매장 방식으로 창업할 수 있다. 숍인숍 방식으로 창업할 때는 제과점 내, 카페 내, 커피숍 내에 입점하는 것이 좋다. 아이스크림 전문점은 특성상 개인으로서는 창업이 불가능하기 때문에 보통 체인점 형태로 오픈하는 경우가 많은데 숍인숍의 경우 소자본 창업이 가능하다.

◼ 직원 수

숍인숍 방식이면 1~2명의 아르바이트 직원으로 영업이 가능하다. 로드숍과 같이 단독 매장이거나 점포이면 아이스크림과 커피류, 디저트류를 같이 판매할 수 있는데 이 경우에는 주방, 매장별로 직원이 더 필요하다.

◼ 개업 현황

백화점이나 할인마트의 푸드코트, 코너, 번화가, 역세권에서 볼 수 있다.

◼ 입지 조건

숍인숍(Shop In Shop) 방식의 매장이라면 백화점의 계단이나 대형 버스 터미널에도 입점이 가능하다. 1~2평 남짓한 공간만 있으면 개점이 가능하고 매출도 짭짤하다. 기존 커피숍이나 카페를 리모델링을 한 경우, 숍인숍 방식으로 아이스크림 판매를 추가할 수 있는데 소자본으로 입점시킬 수 있다. 단 아이스크림 특성상 젊은 여성층 고객이 많을 경우 입점시킨다. 비즈니스 빌딩의 식당가, 대형 학원가에 입점할 때는 로드숍 방식의 입점이 가능하다. 이 경우엔 보통 10~15평 이상의 점포에서 창업하는 것이 좋으며 커피, 팥빙수 외 각종 디저트 판매를 병행해야 한다.

◼ 개점 비용(건물 임대료 별도)

개인 : 숍인숍일 경우, 총 창업비 1천 5백만 원 안팎 (유명체인점에서 아이스크림 장비 임대)

　　　　장비 임대를 하지 않고 구입할 경우, 약 5천만 원 안팎

체인점 : 15평 멀티카페형, 7천만 원~1억 2천만 원 안팎

　　　　25평 멀티카페형, 9천만 원~1억 3천만 원 안팎

최근엔 모든 점포들이 커피 판매를 함께 하면서 인테리어 부담이 커졌다. 따라서 아이스크림을 판매하기 위해 창업하기보다는 멀티카페 형태로 창업할 것을 권장한다. 기존 커피숍에서는 숍인숍 방식으로 창업하는 것이 이득이 된다.

▣ 메뉴 구성

아이스크림류(2,000원) / 무스케이크 & 디저트류(1,500원) / 커피 및 계절 음료수(1,800원)
베이커리류(1,000원)

▣ 매출 전망

프리미엄 아이스크림 시장은 매년 커지고 있는데 최근엔 이태리 아이스크림인 젤라또가 멀티카페 붐을 타고 인기를 얻고 있다. 계절을 타지 않지만 입지를 선정할 때 신중해야 하며 젊은 층의 유동 인구가 많은 지역에 입점하는 것이 좋다.

▣ 체인점 현황

아이스크림 체인점은 수천억 원으로 추정되는 프리미엄 아이스크림 시장에서 경쟁을 벌이고 있다. 배스킨라빈스는 체인점 확장을 자제하고 직영 점포 위주로 사업을 벌이고 있다. 기존의 강력한 프랜차이즈 업체였던 코니 아일랜드는 2009년 도산하였고 새롭게 부각한 아이스크림 전문업체가 '뉴질랜드 내츄럴'이라고 할 수 있다. 커피의 판매가 중요해지면서 '롯데 나뚜루'는 멀티카페형 프랜차이즈 사업에 더 신경을 쓰고 있다.

업체명	가맹비 및 개점 비용	업체 특징
 **뉴질랜드 내츄럴** 서울시 서초구 방배3동 1024-6 삼원빌딩 2층 205호 TEL : (02) 583-5161	**15평형 기준 (매장/카페형)** 가맹비 : 3,000,000원 보증금 : 없음 시설비 : 32,200,000원 안팎 인테리어 : 평당 200~300만 원 초도상품 : 3,200,000원 합계 : 6천 800만 원 안팎 · 숍인숍 매장의 경우 가맹비 300만 원, 초도상품비 130만 원 외 장비는 무상임대 방식으로 창업 가능하다. 베이커리나 카페 내부의 숍인숍 방식을 추천한다.	1084년 뉴질랜드 크라이스트처치에서 프리미엄급 아이스크림이 개발된 후 1985년 호주 시드니에 1호점을 오픈, 호주에만 120여 가맹점이 있다. 현재는 뉴질랜드, 영국, 아일랜드, 스코틀랜드, 싱가포르, 인도네시아, 홍콩, 마카오에 가맹점이 있다. 국내에는 270여 개의 가맹점이 영업을 하고 있다. 배스킨라빈스와 비슷하게 20여 종의 아이스크림 메뉴가 있어 골라 먹을 수 있으며, 각종 과일주스, 커피, 샌드위치를 취급한다.
 **나뚜루 아이스크림** 서울시 영등포구 양평동 5가 21 롯데제과 나뚜루 사업부 서울, 강원 TEL : (02) 2670-6449 영남, 제주도 TEL : (055) 381-6651 충청, 호남 TEL : (042) 931-6443	**15평형 기준 (매장/카페형)** 가맹비 : 3,000,000만 원 보증금 : 7,000,000만 원 시설비 : 44,000,000원 인테리어 : 55,000,000원 간판 : 7,000,000원 의탁자 : 7,000,000원 합 1억 2천 300만 원 안팎 **25평형 기준 (매장/카페형)** 합 1억 4천 100만 원 안팎	나뚜루 아이스크림은 자연에서 온 고급 아이스크림을 모토로 하는 롯데제과의 고급 아이스크림 브랜드이다. 편의점에서 흔히 볼 수 있는 바, 컵형 아이스크림과 벌크형 아이스크림을 판매하다가 현재는 카페형 매장이 점점 늘어나고 있다. 전국에 200여 개 매장이 영업 중이다. 아이스크림, 요거트, 커피, 라떼, 티 외에 케이크과 브라우니 같은 디저트를 취급한다.

업체명	가맹비 및 개점 비용	업체 특징
카페 델리앤젤라또 서울시 서초구 서초동 1589-5 센추리 1차 609호 (주)GK Place TEL : (02) 584-3334	푸드코드일 경우 2~3평 형부터 창업 가능하고 카페형의 경우 기본 15평부터 3950만 원 내에서 창업 가능하다.	멀티카페 형태의 프랜차이즈로 젤라또(이태리 아이스크림) 40여 종, 커피류, 커피번, 베이커리, 음료, 티를 취급한다. 국내 최초로 요거트아이스크림을 도입, 서울 강남 지역에 공급하였고, 2000년 경에는 돌로미티 사업본부장, 2006년에 GK Place를 창업하였다. 2006년 7월 종로 직영점을 개점한 이후 전국에 10여 개의 매장이 영업 중이다.
카페 띠아모 서울시 마포구 상수동 141-1 BR엘리텔 A동 4층 (주)띠아모코리아 TEL : (02) 334-8901	**20평형 기준 (매장/카페형)** 가맹비 : 5,000,000원 젤라또제조기 : 31,000,000원 주방장비 : 21,020,000원 인테리어 : 32,000,000원 의탁자 : 8,000,000원 홍보비 : 2,000,000원 교육비 : 3,000,000원 간판 : 별도 합 1억 202만 원 안팎	젤라또 아이스크림 분야의 국내 1위 업체로 2000년 금호푸드컨설팅으로 사업을 개시한 이후 2006년 카페띠아모 1호점을 개점했다. 현재 국내에 260여 가맹점이 있다. 40여 종의 젤라또(아이스크림), 15종의 커피류, 음료, 와플, 샌드위치, 팥빙수 등을 취급한다.
디핀다트 구슬아이스크림 서울시 서초구 양재동 82-2 우도빌딩 2층 (주)디핀다트코리아 TEL : (02) 549-1776	**카트형 (놀이동산/매장형)** 시설비 (판매 카트, 쇼케이스 냉동고, 보관용 초저온 냉동고, 기타비품) 상품보증금 : 별도 합계 : 1천 5백만 원이상 **자판기형 (거리형)** 빙고 자판기 4구 : 별도 빙고 자판기 2구 : 별도 합계 : 자판기 2대 합 1천 1백만 원 이상	구슬처럼 생긴 아이스크림을 카트 또는 자판기 형태로 판매하며, 전국 유명 백화점이나 할인점, 놀이동산에서 볼 수 있다. 현재 전국 7개 총판을 통해 전국 950여 디핀다트 매장으로 공급되고 있다. 해외진출에 성공 일본, 필리핀, 네델란드, 쿠웨이트, 이스라엘, 미국, 캐나다, 멕시코, 파나마, 콜롬비아, 온두라스, 호주 등에 수출되고 있다. 일본의 경우 세븐일레븐 12,000여 개의 매장에서 디핀다트 아이스크림을 판매 중이다.

※ 각 업체 가맹비 및 개점 비용을 비롯하여 각 정보는 변동이 있을 수 있으니 홈페이지를 통해 정확한 정보를 확인하도록 한다.

요거트 & 생과일주스 & 커피 & 디저트 카페

▣ 개요

요거트+아이스크림+커피 아이템으로 틈새 시장에서 시작했던 '레드망고'가 여성들에게 많은 인기를 얻으면서 요거트+커피+생과일주스에 베이커리까지 취급하는 멀티카페가 생겨나고 있다. 베이커리 시설은 사실 대형 빵공장처럼 큰 규모가 필요하지 않다. 0.5평 규모에 오븐을 들여다 놓으면 간단한 종류의 빵은 손쉽게 제조할 수 있기 때문이다. 모 편의점의 경우 빵 굽는 오븐까지 들여놓고 영업하는 것이 목격되고 있고, 그 빵을 파트 타임 점원들이 굽는 광경도 볼 수 있다.

▣ 직원 수

규모에 따라 다르다. 주방 1~2, 매장 1~3명의 인원이 필요하다. 제조 방법이 정형화되어 있으므로 파트 타임 아르바이트로도 음료를 제조할 수 있다.

▣ 개업 현황

백화점 매장, 다운타운 등의 로드숍이나 2층 매장, 역세권에서 볼 수 있다.

▣ 입지 조건

젊은 여성들이 주요 고객이다. 20~30대 여성들이 많이 오고가는 비즈니스 타운이나 대형 쇼핑몰 매장, 대학가, 대형 터미널 등이 좋은 입지 조건이 된다. 로드숍, 2층 매장 등에 개설할 수 있고 주력 상품 외 원두커피, 디저트를 병행하면 좋다.

▣ 개점 비용(건물 임대료 별도)

개인 : 20형, 6천만 원~1억 원 안팎

체인점 : 15평 멀티카페형, 1억 원 안팎

　　　　30평 멀티카페형, 1억 3천만 원 안팎

▣ 메뉴 구성

요거트음료(4,000원) / 요거트 아이스크림류(3,000원) / 과일음료(3,5000원)

커피음료(2,500원) / 케이크 & 디저트 & 비스킷류(1,000원) / 티음료(3,000원)

▣ 매출 전망

요거트 음료와 커피를 접목해 기존 커피숍에 비해 매출 전망이 밝은 편이다. 여성 취향의 웰빙을 아이템으로 한 고급 프랜차이즈와 남녀노소 관계없이 여러 고객을 타깃으로 하는 보급형 프랜차이즈가 있으므로 입점하는 곳의 분위기에 맞게 선택한다.

▣ 체인점 현황

요거트 카페의 신기원을 이루었던 '레드망고' 체인점이 유명하지만 저자본 창업이 가능한 '요거프레소'가 최근 급부상하고 있다. '아이스베리'는 아이스빙수를 디저트화시켜 알려진 업체이다.

업체명	가맹비 및 개점 비용	업체 특징
redmango **레드망고** 서울시 마포구 동교동 203-8 (주) 릴레이 인터내쇼날 TEL : (02) 336-3112	**15평형 기준 (매장형)** 가맹비 : 10,000,000만 원 물품보증금 : 15,000,000만 원 시설비 : 2천 5백~3천만 원 인테리어 : 평당 1,900,000원 간판 : 12,00,000원 부자재&식자재 : 9,000,000원 합계 : 1억 500만 원 안팎 **30평형 기준(카페형)** 합계 : 1억 3천 500만 원 안팎	2003년 3월에 설립된 레드망고는 요거트+아이스크림을 아이템으로 한 프랜차이즈 업체이다. 2003년 국내에 1호점을 오픈한 후 2006년 9월 미국지사가 설립되었으며 미국에서 성공적으로 사업을 전개해 현재 미국에만 40여 개 매장이 있다. 또한 필리핀, 싱가포르에도 진출해 성공적으로 안착하였다. 국내에 약 160여 개 매장이 있으며 요거트가 함유된 유산균 스무디, 무지방 요거트, 요거트 빙수, 요거트 아이스크림, 유기농 커피, 유기농 티, 캐모마일 차, 와플 등 주로 웰빙을 아이템으로 한 음료들을 판매한다.
아이스베리 **아이스베리** 서울 성동구 마장동 498-2 2층 TEL : (02) 2282-2240	**30평형 기준 (카페형)** 가맹비 : 10,000,000만 원 물품보증금 : 10,000,000만 원 시설비 : 40,000,000만 원 인테리어 : 평당 1,200,000원 간판 : 별도 합계 : 1억 원 안팎 (40평의 경우 1억 1천만 원 안팎)	1999년 신촌 연대 앞에서 1호점을 오픈한 이래 전국에 약 30여 개의 가맹점이 있다. 여름철 대표 음료인 빙수를 사계절 내내 고품격으로 즐길 수 있도록 아이템화했다. 20여 종의 아이스베리 빙수, 요거트선데, 그린티선데, 바닐라선데 외 따뜻한 커피, 차가운 음료, 샌드위치, 케이크, 주스류를 취급한다.

업체명	가맹비 및 개점 비용	업체 특징
  요거프레소 서울시 마포구 합정동 426-1 웰빙센터 2층 현진푸드빌 TEL : (02) 2065-0776 　　　1588-0738	**8평형 기준 (매장/카페형)** 가맹비 : 3,000,000원 보증금 : 없음 주방설비 : 19,500,000원 인테리어 : 9,500,000원(8평) 집기 : 3,000,000원 의탁자 : 평당 300,000원 간판 : 별도 로열티 : 없음 합계 : 3천 9백만 원 안팎	신선한 커피와 달콤한 디저트를 제공하는 카페로 2005년 커피&와플 전문점으로 1호점을 개점한 이후 전국에 250여 매장이 있다. 본사에 바리스타 아카데미를 개설 예비 창업자들에게 바리스타 과정을 깊이 있게 배울 수 있도록 도움을 준다. 커피 음료 50여 종과 요거트 음료, 요거트 아이스크림, 요거트 샤베트 등의 요거트 음료 20여 종, 벨기에 와플, 커피번, 주스류를 취급한다.
 **팀베리 카페** 서울시 광진구 구의동 203-5 경우빌딩 202 TEL : (02) 444-8022	**10평형 기준 (매장/카페형)** 가맹비 : 5,000,000원 보증금 : 2,000,000원 디자인비 : 1,500,000원 주방설비 : 25,000,000원 초도물품비 : 4,000,000원 인테리어 : 별도 의탁자 : 별도 간판 : 별도 합계 : 약 6천만 원~7천만 원 안팎(10평 인테리어 비용 포함 시)	요거트 아이스크림, 요거트 빙수, 요거트 쿨러닝을 비롯 커피 10여 종, 음료 10여 종, 티, 주먹김밥 등을 취급한다. 서울&수도권 지역과 백화점 등에 약 10여 개 카페형 매장이 있다.
 **요나인** 서울시 강서구 등촌3동 684-2 우리벤처타운 901호 TEL : (02) 3775-0644	**5평형 기준 (매장/프리샵형)** 가맹비 : 10,000,000원 물품보증금 : 5,000,000원 주방설비 : 34,000,000원 초도물품비 : 4,000,000원 인테리어 : 15,000,000원 간판 & 의탁자 : 별도 합계 : 6천 800만 원~7천 500만 원 안팎	2004년 프랜차이즈업을 시작한 아이스크림&멀티카페 체인점이다. 2008년 아이스크림 매출 450억 원을 달성한 이태리식 젤라또 아이스크림 전문 제조 업체인데 이미 맛이 소문난 업체다. 35가지 맛의 젤라또 아이스크림, 3종류의 요거트 빙수, 라떼류의 커피, 샌드위치, 베이글류를 취급한다. 매장형은 숍인숍 방식으로 아이스크림을 전문적으로 판매할 수 있고, 커피 음료를 추가하면 멀티카페를 개설할 수 있다. 전국 유명 백화점이나 쇼핑몰 등에 50여 매장이 있다.

※ 각 업체 가맹비 및 개점 비용을 비롯하여 각 정보는 변동이 있을 수 있으니 홈페이지를 통해 정확한 정보를 확인하도록 한다.

레스토랑

▣ 개요

레스토랑은 돈가스나 스테이크 같은 양식과 스파게티류, 각종 술, 와인을 취급한다. 최근 흐름에 맞게 바닷가재 같은 해산물 요리를 전문으로 하거나 이태리 레스토랑 같이 특정 스타일을 아이템으로 삼고 샐러드 등 패밀리 레스토랑과 비슷한 메뉴 구성이 필요하다. 식사를 많이 취급하므로 주방장의 실력이 최우선이다. 고급 레스토랑은 비행기나 범선을 개조해 사용하는 경우도 있는데 관심이 있다면 가급적 초대형으로 창업해야 하고 맛과 물량 전쟁을 벌일 각오를 해야 한다. 대단위 아파트 단지를 끼고 창업하거나 교통량이 많은 대로변에 창업한다. 그러나 기본적인 규모가 있듯 투자비나 운영비가 만만치 않게 소요된다. 초대형일 경우 풍치 좋은 바닷가를 배경으로 창업하기도 하는데 특히 관광지에 많다.

▣ 직원 수 : 로드숍이나 2층에 입점할 경우엔 30평 규모부터 창업할 수 있다. 40~50평 규모부터 몇백 평 규모까지 창업할 수 있다. 주방 3~4명, 홀 3~7명이 필요하다.

▣ 개업 현황 : 전통적인 레스토랑은 많이 사라지고 있다. 대개 스파게티 레스토랑 형태로 변화되고 있지만 대형 레스토랑의 경우 풍광 좋은 관광지에 제법 많다.

▣ 입지 조건 : 번화가, 대학가, 업무 타운, 역세권 등 유동 인구가 많거나, 드라이브족이나 데이트족이 즐겨 찾는 바닷가 관광지에 입점하되 배후에 인구 20~30만 이상의 관광 도시를 끼고 창업한다. 교통량이 많은 도로변에 입점할 때는 외관을 특별하게 만들되 규모에 승부를 건다.

▣ 개점 비용(건물 임대료 별도)

개인 : 50평 기준, 1억 5천만 원 이상 / 100평 기준, 3억 원 이상

▣ 메뉴 구성

커피 및 음료수, 계절 음료, 칵테일류 / 스테이크 등의 육류 / 바닷가재 등의 해산물 / 샐러드류
각종 술안주류 / 돈가스 및 김치볶음밥 등의 식사류 / 샌드위치 같은 디저트류 /
스파게티, 파스타, 리조또류

▣ 매출 전망 : 주방장의 음식 솜씨가 가장 중요하다. 배후 풍경도 중요하다. 인건비가 일반 레스토랑보다 많이 들 수 있지만 고가 전략을 펴거나 인테리어에 신경을 써서 보완한다.

퓨전주점

▣ 개요

퓨전주점은 전통 한국식 주점과 달리 서양식 안주나 퓨전 음식을 술과 함께 판매하는 요리 주점을 말한다. 미국식, 일본식, 한국식 안주류가 혼합된 방식이라고 보면 된다. 치킨 안주를 기본으로 하고 훈제 안주류, 치즈를 사용한 안주류, 소시지를 응용한 안주류, 육류를 사용한 안주류 등을 취급한다. 젊은 층을 대상으로 하는 대학가, 역세권, 번화가, 유흥가 지역에서 볼 수 있다.

▣ 직원 수

보통 20평 규모에서부터 창업할 수 있는데 유명 체인점의 경우 점점 초대형화되어 규모의 경쟁을 벌이고 있는 실정이다. 40평 규모는 주방 2~3명, 홀은 3~5명의 직원을 둔다.

▣ 개업 현황

번화가, 업무 타운, 역세권에서 볼 수 있다.

▣ 입지 조건

번화가, 유흥가, 대형 역세권, 대학가, 고급 주거 단지와 상업 지구가 혼합된 지역 등이 좋은 입지 조건이다. 주점 특성상 유동 인구가 많은 지역에서 맛으로 승부를 걸면 충분히 많은 이익을 발생시킬 수 있다. 개인 창업의 경우 퓨전 안주 개발에 신경을 써야 하고, 가급적 유동 인구가 많은 곳에 입점해야 한다.

▣ 개점 비용(건물 임대료 별도)

개인 : 20평 기준, 4천만 원 안팎
　　　 40평 기준, 5천만 원 안팎
체인점 : 20평 기준, 6천만 원 이상
　　　　 100평 기준, 2억 원 안팎

▣ 메뉴 구성

맥주, 소주, 위스키, 생막걸리류 /
안주류(치킨, 소시지, 훈제, 과일, 마른안주, 치즈안주, 해물안주, 탕류, 파전류)

업체명	가맹비 및 개점 비용	업체 특징
 유객주 서울시 서초구 양재동 326-10 동호빌딩 2층 TEL : (02) 529-4355 　　　 (02) 529-2981	20평형 기준 (점포형) 가맹비 : 10,000,000원 주방설비 : 점주 직접 인테리어 : 평당 1,500,000원 간판 : 점주 직접 합계 : 약 7천 500만 원 이상	비어캐빈 체인점으로 유명한 (주)해리코리아의 퓨전 주점 브랜드이다. 전국에 80여 가맹점이 있다. 각종 주류와 참치 다다끼 샐러드, 오향족발, 단호박 치즈 불닭, 치즈계란말이, 해물알탕, 소라연포탕, 해물오뎅탕, 나가사키짬뽕, 프라이드&과일, 낙지알찜, 포테이토&모둠 소시지, 도토리묵&해물파전 등의 안주를 취급한다.
 상하이 객잔 서울 종로구 동숭동 1-74 4층 (주) 아시안푸드 TEL : 1588-4028	20평형 기준 (점포형) 가맹비 : 5,000,000원 주방기기 : 21,000,000원 인테리어 : 30,000,000원 교육비 : 2,000,000원 간판, 외부 시설 : 별도 합계 : 5천 8백만 원 안팎 · 창업 자금 1천만 원 지원	중국식 퓨전 선술집이다. 2005년 경기도 일산에 본점을 오픈한 이후 전국에 100여 개의 가맹점이 있다. 중국 음식을 퓨전화시켜 세트 메뉴, 복음 안주, 탕수육 안주 등을 제공하며 그 외 해물탕 등의 탕류, 팔보채 등의 일품 요리, 칠리새우 등의 튀김 안주 등을 취급한다. 주류는 고량주, 맥주, 소주, 오리엔탈 칵테일 등을 취급한다. 맥주집에 비해 순이익률이 높은 편이다.
 피쉬 & 그릴 서울시 마포구 서교동 404-5 CS빌딩 301호 (주) 리치푸드 TEL : (02) 326-3187	20평형 기준 (점포형) 가맹비 : 2,000,000원 초도물품 : 2,500,000원 인테리어 : 31,600,000원 주방기기 : 13,700,000원 간판 : 2,000,000원 유니폼 : 284,000원 소모품 : 504,000원 포스 : 2,155,000원 디스플레이 : 1,850,000원 교육비 : 5,000,000원 상품보증보험 : 연 3% 합계 : 6천 1백 5만 1천 원 안팎	2003년 서울 연신내 골목길에서 1호점을 오픈한 이후 큰 성공을 거두어 현재 전국에 470여 가맹점이 있다. 평택에 자체 공장을 설립하였으며 전국 3개 지역에 가맹 본부를 가지고 있다. 꼬치콤보, 모둠오뎅, 치즈비프, 부타부타, 치킨떡볶이, 깐풍치킨봉봉, 피쉬앤 그릴, 나가사키짬뽕탕, 아시아해물탕, 해물누룽지탕 등의 대표 안주와 삼치, 메로, 꽁치구이류, 각종 탕류, 샐러드 안주류를 비롯 날치알주먹밥, 가츠동, 간사이우동 등의 식사, 맥주, 소주, 생막걸리 등의 주류를 취급한다.

※ 각 업체 가맹비 및 개점 비용을 비롯하여 각 정보는 변동이 있을 수 있으니 홈페이지를 통해 정확한 정보를 확인하도록 한다.

맥주집 / 호프집

▣ 개요

생맥주나 맥주, 소주를 프라이드 치킨 등과 함께 판매한다. 안주가 매우 다양화되었기 때문에 개인 창업의 경우 술안주 개발에 심혈을 기울여야 한다. 유명 체인점의 경우 수십 종의 안주를 안정적으로 조달받을 수 있고 조리법도 매뉴얼화되어 이 업종을 처음 시작하는 사람들도 성공 창업을 할 수 있다.

▣ 직원 수

40평 규모의 점포가 기본이며 100평 이상의 크기를 가진 호프집도 속속 나타나고 있다. 30~40평의 경우 정직원 2명 내외, 아르바이트생 3명 정도가 필요하다.

▣ 개업 현황

유흥가, 역세권, 번화가에서 볼 수 있다.

▣ 입지 조건

오피스빌딩, 상업 지구, 유흥가의 핵심 상권이 1차 입지 조건이 된다. 대단위 아파트 단지나 대학가, 역세권, 복합 상권은 2차 입지 조건이 된다. 입점할 때 대형 호프집은 건물의 지하나 2층에도 입점 가능하지만 소형 호프집은 가급적 1층에 입점하는 것이 좋다.

▣ 개점 비용(건물 임대료 별도)

개인 : 25평 기준, 6천만 원~7천만 원 안팎
체인점 : 40평 기준, 1억 원 안팎
　　　　　100평 기준, 2억 원 안팎

▣ 메뉴 구성

호프류(500cc, 1000cc, 피처, 기능성 생맥주, 퓨전 생맥주 등)
고급 맥주, 일반 맥주, 세계 맥주 / 위스키, 소주류
안주류(돈가스, 치킨, 샐러드, 훈제, 과일안주, 소시지, 깐풍기, 소면, 스페셜류)

▣ 매출 전망

매출이 활발한 호프집은 보통 35%가 재료비, 30%~37%는 인건비와 점포 관리비, 나머지

30~35%를 순이익으로 볼 수 있다. 40평 점포의 경우 객단가는 1인당 1만 2천 원 정도로 볼 수 있고 매출에 따라 월 1천만 원 안팎의 고수익을 얻을 수 있다. 15평~20평 규모의 작은 점포는 주인이 직접 주방일을 하면 순이익을 높일 수 있고 500만 원 이상의 안정적인 순익을 얻을 수 있다.

▣ 체인점 현황

대형 호프집 중심의 하이트 비어 플러스와 중, 소형 호프집 분위기의 '쪼끼쪼끼'가 유명하다. 쪼끼쪼끼는 워낙 지명도가 높기 때문에 소자본 창업으로 동네 상권에서도 비교적 안정적인 수익을 거둘수 있다. 40평 규모라면 1일 매출 120만 원, 월 매출 4천만 원 매출에 도전해야 하며 이 경우 1천만 원 이상의 순이익이 발생한다.

> 호프 전문점은 생맥주의 온도를 4~6도로 유지하는 순간냉각기나 맥주 냉장고, CO_2 게이지, 코브라 등의 설비가 추가되므로 일반 음식점에 비해 주방 설비 비용이 조금 더 필요하지만 카페에서 볼 수 있는 쇼케이스 등의 비용이 들지 않는다.

업체명	가맹비 및 개점 비용	업체 특징
비어캐빈 서울시 서초구 양재동 326-10 동호빌딩 2층 TEL : (02) 529-4355 　　　(02) 529-2981	**20평형 기준 (점포형)** 가맹비 : 10,000,000원 주방설비 : 점주 직접 인테리어 : 평당 1,400,000원 간판 : 점주 직접 합계 : 약 6천만 원 이상	2001년 탄생한 비어캐빈은 맥주집 체인 점으로 인기를 얻은 브랜드이다. (주)해리 코리아가 운영하는 요식업 브랜드의 하나 로 전국 160여 가맹점이 있다. 맥주를 비롯한 각종 주류와 꽃맛살샐러 드, 비빔만두, 피자, 소시지바비큐, 해물 짬뽕수제비탕, 황태계란탕, 오뎅탕, 커리 치킨, 데리야키치킨, 순살파닭, 버팔로 윙, 모둠포구이, 대구포, 노가리포, 한치 포, 치킨샐러드, 갈릭바비큐립, 나초, 모 둠감자튀김, 그릴드엔칠라다 등의 안주를 취급한다.
**뉘른베르크** 경기도 성남시 분당구 야탑동 317-9 (주) 디엔에프 TEL : 1566-9192	**25평형 기준 (점포형)** 가맹비 : 7,000,000원 인테리어 : 평당 1,500,000원 주방집기 : 4,800,000원 가구류 : 2,200,000원 간판 : 4,600,000원 오픈행사 : 1,000,000원 교육비 : 2,000,000원 합계 : 6천 3백만 원 안팎	2002년 사업을 개시한 이후 2003년 3월 에 1호점을 개점했다. 패밀리 레스토랑형 생맥주 전문점으로 전국에 40여 가맹점이 있다. 각종 주류를 비롯 훈제족발, 매콤 바비큐, 훈제오리가슴살, 훈제칠면조, 스 모그치킨, 폭립바비큐, 쭈삼불고기, 깐풍 새우, 근위볶음, 치즈불닭, 오돌뼈볶음, 꼼장어볶음, 해물치즈떡볶이, 모듬소시 지, 모듬바비큐, 치즈롤소시지, 소시지스 테이크, 프라이드치킨, 버팔로윙, 순살파 닭, 과일치킨, 낙지소면, 부대찌개, 계절 과일 안주 등을 취급한다.
**펀비어킹** 서울시 서초시 양재동 20-35 창덕빌딩 4층 (주)펀앤임프레션 TEL : (02) 579-7717	**20평형 기준 (점포형)** 가맹비 : 10,000,000원 인테리어 : 평당 1,500,000원 주방집기 : 점주 직접 간판 : 점주 직접 교육비 : 1,500,000원 합계 : 약 6천만 원 안팎	도심 속의 캐러비언 비어 카페인 펀비어킹 은 웰빙 오븐 치킨과 호프를 취급하는 치 킨&호프 전문점이다. 중세 캐러비언 해적 들의 술 파티에서 아이템을 얻었다. 전국 에 약 10여 개 매장이 있다. 다양한 치킨 안주류, 샐러드 안주류, 퐁 듀, 포테이토마이스터소시지, 프렌치프 라이, 양송이찹스테이크, 순살치즈불닭, 해물떡볶이, 골뱅이소면, 치즈돈가스, 치 즈피자 등의 안주와 생맥주, 병맥주, 위스 키, 음료, 소주 등을 취급한다.

업체명	가맹비 및 개점 비용	업체 특징
하이트 비어플러스 서울시 서초구 서초동 1443-13 지경빌딩 5층 (주)이수푸드빌 TEL : (02) 540-4483 　　　(02) 516-1930	**40평형 기준 (점포형)** 가맹비 : 10,000,000원 주방기기 및 집기 : 18,000,000원 인테리어 : 60,000,000원 간판&의탁자 : 별도 합계 : 8천 8백만 원 안팎 **100평형 기준 (점포형)** 가맹비 : 10,000,000원 주방기기 및 집기 : 24,000,000원 인테리어 : 150,000,000원 간판&의탁자 : 별도 합계 : 1억 8천 4백만 원 안팎	하이트 비어플러스는 기존의 호프집 분위기에서 탈피하여 즐겁고 상쾌한 분위기의 비어 레스토랑이다. 현대인의 입맛에 맞는 40여 종의 차별화된 메뉴를 제공하며 'Fun&Exciting' 비어플러스의 주요 컨셉이다. 하이트 비어잭은 일반 동네에서 볼 수 있는 호프집의 개념에서 벗어나 수십 종의 안주류와 세련된 인테리어를 선보이는 차별화된 생맥주 전문점이다. 전국적으로 약 70여 가맹점이 있다.
 **쪼끼쪼끼** 서울시 강동구 성내동 451-1 태창타워 7층~9층 TEL : (02) 415-6000	**21평형 기준 (점포형)** 가맹비 : 5,000,000원 보증금 : 2,000,000원 인테리어 : 35,700,000원 주방설비 : 15,870,000원 포스 : 2,500,000원 교육비 : 3,000,000원 간판 : 실측 후 산출 오픈준비물 : 1,970,000원 합계: 6천 5백만 원 안팎	(주)태창가족의 계열사로 생맥주 체인점중 가장 유명한 브랜드이다. 온 가족이 모여 앉아 차를 마시듯 생맥주를 마시는 곳이라는 컨셉으로 가족 중심의 생맥주 문화를 가꾸어 나가고 있다. 전국 400여 개의 체인점을 갖추었고 현재는 쪼끼쪼끼 시즌2 가맹점을 모집하고 있다. 기능성 맥주와 다양한 안주류를 취급하며 생맥주 체인점 중에서 업계 1위의 인지도를 자랑한다.

※ 각 업체 가맹비 및 개점 비용을 비롯하여 각 정보는 변동이 있을 수 있으니 홈페이지를 통해 정확한 정보를 확인하도록 한다.

모던 바

■ **개요**

바(Bar)는 위스키, 칵테일, 맥주류를 판매하는 요식업소로 주로 비즈니스맨이나 전문직 종사자들을 대상으로 영업하는 곳이다. 안주는 샐러드나 과일 안주, 마른 안주, 돈가스 안주와 같이 간단한 것을 준비하고 인테리어 소품에 신경을 쓴다. 바텐더나 소믈리에 자격증이 있으면 칵테일 바나 마술쇼 바 같이 전문화시킬 수 있다. 요즘은 매출을 높이기 위해 런치 타임에 샐러드 바를 운영하기도 한다.

■ **직원 수**

30평 규모에서도 3~5인이 영업할 수 있다. 건전 바라면 저녁 장사도 중요하지만 런치 타임 장사에도 신경을 써야 하기 때문에 파트 타임 아르바이트생이 더 필요할 수도 있다.

■ **개업 현황**

번화가나 비즈니스 타운, 고급 아파트 지역에서 볼 수 있다.

■ **입지 조건**

유흥가, 비즈니스 타운, 고급 상가 지역, 호텔 근처가 입지 조건이 된다. 흔히 부촌이라고 불리는 주거 단지와 비즈니스 상가, 그리고 유흥가가 중첩된 지역에 입점해야 한다. 사무실을 가지고 있는 중소규모 회사의 사장님과 전문직 종사자, 교수나 강사들, 비즈니스맨들이 단골 고객이 된다. 런치 타임을 운영할 경우 1층에 입점하는 것이 중요하고 젊은 층과 비즈니스맨들이 주 고객이 된다. 런치 타임을 운영하지 않을 경우 2층이나 지하에 입점해도 무방하다.

■ **개점 비용(건물 임대료 별도)**

개인 오픈 비용 : 30평 기준, 8천만 원~1억 원

50평 기준, 1억 2천만 원 이상

■ **메뉴 구성**

프리미엄 맥주, 위스키, 칵테일류 / 저렴한 안주류(멕시칸샐러드, 치킨류, 퓨전탕수육, 돈가스안주류) / 고부가가치의 안주류(과일안주, 마른안주류) / 커피, 주스류 / 샐러드바 같은 런치 타임 있을 경우 샐러드, 샌드위치, 돈가스류 취급

■ 매출 전망

비즈니스맨이나 전문직 종사자가 대상이라면 1인 몇만 원 내외의 객단가를 보인다. 서빙하는 여자 종업원이 있는 유흥 바라면 1인에게 10~20만 원 내외의 객단가를 보인다. 유흥 바의 경우 오후에 영업을 시작, 밤 22시~새벽 1시 사이가 피크이다.

섹시 바(유흥 바)

■ 개요

섹시 바는 건전 바에 반대되는 개념으로 유흥에 접목한 바이다. 룸살롱이나 단란주점이 아니고 말 그대로 젊은 여성에게 미니 스커트 같은 섹시하거나 귀여운 유니폼을 입히고 손님 서빙을 전담시키는 방식이다. 서울 강남의 오피스 빌딩을 중심으로 은근슬쩍 생겼고 점점 초대형화되고 있다.

일단 손님이 들어가면 웨이터와 서빙할 여성들이 일렬로 쭉 서서 손님을 맞이한다. 이때 손님이 마음에 드는 여성(통상적인 의미의 접대부라기보다는 서빙하는 아르바이트 여성에 가깝다)을 지목한다. 이렇게 하면 해당 여성이 손님의 서빙을 전담하면서 대화 상대와 술 상대를 하게 된다. 말장난도 하고 손님 기분에 맞게 즉석 장기 자랑(노래나 댄스)도 하면서 술이나 안주도 같이 먹으면서 매출을 올리는 방식이다. 물론 여성이 손님과 2차를 나가지는 않는다. 룸살롱 같은 룸이 없고 테이블도 오픈된 환경이다. 섹시한 유니폼을 입고 있지만 영업은 사실상 건전하게-아는 오빠와 동생이 농담 따먹기 하듯- 영업하는 방식이다. 여의도를 중심으로 대형 오피스빌딩의 스카이라운지 등에 섹시 바가 제법 입점해 있다.

■ 직원 수

보통 50평 이상 규모이고 100평 이상의 초대형 섹시 바도 많이 생기고 있다. 남자 웨이터도 줄줄이 필요하고 서빙하는 여성들도 많이 필요하다. 오피스 빌딩 속성상 늦은 오전이나 점심부터 영업을 시작한다.

■ 개업 현황

비즈니스 타운, 오피스 빌딩의 스카이라운지에서 볼 수 있다.

▣ 입지 조건

10~20층 이상의 오피스 빌딩이 주요 입점 지역이다. 벤처기업이나 상장회사가 입점한 오피스 빌딩에 입점한 뒤 점심에는 런치 타임으로 영업하고 오후부터는 술접대 겸 업무 약속상 만나는 비즈니스맨들을 대상으로 영업하고, 저녁에는 회식을 겸한 직장인 단체 손님을 대상으로 영업한다. 주로 같은 건물의 비즈니스맨들과 해당 건물을 방문한 외부 손님들이 고객이다.

▣ 개점 비용(건물 임대료 별도)

개인 오픈 비용 : 50평 이상, 1억 5천만 원 이상

▣ 메뉴 구성

병맥주, 위스키, 칵테일류 / 안주류 / 돈가스, 스테이크, 생선가스 같은 식사류 / 커피, 주스류

▣ 매출 전망

같은 빌딩의 비즈니스맨들이 주요 고객이다. 비즈니스맨들이 외부 손님을 접대하는 장소로 사용하거나 20대 후반 남자 회사원들이 많은 회사의 경우 회식 겸 많이 찾는다. 소규모 벤처회사들은 회의도 이곳에서 많이 한다. 메뉴는 일반 카페나 바에 비해 10~20% 정도 비싼데 경기가 활황일 때는 장사가 잘된다.

웨스턴 바

▣ 개요

바(Bar)가 비즈니스맨을 대상으로 영업하는 곳이라면 웨스턴 바는 젊은 층 취향의 술집이다. 위스키부터 30~50여 종의 세계 맥주류, 칵테일, 안주, 식사, 커피류까지 취급하는 것이 일반적이다. 시끄러운 음악과 서부시대를 연상케 하는 화려한 인테리어가 특징이다. 유명 프랜차이즈가 많으므로 대개 프랜차이즈 방식으로 창업하지만 칵테일 자격증이나 소믈리에 자격증이 있으면 소자본 창업도 가능하다.

▣ 직원 수

50~60평은 10명 안팎의 직원이 필요하다. 바텐더를 고용하는 것도 영업에 도움이 된다.

▣ 개업 현황 : 보통 번화가, 역세권, 대학가에서 볼 수 있다.

▣ 입지 조건 : 번화가, 역세권, 대학가, 업무타운, 유흥가, 대형 아파트 단지, 오피스 빌딩의 요지가 좋은 입지 조건이 되고 지방의 경우 대형 터미널 단지가 입지 조건이 된다.

▣ 개점 비용(건물 임대료 별도)

개인 : 50평 기준, 1억 5천만 원 안팎

체인점 : 30평 기준, 약 1억 원

▣ 메뉴 구성

호프, 고급 맥주, 일반 맥주, 위스키, 칵테일류 / 저렴한 안주류(멕시칸 샐러드, 퓨전 탕수육, 과일안주류 1~3만 원 안팎) / 점심 식사류(돈가스, 스테이크, 김치 볶음밥, 스파게티류)

▣ 매출 전망

20대 초반의 젊은 층이 대상이므로 입지 조건이 좋으면 매출을 크게 높일 수 있다. 싹싹하고 미모가 있는 여직원을 고용해야 장사가 더 잘된다. 50평 기준으로 장사할 경우 월매출 5천만 원 이상을 목표로 해야 1천 500만 원 정도의 순이익이 발생한다.

▣ 매출 전망 : 웨스턴 바는 호프집+식사류를 겸해 영업하는 형태가 많다. 유명한 체인점으로는 '와바'와 '뎀버세계맥주'가 있다. 보통 매출의 30~35%가 순이익이다.

번화가에 입점할 때는 1층에 입점하는 것이 좋으며 건물의 외곽에 라운지 형태로 인테리어를 구축하는 것이 좋다. 웨스턴 바는 2, 3층에도 입점이 가능한데 2, 3층에 입점할 때는 입구를 폐쇄적이지 않게 개방형으로 구축하는 작업이 필요하다. 예를 들어 입구로 출입하려면 건물 외곽에 있는 계단을 타고 들어갈 수 있는 구조가 있는데, 이런 구조가 젊은 층들에겐 개방적이고 낭만적인 구조이기 때문에 인기가 있다.

업체명	가맹비 및 개점 비용	업체 특징
 **와바(WA-BAR)** 서울시 강동구 길동 388-3 3층 (주)인토외식산업 TEL : 1588-0581	**30평형 기준 (점포형)** 가맹비 : 10,000,000원 계약이행보증금 : 3,000,000원 인테리어 : 평당 1,600,000원 주방설비 : 19,000,000원 소품&오픈준비물 : 6,000,000원 간판 : 5,000,000원 의탁자 : 5,7000,000원 교육비 : 2,000,000원 합계 : 9천 8백 70만 원	(주)인토외식산업의 세계맥주 전문점 와바는 SANTAFE에서 TEXAS로 이어지는 웨스턴 스타일의 맥주바 체인점이다. 2001년 광화문 신문로점을 시작으로 전국에 250여 가맹점이 있을 정도로 이 분야 최고의 업체이다. 각종 세계맥주, 위스키, 칵테일류와 샐러드, 과일 퐁듀, 치즈나초, 소시지, 모듬튀김, 피쉬앤칩스, 불닭, 치킨바비큐, 치킨데리야키, 깐풍기, 훈제삼겹살, 차우찹스테이크, 낙지볶음소면, 불고기떡볶이, 과일안주 등의 안주류를 취급한다.
 **덴버 세계맥주** 경기도 부천시 원미구 중동 1109 위브더스테이트 302동 502호 덴버세계맥주전문점 TEL : 1688-5538	**30평형 기준 (점포형)** 가맹비 : 없음 인테리어 : 평당 1,300,000원 주방설비 : 평당 300,000원 홀집기 : 8,000,000원 소품&오픈준비물 : 4,000,000원 간판 : 6,000,000원 의탁자 : 57,000,000원 교육비 : 1,500,000원 합계 : 8천 500만 원 안팎	한양 프랜차이즈가 운영하는 웨스턴바 스타일의 세계맥주전문점이다. 타임주, 버블버블 등의 외식업 브랜드가 있고 덴버세계맥주는 2008년 6월에 런칭했다. 현재 덴버세계맥주 체인점은 부천과 당진에 4개의 가맹점이 있다. 약 40여 종의 세계맥주와 생맥주, 소주, 양주, 커피, 음료를 판매하고 깐풍기, 두부김치, 해물떡볶이, 육포, 모듬과일, 또띨라, 치킨너겟, 치즈스틱, 새우튀김, 오뎅탕, 돈가스, 훈제치킨, 낙지볶음, 김치전골, 알탕, 나초 등의 안주류를 취급한다.

※ 각 업체 가맹비 및 개점 비용을 비롯하여 각 정보는 변동이 있을 수 있으니 홈페이지를 통해 정확한 정보를 확인하도록 한다.

클럽

▣ 개요

홍대 클럽 문화 때문에 젊은이들 사이에서 클럽 창업을 꿈꾸는 사람들이 많다. 클럽은 바와 나이트클럽의 중간 형태를 띠는데 쉽게 이야기하면 서서 즐기는 바에 DJ 박스가 설치된 무대가 있는 형식이다. 나이트클럽이 스테이지를 필요로 한다면, 클럽은 DJ 박스를 기준으로 무대 설계 및 조명 설계를 잘 소화해야 하며, 기본적으로 평당 150만 원이면 평균 이상의 클럽을 창업할 수 있다. 조명 및 음향 비용은 3천만 원~5천만 원 안팎이며 특수조명 사용 시 비용이 조금 더 든다. 락 전문, 힙합 전문, 트랜스 전문, 재즈 전문 클럽이 있는데 힙합 클럽이나 트랜스 클럽이 인기 있다. 파트타임 DJ를 두어야 하며, 특별한 날에는 유명 DJ를 초빙한다. 스테이지는 만들지 않아도 되는데 스테이지가 없을 경우 춤을 출 수 있는 약간의 공간을 만들어 놓는다. 무대를 만들고 밤 12시 이후 파격적인 쇼를 벌이는 클럽도 있다.

▣ 직원 수

지방에서도 기본적으로 50평 이상으로 창업한다. 100평 규모이면 클럽 문화가 발달한 홍대에서도 비교적 규모가 큰 편이며, 홍대에는 대략 300평 규모까지 있다.

▣ 개업 현황

홍대와 강남에서 많이 볼 수 있다.

▣ 입지 조건

일단 젊은이들이나 대학생의 유동 인구가 많은 지역에 창업해야 한다.

▣ 개점 비용(건물 임대료 별도)

개인 : 50평 기준, B급형, 1억 원 안팎

　　　(인테리어, 익스테리어 평당 100만 원 적용/조명 음향 포함)

　　　80평 기준, 준고급형, 2억 원 안팎 (인테리어, 익스테리어 평당 150만 원/조명 음향 포함)

▣ 메뉴 구성

· 입장권 별도 : 10,000원~20,000원, 보통 15,000원

· 입장권 구입 시 5천 원 상당의 음료 또는 칵테일 또는 맥주1병 교환권 지급

· 클럽 내 바에서 음료 및 주류 판매 (보통 5,000원선)

· 클럽에 따라 클럽 내 테이블 지정권을 별도 판매하기도 한다.
· 그 외 바에서 취급하는 모든 음료, 식사, 주류, 위스키, 안주류를 취급한다.

▣ 매출 전망

클럽은 평일에는 거의 사람이 없다. 평일 중 한 번 무료 입장 이벤트를 하거나, 평일에는 여성들을 무료 입장시키기도 한다. 홍대 클럽의 경우 주말에 사람이 많은데 클럽 지명도에 따라 200~500명이 입장한다. 유명 DJ를 섭외한 경우 입장권을 30,000~40,000원에 판매한다.

스파게티 전문점(파스타 레스토랑)

▣ 개요

국내에서 스파게티가 조금씩 인지도를 높이고 있을 때 20대였던 사람들이 지금은 30대나 40대가 되었다. 치즈는 애들이나 먹는 것이라고 했던 때가 있었는데 그 '애들'이라고 불렸던 사람들이 어느새 20대나 30대가 되었다. 바꿔 말하면 향후 요식업 중 가장 전망이 밝은 음식이 스파게티라고 불리는 '치즈가 들어있는 음식'이다. 10, 20대는 물론 30, 40대에게도 어느 정도 먹혀들어가는 음식이 된 것이다.

스파게티 전문점은 보통 커피숍과 유사한 분위기에서 스파게티, 커피, 주류를 판매하는데 이제는 조금 더 전문적으로 이태리 음식을 내놓는 전략이 필요하다. 인테리어나 발코니 등은 화사한 파스텔 톤이나 프로방스풍으로 꾸며야 한다. 지방에서는 핵심 지역에 저렴한 가격으로 음식을 만드는 스파게티 전문점을 열어도 어느 정도 장사가 되고 도심에서는 유동 인구가 많은 지역에서 가정주부나 가족 단위의 외식을 즐기는 사람들을 타깃으로 카페형으로 창업하는 것도 생각해볼 만하다. 참고로, 파스타란 밀가루를 물과 반죽한 것의 총칭으로 스파게티는 파스타의 한 종류이다. 파스타의 종류는 재료에 따라 이름이 다양하게 바뀐다.

▣ 직원 수

지방에서는 30~40평 규모로 창업하되 이태리 음식과 프랑스 요리를 함께 내오는 것을 생각해볼 만하다. 도시에서는 부도심이 아니더라도 유동 인구가 많은 고급 주거 지역이라면 15평 규모에서도 창업이 가능하다. 30~40평 규모에서는 주방 1~4명, 홀 2~4명의 직원이 필요한데 점주가 주방 역할을 하는 경우 객단가를 높일 수 있기 때문에 초기에는 서빙 인원이 그리 많이 필요하지 않다. 부부가 창업할 경우 남편은 주방을 맡고, 부인이 서빙을 할 수도 있다.

▣ 개업 현황

번화가와 핵심 상권 지역, 부도심, 발전한 대학가 지역에서 많이 볼 수 있다.

▣ 입지 조건

역세권, 번화가, 대학가, 업무 타운, 고급 상가 지역이 좋은 입지 조건이 되며 일단 젊은 여성을 타깃으로 한다. 신도시의 핵심 상권, 중소 도시에서 사람들이 많이 모이는 터미널 앞의 발전된 상가 지역이 입점하기 좋다. 스파게티 전문점은 20대 초반의 여성들이 타깃이 되므로 20대 초반 여성들이 많이 유동하는 지역에서 입점하는 것이 가장 좋고, 지난 10년 사이 30, 40대 가족 외식자들도 즐겨 찾는 아이템이 되었으므로 고급 주거 지역의 유동 인구가 많은 곳에 창업해도 무방하다. 주거지역에서의 소규모 창업일 경우 일식돈가스와 철판볶음밥을 병행하고 인테리어는 빈티지풍, 배달 판매를 위해 가격을 저렴하게 책정하면 성공할 확률이 높다.

▣ 개점 비용(건물 임대료 별도)

개인 : 25평 기준, 7천만 원~1억 원 안팎
체인점 : 35평 기준, 1억 5천만 원 이상

▣ 메뉴 구성

스파게티, 파스타류(멕시칸, 해물, 치즈, 미트볼, 김치스파게티 등) / 피자류(콤비네이션, 불고기, 슈퍼스프림 등) / 라이스류(불고기리조또, 김치리조또 등) / 샐러드류 / 일식돈가스류 / 철판볶음밥류 / 주류(와인, 맥주류) / 음료류(커피, 콜라, 주스류)

▣ 매출 전망

고급 스파게티 음식점은 객단가가 비교적 높고 빈티지풍의 스파게티 식당은 저렴한 가격을 무기로 박리다매 전략을 구사한다. 20대 여성층을 타깃으로 평균 객단가를 6,000~9,000원으로 볼 수 있고 직장인들에겐 5,000~7,000원 정도의 가격을 책정한다. 순이익은 전체 매출의 35% 수준이다.

▣ 체인점 현황

'레드핀 피자'가 '피자델리'라는 피자 배달 사업과 별도로 피자/스파게티 레스토랑 사업을 전개하고 있다. '뽀모도로' 파스타 레스토랑은 전문적으로 스파게티만을 판매하는 레스토랑이다.

업체명	가맹비 및 개점 비용	업체 특징
솔레미오 서울시 성동구 성수동 2가 299-243 2~3층 (주) 한울푸드라인 TEL : (02) 2291-2500 이인섭 차장	**25평형 기준 (점포형)** 가맹비 : 10,000,000원 인테리어 : 50,000,000원 주방설비 : 20,000,000원 홍보, 보증금 : 8,000,000원 합계 : 8천 8백만 원	2001년 시작된 솔레미오는 이태리 정통 스파게티 요리를 맛볼 수 있는 프랜차이즈 기업이다. 부담 없이 즐길 수 있는 저렴한 가격으로 인기를 얻었다. 주방장 없이 노하우가 있는 조리법을 제공해 누구나 스파게티 레스토랑을 열 수 있도록 도움을 준다.
스파게티가 있는 풍경 (구 뽀모로도) 서울 종로구 내수동 74 스파게티가 있는 풍경 TEL : (02) 338 - 8611	자세한 내용은 직접 상담한다.	정통 이탈리안 파스타 전문점 뽀모로도는 호텔 신라에서 16년 이상 근무한 조리과장 3명이 공동 대표로 있다가 각종 분쟁으로 현재는 가맹점 사업을 하지 않고 있다. 대표 주방장인 박충준 대표가 새롭게 '스파게티가 있는 풍경'을 열었으므로 가맹점에 관심있는 분들은 문의해 본다.

※ 각 업체 가맹비 및 개점 비용을 비롯하여 각 정보는 변동이 있을 수 있으니 홈페이지를 통해 정확한 정보를 확인하도록 한다.

※ 스파게티 전문점인 '스파게띠아'는 (주)썬앳푸드(02-3406-1700)에서 직영 체제로만 운영하지만 최근 가맹점을 모집하기도 한다.

정통 이태리 요리 & 정통 프랑스 요리 레스토랑

▣ 개요

이태리 & 프랑스 요리를 전문으로 제공하는 레스토랑은 대부분 요리를 주문하면 별도로 추가 와인을 권한다. 예를 들어 한 잔에 얼마씩 하는 와인을 생선 요리나 육류 요리를 선택한 고객에게 권하는 것인데 이 와인은 상당히 높은 가격대를 형성하고 있다. 와인 한 잔 값이 보통 8천 원에서 2만 원 수준이다. 전통 이태리 음식이나 프랑스 음식을 전문으로 하는 레스토랑은 보통 인구 20~50만 정도의 중소 도시에서도 분위기만 좋으면 성공할 수 있다. 음식의 양보다는 음식의 질이 중요하다. 음식점의 내부 인테리어는 깔끔한 스타일이면 영업에 지장이 없다.

▣ 직원 수

이들 요리 레스토랑은 직원을 많이 두지 않는다. 손님이 바글바글해서 장사가 잘되는 것이 아니라 테이블 객단가가 높기 때문에 순이익이 높은 편이다. 물론 손님이 많으면 그만큼 직원들을 더 고용해야 한다. 보통 이태리 & 프랑스 요리 전문점은 업주가 해당 요리를 잘 알기 때문에 주방도 도맡아 하는 경우가 많다. 만일 주방장을 고용해야 할 경우엔 일반 레스토랑보다 많은 직원이 필요한 경우도 있다.

▣ 입지 조건

고급 또는 대형 아파트 단지를 배후에 끼고 도로변에 입점하는 것이 좋다. 고급 상가 밀집 지역이나 유서 깊은 번화가도 좋은 입지 조건이 된다. 지방 도시의 경우엔 번화가보다는 교통량이 많은 대로변이 좋은 입지 조건이 된다. 이들 전문 레스토랑의 고객은 젊은 층보다는 중산층 이상의 고객이 많고, 입소문을 듣고 찾아오는 사람이 많기 때문이다.

▣ 개점 비용

일반 레스토랑의 개업 비용과 동일하거나 10% 정도 적은 금액으로 창업이 가능하다.

▣ 메뉴 구성

코스요리류(30,000원) / 샐러드류(12,000원) / 해물요리류(15,000원) / 스파게티류(6,000원)
스테이크류(12,000원) / 와인류(1잔 8,000원부터)

개인 이태리 요리 전문점 창업하기

이태리 요리 전문점에서 음식을 먹을 때 곁들여 먹는 와인 한 잔의 가격은 8,000원 정도이지만 몇만 원 이상을 받을 수 있는 와인도 있다. 따라서 지방에서 이태리 요리 레스토랑을 운영하려면 중산층 이상의 전문직 종사자인 의사나 약사, 병원 원장, 그리고 생활에 여유가 있는 중장년층을 대상으로 영업하는 전략이 필요하다. 점포의 3분의 2는 홀로 꾸미고 나머지는 룸으로 꾸며 지방 유지들이 식사와 함께 상견례나 밀담이 가능한 구조를 만드는 것이 좋다.

한편 중소 도시에서 이태리 요리 전문점으로 성공하려면 고객을 묶을 수 있는 매개체가 필요한데 음식점 내부에 고급 진공관 앰프와 스피커를 구축해 클래식 음악을 매개체로 하여 고객을 흡수하는 방법도 생각할 만하다.

피자 또는 스파게티와 같이 젊은 취향의 이태리 음식점을 개업하려면 그에 맞는 분위기의 연출이 필요하다. 젊은 층을 대상으로 하는 이태리 요리 전문점은 음식의 맛과 분위기만 좋다면 그리 크지 않은 규모에서도 일 평균 매상을 동일 규모의 한식집보다 30% 높게 올릴 수 있다.

무엇보다 중요한 것은 이태리 음식에 대한 전문적인 안목이 필요하다. 주방장은 당연히 이태리 음식을 다룰 줄 알아야 하고 업주가 이태리에 대해 식견을 가지고 있다면 영업에 큰 도움이 된다. 할리우드 영화를 보면 알겠지만 지배인이 와인을 고객들에게 권하는 모습을 자주 볼 수 있다. 음식점의 주인이 이태리 와인의 특색이나 이태리 음식의 조리법, 그리고 이태리에 대한 식견을 고객들에게 보여주면 영업에 큰 도움이 되는 것이다.

필자가 시식해 본 이태리 요리 전문점 중에는 휴가철이면 꼬박 유럽으로 여행을 떠나는 음식점 업주가 있었다. 그가 여행을 가서 하는 일은 단 한 가지밖에 없다. 유럽에서 유명하다는 음식점들은 모조리 쫓아다니면서 직접 먹어보는 일이 전부다. 그는 매년 1, 2천만 원 정도를 유럽 여행비로 사용하면서 유럽 요리를 시식, 연구하고 돌아온다. 그만큼 연구를 하기 때문에 그의 이태리 요리 전문점이 잘되는 것 아닐까?

패밀리 레스토랑

▣ 개요

몇 년 전만 해도 가족 단위의 외식이 주요 매출이었지만 지금은 데이트족, 직장인, 대학생층으로 고객이 확대되고 있다. 대부분 초대형 프랜차이즈 형태의 패밀리 레스토랑이 성행 중이다. 초창기에는 스테이크류를 주로 취급하였지만 웰빙 붐이 불면서 샐러드 전문 레스토랑이 등장하였고 현재는 씨푸드를 취급하는 레스토랑이 큰 인기를 얻고 있다. 노출이 많은 브랜드를 선택하는 것이 좋으며 젊은이들의 기호도 및 장소 선택도 중요하다.

▣ 직원 수

150평 규모에서는 파트 타임 아르바이트를 포함해 전부 50명 정도의 직원이 필요하다.

▣ 개업 현황

업무 타운, 고급 아파트 단지, 고급 상가 지역을 끼고 있는 대로변에서 볼 수 있다.

▣ 입지 조건

패밀리 레스토랑의 신규 점포로서는 보통 수도권 및 지방 대도시가 1차적 우선 순위가 된다. 수도권 일원의 신도시 다운타운이나 대형 아파트 단지의 동선이 좋은 입지 조건이 된다. 상권의 핵심 지역과 번화가 지역이 좋은 입지 조건이 되며, 이러한 조건이 맞으면 나대지나 도로변 건물이라도 새로 리모델링하는 방식으로 입점이 가능하다. 해산물 레스토랑의 경우 프랜차이즈가 아닌 개인 간판으로도 충분히 창업할 수 있지만 객단가를 조금 낮추고 지역 케이블 TV에 집중 노출을 시켜야 한다.

▣ 개점 비용(건물 임대료 별도)

개인 : 200평 기준, 4억 원~7억 원
체인점 : 100평 기준, 6억 원~15억 원

▣ 메뉴 구성

스테이크류(미국식, 호주식) / 샐러드류 / 스파게티류 / 해산물류(랍스터, 회) / 사이드 메뉴 / 햄버거류 / 주류 및 음료수류 / 한식 또는 중식류(한식, 중식, 패밀리 레스토랑의 경우)

▣ 개점 비용

규모가 크기 때문에 매출이 발생하지 않으면 유지조차 힘들다. 인기 없는 브랜드이거나 입지 조건이 나쁘면 결국 폐업해야 할 정도로 유행에 민감하다. 본사는 가맹점을 입점시킬 때 다각도로 입지 조건과 상권을 분석하기 때문에 일단 믿고 시작할 수 있지만 오픈한 뒤부터의 영업은 순전히 점장의 능력과 직원들의 친절, 그리고 브랜드의 인기도와 친숙성에 달려 있다.

▣ 체인점 현황

아웃백 스테이크 하우스, 빕스, TGI, 베니건스 브랜드가 일반적으로 알려져 있다. 미국 경기의 불황 여파로 미국 본사의 경우 부침이 심하지만 국내 가맹점들은 독자적으로 운영이 잘되는 편이고 토다이처럼 1천 평 규모의 초대형 레스토랑도 속속 출현하고 있다. 요즘은 인터넷 사용자들이 늘어나면서 신규 패밀리 레스토랑에 대한 평가가 인터넷에서 순시간에 퍼지고 있으므로 신규 오픈한 뒤에는 운영에 신중을 기해야 한다.

업체명	가맹비 및 개점 비용	업체 특징
아웃백 스테이크 하우스 (스테이크 전문) TEL : 1577-0500	아웃백 스테이크하우스의 전 영업점은 직영으로, 외부 자본으로 프랜차이즈(분점)를 개설하지 않는다.	1988년, 미국 플로리다에서 탄생한 아웃백 스테이크 하우스는 호주 대자연을 컨셉으로 한 레스토랑이다. 캥거루, 부메랑, 코알라 등의 호주의 자연을 연상케하는 인테리어와 차별화된 메뉴를 제공하는 전형적인 스테이크 전문 식당으로, 기존 패밀리 레스토랑보다 한 단계 높은 차별화된 음식과 서비스를 제공하는 디너하우스로 10여 가지의 스테이크 외에 수십 가지의 세트 메뉴, 음료, 주류를 판매하고 있다. 현재 세계적으로 1,000여 점포, 국내에는 110여 점포가 영업 중이다.
T.G.I. 프라이데이 서울시 용산구 갈월동 98-6 (주) 롯데리아 TGIF 사업부 TEL : 1588-2590	T.G.I. FRiDAY'S 매장은 (주)롯데리아 TGIF사업부에서 직영으로 운영하고 있으므로 개인이 할 수 없다.	1991년 T.G.I. Friday's의 Family Restaurant 경영 기법이 (주)푸드스타에 의해 도입되었고 현재는 (주)롯데리아 사업부로 흡수되었다. 현재 전국에 40여 직영점이 있다. 코스 메뉴를 비롯 스테이크류, 씨푸드, 샐러드, 파스타, 햄버거, 음료, 주류를 취급한다.
씨즐러 (스테이크+해산물) 서울시 강동구 성내동 551-1 삼원타워 2층 TS 푸드앤시스템	씨즐러는 본사 직영점 형태로 운영 중이며 국내에는 청담점과 롯데월드점이 영업 중이다.	1957년 미국의 Del Johnson이 새로운 Family Restaurant를 열었는데 염가의 스테이크와 비용 절감을 위한 Self-Service의 획기적인 샐러드 바 형태였다. 57년 LA에서 출발, 430여 개의 가맹점과 매장을 가지고 있는 씨즐러는 국제적인 체인망을 가지고 있다. 씨즐러의 가장 큰 특징은 '과일과 샐러드의 천국'이라는 홀 중앙에 위치한 샐러드 바이다. 샐러드 바를 비롯 정통 스테이크, 씨푸드, 치킨 요리를 내온다.

업체명	가맹비 및 개점 비용	업체 특징
베니건스 (스테이크 전문) TEL : 1577-4800	베니건스는 직영 매장만 운영하고 있으며 외부에 프랜차이즈(분점)를 개설하지 않는다.	(주)바른손의 외식법인인 롸이즈온에서 운영 중인 베니건스는 1995년 2월 미국의 대규모 외식업체인 메트로미디어 레스토랑 그룹(Metromedia Restaurant Group)과 프랜차이즈 계약을 체결한 후 1995년 11월에 보스톤 베니건스(대학로점)를 첫 시작으로 전국 30여 곳에 직영점을 운영하고 있다.
씨푸드오션 (해산물 전문) 서울시 서초구 방배동 3250 구산타워 6~8층 CJ 푸드빌 TEL : 1577-0700	씨푸드오션의 전 영업점은 직영으로, 외부 자본으로 프랜차이즈(분점)를 개설하지 않는다.	(주)CJ 푸드빌의 해산물 전문 레스토랑이다. 각종 스시, 연어, 새우, 조개 등의 해산물 요리와 스테이크, 바비큐 등을 취급한다. 국내에 약 10여 개의 직영점이 있다.
차이나 팩토리 **(중국 요리 전문)** 서울시 서초구 방배동 3250 구산타워 6~8층 CJ 푸드빌 TEL : 1577-0700	차이나 팩토리의 전 영업점은 직영으로, 외부 자본으로 프랜차이즈(분점)를 개설하지 않는다.	중국 음식 전문 패밀리 레스토랑이다. 50여 가지 메뉴에서 1인당 3가지를 선택할 수 있는 독특한 시스템, 무한 제공되는 딤섬과 디저트, 6가지 무료 차, 저렴한 가격으로 인기를 끌고 있다.

패밀리 레스토랑과 달리 서민형 고기 뷔페 음식점은 보통 1억 원 남짓의 비용으로 창업이 가능하다. (건물 임차비용 별도) 추천 평수는 40평~70평 규모가 적정하며 1인분에 7천 원 안팎으로 받을 수가 있다. 지방의 경우는 5천 원 안팎의 돈을 받은 서민형 뷔페 음식점이 많다. 가격을 너무 낮추면 음식에 대한 신뢰도가 낮아지므로 적정한 가격을 유지하는 것이 좋다.

업체명	가맹비 및 개점 비용	업체 특징
애슐리 (샐러드 전문) 서울 금천구 가산동 371-12 이랜드월드 외식사업팀 TEL : 1577-1259	애슐리의 전 영업점은 직영 체제로, 외부 자본으로 프랜차이즈(분점)를 개설하지 않는다.	2003년 3월 2001아울렛 분당점에서 1호점을 오픈한 이후 전국에 70여 직영점이 있다. 이랜드의 식품사업팀이 운영하며 여성 취향의 패밀리 레스토랑을 모토로 하고 있다. 60여 가지의 샐러드를 제공하는 샐러드바가 핵심이고 흑임자샐러드 같은 계절 메뉴를 제공한다.
빕스 서울시 서초구 방배동 3250 구산타워 6~8층 CJ 푸드빌 TEL : 1577-0700	빕스의 전 영업점은 직영으로, 외부 자본으로 프랜차이즈(분점)를 개설하지 않는다.	CJ 푸드빌이 운영하는 패밀리 레스트랑으로 1997년 등촌점을 시작으로 전국 90여 직영점이 있다. 스테이크류와 샐러드류가 인기 있고 각종 사이드 메뉴와 음료 및 주류를 취급한다.
토다이 (해산물 전문) 서울시 동작구 사당동 1031-28 3층 (주) 토다이코리아 TEL : (02) 588-3624	프랜차이즈(분점)에 대해서는 토다이코리아에 문의한다.	세계적인 씨푸드 프랜차이즈 업체이다. 1985년 미국 산타모니카에서 스시 및 해산물 전문 뷔페로 개점한 이후 미국, 중국 등에 가맹점이 있고 국내에도 약 10여 개 매장이 있다. 약 120여 종의 메뉴를 제공하여 랍스터부터 회까지 해산물 요리를 전문으로 한다.

※ 각 업체 가맹비 및 개점 비용을 비롯하여 각 정보는 변동이 있을 수 있으니 홈페이지를 통해 정확한 정보를 확인하도록 한다.

패스트푸드 체인점

▣ 개요

'주문 즉시 먹을 수 있는 음식'이 흔히 말하는 패스트푸드이다. 정크푸드라는 오명에도 불구하고 젊은이들이 많이 찾기 때문에 여전히 인기 만점이다. 주로 햄버거나 감자튀김, 프라이드 치킨류를 취급하고 있다. 패스트푸드 체인점은 유명 브랜드의 경우 대부분 직영 업체로 운영되지만 롯데리아나 파파이스처럼 가맹점 사업을 활발히 벌이는 업체들도 많다. 패스트푸드점은 가족 단위의 외식보다는 10대나 20대층의 모임 장소로 많이 사용되며 최근에는 초등학생들도 주요 고객으로 등장하고 있다.

▣ 직원 수

20평 규모에서도 개업할 수 있지만 브랜드의 경우엔 1, 2층을 합쳐 60평, 또는 1층일 때는 40평 규모를 원하고 있다. 20평 규모이면 보통 5명 내외를 고용하는데 점장 외에는 파트 타임 아르바이트를 많이 고용한다.

▣ 개업 현황

번화가, 업무 타운, 상가 지역 그리고 역세권에서 많이 접할 수 있다.

▣ 입지 조건

다양한 마케팅 결과 지금은 주거 밀집 지역 내 유동 인구가 많은 도로변에 패스트푸드 업체가 많이 창업되고 있다. 패스트푸드점의 기본 입지 조건은 번화가, 업무 타운, 상가 지역, 역세권이지만 서민형 상가 지역이나 1만 세대 규모의 아파트 단지에서도 창업이 가능하다. 그 외에 눈여겨 볼 만한 입지 조건이라면 은행이 많이 모여 있는 지역이나 중, 고등학교가 몰려 있는 학원가가 될 수 있다. TV 노출이 빈번한 브랜드의 경우엔 주거 밀집 지역에 있는 핵심 상권에 입점하면 영업이 활발하게 이루어질 수 있다.

▣ 개점 비용(건물 임대료 별도)

유명 체인점 : 40평 기준, 2억 8천만 원
　　　　　　　100평 기준, 4억 원

▣ 메뉴 구성

버거류(불갈비, 쇠고기, 치즈, 새우, 킹크랩, 김치버거 등) / 치킨류(치킨, 윙, 너겟류)

샐러드류 / 디저트류 / 음료류(콜라, 커피, 주스류) / 아이스크림류(소프트아이스크림, 빙수 등)
그 외 세트 메뉴

▣ 매출 전망

패스트푸드점은 대부분 본사 직영으로 식자재가 공급되기 때문에 원가 비중이 높은 편이다. 그러나 본사에서는 이득을 취한 만큼 CF 등의 광고 전략을 활발하게 전개하기 때문에 가맹점들은 많은 고객들을 흡수할 수 있다. 보통 원가 비율은 55%~60%, 인건비 및 관리비는 18%, 순이익은 22% 정도로 볼 수 있다. 1인당 객단가는 4천 원 수준으로 일반 백반집의 객단가와 유사하다. 하루 평균 500명의 고객이 방문하면 200만 원이 하루 매상이 되므로 한달 평균 1200만 원의 순이익이 발생한다. 입지 조건이 좋거나 주말의 경우엔 하루 700~800명의 고객이 들어오므로 월 순이익을 2천만 원 이상까지 바라볼 수 있다.

▣ 체인점 현황

국내에서는 '롯데리아' 브랜드가 가장 뛰어나다. KFC와 맥도날드는 본사 직영 체제로 운영된다. TV 광고는 하지 않지만 창업 비용이 경쟁 업체에 비해 저렴하고 역사가 깊은 파파이스 같은 중견 브랜드도 눈여겨 볼 만하다.

업체명	가맹비 및 개점 비용	업체 특징
롯데리아 서울시 용산구 갈월동 98-6 부산, 용산, 관악, 금천, 구로, 강화, 여주, 이천, 의정부, 포천, 남양주 khw12@lotte.net 대구, 부산 지역 pajech@lotte.net 대전, 광주 지역 lgh9238@lotte.net 광주, 종로, 중구, 강북, 성북, 일산, 파주, 고양, 연천, 동두천, 양주 ann1024@lotte.net 강원, 은평, 마포, 강서, 양천, 서대문 인천, 부천, 의왕, 안양, 과천, 광명 velvetgn@lotte.net	**40평형 기준 (매장/점포형)** 가맹금 : 15,000,000원 교육비 : 2,400,000원 인테리어 : 90,000,000원 주방기기 : 130,000,000원 집기비품 : 40,000,000원 합계 : 약 2억 8천만 원 **100평형 기준 (레스토랑형)** 가맹금 : 15,000,000원 교육비 : 2,400,000원 인테리어 : 160,000,000원 주방기기 : 130,000,000원 집기비품 : 70,000,000원 합계 : 3억 8천만 원 **공통 사항** 부동산 담보 설정 8천만 원 이상 계약금 6천 914만 원 (가맹점에 대해서는 이메일 문의)	1979년 시작된 롯데리아는 당시 생소하게 다가왔던 패스트푸드를 토착화하였다. 롯데리아는 대규모 광고 전략과 다양한 메뉴로 서민층의 입맛을 끌어당기고 있다. 예전과 달리 현재의 롯데리아는 서민층을 폭넓게 포섭하고 있어 젊은 주부층이 자주 유동하는 재래 시장 지역에서도 오픈이 가능하다. 국내 롯데리아 가맹점은 전국적으로 900여 곳에 이른다.
맥도날드 서울시 종로구 관훈동 198-42 관훈빌딩 12층 한국맥도날드	60평 기준 (점포/매장형) 약 4억원. 자세한 상담은 이메일(franchiseinfo@kr.mcd.com)로 해야 한다.	1999년 5월 시카고에 2만 5천 번째 매장을 개장한 맥도날드는 현재 121개국에 2만 9천여 매장을 운영하고 있는 세계에서 가장 크고 유명한 푸드 서비스 업체이다. 세계 어디서나 똑같이 경험할 수 있다는 것이 맥도날드만의 가치라고 할 수 있다. 1988년 맥도날드 1호점인 압구정점을 오픈한 이후 국내에 약 300여 가맹점이 있다.

업체명	가맹비 및 개점 비용	업체 특징
 켄터키 프라이드 치킨 (KFC) 서울 종로구 연지동 270번지 연강빌딩 6층 (주) SRS Korea TEL : (02) 3670-8383	국내 KFC는 모두 SRS Korea 의 직영으로 운영된다. SRS Korea㈜는 KFC사업과 관련하여 미국 YRI(Yum! Restaurant International)사와 가맹점 계약을 맺고 국내에서 사업을 하고 있으나 모두 직영한다는 전제로 가맹점 계약을 체결한 바 직영이 아닌 가맹점 사업을 하지 않는다.	1939년 시작된 KFC는 국내에서 가맹점 체제가 아닌 직영 체제로 운영된다. 세계적으로 1만여 점포가 있으며 국내에서는 (주)두산에서 직영 체제로 운영한다. 전국 200여 개의 매장이 있다.
 버거킹 서울 종로구 연지동 270번지 연강빌딩 6층 (주) SRS Korea TEL : (02) 3670-8383	버거킹은 직영 체제로 운영된다. 그러나 건물주의 제안이 있을 경우 신규 입점 제의 방식으로 입점할 수 있다. 건물주가 신규 입점 제의를 하면 버거킹은 입점 가능성의 타당 여부를 검토한 후 입점 여부를 판단한다.	전 세계 1만여 매장을 거느린 버거킹은 1954년 미국 마이애미에서 James W. Mclamore 와 David Edgerton 에 의해 설립되었다. 버거킹 햄버거는 100% 순쇠고기를 버거킹만의 노하우인 불 위에서 직접 굽는 불꽃 석쇠구이(Flame-broiled) 방식으로 구워 느끼하지 않고 담백한 맛으로 유명하다. 한국에서의 버거킹은 (주)두산 계열사인 (주)SRS Korea에 의해 직영 체제로 운영되며 전국 100여 개의 매장이 있다.
 **하디스** 서울시 강남구 삼성동 150-30 예성빌딩 4층 (주) 세진푸드시스템 TEL : (02) 561-5631 FAX : (02) 561-7277	**40평형 기준 (매장/점포형)** 가맹비 : 15,000,000원 약정금 : 6,000,000원 인테리어 : 평당 1,600,000원 안팎 주방기기 : 100,000,000원 안팎 집기비품 : 15,000,000원 안팎 로열티 : 순매출액의 7% 합계 : 2억 원 안팎	(주)세진푸드시스템은 1990년 미국 패스트푸드의 대표적 상위 브랜드인 하디스 1호점을 종로 2가에 오픈했다. (주)세진푸드시스템은 하디스 직영, 가맹 사업 이외에도 이탈리안 레스토랑 스바로, 목재보다 뛰어난 플라스틱 제품을 개발하여 시장을 확대해 나가는 것을 목표로 하는 Rubber-maid, 그리고 Officetel, 아파트 개발 사업 등 다방면으로 활발하게 사업을 하고 있다.

업체명	가맹비 및 개점 비용	업체 특징
프레시버거 서울 강남구 논현동 57-13 건일빌딩 3층 (주) TLC Place TEL : (02) 2188-7175	**20평형 기준 (매장/점포형)** 가맹금 : 10,000,000원 보증금 : 10,000,000원 인테리어 : 평당 2,500,000원 주방기기 : 33,000,000원 간판 : 10,000,000원 가구 : 10,000,000원 기타 : 11,000,000원 로열티 : 월 매출의 2% 합계 : 1억 3천만 원 안팎	할리스 커피로 유명한 (주) TLC Place 의 햄버거 프랜차이즈이다. 버거와 커피를 판매하는 프리미엄 버거 카페이다. 2009년에 런칭했으며 현재 전국에 10여 개 매장이 있다. 버거류, 커피류, 주스류, 치킨, 포테이토, 샐러드류를 판매한다.
파파이스 서울 강동구 성내동 551-1 삼원빌딩 2층 (주) TS 푸드시스템 TEL : (080) 424-8824 가맹점 문의 TEL : (02) 2143-8823	**20평형 기준 (매장/점포형)** 가맹비 : 20,000,000원 보증금 : 20,000,000원 인테리어 : 45,000,000원 주방기구 : 66,000,000원 간판, 기타 : 30,000,000원 합계 : 1억 8천 100만 원 **50평형 기준 (매장/점포형)** 합계 : 2억 4천만 원 안팎	200년전 미국 뉴올리안스 지방에서 시작된 비밀의 요리법인 케이준 쿠킹(Cajun Cooking)을 세계 최초로 도입한 패스트푸드점이다. 미국과 전 세계 20여 개국에 1,400여 개의 매장이 영업 중이다.

※ 각 업체 가맹비 및 개점 비용을 비롯하여 각 정보는 변동이 있을 수 있으니 홈페이지를 통해 정확한 정보를 확인하도록 한다.

피자 전문점

▣ 개요

올리브, 쇠고기, 양파, 피망, 양송이, 토마토 등의 재료와 치즈를 넣어 이태리식으로 구워 만든 음식이 피자이다. 피자 전문점은 넓은 공간과 현대식 인테리어를 갖춘 점포와 배달을 전문으로 하는 점포로 나눌 수 있다. 최근에는 한국인의 입맛에 맞는 불고기피자를 비롯 녹차, 고구마 등의 재료가 추가된 퓨전 방식의 피자가 많이 나오고 있다. 배달 전문점의 경우 돈가스, 스파게티, 리조또, 통닭류도 함께 취급해야 한다.

▣ 직원 수

소규모 창업보다는 레스토랑을 겸한 창업이 좋다. 배달 전문점의 경우엔 일손에 따라 배달 요원이 많이 필요하고 홍보가 딸리면 망하기 십상이다. 20평형의 경우 주방 1~2명 내외, 매장 1~3명 내외가 필요하다.

▣ 개업 현황

번화가에는 카페형 피자 전문점이 성업 중이고 역세권이나 아파트 등의 주거 단지에 배달 전문점의 입점이 가능하다. 주거 단지에서 레스토랑형 창업도 생각해볼 만하다.

▣ 입지 조건

점점 고급형과 서민형 피자집으로 양극화되고 있으며 양자간 치열하게 시장 다툼을 벌이고 있다. 서민형 피자는 피자 오븐만 있으면 개업이 가능하기 때문에 재래시장에서도 피자집을 개업할 수 있는데 예전과 달리 돈가스, 스파게티, 리조또, 통닭, 샐러드도 함께 취급하는 세트 메뉴의 개발이 필요하다. 배달 전문점의 경우 순이익이 얼마 남지 않지만 골목길마다 전단지를 배포하는 등 노력하면 어느 정도 수익을 획득할 수 있다. 개인 창업의 경우 화덕 피자도 연구해볼 만하다.

▣ 개점 비용(건물 임대료 별도)

개인 : 20평 기준, 3~7천만 원 안팎
체인점 : 30평 기준, 1억 원 안팎 (중급 브랜드)
          40평 기준, 2억~4억 원 안팎 (고급 브랜드)

▣ 메뉴 구성

피자류(콤비네이션, 불고기, 크러스트, 포테이토, 고구마 등)

파스타, 스파게티류(4,000~9,000원) / 샐러드류(4,000~7,000원)
리조또, 라이스류(4,000~6,000원) / 세트 메뉴류 / 하절기 팥빙수류 / 그외 각종 음료수 취급

▣ 매출 전망

총매출에서 재료비를 제외하면 40~50%가 마진이 된다. 건물 임대료, 배달 인력 인건비를 제외하면 실제 순이익이 30% 수준으로 떨어진다. 주문 배달 피자는 1판 가격으로 2판을 주는 경우가 있어 마진율이 떨어지는 반면 박리다매 전략을 구사하기 때문에 의외로 높은 매출을 획득할 수 있다.

▣ 체인점 현황

피자헛, 도미노 피자, 미스터 피자가 유명하지만 가맹비 및 물류 보증금이 매우 높은 편이다. 중견 프랜차이즈 업체로는 1+1 전략이 유명했던 '피자에땅'이 있으며 1억 원 내외로 창업 가능하다. 소자본 창업이 가능한 체인점이 많지만 업체가 난립하고 있으므로 소자본 창업의 경우 믿을 만한 업체를 잘 선택해야 한다.

업체명	가맹비 및 개점 비용	업체 특징
**피자헛** 서울시 강남구 대치동 1000-2 서경빌딩 9층 한국 피자헛 TEL : (02) 3468-0213	**50평형 기준 (레스토랑형)** 가맹비 & 보증금 : 8천 5백만 원 집기 및 장비 : 1억 8천 5백만 원 인테리어 : 1억 8천만 원 합계 : 4억 5천만 원 안팎 **25평형 기준 (배달형)** 가맹비 & 보증금 : 5천만 원 집기 및 장비 : 1억 3천 8백만 원 인테리어 : 5천 5백만 원 합계 : 2억 4천 3백만 원 안팎	1985년 2월 이태원에 피자헛 1호점을 개설한 한국 피자헛은 지난 20여 년 동안 압도적인 시장 점유율 1위를 차지한 피자 브랜드이다. 코리아 헤럴드와 서울 리서치의 공동 조사('95.12)와 캠퍼스저널 여론 조사('99.7)에서는 소비자들이 가장 좋아하는 피자 브랜드로, 네티즌 인기대상('99.7)에서는 피자 부문 1위로 선정되었고, 2000년 1월, 국가고객만족도조사(NCSI) 외식업체 부문 단독 1위를 차지하는 등 국내 최고의 피자브랜드로서의 위치를 확고히 지키고 있다. 세계적으로 3만 5천여 매장이 있다.
**도미노피자** 서울 강남구 역삼동 779-7 (주) 한국 도미노 피자 TEL : (02) 6954-3099 　　　(02) 6954-3094	**25평형 기준 (매장/점포형)** 가맹비 : 30,000,000원 보증금 : 5,000,000원 감리비 : 2,000,000원 교육비 : 2인 기준 750,000원 인테리어 : 별도 산출 합계 : 1억 9천만 원 안팎	1960년 창업자 톰 모너건 형제가 미국 미시간주 입실런티에서 한 대의 폭스바겐 Beetle로 배달을 시작한 '도미닉스'로부터 시작되었다. 이후 톰 모너건이 3개의 점포를 운영하는 가운데 1965년 도미노피자로 사명을 개명하고, 1967년 처음으로 프랜차이즈 사업을 전개함으로써 창업 이래 45년이 지난 오늘날 세계 최대 피자 배달점으로 비약적인 성장을 이루게 된다. 전 세계적으로 8천여 개의 매장이 세워졌고 한국에서는 290여 개 매장이 영업 중이다.

업체명	가맹비 및 개점 비용	업체 특징
피자에땅 서울시 양천구 신월 1동 217-21 서울본사(서울 양천구) TEL : (02) 2606-1362 남부지사(경남 김해) TEL : (055) 322-0006	**15평형 기준 (매장/점포형)** 가맹비 : 10,000,000원 인테리어 : 합 25,500,000원 안팎 주방설비 : 합 39,200,000원 안팎 보증금 : 5,000,000원 합계 : 7천 9백 7십만 원 안팎 (간판, 냉난방기, 오토바이 별도)	1996년 영등포점을 오픈하면서 시작된 피자에땅은 저렴한 가격을 무기로 한 국내 토종의 피자브랜드이다. 전국적으로 320여 매장이 있으며 양질의 재료와 저렴한 가격의 1+1 전략으로 큰 인기를 얻었다. 한우와 자연산 송이를 사용한 독특한 피자를 많이 개발하고 있다.
미스터피자 서울시 서초구 반포 4동 52-6 (주)한국 미스터 피자 TEL : (02) 596-3300	**40평형 기준 (매장/점포형)** 가맹비 : 30,000,000원 보증금 : 20,000,000원 인테리어 : 포함 주방설비 : 포함 합계 : 3억 1천만 원 안팎	1990년 (주)미스터피자 저팬과 기술제휴를 한 후 (주)한국 미스터피자를 설립, 이대 1호점을 개점했다. 2001년에 북경 미스터피자 건국문점을 개점한 후 베트남, 미국 등 해외에도 가맹점을 개설하였다. 미스터피자는 기계를 사용하지 않고 100% 손으로 만드는 피자라고 한다.
한성 피자 서울시 성북구 장위 2동 75-10호 TEL : (02) 3491-5142	**실평수 5평 이상 창업 가능** 최소 1천 9백만 원 안팎	2000년에 창립된 토종 브랜드로 서민형의 저가 피자로 유명하다. 1+1 판매전략 대신 1판을 7천 원 내외의 저렴한 가격으로 판매한다. 현재 전국에 약 20여 가맹점이 있다. 레스토랑형의 경우 피자 외에 샐러드, 핫윙, 스파게티, 커피 등을 함께 판매한다.

※ 각 업체 가맹비 및 개점 비용을 비롯하여 각 정보는 변동이 있을 수 있으니 홈페이지를 통해 정확한 정보를 확인하도록 한다.

▣ 개요

베이커리는 제빵, 제과, 케이크류를 제조, 판매하는 업소를 말한다. 요즘은 개인 빵집과 유명 베이커리 체인점이 치열하게 시장 쟁탈을 벌이고 있지만 유명 체인점을 무서워 할 필요는 없다. 최근엔 유능한 기술자를 고용한 개인 빵집들이 체인점을 누르는 현상이 중, 대도시 곳곳에서 벌어지기 때문이다. 말 그대로 베이커리 시장은 브랜드보다는 실력과 맛으로 승부를 거는 춘추전국시대가 된 것인데 젊은 여성들에겐 브랜드 베이커리가 아직도 강하게 통한다.

베이커리 영업에서 중요한 것은 빵이란 아무리 맛있어도 자주 즐기면 싫증나기 쉬운 제품임을 명심하라는 것이다. 매출이 떨어지는 것을 방지하기 위해 기본적으로 다품종 소량생산 체제를 구축하고 2~3일 간격으로 신상품을 뽑아내는 전략이 필요하다. 매장에서 최소 120종의 빵을 판매한다고 각오하면 웬만한 빵은 다 판매하고 신제품 개발에도 신경을 쓰게 될 것이다. 인터넷의 베이커리 관련 블로그를 방문하며 어떤 류의 빵들을 개인 유저들이 만들어먹는지 주의깊게 관찰할 수 있고 그 곳에서 아이템을 얻어 신상품을 만들 수 있다.

개인 빵집들이 망하고 있다고 야단인데 이들 빵집들은 과거의 빵집들이다. 요즘 개업하는 개인 빵집은 빵 종류가 매우 다양하고 서구적일 뿐 아니라 화력도 대포를 쏘듯 대단하다. 유기농이나 야채 빵 같은 맛 개발에 최선을 다한다면 바로 옆에 있는 유명 프랜차이즈와 경쟁해볼 만하다.

▣ 직원 수

표준 점포는 12평 안팎이지만 15~20평 규모에서 개업하는 것이 좋다. 20평 규모에서 매출이 높으면 공장(빵 굽는 주방)에 2~5명, 매장에 1~3명의 아르바이트생이 필요하다. 빵은 기본적으로 빵공장 직원이 필요하므로 인건비를 절감하려면 주인이 직접 만들면서 신제품 개발을 함께 하는 것이 좋다.

▣ 입지 조건

역세권, 상업지구, 아파트 단지의 유동 인구가 많은 지역이 좋은 입지 조건이 된다. 특히 젊은 여성이나 가정주부들의 동선을 따라 매장을 개설하는 것이 필요하다. 신상품을 계속 뽑아낼 자신이 있다면 유동 인구가 많은 곳에서 조금 들어간 곳이라도 인테리어와 맛에 신경쓰면 가정주부의 눈길을 끌 수 있다. 30~50대 주부들은 이미 프랜차이즈 빵을 질릴 만큼 먹어본 나이이기 때문에 유기농 같은 건강식의 고급 빵을 찾는다. 따라서 개인 빵집이 유기농을 주장하면서 고급 재료 사용해 맛있는 빵을 다품종으로 만들어내면 고급 주거 단지나 중대형 아파트 단지의 30~50대 주부들에겐 자연스럽게 먹힌다. 물론 점주 자신이 빵에 대한 열정과 제조 능력이 있어야 한다.

◉ 개점 자격
특별한 자격은 필요하지 않지만 직접 만들어보고 싶다면 제과제빵 자격증을 구비하는 것이 좋다.

◉ 메뉴 구성
케이크류(10,000~30,000원대) / 패스트리, 파이류(1,000원 안팎)
쿠키, 비스킷, 단과자류(200~2,000원) / 식빵, 카스테라류(1,000~3,000원)
도넛, 베이글류(500~2,000원) / 단팥빵, 소보로, 크림빵류(330~700원)
샌드위치류(1,500~3,000원) / 바게트류(2,000원 안팎) / 아이스크림류(500~30,000원)

◉ 개점 비용(건물 임대료 별도)
개인 : 12평 기준, 3천만 원~5천만 원 안팎
체인점 : 15평 기준, 8천만 원~1억 원

◉ 매출 전망
체인점은 평균 마진율이 25~35% 수준이다. 개인 점포는 마진율이 훨씬 높지만 저렴한 가격으로 판매하기 때문에 평균 마진율은 비슷하다. 제과점과 비슷한 종목인 던킨도너츠 체인점의 경우는 마진율이 평균 40~50% 수준이다. 12평 규모에서 장사가 잘되면 일 100만 원 매출에 월 800~1,000만 원의 순수익을 올릴 수 있다. 주의할 점은 유명 베이커리 프랜차이즈라고 모두 성공하지는 않는다. 1~2천 세대의 아파트 믿고 창업하다간 바로 망할 수 있다. 젊은 여성 유동 인구가 있어야 하며, 유명 베이커리 체인점도 망해가는 브랜드가 있다는 것을 꼭 명심하자.

◉ 체인점 현황
베이커리 체인점의 장점은 베이커리 경험이 없는 점주를 대상으로 기술 교육과 냉동 생지(차갑게 숙성시킨 반죽) 교육을 본사에서 시행, 경험이 없는 창업자들도 베이커리 경영을 할 수 있도록 도와준다.

업체명	가맹비 및 개점 비용	업체 특징
CROWN BAKERY 크라운 베이커리 (크라운 제과 가족) TEL : (02) 3415-2602	13평형 기준 (매장/점포형) 가맹비 : 5,000,000원 보증금 : 10,000,000원 기계설비 : 25,000,000원 인테리어 : 평당 1,700,000원 안팎 간판 : 3,500,000원 그 외 : 가구 제작 및 교육비 합계 : 9천만 원 안팎	1947년 영일당 제과로부터 출발하여 1988년 (주)크라운제과의 생과 사업부 별도 법인으로 분리한 크라운베이커리 는 업계 최초 C.I 도입과 동종 업계에서 시도하지 않았던 TV광고를 시작하여 큰 반향을 일으킨 업체이다.
PARIS BAGUETTE Café **파리바게뜨 / 파리크라상** 경기도 성남시 중원구 상대원 1동 140 (주) 파리크라상 서울 · 경기지역 TEL : (02) 2040-3000 광주 · 전남지역 TEL : (062) 381-8201 부산 · 경남지역 TEL : (051) 636-0853 대전 · 충청지역 TEL : (042) 632-0451	17평형 기준 (매장/점포형) 가맹비 : 5,000,000원 보증금 : 1천만 원~2천만 원 기계설비 : 37,000,000원 안팎 인테리어 : 평당 2,500,000원 안팎 간판 : 10,000,000원 안팎 오픈비용 : 5,000,000원 기타 장비 : 20,000,000원 안팎 합계 : 1억 3천만 원 안팎	1986년 파리크라상 1호점인 반포점을 오픈한 이후 1988년 파리바게뜨 1호 점을 광화문에 오픈했다. 파리바게뜨/ 파리크라상의 계열사는 샤니, 배스킨라 빈스, 던킨 도너츠, 꼬메트 등이 있다. 파리크라상은 최고의 품질을 고집하는 영업 방식을 취하고 있어 부유층 밀집 지대에 입점하는 전략을 취하고 있다.
DUNKIN' DONUTS **던킨 도너츠** 서울시 강남구 역삼동 833-4 청보 빌딩 6층 (주) 비알 코리아 TEL : (02) 2187-3200 FAX : (02) 501-7994 TEL : (051) 461-0050 FAX : (051) 464-3120	15평형 기준 (매장/점포형) 가맹비 : 9,500,000원 계약보증금 : 10,000,000원 인테리어 : 평당 2,500,000원 판매장비 : 70,000,000원 안팎 간판 : 11,000,000원 안팎 기타 : 7,000,000원 합계 : 1억 6천만 원 안팎	던킨 도너츠의 창시자 빌 로젠버그는 2 차 세계 대전 중에 노동자들에게 간편 한 음식을 제공하기 위한 필요성을 느끼 고, 1946년 5,000불을 투자해서 노 동자를 위해 새로운 점심 메뉴와 커피를 서비스하게 된다. 재미있는 사실은 당 시 던킨 커피의 가격(10센트)이 보통 커 피(5센트)의 가격보다 2배 정도 비쌌지 만 전체 매출의 40% 이상이 도너츠와 커피였다. 약 5000여 개의 가맹점이 전 세계 40여 개국에서 영업하고 있다.

업체명	가맹비 및 개점 비용	업체 특징
케익과 빵맛의 명품 빵굼터 **빵굼터** 경기 부천시 소사구 괴안동 30 TEL : (032) 342-0906	**15평형 기준 (매장/점포형)** 가맹비 : 5,000,000원 보증금 : 10,000,000원 기계설비 : 45,000,000원 안팎 인테리어 : 평당 2,500,000원 안팎 간판, 오픈비 : 별도 관리비용 : 월 30만 원 합계 : 9천만 원 안팎	1997년 시작된 순수 국내 브랜드로 우리나라와 중국 등에 120여 매장이 있다. 본사는 부천에 있고 서울 관악구에 빵굼터 학원을 운영하고 있다. 체인점의 경우 15평 이상을 권장하며 백화점의 경우 9평 이상을 권장한다.
TOUS les JOURS AUTHENTIC BAKERY **뚜레쥬르** 서울 서초구 방배동 3250 구산타워 6~8층 씨제이푸드빌 TEL : 1577-0700 서울, 경기, 강원사업부 TEL : (080) 376-8888 대전, 충청사업부 TEL : (042) 639-6080 광주, 호남사업부 TEL : (062) 974-4863 대구, 경북사업부 TEL : (053) 426-4495 부산, 경남사업부 TEL : (051) 853-8261	**17평형 기준 (일반점포형)** 가맹비 : 5,000,000원 보증금 : 10,000,000원 주방 기기 : 62,000,000원 인테리어 : 평당 2,200,000원 안팎 간판 : 10,000,000원 합계 : 1억 5천만 원 안팎	뚜레쥬르는 (주)제일제당의 베이커리 사업부가 국내의 기존 베이커리들이 갖고 있던 여러 가지 문제점을 식품 전문 기업으로서의 첨단기술과 노하우를 이용하여 해결해 보고자 시작되었다. 일반 제과점에서는 인건비 부담과 다양한 제품 구색을 갖추는 데에 한계가 있었으며 대규모 제과 체인에서는 신선도 유지가 관건이었다. 제일제당은 베이커리 사업에 진출하면서 냉동 반죽을 도입하여 매장에서 직접 굽는 신선한 빵을 제공하는 개념을 국내에 뿌리내리게 하였고, 1,200개의 가맹점이 있다.

※ 각 업체 가맹비 및 개점 비용을 비롯하여 각 정보는 변동이 있을 수 있으니 홈페이지를 통해 정확한 정보를 확인하도록 한다.

치킨 전문점

▣ 개요

프라이드치킨, 양념치킨, 닭날개, 닭다리 등 바삭하게 구운 치킨을 판매한다. 최근에는 기존의 배달형 대신 카페형 시장이 커지고 있으므로 프랜차이즈이건 개인이건 카페형 창업을 생각하는 것이 좋다. 또한 개인 점포의 경우 프라이드나 양념치킨 외에 구운치킨이나 파닭, 샐러드 등을 메뉴로 내놓으면 좋다.

▣ 직원 수

10평형의 경우 주방 1~2명 내외, 배달원 1~2명 내외를 둔다. 소자본 창업의 경우 부부가 조리하고 배달을 나갈 수도 있다. 카페형의 경우 파트 타임 아르바이트를 고용한다.

▣ 개업 현황

포화 상태이지만 파스텔톤의 인테리어 치킨집이 기존 치킨 시장을 잠식하고 있는 형국이다. 기존의 어두컴컴한 호프집 형태를 벗어나 깨끗하고 참신한 카페형으로 창업을 하면 젊은이들을 고객으로 유입시킬 수 있다.

▣ 입지 조건

모 프랜차이즈의 경우 기존의 배달형 치킨을 카페형 치킨집으로 개조하고 있다. 카페나 주점으로 들어가는 고객을 잡아들일 목적인데 그만큼 고객 수가 많아지고 수익률도 높아지고 있다. 통닭집이나 프라이드 치킨집은 매출이 전반적으로 고른 편이고 읍, 면 단위의 지방 재래시장의 통닭집도 5~6년 운영을 하면 집 한 채를 살 수 있을 정도로 매출이 안정적인 편이다. 불황을 타지 않으므로 몇 년 간격으로 리모델링하면서 한 5~10년 장사할 각오로 시작하는 것이 좋다. 주변에 경쟁 업체가 5~6개 있다고 해서 겁먹지 말고 주위 경쟁 업체를 평정한다는 각오로 창업하는 것이 좋다.

▣ 개점 비용(건물 임대료 별도)

개인 : 10평 기준, 2~3천만 원 안팎
체인점 : 10평 기준, 4천만 원 안팎 (고급 브랜드)
　　　　 40평 기준, 인테리어 비용 평당 150~200만 원 추가 소요(카페형 고급 브랜드)

▣ 메뉴 구성

프라이드치킨류 / 양념치킨류 / 뼈없는 순살치킨류 / 닭다리류 / 파닭류 / 날개류 / 콤보류 / 샐러

드류 / 그 외 각종 주류 및 음료수 취급

▣ 매출 전망

유명 프랜차이즈의 경우 총매출의 25~35%가 마진이 된다. 개인 점포의 경우 마진률을 40%까지 볼 수도 있다. 개인 창업의 경우 대부분의 닭집들이 작은 닭을 사용하므로 가급적 품질 좋은 큰 닭을 사용하고 제가격을 받는 전략을 취한다.

▣ 체인점 현황

치킨 프랜차이즈는 교촌치킨, BBQ치킨, 둘둘치킨 등 유명 업체들도 항시 소자본 창업이 가능하다. 하지만 경쟁 업체가 난립하고 있으므로 입지하고자 하는 장소에 경쟁 업체의 존재 유무, 경영 방식, 치킨 맛, 메뉴 구성을 충분히 검토한 후 창업한다. 번화가일 경우에는 카페형 치킨집을, 번화가가 아닌 경우에는 배달형 점포로 창업한다.

아파트 단지에서 개인 치킨집을 창업하기도 하는데 일반적인 치킨집이 아닌 카페형으로 창업하는 것이 좋은 전략이 된다. 여기서 카페형이란 호프집과 카페가 혼합된 방식을 말하며 술집 냄새를 최대한 제거한 젊은이들과 가족들이 편하게 치킨을 먹고 대화를 나눌 수 있는 분위기를 말한다. 이런 효과의 치킨 호프집을 창업하기 위해 치킨집 인테리어를 파스텔톤이나 프로방스풍으로 꾸미는 것도 고려해볼 만하다. 중산층 아파트 단지를 끼고 있으면 파스텔톤의 치킨 호프집이 가족적인 분위기이기 때문에 먹히는 경우가 있다.

업체명	가맹비 및 개점 비용	업체 특징
 **둘둘치킨** 서울시 중구 필동 2가 134-2 BF2 (주) 일동인터내쇼날 TEL : (02) 776-2277	**20평형 기준 (점포/레스토랑형)** 가맹비 : 5,000,000원 보증금 : 2,000,000원 인테리어 : 30,000,000원 주방기기 : 10,000,000원 간판 외 기타 : 10,000,000원 합계 : 5천 7백만 원 안팎 (20평 이상일 경우 평당 185만 원 인테리어 비용 추가)	1978년 젤라치킨이란 이름으로 오픈한 뒤, 1990년 둘둘치킨으로 상호를 변경 하고 대학로에 1호점을 개점했다. 17가지 이상의 양념이 어우러진 독특한 맛과 국내산 닭, 12시간 숙성시킨 신선 육, 독특한 포장 방식으로 인기를 얻었 다. 전국에 500여 가맹점이 있고 미국, 일본, 러시아, 베트남, 호주, 중국에도 진출하고 있다.
 **디디치킨 (하림그룹)** 경기도 화성시 안녕동 산 7-358 한강씨엠 TEL : (080) 924-9999	**10평형 기준 (점포형)** 가맹비 : 5,000,000원 인테리어 : 20,000,000원 주방기기 : 10,000,000원 오토바이 외 시설 : 5,000,000원 교육홍보비 : 3,000,000원 합계 : 4천 3백만 원 안팎	계육 유통으로 유명한 하림그룹 계열사 인 한강씨엠이 운영하는 치킨 프랜차이 즈 업체이다. 100% 국내산 닭을 사용 하며 당일도계, 당일배송, 당일판매를 목표로 하는 신선도 최우선의 치킨 업 체. 치킨업체치고는 후발주자이지만 하 림그룹 지원하에 큰 계육을 사용하며 최 근 큰 인기를 얻고 있다. 황토오븐 구이 기를 이용한 구이류와 프라이드치킨류 를 동시에 취급한다.
 **핫썬치킨** 서울시 마포구 서교동 480-23 (주)하산푸드시스템 TEL : (080) 399-9292	**8평형 기준 (점포형)** 가맹비 : 5,000,000원 인테리어 및 주방시설비 : 33,600,000원 합계 : 3천 8백 60만 원 안팎 (8평 이상일 때 평당 140만 원 인 테리어 비용 추가)	원래 치킨기계업체로 출발했다가 유명 치킨업체에 기계와 치킨 관련 양념 소스 를 납품하였다. 자사 기술의 특허로 각 종 그릴 장비를 개발하면서 프라이드치 킨과는 다른 기름기 없는 베이크치킨과 그릴드치킨을 개발, 기름기 없는 건강 식의 웰빙 치킨, 폭립바비큐, 칠리윙, 훈제삼겹살, 떡갈비, 수제소시지, 얼큰 해물어묵탕 등을 메뉴로 내놓는다. 전 국에 300여 가맹점이 있다. 배달형 점 포보다는 치킨&맥주집 형태로 개업하 는 것이 좋다.

업체명	가맹비 및 개점 비용	업체 특징
 비비큐 (BBQ) 서울시 송파구 문정동 150-25 제너시스빌딩 TEL : (080) 3436-0507	10평형 기준 (점포형) 총 창업비 4~7천만 원 안팎 (가맹비, 교육비, 인테리어, 주방 기기, 의탁자 등 포함) 카페형의 경우 1억 5천만 원 안팎	1995년 11월 1호점을 오픈한 이후 BBQ치킨, 닭익는마을, 유나인, BBQ치킨&비어, BBQ참숯바비큐 등 1,800여 개의 패밀리 매장을 운영하는 국내 최대 규모의 치킨 관련 프랜차이즈 기업이다. 현재는 세계 43개국 해외 가맹점을 포함 글로벌 프랜차이즈 기업으로 인기를 얻고 있다. 닭을 튀길 때 올리브 오일을 사용하는 것으로 히트를 쳤고 현재는 카페형 치킨집으로 판로를 넓히고 있다. 또한 경기도 이천에 제너시스 치킨대학을 운영하고 있다.
 교촌치킨 서울 강남구 역삼동 826-14 KTB 네트워크빌딩 13층 TEL : (02) 3466-1500 경기북부지사 TEL : (031) 968-6400 대전지사 TEL : (042) 623-9931 강원지사 TEL : (033) 652-4477 광주지사 TEL : (062) 603-3977 부산중부지사 TEL : (055) 387-0796 대구중부지사 TEL : (053) 253-9913~5	10평형 기준 (점포형) 가맹비, 교육비, 오픈 이벤트, 시식회, 인테리어 공사, 간판, 기자재, 주방용품 비용 포함 합계 : 4천 3백만 원 (상. 하수도 및 정화조 공사, 철거 공사, 가스/전기 승압공사, 실외 후드 설치공사, 냉·난방기 별도) · 지방별 각 지사에 문의 요망	1991년 3월 1호점을 오픈한 이후 올해의 브랜드 대상 등 치킨 분야에서 선풍적인 인기를 얻고 있는 프랜차이즈 기업이다. 현재는 미국에 10여 개의 가맹점을 비롯 중국 등 해외진출이 활발한 기업으로 엄선된 재료, 차별화, 고급화를 내세우는 치킨 전문 기업이다.

※ 각 업체 가맹비 및 개점 비용을 비롯하여 각 정보는 변동이 있을 수 있으니 홈페이지를 통해 정확한 정보를 확인하도록 한다.

메모

part
5

성공적으로 운영 중인 음식점 분석
향토 음식점과 기사 식당

Chapter 01 지방 전통 음식으로 승부를 내는
향토 음식점

Chapter 02 기업형으로 발전하는
기사 식당

01 :: 지방 전통 음식으로 승부를 내는
향토 음식점

전통 음식이란 우리나라의 고유 음식을 말한다. 감자탕, 순대, 보신탕을 떠올릴 수 있지만 육개장, 설렁탕도 우리나라의 고유한 전통 음식이다. 전국에는 이처럼 그 지방 특유의 전통 음식과 향토 음식이 있다. 향토 음식도 그 지방에서만 통하는 음식이 있고 전국에 걸쳐 유행하는 음식이 있다. 전국의 전통 음식에는 무엇이 있는지 알아보도록 하자.

서울	설렁탕 : 우리나라 전국에서 "설렁탕"으로 보편화되었다. 육개장 : 애초에는 보신탕류였으나 쇠고기를 넣으면서 전국으로 보편화된 음식 너비아니 : 궁중음식으로 "불고기"라는 이름으로 전국으로 보급되었다.
황해도	돼지족조림 : 전국에서 "장충왕족발"로 보편화된 음식
경기도	수원 갈비 : 갈비 붐을 일으킨 음식으로 독자 브랜드로 유명해졌다.
강원도	초당 순두부 : 순두부 전문점의 유행을 일으킨 장본인으로 처음에는 강릉에서 유명했다. 닭갈비 : 강원도 춘천의 명물 음식으로 전국의 번화가에서 볼 수 있다.
전라도	비빔밥 : 국내에서 가장 보편화된 음식으로 전주 비빔밥, 해주 비빔밥, 진주 비빔밥 이렇게 세 지역에서 향토 음식으로 알려진 음식이다. 장어구이 : 풍천 장어의 보급으로 보편화가 되었다.
경상도	아귀찜 : 미식가의 입맛을 잡아당기는 고소하고 매콤한 이 맛은 처음에는 마산 어시장의 주점에서 먹기 시작한 음식이다. 충무김밥 : 국민축제 국풍 81에서 충무 할매 김밥의 유명세로 전국적으로 알려진 김밥

1 　서울의 향토 음식

　서울의 향토 음식은 대부분 궁중음식이 기원이다. 전국의 물산이 운집했던 까닭에 육류 요리가 발달했지만 격식이 복잡하고 맵시와 모양을 중요시하는 음식이 발전했다. 20여 년부터는 대부분의 궁중음식이 보편화가 되어 서민들도 손쉽게 접하는 음식으로 바뀌어가고 있다.

▣ 설렁탕

　서울 동대문구에는 선농단(先農壇) 유적지가 있다. 조선시대에는 해마다 2월 상재일이 되면 왕이 선농단에 나와 그해 풍년을 기원하며 제를 올렸는데 여기서 설렁탕의 기원이 시작된다. 제를 지낸 후 소를 잡아 가마솥에 넣고 국을 끓이고 밥을 지어 노인들과 농부들에게 대접한 것이 설렁탕의 기원이라 한다.

▣ 육개장

　서민들이 구장(狗醬)이라 불리는 개장국(보신탕)을 즐길 때 뭇 양반들은 개장국을 꺼려 개고기 대신 쇠고기를 개장국처럼 끓여 먹었다. 이것이 육개장의 시초이며 양지머리나 사태를 푹 삶아서 결대로 뜯어 양념을 하고 푹 끓인 음식이다.

▣ 신선로(궁중음식)

　숯을 담는 화통이 붙어 있는 냄비인 신선로에 곰국을 깔아 넣은 뒤 육류와 해산물, 야채류와 갖은 고명을 넣어 만든 음식이다. 화통에 불을 붙인 후 국물을 부어 끓이면서 입을 즐겁게 하며 먹는 음식으로 열구자탕(悅口子湯)이라고도 불린다.

▣ 너비아니

　쇠고기를 재료로 하는 불고기이다. 처음에는 궁중음식이었으나 이제는 불고기로 많이 알려져 있는 음식이다. 보통 등심이나 안심을 넓적하게 썰고 칼집을 잘게 낸 후 간장이나 설탕, 다진 마늘, 배즙 등의 갖은 양념으로 재워 석쇠에 구워 먹는다.

　이 외에 잣죽, 떡국, 산채정식, 감자탕, 주물럭구이, 쌈밥, 갈비찜, 약식, 구절판, 두텁떡도 서울의 향토 음식으로 볼 수 있다.

궁중음식을 전문으로 하는 고급 한정식 전문점은 신선로와 구절판도 메뉴로 제공하고 있다. 이러한 고급 한정식집은 가족 상견례나 주부 계모임, 비즈니스 모임 등 중산층을 대상으로 영업하는 전략을 구사해야 한다.

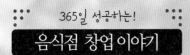

야채 쌈밥집 – 충남 온양

천안에서 온양으로 가다 보면 국도변의 지방 도로에 야채 쌈밥집이 있다. 지방 도로변에서 흔히 볼 수 있는 가정 집을 음식점으로 개조했는데 맛도 있을 뿐 아니라 운치도 있다. 유동 차량이 적지만 인근 10분 거리에 작은 저수지와 아파트를 끼고 있어 근처를 왕래하는 사람들은 한 번쯤 먹어보고 단골이 된다.

기본 메뉴 : 모듬 야채 쌈밥 (7,000원)

반찬 구성 : 공기밥, 우렁 된장국, 모듬 야채 쌈거리 外 나물 반찬류 7~8가지

다른 메뉴 : 빈대떡, 파전, 두부 정식, 불고기 정식 등

성공 포인트 : 한적한 지방도로를 끼고 있지만 함박만한 야채 쌈거리와 충청도 특유의 우렁 된장국이 맛이 있 다. 주위의 풍광은 논과 야산 뿐이지만 이 점이 야채를 직접 재배하는 음식점이라는 인상을 주고 있다.

종업원 수 : 주방 1명 안팎, 홀 종업원 2명 안팎

고객분석 : 인근 지역 주민, 출퇴근 차량, 행락객

위치 : 천안에서 온양 방향, 왼쪽 지방도로

음식점 구조 : 30평(테이블 12조 안팎), 가정집 구조

월매출 : 현재 성업 중

2 경기도의 향토 음식

경기도의 향토 음식은 맛이 간결하고 양도 적당한 것이 특징이다. 산과 바다, 들판을 끼고 있어 물자와 재료가 다채로운 편으로 육류, 어류, 나물류가 고루 발전하였다. 지역적으로는 서울을 끼고 있기 때문에 경기도와 서울에서 발전한 음식은 보통 전국적으로 널리 알려지게 되었다.

■ **조랭이 떡국** : 누에고치 모양의 조랭이 떡을 만들어 떡국을 끓인다.

■ **개성 홍해삼**

쇠고기를 곱게 다진 후 해삼과 홍합 재료를 섞어 기름으로 튀긴 음식이다. 쇠고기는 잘게 썰어 양념하여 볶은 뒤 이 쇠고기를 두부와 다져서 섞는다. 이것을 반으로 나누어 한쪽은 해삼 다진 것과 섞고 나머지 한쪽은 홍합 다진 것과 섞은 뒤 갖은 양념을 하고 주먹밥 크기로 빚어서 밀가루에 묻힌다. 달걀에 적신 후 기름에 튀기면 홍해삼 음식이 완성된다.

■ **개성 편수(만두)**

돼지고기와 닭고기를 소에 넣어 만든 고구려식 만두를 말한다.

■ **공릉 장국밥**

사골을 푹 삶은 후 내장과 무, 선지, 양념 등을 넣어 다시 삶고 고명으로 나물과 두부, 북어찜을 넣어 만든 국밥이다. 조선 8대 예종의 원비 장순왕후의 능이 공릉인데 예전에는 우시장으로 유명했다. 이 우시장에 모인 상인들이 즐겨 먹었던 장국밥이다.

■ **수원 갈비**

양념에 재운 갈비를 불에 구웠던 것이 현재 수원 갈비의 시초이다. 전국적으로 널리 알려진 갈비 요리라 하겠다.

■ **콩비지**

통통하게 불린 콩을 믹서에 넣고 물을 조금씩 부어가며 되직할 정도로 간 것이 콩비지이다. 콩비지 찌개는 돼지고기와 김치, 갖은 양념을 넣어 얼큰하게 끓인 찌개로 콩비지는 기미를 제거하여 피부를 아름답게 하거나 흰머리, 당뇨병, 고혈압, 갱년기 증세, 변비의 개선에 효과가 있다.

이 외에도 경기도 지역의 향토 음식은 의정부 떡갈비, 강화 근대떡 등이 유명하다.

태릉 갈비 전문점 – 서울 신창동

서울 신창동의 신창시장 인근에 갈빗집 세곳이 몰려있는 장소가 있다. 이 중 작은 규모의 음식점 두 곳은 서민 취향의 갈빗집으로 24시간 심야 영업을 하고 있는 반면 가장 규모가 큰 갈빗집은 심야 영업을 하지 않는다. 태릉 갈비 브랜드가 많이 죽어 지금은 흔적조차 남아 있지 않지만 이 세 곳의 갈비는 가격에 비해 맛도 있고 서비스도 좋은 편이다.

기본 메뉴 : 돼지 갈비 (1인분 6,000원 안팎)
　　　　　소갈비 (12,000원~20,000원 안팎)
　　　　　갈비탕 (5,000원 안팎)
　　　　　냉면 (4,000원 안팎)

성공 포인트 : 갈비는 입에서 녹아들 듯 육질이 부드러워야 한다. 이 세 곳의 음식점 중 가장 장사가 잘되는 음식점의 갈비 맛은 상당히 훌륭한 편이고 반찬도 비교적 깔끔하다.

종업원 수 : 주방 3명 안팎, 홀 종업원 3~7명 안팎

고객 분석 : 인근 지역 주민, 시장 상인, 가내 공장 직원, 외식 나온 가족

위치 : 서울 신창 시장 부근

음식점 구조 : 1, 2층 60평 규모 (테이블 24조 안팎)

월매출 : 갈빗집 세 곳이 경쟁 성업 중

3 강원도의 향토 음식

강원도는 산간 지방에서 나는 옥수수, 감자, 메밀 등 주로 밭농사에 의해 음식물의 재료가 많이 생산되었다. 이로 인해 산채 음식이 발전한 편으로 도토리나 칡뿌리가 들어간 음식도 발전하였다. 강릉, 주문진 해안 지방으로는 오징어, 명태 등의 해산물 재료가 풍부해 건어류, 젓갈류 음식이 발전한 편이다. 강원도 음식은 소박한 것이 그 특징이다.

▣ 닭갈비

춘천에서 알려진 음식으로 닭의 살집을 포를 뜨듯 편 후 갖은 양념과 야채를 넣어 볶아 먹는 음식이다. 저렴한 가격과 푸짐해 보이는 음식량으로 인해 청소년과 젊은 층에게 인기가 있는 음식이다.

▣ 강릉 초당 순두부

대두콩을 10시간 이상 물에 불린 뒤 곱게 갈아 놓는다. 갈아놓은 콩을 보자기에 싸서 짜내어 콩물을 만들고 이 콩물에 바닷물을 넣어가며 불에 끓인다. 콩물이 응고되어 두부 형태가 되면 두부 틀에 담고 무거운 돌로 눌러놓으면 강릉 초당 두부가 된다. 간수나 화학 응고제를 사용하지 않고 바닷물을 사용하기 때문에 두부의 맛이 쓰지 않고 고소하다.

▣ 오징어 순대

오징어를 깨끗이 씻은 후 꼬리를 떼어내고 안을 손으로 긁어 내장을 청소한다. 두부, 당면, 당근, 갖은 양념으로 속을 만들어 오징어의 몸통에 채운 후 찜통에 찐 요리이다.

▣ 막국수

메밀 막국수라고도 한다. 조선 시절 흉년이 들어 기흉이 심하자 임금님이 중국에서 들어온 메밀을 심게 한다. 그 이후 가뭄이나 흉년이 되면 메밀로 국수를 만들어 먹었던 것이 막국수의 시초라고 한다. 매일 가루를 뜨거운 물로 반죽한 뒤 국수로 뽑아내고 이것을 물에 끓여 사리를 만든다. 김치와 갖은 야채를 송송 썰어 넣어 비벼먹는 것이 막국수이다.

▣ 황기 닭찜

닭을 깨끗이 씻은 후 뱃속에 황기와 찹쌀, 대추, 인삼, 밤, 마늘을 넣고 찜통에서 1시간 이상 찐 닭요리이다.

이외에 총떡, 도토리묵, 노가리탕, 칡국수, 오징어 물회, 감자 송편, 올챙이 묵, 원주 비빔밥이 강원도의 향토 음식으로 알려져 있다.

4 충청도의 향토 음식

충청도는 내륙 담수호의 발전으로 민물 어종이 풍부한 편이다. 또한 북부 산간 지방을 끼고 있어 산채 음식이 발달했고 충남 지역의 평야 지대에서는 국수류나 수제비와 같은 음식이 비교적 발달한 편이다. 맵거나 짜지 않을 뿐 아니라 기름으로 튀기는 조리법도 별로 발달하지 않았다. 대부분의 충청도 음식은 담백한 맛을 가지고 있고 자연 상태의 조리법에 충실한다. 충청도의 향토 음식으로 전국적으로 알려진 요리는 청국장 찌개이지만 최근에는 새뱅이 매운탕 찌개가 많이 알려지기 시작했고, 충북 북부 산간 지방의 꿩 요리도 전국적으로 많이 알려진 음식이다.

▣ 청국장

흰콩을 물에 불린 후 무르게 삶는다. 소쿠리에 담고 보자기와 담요를 씌운 후 따뜻한 곳에 며칠 두면 끈끈한 진이 생긴다. 진이 생기면 절구에 대강 찧은 후 생강과 마늘, 소금, 고춧가루로 버무려 놓고 불에 쓴다. 청국장이 만들어지면 두부, 배추김치를 넣고 찌개를 끓인다.

▣ 빼뽀어죽(생선국수) : 민물고기 등의 잡어를 5~6시간 푹 고아낸 후 채에 가시를 걸러낸다. 국물에 고추장과 갖은 양념, 그리고 국수를 넣어 푹 끓여내면 빼뽀어죽 요리가 완성된다.

▣ 도리 뱅뱅이

피라미 또는 빙어의 내장을 씻고 프라이팬에 둥글게 놓은 뒤 기름으로 튀긴다. 기름을 따라낸 후 고추장으로 갖은 양념을 만든 뒤 기름에 튀긴 피라미 또는 뱅어를 조리면 도리 뱅뱅이 요리가 완성된다. 충북 남부 지방의 향토 음식이다.

▣ 새뱅이 찌개(민물새우 찌개) : 새뱅이(민물새우)를 깨끗이 손질해 준비한다. 고추장 양념에 무, 호박, 갖은 야채를 넣어 국물을 끓인 후 맨 나중에 새뱅이를 넣어 살짝 끓인다.

▣ 꿩 샤브샤브

꿩의 가슴살을 얇게 포를 뜬 후 접시에 담아 놓는다. 무와 꿩의 뼈를 넣어 육수를 만든다. 샤브샤브 용기에 미나리, 쑥갓 등의 야채와 가슴살을 넣어 살짝 끓인 후 소스에 찍어 먹는다. 꿩의 나머지 부위는 구이, 튀김, 탕, 만두 요리로 준비한다.

이 외에 호박범벅, 어리굴젓, 인삼어죽, 위어회, 붕어찜, 밀국 낙지탕, 더덕구이, 구기자차, 향어 비빔회, 호박꿀단지, 옥계백숙 등이 충청도의 향토 음식이다.

5 전라도의 향토 음식

기름진 평야와 서해안 및 남해안을 끼고 있어 곡류 요리와 해산물, 젓갈류가 발전했다. 재료가 넉넉하게 들어가고 대부분의 음식이 많은 반찬 수를 자랑한다. 전라도 음식은 맛이 감칠 나고 매울 뿐 아니라 갖은 양념을 넣기 때문에 맛이 진하다.

▣ **전주 비빔밥** : 조선 시절 관가에서 식도락으로 즐겼다는 설과 임금님이 비빔밥을 즐겼다는 설, 농부들이 나물류를 섞어 비벼 먹었다는 설 등 비빔밥에 대한 기원은 여러 가지가 있다. 밥을 쇠고기 육수물로 지은 후 갖은 나물류와 달걀, 육회(또는 쇠고기볶음), 청포묵을 넣고 여기에 참기름과 고추장을 넣어 비벼 먹는 음식이다. 육수는 쇠고기 등심살과 닭고기를 넣어 만드는 경우도 있고 사골 곰탕국을 육수로 사용하는 경우도 있다.

▣ **콩나물 국밥** : 멸치 국물과 콩나물 국물을 섞어 육수를 만든 후 뚝배기에 붓는다. 고춧가루와 갖은 양념으로 버무린 콩나물과 밥을 넣고 다시 끓인다. 내올 때 새우젓과 쇠고기 장조림을 내오면 맛이 있다. 전주의 기후와 토질이 콩나물 생육에 알맞기 때문에 전주 콩나물 국밥은 특히 맛이 있고 유명하다.

▣ **홍어찜 (홍어 어시욱)** : 홍어 小자를 골라 껍질을 벗기고 내장을 빼낸 후 깨끗이 씻는다. 먹기 좋은 크기로 토막을 낸 후 짚을 깐 찜통에 홍어를 올려 넣고 그 위에 파, 마늘, 실고추 등 양념을 넣은 후 다시 짚으로 덮는다. 센 불에서 대강 15분 정도 찐 후 초장 소스 등과 함께 먹는다.

▣ **추탕 / 추어탕** : 미꾸라지를 물에 넣고 소금을 뿌려 깨끗이 씻어 모래를 해감한다. 냄비에 넣고 미꾸라지의 살이 무를 때까지 푹 끓인다. 푹 끓으면 살은 그대로 두고 뼈를 추려낸 후 된장과 토란 대 등을 넣고 끓인다. 갖은 양념으로 맛을 낸 후 내온다. 추탕은 보통 늦가을에 먹으면 맛이 있다.

▣ **장어구이** : 장어의 머리와 뼈를 냄비에 넣고 푹 고아서 육수를 만든 후 간장, 고추장, 물엿, 갖은 양념을 넣고 소스를 만든다. 장어는 머리 부분을 고정시킨 후 배를 갈라 내장을 빼내고 깨끗이 씻은 후 먹기 좋은 크기로 토막을 낸다. 석쇠에 장어를 반쯤 굽다가 소스를 발라 다시 굽는다. 내올 때 상추 등의 쌈류와 소스를 함께 내온다. 전북 고창 일대의 풍천 장어가 유명하다.

그 외에 애저찜, 백합죽, 겨자잡채, 꼬막무침, 붕어조림, 두루치기, 순두부가 전라도의 향토 음식이다.

K 콩나물 국밥 전문점 – 군산

군산 K 콩나물 국밥집은 독특하게 매운맛을 무기로 하는 명물 음식점이다. 처음에는 택시 기사들을 대상으로 영업을 하였으나 장사가 잘되어 군산 시내에 분점을 내 일반인을 대상으로도 영업을 하고 있다. 콩나물 국밥에 청양고추, 그리고 계란 프라이가 기본으로 나오는 이 집의 콩나물 국밥은 맵고 시원한 맛이 일품이다.

기본 메뉴 : 콩나물 국밥 (5,000원 안팎)

반찬 구성 : 콩나물 국밥, 새우젓, 청양 고추, 된장, 계란 프라이, 김 외 3~4가지의 반찬

성공 포인트 : 이 국밥집은 요란한 매운 맛이 특징이다. 콩나물 국밥에 청양 고추를 송송 썰어 넣고 고춧가루를 듬뿍 뿌린다. 입안이 얼얼할 정도로 맵기 때문에 물을 자주 먹게 되지만 이 집의 독특한 노하우를 사용하면 매운 맛을 입에서 가시게 할 수 있다. 국밥을 먹은 뒤 계란 프라이에 김가루를 뿌려 먹으면 매운맛이 사라지는 것이다.

종업원 수 : 주방 1~2, 홀 1~3명 내외

고객 분석 : 직장인, 택시 기사, 새벽 시간대의 해장술 손님이 주요 고객이다.

위치 : 군산 시내에서 2개점 영업 중이다.

음식점 구조 : 20평/50평 규모. 본점은 재래식 백반집 스타일이고 분점은 고급 한식집 스타일이다.

참고 사항 : 24시간 영업

월매출 : 군산 지역의 명물 음식점으로 분점을 낼 정도로 성업 중이다.

6 경상도의 향토 음식

경상도 음식은 보수적인 유교문화의 영향을 받아 제사 음식이 발전한 편이다. 무뚝뚝한 성향이 있 듯 음식의 맛이 대개 얼큰하거나 짠 편이지만 호화로운 음식보다는 소박한 상차림이 특징이다.

▣ 동래 파전

조선시대 말 음력 삼월 삼진날을 전후해 부산 동래 장터에서 점심 요깃감으로 등장한 것이 동래 파 전의 기원이다. 쪽파, 대합, 홍합, 굴, 새우, 쇠고기를 찹쌀과 멥쌀을 혼합한 가루 등으로 반죽하여 유채 기름으로 지진다. 요정(料亭)집의 술안주로 올라오면서 부산 명물이 되었다.

▣ 마산 아귀찜

마산 부둣가의 어부가 버려진 아귀를 선술집으로 가져가 술안주로 만들어 달라고 한 것이 아귀찜 의 시초가 되었다. 아귀를 볶은 뒤 콩나물과 미나리를 넣고 고춧가루와 다진 마늘, 파 등으로 매콤 하게 요리한다.

▣ 미더덕찜

미더덕찜은 봄철에 먹을 만한 음식으로 톡 쏘는 맛과 씹히는 맛도 있다. 미더덕을 아귀찜과 비슷 하게 요리하여 먹는다.

▣ 진주 비빔밥

임진왜란 당시 진주성 전투에서 부녀자들이 밥을 나르다 번거로움을 피하기 위해 갖은 나물을 얹 었던 것이 기원이라 한다. 전주 비빔밥과 마찬가지로 갖은 나물에 밥은 곰국으로 짓고 쇠고기 육회 를 얹어 비벼 먹는다.

▣ 대구 따로국밥

쇠고기 국밥(선지 국밥)을 동네 어르신에게 올릴 때 예의를 갖추기 위해 국과 밥을 따로 차려 올 렸다는 설과 무더운 여름에도 손쉽게 먹을 수 있도록 밥과 국을 따로 내온 것이 기원이라는 설이 있 다. 푹 우려낸 사골 국물에 쇠고기, 선지, 갖은 양념을 넣어 국밥을 만든다.

▣ 안동 헛제사밥

퇴계 이황, 서예 유성룡 등의 유교, 제사 문화가 발달한 안동에서 서원 유생들이 쌀이 귀한 시절 제사음식을 차려 놓고 제문을 지어 풍류를 즐기며 헛제사를 지낸 후 제사 음식을 먹는 데서 유래되 었다. 1996년부터 "안동의 별미" 음식이 되었다.

▣ 충무 김밥

70년 전 고기잡이를 나가는 남편에게 부인이 식사 대용으로 개발한 것이 충무 김밥이다. 처음에는 김밥을 말아 남편에게 주었으나 내용물이 쉽게 쉬어서 거르는 일이 많아 맨밥에 김을 싸고 반찬은 꼴뚜기 무침과 무김치를 별도로 싸서 남편에게 주었더니 맛있게 먹었다고 한다.

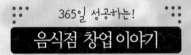

365일 성공하는!
음식점 창업 이야기

자갈치 시장의 백반 정식 전문점 – 부산

부산 지역의 자갈치 시장에는 재래식 건물과 현대식 건물이 혼재해 있다. 시장 지역에서 가끔 볼 수 있는 백반 정식집은 재래식 식당 형태를 가지고 있는 부산 특유의 정서를 느낄 수 있는 소자본 식당이다. 인테리어라는 말은 호사스럽다. 빈 점포에 페인트칠을 하고 학교 앞 분식집에서 보았던 의자와 테이블을 갖다 놓은 것이 전부이다. 만들다 만 것 같은 서너 가지의 밑반찬에 공기밥 한 그릇이 전부이다. 그런데 왜 단골이 생기는 것일까? 방금 잡아온 신선도가 높은 생선을 아주 따뜻하게 튀겨 내오기 때문이다. 외지인들이라면 항구 도시의 정서를 만끽하며 정겹게 식사를 할 수 있다.

기본 메뉴 : 백반 정식 (4,000~5,000원)

반찬 구성 : 공기밥, 생선 튀김(적어류), 국(된장국류), 콩나물 외 3~4가지의 반찬

성공 포인트 : 적어(깡따루 혹은 열기)나 조기, 이면수 등의 생선을 즉석에서 따뜻하게 튀겨서 내오는 것이 인기 포인트

종업원 수 : 주방 1, 홀 1명 내외

고객 분석 : 인근 어시장 상인, 부두 노동자, 관광객, 인근 직장인

있는 곳 : 부산 자갈치 시장 근방

음식점 구조 : 보통 5평~10평 구조, 재래식 백반집 스타일

참고 사항 : 20~30년 전부터 꾸준히 영업하는 집이 많다. 최근에는 인근 현대식 건물에 밀리면서 점차 사라지고 있다.

월매출 : 음식점의 규모가 작기 때문에 먹고사는 수준의 매출만 발생한다.

7 제주도의 향토 음식

갖은 양념보다는 간단한 재료를 사용한 음식이 발전한 편이다. 맛이 비교적 짠 편이지만 먹을 만하다. 돔과 회 요리가 유명하고 해녀들이 따온 해산물을 이용한 요리도 발달한 편이다.

▣ 갈치국

지느러미와 내장을 제거한 갈치를 크게 토막내어 끓는 물에 호박, 마늘 다진, 풋고추, 실파와 함께 넣어 끓인 국이다. 갈치 호박국이라고 불리며 방금 끓여 뜨거울 때 먹어야 맛이 좋다.

▣ 한치 물회

오징어의 일종인 한치를 얇게 썰어 갖은 양념과 함께 시원한 냉수에 넣어 먹는 음식이다. 시원한 냉국 맛과 부드럽게 씹히는 한치의 촉감이 맛있다.

▣ 자리 물회

싱싱한 자리를 비늘, 머리, 꼬리를 제거하고 등 쪽을 어슷 썰어 식초에 재운다. 뼈가 부드러워지면 양념 된장으로 버무린다. 오이, 깻잎, 부추, 풋고추를 잘게 썰어 자리에 버무리고 냉수를 부어 얼음을 띄우고 내오는 제주도의 전통 음식이다. 여기서 자리란 "자리돔"이라 불리는 붕어만 한 크기의 흑돔을 말한다.

▣ 구쟁기 물회(소라 물회)

구쟁기는 소라의 제주도 방언이다. 제주도 사람들은 구쟁기를 생식으로 먹는데 보통 구쟁기 물회와 구쟁기 구이가 유명하다. 소라의 내장을 떼어내어 얇게 썰어놓고 오이, 미나리, 깻잎 등을 송송 썰어 된장과 고추장, 고춧가루를 섞어 만든 양념으로 버무린 후 차가운 냉수를 부으면 구쟁기 물회가 완성된다.

▣ 메밀 빙떡

묽게 반죽한 메밀가루를 프라이팬에 얇게 지지고 그 위에 무채와 파, 갖은 양념을 넣어 함께 지진 후 김밥처럼 빙글빙글 말아 준비한다.

이 외에 전복죽, 바르국, 문어죽, 성게국 등이 제주도 향토 음식으로 유명하다.

E 낙지볶음 백반 전문점 – 서울 마포

매콤한 맛을 즐기는 사람들은 낙지볶음과 같은 요리를 좋아한다. 그런데 낙지요리라는 것이 대부분은 술안주로 나오는 경우가 많다. 이 음식점은 낙지볶음을 점심 메뉴와 결합시켜서 저렴한 가격으로 직장인들에게 서비스하고 있다.

기본 메뉴 : 낙지볶음 정식 (6,000원)

반찬 구성 : 공기밥, 낙지볶음, 조개국, 콩나물무침, 미역무침, 멸치볶음, 동치미국, 오이소박이 외 청고추, 상추 및 된장

다른 메뉴 : 낙지볶음 비빔밥, 낙지전골, 불낙 전골, 해물탕 외

성공 포인트 : 마포 빌딩가에 있는 이 음식점은 인근 직장인들을 대상으로 장사를 한다. 내부 인테리어에도 많은 비용을 들였지만 낙지볶음과 점심 메뉴를 묶어 놓은 것이 성공한 요인이라 할 수 있다.

종업원 수 : 주방 2~3, 홀 2~4명 내외

고객 분석 : 인근 직장인 및 뜨내기 손님들

위치 : 서울 마포 빌딩가 뒷편 골목길

음식점 구조 : 1층 30평 규모, 2층 복층 구조

참고 사항 : 종로의 낙지 골목에 가면 반찬이라는 것이 깍두기와 김치, 그리고 고추나 마늘이 전부이다. 낙지 요리처럼 매콤한 음식을 좋아하는 사람들이 많으므로 점심 메뉴로 개발하는 것도 좋은 방법이다. 기타 메뉴로 낙지 비빔밥도 제공될 수 있고 모든 요리에 조갯국을 내놓은 것은 좋은 아이디어라 할 수 있다.

월매출 : 현재 성업 중

8 북한의 향토 음식

북한은 냉면과 온반(국밥류의 일종), 만두, 순대 등의 음식이 유명해 남쪽에도 널리 퍼져 있다. 비교적 닭을 재료로 한 요리가 발전한 편이다. 한편 서울에서 유명한 장충왕족발은 황해도의 돼지족조림이 기원이라 하겠다.

▣ 황해도

황해도는 해주 비빔밥, 칼국수, 메밀국수, 녹두묵, 행적, 돼지족조림, 연안식혜, 도미국수, 숭어찜, 닭온반 등이 유명하다. 돼지족 조림은 돼지족을 깨끗이 다듬은 뒤 푹 삶아서 엿기름과 간장, 생강 등을 넣고 조린 음식으로 얇게 썰어 먹는다.

▣ 평안도

어복 쟁반, 돼지순대, 녹두 지짐, 노치(떡류), 되비지탕, 평양냉면, 순대만두, 내포중탕 등이 평안도 음식으로 알려져 있고 가지가 많이 나기 때문에 가지로 만든 음식들도 알려져 있다. 우리가 흔히 먹는 순대는 평안도가 기원이며 아바이 왕순대 등도 많이 알려져 있다. 평안도 음식은 대체로 짜지 않고 양념이 알맞은 것이 특징이다.

▣ 함경도

가자미 식해, 함흥냉면, 함흥국수, 원산 잡채, 닭고기 비빔밥, 세끼미 냉면 등이 함경도 음식이다. 가자미 식해는 가자미를 깨끗이 손질하여 토막낸 뒤 갖은 양념을 섞어 만든 젓갈류에 속하는 반찬이다. 세끼미 냉면이란 섞은 냉면을 말하며 회냉면을 선호하지 않는 사람들을 위해 쇠고기, 계란, 회를 약간 얹은 냉면이다. 함경도는 버섯류와 고사리가 많이 채집되고 바닷가에 인접해 있어 다시마나 미역, 젓갈류가 발달했고 날씨가 춥다 보니 입맛이 비교적 매운 편이다.

Chapter

02 :: 기업형으로 발전하는
기사 식당

음식점을 구상하다 보면 다섯 명 중 한 명은 기사 식당을 생각하게 된다. 아니 기사 식당을 생각하는 사람은 지극히 일부이다. 대부분이 대출을 받아서라도 좀 더 멋지고 폼나는 음식점을 구상하기 마련이다. 그러나 돈을 안정적으로 벌고 싶다면 기사 식당도 무시할 수 없다. 최소한 아무리 망해도 생계형이 가능하기 때문이다. 그런데 기사 식당의 경우엔 생계형 기사 식당도 많지만 기업형 기사 식당도 있다. 동일 평수의 음식점일 경우, 음식점이 잘되면 집을 사지만 기사 식당이 잘되면 빌딩을 올릴 수 있기 때문이다.

서울의 S 기사 식당은 기사 식당으로 돈을 벌어 빌딩을 올린 집으로 택시 기사들 사이에 명성이 자자하다. 고객도 개인택시 운전사 위주로 변했다. 몇십 년 단골들이므로 개인택시 기사들이 많은 것이다. 이 기사 식당은 주민들에게도 인기 있다. 변변찮은 음식점조차 없는 변두리 지역에서 기사 식당으로 창업하였는데 맛이 좋아 주민들도 즐겨찾는 것이다.

서울에는 기사 식당이 몰려 있는 지역이 많이 있다. 강북에는 빨래골, 방학동, 4.19탑, 성대 후문, 군자동, 면목동, 장안동 등이 있고 강남 지역에는 기사 식당과 일반 식당이 겸해진 대형 음식점이 영업 중이다.

1 기사 식당의 메뉴 구성

기사 식당은 전형적으로 메뉴 구성과 음식의 맛에 의해 영업이 결정된다. 음식이 맛이 없다면 문을 닫아야 하는 것이 기사 식당이다. 기사 식당의 메뉴를 구성하려면 일단 스태미나식 위주로 메뉴를 개발하는 것이 중요하다. 택시 기사들은 쉬이 지치기 때문이다. 먹으면 양이 차거나 또는 비싼 가격의 음식을 싼 가격에 제공하는 구성도 생각해볼 만하다. 기사 식당은 보통 메뉴가 많은 경우와 메뉴가 적은 경우가 있다.

메뉴가 적은 기사 식당 예제

3~5가지 내외에서 메뉴를 구성한다. 일단 기본 메뉴가 푸짐하면 반찬 수는 적어도 상관없다. 예를 들어 돼지 불고기 백반 1인분을 내올 때는 작은 그릇이 아닌 2인용의 큰 대접에 내오도록 하여 메인 음식이 푸짐해 보이도록 한다. 된장찌개 백반이나 김치찌개 백반도 마찬가지다. 메인 음식이 푸짐하면 부가 반찬류는 가짓수가 적어도 상관없다. 물론 반찬의 가짓수가 많을수록 장사가 잘된다. 3~5가지의 메뉴로 기사 식당을 운영할 때는 주방에서 1차로 끓인 뒤 테이블에서 기사들이 직접 끓여 먹을 수 있는 구조가 좋다. 예를 들어 다음과 같이 3가지 음식만 제공해도 기사 식당으로 성공할 수가 있다.

▣ 메뉴 구성

돼지 불고기 백반, 된장찌개 백반, 김치찌개 백반 : 모두 5,000원 안팎

> 이때 반찬 수는 3~5가지 내외인데 김치와 깍두기, 그리고 젓갈류 정도를 제공한다. 성공 포인트는 음식에서 시골집의 고향 맛을 느끼게 하는 것이 포인트이다. 돼지고기도 듬성듬성 썰어 찌개를 끓여내는 것이 좋으며 음식 가격을 보면 알 수 있듯 박리다매 전략을 취한다.

메뉴가 많은 기사 식당 예제

아쉽게도 식당에서 제공하는 메뉴가 많을수록 반찬의 수도 많아야 한다. 모든 음식을 골라 먹는 체제이기 때문에 기사들의 선택 폭이 넓어진다. 밥은 돌솥밥으로 제공하는 것이 좋으며 밥을 먹은 뒤 돌솥에 차가운 물을 따라 구수한 숭늉을 마실 수 있도록 한다. 메뉴는 다음과 같이 다양하게 제공하는 것이 좋다. 음식의 가격은 박리다매의 기사 식당보다 1천 원 정도 높게 받을 수가 있다.

▣ 메뉴 구성

부대찌개 백반 6,000원 안팎 / 된장찌개 백반 5,000원 안팎 / 김치찌개 백반 5,000원 안팎
동태찌개 백반 5,000원 안팎 / 주꾸미 볶음 6,000원 안팎 / 코다리찜 6,000원 안팎
돼지불고기 백반 6,000원 안팎 / 순두부찌개 백반 5,000원 안팎 / 장어구이 6,000원 안팎
추어탕 7,000원 안팎 / 야채 비빔밥 4,500원 안팎 / 돌솥 비빔밥 5,000원 안팎

밑반찬의 수는 동일하게 10여 가지 내외가 적절하다. 밥을 돌솥밥으로 제공하면 일도 많아지기 때문에 주방 관리에 신경을 써야 한다. 매출이 높아지면 24시간 심야 영업을 해도 무방하다.

> 메뉴의 구성을 보면 알겠지만 주꾸미 볶음은 있고 오징어 볶음은 없다. 서로 유사한 메뉴이기 때문이다. 또한 설렁탕이나 내장탕 종류를 팔지 않는다. 국물을 푹 우려내려면 그만한 시설이 별도로 필요하기 때문이다.

스태미나 건강식을 취급하는 기사 식당 예제

스태미나식이라고 해서 특별한 보양식을 취급하는 것이 아니다. 그러나 왠지 먹으면 스태미나가 생길 것 같은 음식들이 있다. 예를 들면 돈가스와 설렁탕 등이 있다. 서울 시내에는 다음과 같은 메뉴 구성으로 매출에 성공한 기사 식당들이 많이 있다.

▣ 메뉴 구성

함박 스테이크 : 6,000원 안팎 / 비프 스테이크 : 6,000원 안팎 / 돈가스 : 5,500원 안팎
설렁탕 : 5,000원 안팎 / 내장탕 : 5,000원 안팎 / 기타 수육이나 주류 취급

> 밑반찬은 깍두기와 김치류, 샐러드 정도를 제공한다. 때에 따라 새우젓이나 오징어젓 등을 제공하는 것도 좋다.

별식 위주의 기사 식당 예제

바쁜 기사들이라면 꽃게탕과 같은 해물류를 쉽게 접하지 못하게 된다. 해물탕이나 꽃게탕은 술안주이기 때문에 운전이 직업인 사람은 더더욱 접하지 못하는 음식인 셈이다. 이런 음식들을 기사들의 식성에 맞게 백반 형태로 내놓는다.

▣ 메뉴 구성

꽃게탕 : 7,000원 안팎 / 대구탕 : 6,000원 안팎 / 해물탕 : 6,000원 안팎

동태찌개 백반 : 5,000원 안팎 / 부대찌개 백반 : 6,000원 안팎 / 해물 된장찌개 : 5,000원 안팎

김치찌개 백반 : 5,000원 안팎 / 오징어 불백 : 5,500원 안팎 / 돼지 불백 : 5,500원 안팎

참치찌개 백반 : 5,500원 안팎

> 반찬 수는 5~7가지 정도가 적절하며 간장 겨자 소스를 특별하게 만들어 내놓는 전략을 세운다.

2 성공하는 기사 식당 분석

다른 지방도 마찬가지이겠지만 서울 지역에서 기사 식당으로 성공한 음식점이 많다. 요즘은 날로 가격 경쟁이 심해져 기사 식당의 반찬 가짓수가 점점 줄어들고 있는 것도 사실이다. 기사 식당들은 어떤 음식을 어떻게 팔고 있는지 알아보자.

돼지고기 김치찌개 하나로 돈을 긁어모으다 – 서울 잠실 부근 D 기사 식당

서울의 택시 기사들 사이에서 제법 성공한 기사 식당이라 알려진 D 식당은 "돼지고기 김치찌개" 하나만을 고수하고 있는 기사 식당이다. 음식점의 규모가 작고 인테리어도 별로 신경을 쓴 흔적이 없지만 친절한 서비스와 시원하고 칼칼한 김치찌개 국물 맛이 일품이라 인기가 많은 기사 식당이다. 배후에 대규모 아파트 단지가 있어 주민들의 유입이 많은 편이지만 로터리를 끼고 있어 기사 식당을 하기엔 상당히 좋은 입지 조건이 된다.

판매하는 메뉴 : 돼지고기 김치찌개 (5,000원)
기본 식단 구성 : 공기밥, 김치찌개
밑반찬 구성 : 김치, 콩나물 무침, 무장아찌

기사들의 평가 : 김치찌개의 국물 맛이 시원하다.

그 외 메뉴 : 김치찌개 하나만 전문적으로 판매한다.

성공 포인트 : 김치찌개의 국물 맛이 간간하고 시원하다. 어머니의 손맛이 느껴진다는 평가를 받고 있다.

위치 : 서울 잠실 신촌시장 부근

입지 분석 : 로터리를 끼고 있어 택시 기사들의 접근이 용이하다.

식당 구조 : 1층 약 70석, 2층 동일 규모

직원 수 : 주간/주방 요원 2~3명, 홀 2~3명 유동적. 야간/주방 1~2명, 홀 1명, 카운터 1명

주차장 : 식당 앞에 주차 및 세차 가능한 넓은 인도 보유

고객 분석 : 택시 기사 80%, 인근 직장인 10%, 인근 주민 10%

월매출 : 현재 성업 중(24시간 영업)

반찬 가짓수로 승부하는 백반 전문 기사 식당 - 대전 Y 기사 식당

대전 서대전역 부근에 있는 백반 정식 기사 식당이다. 이 기사 식당은 15가지 내외의 다양한 반찬을 백반 반찬으로 제공하고 있다. 음식의 간은 자극적이지 않고 깔끔한 편이다. 대전 지역 기사 식당에서는 볼 수 없었던 야채 샐러드 등의 반찬을 이미 오래 전부터 기사들에게 제공하여 호감을 샀다. 인접해서 서너 개의 기사 식당이 있지만 이 집이 가장 인기가 있다. 식사를 끝낸 후 자판기 커피를 무료로 마실 수 있다.

판매하는 메뉴 : 백반 정식 (5,000원)

기본 식단 구성 : 공기밥, 콩나물국, 생선 조림(꽁치 또는 고등어)

밑반찬 구성 : 김치, 겉절이, 묵, 콩나물, 미역 초장 무침, 멸치 볶음, 어묵 조림, 콩자반, 고구마대 볶음,
　　　　　　　동치미 국(또는 미역 냉국), 달걀 찜, 양상치 샐러드 外

기사들의 평가 : 저렴한 비용으로 비교적 많은 수의 반찬이 제공된다. 짜거나 맵지 않아 편하게 먹을 수가 있다.

그 외 메뉴 : 생선 찌개류, 돼지불백 외 다수

성공 포인트 : 대전 지역에는 15년 이상의 역사를 가진 기사 식당이 많지만 대부분 얼큰하고 자극적인 맛이다.
　　　　　　　반면에 이 식당은 짜거나 맵지 않고 다른 기사 식당과 달리 반찬 가짓수가 많다.

위치 : 서대전 역 부근

입지 분석 : 교통량이 적은 왕복 4차선 대로변, 주차 및 세차 가능

식당 구조 : 홀 40석 안팎, 방 별도

직원 수 : 주방 2~3명 내외, 홀 3~4명, 카운터 별도

주차장 : 도로가의 빈 차선 사용

고객 분석 : 택시 기사 70%, 인근 직장인 및 일반인 30%

월매출 : 인접해서 3~4개 기사 식당과 경쟁 성업 중

뜨끈뜨끈한 돌솥밥으로 승부하는 기사 식당 – 서울 4.19탑의 기사 식당들

서울 4.19탑의 기사 식당에서는 항상 돌솥밥과 생수를 내온다. 돌솥밥을 먹은 후 생수를 부으면 고소한 숭늉을 마실 수가 있다. 이 가운데 특히 주꾸미 볶음이 맛있는 식당이 있다.

이 주꾸미 볶음은 인근 북한산의 스님이 찾아와 땀을 뻘뻘 흘리며 즐겨 먹을 정도로 매콤한 맛이 특징이다. 이 이야기를 맨 처음 이 식당의 아줌마에게 들었을 때 필자는 스님이 고기를 먹는다는 사실에 아연실색하고 말았다. 그런데 가만히 생각해보니 주꾸미는 육류도 아니요 그렇다고 생선도 아니다. 계율에 따르면 생선 역시 먹을 수는 없으나 X치, XX어 자가 들어간 생선만 가급적 금기시된다고 하니 주꾸미 정도는 먹어도 되는 음식인 것 같았다. 아무튼 스님이 먹고 간다는 이 집의 주꾸미는 콩나물과 각종 야채와 함께 고춧가루 소스로 볶아 먹는다. 주꾸미가 알맞게 조려지면 돌솥밥에서 밥을 덜어 볶아 먹는데 그 맛이 매콤하고 고소하다. 밑반찬도 넉넉하게 10여 가지를 제공한다.

판매하는 메뉴 : 주꾸미 볶음(5,000원)
기본 식단 구성 : 돌솥밥, 주꾸미 볶음
밑반찬 구성 : 김치, 묵, 콩나물, 미역, 멸치 고추 볶음, 어묵 조림, 콩자반, 양상추 샐러드 外
기사들의 평가 : 밥을 먹고 난 후 마시는 숭늉 맛이 기막히다.
그 외 메뉴 : 장어구이, 돼지불백, 된장찌개, 김치찌개, 부대찌개 외 10여 가지
성공 포인트 : 막 지어낸 돌솥밥과 숭늉 맛이 성공 포인트. 메뉴가 다양해 먹고 싶은 음식을 선택할 수 있다.
위치 : 수유리 4.19 사거리에서 강북구청 방향
입지 분석 : 왕복 6차선 대로변, 빈 차선에서 세차 가능
식당 구조 : 80석 규모, 방 별도
직원 수 : 주방 2~3명, 홀 종업원 2~4명, 유동적
주차장 : 없음, 빈 차선 사용
고객 분석 : 택시 기사 70%, 인근 주민 및 직장인 30%
월매출 : 바로 인접해서 3개의 기사 식당이 경쟁 영업 중

빌딩을 지어서 기사들에게 더 유명해진 기사 식당 – 서울 건대 부근 S 기사 식당

 S 식당은 서울 지역에서 가장 성공한 기사 식당으로 알려져 있다. 기사 식당으로 돈을 벌어 음식점 자리에 5층 규모의 건물을 지었다. 김치찌개, 된장찌개, 돼지불백만 전문적으로 취급하고 있다. 식사를 끝낸 후 요구르트 또는 자판기 커피를 무료로 마실 수 있다.

판매하는 메뉴 : 돼지불백(5,000원 안팎)

밑반찬 구성 : 김치, 깍두기, 젓갈류

기사들의 평가 : 돼지고기의 양이 푸짐하다. 양이 많아 먹은 기분이 난다.

그 외 메뉴 : 김치찌개, 된장찌개

성공 포인트 : 주방에서는 찌개를 절반만 끓인 후 기사들이 직접 끓여 먹게 한다. 양을 푸짐하게 준다. 김치찌개
　　　　　나 돼지불백에 밥을 비벼 먹을 수 있도록 대접을 하나 더 제공한다.

위치 : 서울 건국대 부근

입지 분석 : 왕복 4차선 대로변

식당 구조 : 약 110석 안팎, 기사 식당 치곤 크고 넓은 편

직원 수 : 주방 요원 2~3명, 홀 3~4명

주차장 : 도로변에 주차 및 세차 가능

고객 분석 : 택시 기사 80%, 인근 회사원 및 주민 20%

월매출 : 현재 성업 중

이 기사 식당은 기본적으로 2인분용 크기의 대접이나 뚝배기 용기를 사용한다. 반찬 수는 서너 가지에 불과하지만 재료를 충분하게 내오기 때문에 기사들이 먹을 때 푸짐함을 느낄 수가 있다.

연탄화덕 기사 식당 - 서울 성북동의 기사 식당들

서울 삼선교에서 성북동 올라가는 길에 있는 몇몇 기사식당은 연탄화덕 기사 식당으로 유명하다. 돼지불고기 백반을 연탄화덕에 구워 내오는 것이다. 아련한 추억의 맛이 살아나 기사들에게 인기를 얻다가 TV 매스컴을 타면서 연탄불 맛집으로 소문났다. 그 결과 서울 전 지역의 일반 시민들도 즐겨 찾는다.